科学出版社"十四五"普通高等教育本科规划教材
新编高等学校旅游管理专业精品教材

旅游消费者行为

黄潇婷 等 编著

科学出版社
北 京

内 容 简 介

本书以“旅游消费者行为”为主题，从理论和实践的双重视角，全面探讨旅游消费者行为的基础理论、个体行为、群体行为及行为结果。本书内容科学严谨，结构清晰，融入了最新的研究成果和实际案例，旨在帮助读者深入理解旅游消费者行为的内在逻辑及其应用价值。全书共分四篇十六章：第一篇从概念、理论和方法论层面奠定了研究基础；第二篇聚焦旅游消费者的个体行为，探讨旅游决策、体验与评价等重要议题；第三篇延展至群体行为层面，分析市场细分、旅游流特征及行为大数据应用；第四篇着眼于旅游消费者行为的结果。

本书可作为高等院校旅游管理及相关专业的教材，也为从事旅游管理研究与实践的学者、企业管理者提供了理论支持与实践参考。

图书在版编目（CIP）数据

旅游消费者行为 / 黄潇婷等编著. -- 北京 ：科学出版社, 2025.3
科学出版社“十四五”普通高等教育本科规划教材
新编高等学校旅游管理专业精品教材
ISBN 978-7-03-077839-0

Ⅰ. ①旅… Ⅱ. ①黄… Ⅲ. ①旅游-消费者行为论-高等学校-教材 Ⅳ. ①F590

中国国家版本馆 CIP 数据核字(2024)第 021535 号

责任编辑：王京苏 / 责任校对：王晓茜
责任印制：张 伟 / 封面设计：有道设计

科学出版社 出版
北京东黄城根北街 16 号
邮政编码：100717
http://www.sciencep.com
天津市新科印刷有限公司印刷
科学出版社发行 各地新华书店经销
*
2025 年 3 月第 一 版 开本：787 × 1092 1/16
2025 年 3 月第一次印刷 印张：22
字数：516 000

定价：59.00 元

（如有印装质量问题，我社负责调换）

前言

Preface

习近平总书记在党的二十大报告中指出："坚持以文塑旅、以旅彰文，推进文化和旅游深度融合发展。"①这为文旅融合发展指明了发展方向，提供了根本遵循。2024 年 5 月 17 日，中共中央政治局委员、中宣部部长李书磊在全国旅游发展大会上传达了习近平对旅游工作作出的重要指示，指出"改革开放特别是党的十八大以来，我国旅游发展步入快车道，形成全球最大国内旅游市场，成为国际旅游最大客源国和主要目的地，旅游业从小到大、由弱渐强，日益成为新兴的战略性支柱产业和具有显著时代特征的民生产业、幸福产业，成功走出了一条独具特色的中国旅游发展之路"。习近平强调，"新时代新征程，旅游发展面临新机遇新挑战。要以新时代中国特色社会主义思想为指导，完整准确全面贯彻新发展理念，坚持守正创新、提质增效、融合发展，统筹政府与市场、供给与需求、保护与开发、国内与国际、发展与安全，着力完善现代旅游业体系，加快建设旅游强国，让旅游业更好服务美好生活、促进经济发展、构筑精神家园、展示中国形象、增进文明互鉴。各地区各部门要切实增强工作责任感使命感，分工协作、狠抓落实，推动旅游业高质量发展行稳致远"。②

目前我国已经有全球最大的国内旅游市场，也成为国际旅游最大客源国和主要目的地国。如何推动旅游业由大到强高质量发展，如何建设旅游强国，如何让旅游业更好服务美好生活、促进经济发展、构筑精神家园、展示中国形象、增进文明互鉴，这些问题都需要我们对旅游消费者行为规律与内在机制有更加深刻的认识和理解；需要旅游公共服务的供给者、旅游项目的投资者、旅游产品的设计者、旅游企业的管理者和旅游行业的从业人员等能够理解人们为什么离开家出门去旅游，理解旅游消费者行为决策的底层

① 习近平：高举中国特色社会主义伟大旗帜 为全面建设社会主义现代化国家而团结奋斗——在中国共产党第二十次全国代表大会上的报告. https://www.gov.cn/xinwen/2022-10/25/content_5721685.htm[2025-01-15].

② 习近平对旅游工作作出重要指示强调 着力完善现代旅游业体系加快建设旅游强国 推动旅游业高质量发展行稳致远. http://politics.people.com.cn/n1/2024/0517/c1024-40238286.html[2025-01-15].

逻辑，理解哪些因素影响着旅游消费者的行为规律。

本书以旅游消费者行为全过程为逻辑主线，全书共分为四篇十六章。第一篇为旅游消费者行为基础，在明晰旅游消费者行为概念、基本理论与研究方法（第一章）的基础上，从旅游消费者的人格特质及自我概念（第二章）出发，探讨旅游消费者需求与动机（第三章）、旅游消费者感知与态度（第四章）和旅游消费者学习、记忆与信息加工（第五章），并在介绍影响旅游消费者行为内部因素之后，专门在第六章系统分析了影响旅游消费者的外部因素（文化因素、家庭及社会阶层、社会及社会群体影响）。第二篇为旅游消费者个体行为，解析了旅游决策（第七章）、旅游情境（第八章）、旅游体验（第九章）和旅游消费者评价与反馈（第十章）在出游前、出游中、出游后不同阶段旅游消费者行为的特征和意义。第三篇为旅游消费者群体行为，集中阐释了旅游市场细分与定位（第十一章）、旅游流时空特征（第十二章）和最前沿的旅游消费者行为大数据（第十三章）。第四篇为旅游消费者行为结果，启发学生理解并探索旅游消费者行为为个体带来的教育、健康、幸福感和社交等收益（第十四章），旅游消费者群体行为带来的跨文化主客交流和逐渐形成的旅游消费亚文化（第十五章），以及需要反思和正在成为时尚的旅游消费伦理、社会责任行为和亲环境行为等新议题（第十六章）。

本书特色及创新点主要体现在以下三个方面：一是加强从地理学视角探讨旅游消费者行为；二是详尽探讨旅游消费者群体行为；三是注重培养学生进行旅游消费者行为实验的思维模式。

■加强从地理学视角探讨旅游消费者行为

在第二篇旅游消费者个体行为部分展现地理学视角下的旅游消费者行为过程，包括出游前的“旅游决策”（第七章）、出游中的“旅游情境”（第八章）和“旅游体验”（第九章）和出游后的“旅游评价”（第十章）。同类教材在心理学视角下主要以旅游决策为旅游消费者行为的核心知识模块，本书强化了地理学视角的相关理论和知识，完善了旅游消费者行为过程特征的知识结构，突出了旅游消费者的差异化特色。

■详尽探讨旅游消费者群体行为

将旅游消费者群体行为设置为与旅游消费者个体行为对应的独立“第三篇”，帮助学生理解旅游消费者群体行为的特征和意义；并增加了旅游消费者行为大数据（第十三章）内容，涉及用户生成内容、旅游行为数据的获取与分析方法等最前沿的知识。

■注重培养学生进行旅游消费者行为实验的思维模式

在第一篇旅游消费者行为基础部分介绍多种研究方法的基础上，本书重点培养学生进行行为实验研究的思维模式，整体结构贯穿对旅游消费者行为前因后果的思考和探索。在第一篇中阐述了影响旅游消费者行为的内部因素（第二章人格特质及自我概念、第三章需求与动机、第四章感知与态度以及第五章学习、记忆与信息加工）和外部因素（第六章），与第二篇旅游消费者个体行为、第三篇旅游消费者群体行为和第四篇旅游消费者行为结果等内容形成了因果关系。

本书是集体合作的结晶。本书章节作者如下：第一章黄潇婷、陈秋霞、王志慧、邵卫芳；第二章刘丹萍；第三章张若阳；第四章赵海川、孙文文、陈凯丽；第五章赵莹；第六章李咪咪、万燕；第七章黄潇婷、陈美鑫、王志慧、陈秋霞；第八章蒋乃鹏、沈涵；第九章孙晋坤、戴靖怡、郭籽萌；第十章杨洋、沈涵；第十一章李咪咪、万燕；第十二章张宏磊、刘培学；第十三章李渊、梁嘉祺；第十四章蒋依依、洪鹏飞、高洁、王宁；第十五章刘丹萍；第十六章韩若冰。

限于作者的学力，本书仍有不少待完善之处，希望读者在使用过程中继续帮助我们发现问题，指出不当之处，以便再版时修正、提高。

目录

Contents

第一篇　旅游消费者行为基础

第二篇 旅游消费者个体行为

第三篇 旅游消费者群体行为

第四篇　旅游消费者行为结果

第一篇　旅游消费者行为基础

第一章

旅游消费者行为概念与基本理论

【本章学习要点】

1. 理解旅游消费者及旅游消费者行为的定义。
2. 掌握旅游消费者行为的主要特点及影响因素。
3. 了解与旅游消费者行为相关的经济学、心理学、社会学和地理学的基础理论。
4. 熟悉分析旅游消费者行为的定性和定量研究方法及其适用范围。

第一节 基本概念

一、旅游消费者行为的定义

（一）旅游者与旅游消费者

最早的国际旅游者的定义于 1937 年由国际联盟统计专家委员会提出，其认为国际旅游者指离开常住国前往其他国家访问旅行超过 24 小时的人。被纳入国际旅游者统计范围的人员包括出于消遣、家庭事务和健康等目的出国旅行的人，参加国际会议的人，因商业原因出国旅行的人，以及在海上巡游途中登岸访问外国的人员，即使他们逗留时间不足 24 小时也被视为国际旅游者。

第二次世界大战结束后，国际官方旅游组织联盟（International Union of Official Travel Organizations，IUOTO，即联合国世界旅游组织前身）于 1950 年修改了上述定义，将修学旅行的外国学生纳入国际旅游者统计范围，并增设“短途国际旅游者”类别，指因消遣性目的而到访其他国家，停留时间不足 24 小时的人。

联合国在 1963 年召开的罗马国际旅游会议（简称“罗马会议”）上，将所有入境来访人员统称为“游客”，指基于除移民和就业以外的任何原因到一个不是自己惯常居住的国家访问的人，其访问目的可以是消遣或事务。罗马会议将游客分为两大类：在旅游目的国停留时间超过 24 小时的人，称为“旅游者”；停留时间不足 24 小时的人，称为“一日游游客”。罗马会议还规定，上述统计口径中的“游客”不包括在法律意义上未进入某国的过境旅客。

1976 年联合国统计委员会召开国际会议，正式批准了罗马会议对旅游者的定义。联合国世界旅游组织（United Nations World Tourism Organization，UNWTO）重申将罗马会议的定义作为该组织统计旅游者的依据，并明确了“国际游客”和“国际旅游者”的定义：国际游客指到一个非惯常居住的国家去旅行，停留时间不超过 12 个月，主要访问目的不是获取报酬的人，并以停留时间是否超过 24 小时为标准划分为国际旅游者和国际一日游游客两种类型。同时，为了实现国内旅游统计口径的一致性，联合国世界旅游组织参照国际游客的界定与分类标准，将国内游客分为过夜国内旅游者和不过夜国内旅游者。

1979 年中国国家统计局和国家旅游局根据旅游统计工作的需要，对国际旅游者做出明确规定：国际旅游者是指出于探亲访友、观光、度假、参加会议或从事经济、文化、体育、宗教交流活动等非谋利性目的，离开惯常居住国（或地区）来中国大陆（内地）连续停留时间不超过 12 个月的外国人、华侨和港澳台同胞。并根据停留时间不同将入境游客分为入境旅游者和入境一日游游客。同时，将国内旅游者定义为：任何因休闲、娱乐、观光、度假、探亲访友、医疗、购物、会议或从事经济、文化、体育、宗教活动等原因，离开其惯常居住地到我国境内其他地方访问，连续停留时间不超过 6 个月，并且主要访问目的不是去到访地区从事获取报酬活动的人。国内游客包括在我国境内常住 12

个月以上的外国人、华侨、港澳台同胞。

国家质量监督检验检疫总局和国家标准化管理委员会 2017 年发布的《旅游业基础术语》（GB/T 16766—2017）中认定旅游者为离开惯常环境旅行，时间不超过 12 个月，且不从事获取报酬活动的人。我国学者马勇认为旅游者是以闲暇消遣为目的，或因学术、商务、探亲访友、疗养、宗教活动等，暂时离开常住地到异地逗留 24 小时以上的人。

消费者指在不同时空范围内参与消费活动的个人或集团，泛指现实生活中的人们。消费者可划分为广义和狭义两类。广义的消费者指购买、使用各种产品和服务的个人或组织；狭义的消费者指购买、使用各种消费品或服务的个人与住户。从经济学和管理学视角探讨旅游情境中的供需问题时，通常将旅行社、景区、酒店等提供旅游产品和服务的旅游企业称为“旅游供给者”，将旅游者称为“旅游消费者”。

（二）旅游消费者行为与旅游消费行为

消费者行为（consumer behavior，CB）涉及消费者满足需求和欲望的决策、活动、想法或经验（Solomon，1996），包括获取、消费和处理产品和服务的所有活动，以及这些行动之前和之后的决策过程（Engel et al.，1995）。作为市场营销学中研究最丰富的领域之一，旅游消费者行为在旅游研究中通常使用“旅游行为”或“旅行行为”来描述。旅游消费者的数量和质量决定了旅游发展的规模和水平（白凯，2020）。随着消费社会的发展，尤其是 20 世纪互联网和 21 世纪移动终端技术的迅猛发展，旅游目的地和旅游企业越来越关注旅游消费者行为的变化（张梦等，2018）。旅游消费者行为研究一直是旅游研究的核心命题，最早的旅游消费者行为研究可追溯至 19 世纪 90 年代。美国社会心理学家勒温（Kurt Lewin）的行为模型揭示了人类行为的一般规律，即人类的行为是个人与所处环境相互作用的产物（江林，2009）。从这个意义上讲，旅游消费者行为是旅游消费者个人与旅游环境相互作用的产物，包括旅游前的决策行为、旅游景点的体验、体验评价和旅游后行为趋向等。旅游消费者行为可分为旅游前、旅游中和旅游后三个阶段。

旅游消费行为是旅游者选择、购买、使用旅游产品和享受旅游服务及经历以满足需求的过程（曹诗图和孙静，2008）。旅游消费行为分为广义和狭义，广义的旅游消费行为包括从旅游需求的产生、旅游计划的制订到实际旅游消费及旅游结束后的感受全过程。狭义的旅游消费行为强调购买行为和对旅游产品的实际消费。旅游消费行为不仅是经济性消费行为，还是受社会文化背景、消费者个性和情感等因素影响的感性消费行为。因此，旅游消费行为分为旅游者的行为（即购买决策的实践过程）和旅游者的购买决策过程（主要指购买实践之前的心理活动和行为倾向）（吴清津，2006）。

特别指出，本书中的“旅游消费者行为”不是仅指旅游者的消费行为，而是指旅游活动全过程中的旅游者行为。

二、旅游消费者行为的特点

（一）异地性

旅游涉及空间移动，是旅游消费者在日常生活地以外短时间逗留，以观赏异地风光、体验异域情调、与当地人交往并参与当地活动，从而实现精神和身体的放松与休息。异地性不仅体现为地理位置的差异，更重要的是地区间资源差异性的体现。差异性越大，吸引力越强。因此，一个地区的异地性越显著，对域外旅游消费者的吸引力越大，其旅游体验也越深刻，旅游业相应地更为繁荣。

（二）暂时性

旅游是消费者利用闲暇时间进行的外出活动，仅限于日常生活中的特定时段。由于闲暇时间有限，旅游活动具有暂时性，旅游行程结束后，消费者必须返回常住地，不会在目的地长期停留或永久定居。因此，“旅游消费者”是一种暂时性的身份，代表短时间生活方式的转变。

（三）非谋利性

旅游是消费者为获得身心愉悦和精神享受而进行的综合性体验活动，涵盖食、住、行、游、购、娱等六大要素。旅游目的不在于寻求工作机会或获取报酬。

（四）复杂性

旅游消费者行为具有多维度的复杂性特征。学者谷明（2000）提出，旅游消费者行为可从空间、时间、文化等外层维度，以及经济支持、心理体验、社会互动等内层维度进行分析。

（五）旅游动机驱使

旅游动机是激发和维持个体旅游行为，并导向旅游目标的心理动力，是推动旅游活动的内在心理因素。旅游消费者的行为受旅游动机驱使，其行为的复杂多样性源自旅游动机的多样性。

第二节 基本理论

相较于经济学、社会学、心理学、地理学等学科，旅游学是较晚出现的新兴学科，因此早期关注旅游消费者行为研究的学者拥有不同的学科背景，往往自然而然地运用不同学科的基础理论与方法来分析旅游消费者行为。本节将简要介绍几个主要的相关学科中与旅游消费者行为研究相关的基本理论。

一、旅游消费者行为研究相关的经济学基础理论

经济学的理论体系一般包括两大部分：微观经济学与宏观经济学。与旅游消费者行为的研究密切相关的主要是微观经济学，其重点研究家庭、企业、个人的经济行为，旨

在阐明各微观经济主体如何在市场机制条件下进行效用或利润最大化。微观经济学的核心概念包括边际效用、需求价格弹性、消费者均衡、恩格尔系数等，对于旅游消费者的消费倾向、消费心理、消费结构、消费意愿，都具有强大的解释和预测作用。尤其是随着经济学与心理学的交叉融合，旅游消费者行为学研究与经济学的研究越来越紧密。例如，孙瑾和杨静舒（2020）从旅游消费者选择旅游方式的动机和自主性因素两方面入手，分析了不同旅游方式下消费者效用的获得，阐明了旅游方式中的自主权对消费者效用的影响，以及旅游消费者类型与旅游方式之间的对应关系。

（一）期望效用理论

期望效用理论（expected utility theory）由 von Neumann 和 Morgenstern（1944）提出，其认为人的决策是完全理性的，效用是基于最终持有物品的绝对数量。该理论基于四个假设公理：传递性、连续性、完备性和独立性。它还揭示了边际效用递减的规律：在一定时期内，随着消费者对某种商品或服务消费量的增加，从连续增加的每一单位消费中所获得的效用增量（即边际效用）逐渐减少。Masiero 和 Hrankai（2022）基于期望效用理论，评估了城市周边景点的旅游消费者可达性，并调查了旅游消费者对不同类型和等级旅游景点的偏好，发现重复访问、停留时间和交通感知会影响旅游消费者的选择。

（二）前景理论

2002 年诺贝尔经济学奖得主丹尼尔·卡内曼（Daniel Kahneman）将心理学和经济学研究相结合，解决了不确定状况下的决策行为机制问题。早在 1979 年，卡内曼和阿莫斯·特沃斯基（Amos Tversky）就提出了前景理论（prospect theory），用于解释个人决策行为。前景理论的核心观点包括损失厌恶、参照依赖和禀赋效应。损失厌恶指的是损失的效用比等量收益的效用具有更大的权重；参照依赖表明人们对资产的变化值而非绝对值更为敏感，因此根据参照点来定义价值；禀赋效应指人们对获得自己财产之外的东西给予更高的评价。Rahman 等（2018）运用前景理论研究了旅游消费者在不确定性情况下进行预定的决策行为。

（三）心理账户理论

2017 年诺贝尔经济学奖得主理查德·塞勒于 1985 年提出了心理账户理论（mental accounting theory），他认为人们会将支出分为不同的类别，并在心理上创建独立的账户。在进行决策时，人们对每个账户单独进行核算，每个账户都有自己的预算和参照点，这导致了不同账户之间的有限替代性，而不是考虑整体影响。这种简化有助于克服认知局限，但可能导致次优决策。塞勒通过一个案例说明了这一点：一对夫妇在钓鱼之旅中收获的三文鱼在航空公司丢失后获得了 300 美元的赔偿，他们用这笔钱在一家豪华餐厅消费了 225 美元。按照传统经济学理论，300 美元在任何时候都是客观的，但心理账户理论可以解释为什么他们会选择在平时不会消费的餐厅花费一大笔钱。航空公司赔付的 300 美元对他们来说是意外之财，与辛苦挣来的钱具有不同的性质。如果这 300 美元是他们辛苦挣来的，他们可能不会在餐厅消费 225 美元。Kim（2000）将心理账户理论作为一种身份消费框架，发现收入获取方式会影响人们对身份消费的态度，解释了为什么"Y世代"追求身份消费的生活方式，尽管许多年轻人仍依赖父母的财务支持并受到限制性收入的约束。

二、旅游消费者行为研究相关的心理学基础理论

人的心理现象是由一定的刺激引起的，而心理支配着行为，并通过行为表现出来。因而，想要正确地理解旅游消费者的行为，确定行为所表达的心理活动，最重要的是要了解引起和制约行为的各种调节因素，并且系统地揭示这些因素和行为之间的因果关系。旅游消费者行为学研究离不开对心理学的机制探索，尤其是心理学实验方法能够给旅游消费者行为学研究带来新的实验研究范式。

心理现象是一个复杂的系统，从个体心理的动态-稳态维度，可以分为心理倾向、心理过程和心理特征，但是这三者不是孤立的，而是紧密联系、相互作用的（表1-1）。

表 1-1 心理现象

心理维度	描述
心理倾向	心理倾向是我们心理活动在特定时间里的指向状态，比如关注、留意、向往、追求
心理过程	可划分为认知过程、情绪过程、意志过程。认知过程是指个人获取知识和运用知识的心智活动，包括感觉、知觉、记忆、思维、想象和言语等；情绪过程是指人在认识周围世界时内心产生的特殊体验，如喜怒哀乐、美感、理智感、自豪感、自卑感；意志过程是指人在自己的活动中设置一定的目的，按照计划不断地排除各种障碍，力图达到该目的的心理过程
心理特征	心理特征是指一个人的心理活动中经常表现出来的稳定特点，如心理、气质、性格等内容

资料来源：牟海鹰和黄希庭（2001）

（一）社会交换理论

社会交换理论（social exchange theory）起源于20世纪60年代，由美国社会学家乔治·霍曼斯和彼得·布劳奠定。该理论综合了古典政治经济学、人类学和行为心理学的思想。霍曼斯的理论侧重于个人层面，强调心理学在解释社会行为中的重要性，并将人的需求、动机和理性置于分析的核心，认为人是理性的，行为动机源于获得报酬和逃避惩罚。他提出了成功、刺激、价值、剥夺-满足、攻击-赞同、理性等六大基本命题。布劳则将重点放在社会结构和制度上，试图构建一个既能解释微观结构又能解释宏观结构的社会交换理论框架，这一框架被称为结构交换理论。社会交换理论主张，将人际行为视为商品和服务的交换是理解这些行为的最佳方式（Blau，2008）。张柴等（2022）结合社会交换理论和关系嵌入理论，运用结构方程模型，检验了不同类型旅游消费者关系在社会交换和关系嵌入共同作用下的质量表现。

（二）计划行为理论

计划行为理论（theory of planned behavior）是社会心理学中著名的理论之一，由社会心理学家Icek Ajzen于1985年提出。该理论认为，行为态度、主观规范和知觉行为控制是预测行为意向的关键因素，而行为意向和知觉行为控制可以解释实际行为的差异。

Quintal 等（2010）应用该理论，研究来自韩国、中国和日本的旅游消费者，探讨了风险和不确定性对去澳大利亚旅游意向的影响。

（三）情绪感染理论

情绪感染理论（emotional contagion theory）的概念早在 20 世纪初就受到关注，美国心理学家伊莱恩·哈特菲尔德在 90 年代初期出版了关于情绪感染理论的著作，系统阐述了这一理论。哈特菲尔德将情绪感染定义为一种自动模仿和同步他人表情、声音、姿势和动作的倾向，这种倾向往往导致群体情绪的聚合和统一（Hatfield et al.，2011）。方淑杰等（2019）从情绪感染理论的视角出发，对旅游服务补救策略进行了深入研究。

（四）解释水平理论

解释水平理论（construal level theory，CLT）是由心理学家雅科夫·特罗普（Yaacov Trope）和尼拉·利伯曼（Nira Liberman）正式提出的，最早系统性阐述该理论的是他们于 2003 年在 *Psychological Review* 上发表的论文。该理论认为，个体对社会事件的反应受其心理表征的影响，解释水平指的是个体对事物心理表征的抽象程度（李雁晨等，2009）。心理距离包括时间距离、空间距离、社会距离和发生概率四个维度。付晓蓉和兰欣（2020）基于心理距离和解释水平视角，通过分析九寨沟地震后社会公众的网络评论，探讨了灾后公众共情与同情的产生条件及其对旅游意向的影响。李春晓等（2020）从解释水平理论的角度出发，通过实验研究了非惯常环境差异性对消费者旅游纪念品价格感知和价格敏感度的影响，以及解释水平在其中的中介作用。

三、旅游消费者行为研究相关的社会学基础理论

社会学是一门研究社会事实（社会结构、社会问题、社会心理、社会行为）的拥有多重范式的学科。社会学是现代化进程的产物，其诞生于 19 世纪 30 年代末西方社会从传统到现代的转型期。它诞生是为了回应当时的社会问题，解释当时发生的社会变革，但其理论在当今社会仍旧存在着一定的生命力，并为许多学科提供了思想来源。

（一）孔德的实证社会学

奥古斯特·孔德（Auguste Comte，1798—1857），法国著名哲学家，实证主义创始人，并首创了“社会学”这个名词。孔德的实证社会学的主要内容包括社会静力学和社会动力学两个部分。前者从社会的“横截面”静态地考察人类社会的结构和制度，寻找和确立维护人类社会的共存和秩序的原则，旨在揭示人类社会的基本运行规律。后者纵观人类理性和人类社会发展的必要阶段，叙述的是社会基本秩序的历程与发展，旨在探索人类社会的变迁与进步。孔德还明确区分了三种基本的社会学方法：观察法、实验法、比较法。

（二）斯宾塞的社会进化论

赫伯特·斯宾塞（Herbert Spencer，1820—1903），英国实证主义哲学家，“社会达尔文主义之父”，现代社会学的早期创始人之一。斯宾塞的社会学思想主要内容包括

社会有机体论和社会进化论。社会有机体论认为人类社会与生物有机体一样，具有结构性、功能性和相互依赖性。社会有机体由三个系统组成：营养（生产）、分配循环（商业、交通、循环）、调节（管理机构、统治机构和政府）。社会进化论认为，“进化”是恒久的、普遍的，现象世界始终处于历史进化或普遍进化之中。人类社会进化是在有生命力的个人、民族与无生命力的个人、民族的竞争中得以实现的，人类社会进化的必然结果是“优胜劣汰”“适者生存”。但他同时也呼吁要激发个人或社会的道德感、共同感、利他感，认为个人将在利他主义中而忘我，找到个人幸福，发展自己；人类社会能够通过道德方面的进化而达到最高级的形式。

（三）涂尔干的社会学理论

埃米尔·涂尔干（Émile Durkheim，1858—1917），法国实证主义社会学家、人类学家，法国首位社会学教授，与卡尔·马克思及马克斯·韦伯并列为社会学的三大奠基人。涂尔干确立了社会学的研究对象和研究方法，为社会学的科学化奠定了基础。他指出社会学的研究对象是社会事实（social fact），社会事实具有不同于自然现象、生理现象的特征和特殊的决定因素。它先于个体的生命而存在，比个体生命更持久。它的存在不取决于个人，是由先行的社会事实造成的。他主张把社会事实当作客观存在的“物”来研究，应排除先入为主偏见的干扰，客观观察社会现象。他确立了社会学研究的方法论原则：观察社会事实的原则；区分正常现象和病态现象的原则；划分社会类型的准则；解释社会事实的原则。他的主要研究领域为社会和个人的关系，即社会秩序和社会团结方面。

（四）符号互动论

符号互动论（symbolic interactionism）始于20世纪30年代，兴于60年代，乔治·赫伯特·米德（George Herbert Mead，1863—1931）是其最重要的奠基人，米德的理论基于两个假设：①人类之所以迫使自己与群体中的他人进行协作是为了谋求生存，克服自身弱点；②在这个过程中，有利于人类生存或适应的行为将会被保存下来。从这两个假设出发，米德认为心智、自我与社会通过互动而产生发展（Mead，2012）。美国社会学家赫伯特·乔治·布鲁默（Herbert George Blumer，1900—1987）则是符号互动论的主要倡导者和定名者。布鲁默认为：“人类的互动是以使用、解释符号以及探知另一个人的行为的意义作为媒介的。这个媒介相当于在人类行为中的刺激和反应之间插入一个解释过程，即‘刺激—解释—反应’。”布鲁默还指出了符号互动论的三大基本前提：①个人对事物所采取的行动，是以他对事物赋予的意义为基础的；②这些意义产生于互动过程中；③这些意义不是固定的，而是通过自我解释过程得以修正的。值得注意的是，以布鲁默为代表的芝加哥学派的互动论通常被称为过程互动论，在研究活动中主要采用定性的分析方法；而以曼夫德·库恩（Manford Kuhn）为代表的艾奥瓦学派的互动论被称为结构互动论，主要使用结构化的测量、分析方法，如调查问卷。张机和徐红罡（2015）以民族旅游地区云南丽江白沙村的当地民族餐馆为研究的微观场所，借用符号互动论，对当地居民与旅游消费者之间的角色协商以及地位与权力的关系进行了研究。

（五）拟剧理论

拟剧理论（dramaturgy theory）由美国符号互动论社会学家欧文·戈夫曼（Erving Goffman，1922—1982）提出，实际上也属于符号互动论的一种。但戈夫曼创造性地将戏剧比拟引入了社会学，开创了社会学理论中的戏剧分析的范例，因而他的理论一般被称为“拟剧理论”（Kivisto and Pittman，2007）。戈夫曼运用剧场语言构建了拟剧理论，如剧本、前台、后台演员、观众、表演、面具等，通过这些语言，他对日常生活中人类的行为机制展开了探索。戈夫曼拟剧理论的实质是印象管理（impression management），即在观众心中塑造一个自己所希望的印象的过程。张骁鸣和常璐（2019）以豆瓣网“穷游”社区为例，从用户的个人主页、网络日志、互动信息和补充访谈中获取文字及图片材料，借助案例分析、内容分析法，探究了戈夫曼的拟剧理论在典型旅游网络社区情境中的适应情况。

四、旅游消费者行为研究相关的地理学基础理论

（一）旅游地理学之旅游流空间模式

旅游流作为旅游学与地理学的交叉领域，自旅游研究兴起以来，便受到学者的广泛关注。国外学者自 20 世纪 60 年代起便开始探讨旅游流的空间模式及其影响，坎普贝尔（Campbell）、冈恩（Gunn）、皮尔斯（Pearce）和蒂莫西（Timothy）等学者为此领域的奠基者。国内相关研究始于 20 世纪 80 年代，郭来喜、保继刚、张捷、张凌云、马耀峰、陆林、崔凤军、唐铁顺等学者率先对旅游流的理论框架、空间模式和消费者行为模式进行了系统研究。保继刚、谢彦君、马耀峰等学者提出的狭义“旅游流”概念，强调旅游消费者因需求相似而在区域内形成的集体性空间位移现象，具体指旅游消费者从客源地向目的地流动的人数和模式。

旅游流的空间模式研究主要关注旅游消费者在客源地与目的地之间流动的空间轨迹，这一研究属于旅游流特征中“流向”的范畴，并成为国内外学者共同关注的焦点。国外的典型空间模式包括坎普贝尔的游憩与度假地旅游流模式、斯蒂瓦特和鲁尔的多目的地旅游流模式、伦德格伦的单目的地旅游流模式以及麦克奇尔等的旅游目的地内部流动模式。国内学者提出的模式包括保继刚和楚义芳的多尺度旅游流模式、吴必虎的环城游憩带（recreational belt around metropolis，ReBAM）旅游流模式、张佑印和马耀峰的入境旅游流逐级递减集散模式以及薛莹的区域自组织演化中旅游流的内聚模式。

（二）时间地理学中的旅游消费者时空行为研究

时间地理学由瑞典地理学家哈格斯特朗及其团队提出，最初应用于城市规划中的居民日常活动与设施规划的计算机模拟模型。20 世纪 70 年代末以前的研究主要遵循哈格斯特朗的基本观点，关注区域规划、人地关系及社会史。80 年代后，研究扩展到个人生活与社会结构关系、女性地理学、福利地理学及城市地域研究、城市交通规划等领域。时间地理学中的路径概念，即人在时空轴上的一系列活动的轨迹，在不同尺度上具有灵活性。对于由路径形成的不间断轨迹，在特定时刻、特定地点存在的个人在一定时间内

可能移动的空间范围称为可达范围。

个人的活动路径受到能力的制约（如生理性制约和物理性制约）、组合的制约（如活动束的形成）和权威的制约（如法律、习惯、社会规范）。吴必虎运用时间地理学的路径概念探讨了徐霞客的生命路径及其区域景观多样性背景。黄潇婷（2009）在《旅游学刊》上首次提出“旅游消费者时空行为”概念，并以北京颐和园为例进行了实证研究。

（三）行为地理学中的认知-行为方法论

20 世纪 60 年代，地理学界反思计量革命，兴起了一场行为革命。这一革命试图从离散个体角度解释时空中的人类行为，被视为对计量革命的批判性继承。行为革命带来了新的“人”的模型，强调“有限理性人”假设，并纳入风险、不确定性和偏好等变量。这一新的模型引发了地理学对人的决策及其行为环境的关注。另外，行为革命带来了对人类行为与地理环境的过程性解释，将地理学研究的侧重点转变为微观个体。行为主义心理学带来了“认知-行为方法论”，通过心理学的理论来理解个体的空间认知、行为的决策与选择过程。

第三节 研究方法

一、研究目的

按照旅游消费者行为研究的不同研究目的，可以将研究类型划分为探索性研究（exploratory research）、描述性研究（descriptive research）、解释性研究（explanative research）。

探索性研究是一种对所研究的现象或问题进行初步了解的研究类型，通常用于满足三类具体的目的：①满足研究者的好奇心和更加了解某事物的欲望；②探讨对某议题进行细致研究的可行性；③发展后续研究中需要使用的方法（李志猛等，2009）。描述性研究主要收集有关总体结构、现象特点等方面的信息，如人口普查，回答“是什么”的问题。解释性研究是为了探索现象背后的因果关系，揭示现象发生或变化的内在规律，回答“为什么”的社会研究类型（风笑天，2018）。

根据不同的研究目的，应当选择不同的研究方法，但这不意味着一项研究只能使用一种研究方法，越来越多的学者鼓励使用混合研究方法，比如定性+定量的混合研究方法，以增强研究的可靠性。旅游消费者行为学研究中也不乏此类研究，如 So 等（2018）使用半结构化访谈、焦点小组访谈法、问卷调查法结合的方式，研究了旅游消费者使用 Airbnb 的动机和限制因素。

二、研究方法分类

参照谢彦君（2015）的分类，本节基于技术层面的标准，将研究方法划分为定量研究方法和定性研究方法。受篇幅限制，本节仅对旅游消费者行为研究中部分研究方法作简要概述，感兴趣的读者可以参考其他更全面的研究方法类书籍，来获取更详细的指导。

（一）定量研究方法

1. 问卷调查法

问卷调查法是用问卷提问题的方式，要求被调查者就某个问题或某些问题回答自己的想法。问卷调查法的主要优点在于标准化程度高和收效快，能够在短时间内调查很多研究对象。问卷调查法的主要缺点是：被调查者由于各种原因（如自我防卫、理解和记忆错误等）可能对问题做出虚假或错误的回答；在许多场合，对于被调查者的回答要想加以确证几乎是不可能的。

2. 实验法

实验，是科学研究的基本方法之一，是根据科学研究的目的，尽可能地排除外界的影响，突出主要因素并利用一些专门的仪器设备，人为地变革、控制或模拟研究对象，使某一些事物（或过程）发生或再现，从而去认识自然现象、自然性质、自然规律的研究方法（黄潇婷等，2021）。实验研究被引入旅游应用阶段起步于 20 世纪 70 年代，但在旅游消费者行为领域中开展实验研究，目前仍面临较大挑战，国内对实验法的接受度与国际学术界还存在着较大的差距。《旅游科学》2021 年第 4 期刊发了第一个旅游实验研究的专辑，这可能是旅游学科实验化、科学化发展历程中的一次里程碑事件。这期旅游实验研究专辑刊发了 7 篇文章，既有实验研究方法在旅游研究中应用的系统回顾与展望，也有涉及不同选题的实验研究学术成果。

无论是问卷调查法还是实验法这类收集一手数据的技术和方法，抑或是使用二手数据进行分析的方法，使用的推理手段主要是演绎法（deduction），即把普遍的法则运用到特定的事例上（骆宁，2021）。具体来说，类似的定量研究都是根据已有的理论，对某一现象或行为变量做出假设，并通过实验或问卷调查等方法收集数据，之后进行统计分析，根据统计的结果，对原来提出的假设进行检验，从而得出支持或者不支持研究假设的结论。

（二）定性研究方法

定性研究方法（qualitative research method），又称为质性研究或质的研究，简单来说是一种使用非量化研究材料的研究方法。Denzin 和 Lincoln（2011）认为定性研究是对世界的一种解释的、自然主义的方法，包括对各种经验材料的研究使用和收集——案例研究、个人经历、反思、生活故事、访谈、手工制品等，还包括对个人生活中的日常时刻、问题时刻以及有意义事物的观察、历史分析、互动研究和视觉文本分析，这意味着定性研究人员在自然环境中研究事物，试图根据人们带给它们的意义来理解或解释现象。Veal（2017）关于定性研究的定义较为精辟，他认为“定性”一词用于描述使用并产生定性而非定量信息的研究方法和技术——以文字、图像和声音的形式提供信息。定性研究的一种特征是将研究者称为“研究工具”，与之相比，问卷调查法的研究工具是问卷。国内学者以陈向明（1996）对定性研究的概述最为经典，其认为质的研究是以研究者本人作为研究工具，在自然情境下采用多种资料收集方法对社会现象进行整体性探究，使用归纳法分析资料和形成理论，通过与研究对象互动对其行为和意义构建作出解释性研究的一种活动。但谢彦君和樊友猛（2017）也提出此类表述与定性研究的事实并不完全相符，认为定性研究并非完全排斥演绎法，也并非绝对多元化地看待世界的真实性，同时在认识论上也并非只是一种主观形态。

定性研究的具体数据收集方法包括深度访谈、焦点小组访谈、观察、参与式观察、传记、文本分析、民族志等（表 1-2）。

表 1-2 定性研究的具体数据收集方法

定性方法类型	别名/细分方法	简介
深度访谈	非正式、半结构化或非结构化访谈	对少数人进行一对一的采访，采访时间很长，可能不止一次，通常使用主题清单，而不是正式问卷
焦点小组访谈	小组访谈	与主持人带领的小组（通常为 6—12 人）进行讨论
观察	不引人注目的技术	通过肉眼或拍照、摄像方式对感兴趣的现象进行检查（也可以是定量的）
参与式观察	—	研究者成为被研究现象的参与者
传记	自我民族志	研究对象被邀请以书面或口头记录的形式提供自己对事件等的描述
文本分析	内容分析、诠释学	对已出版或未出版文本内容的分析和解释，也可能涉及视听材料（图像、电视、电影、音乐、广播）
民族志	田野调查（人类学）	混合使用上述方法对人群进行研究

资料来源：Veal（2017）

课后思考题

1. 什么是旅游消费者？如何定义旅游消费者行为？

2. 旅游消费者行为具有哪些显著特点？请列举并详细解释。

3. 旅游消费者行为如何受到经济学、心理学、社会学和地理学基础理论的影响？请分别说明各个学科对旅游消费者行为的影响。

4. 在研究旅游消费者行为时，定性和定量研究方法各有何优势和局限？请对比分析定性和定量方法在旅游消费者行为研究中的应用情况。

第二章

旅游消费者的人格特质及自我概念

【本章学习要点】

1. 了解旅游消费者的人格及Plog旅游行为人格理论，探讨个体在旅游消费中的特质和偏好，以及这些特质如何影响其消费行为和决策过程。
2. 掌握旅游消费者自我概念的定义与结构，了解个体对自我身份的认知和构建在旅游消费中的作用，以及自我概念如何影响旅游行为和消费选择。
3. 理解多重自我理论及自我一致性原则在旅游消费者行为中的应用，探讨个体在旅游消费中如何维护和强化自我认同，以及自我一致性如何影响旅游消费者的决策和行为。
4. 分析数字技术对旅游消费者自我的影响，探讨数字化环境下个体自我认知和自我表达的变化，以及数字技术如何改变旅游消费者的行为模式和消费习惯。

我是谁？我真的是我吗？这样的我好吗？我该如何更受欢迎？

弗里德里希·尼采（Friedrich Nietzsche）曾说过，离每个人最远的，就是他自己。对“自我”的探讨源远流长，人类从能进行哲学思考以来就从未停止过对那句镌刻在德尔斐的阿波罗神庙入口处上方的圣谕——“认识你自己”（know thyself）——的追求与思索。自我之所以能够成为当代心理学和行为研究的重要概念，其中一个重要原因就在于“我”对人的存在的重要意义，离开“我”，人的行为就无法解释。

自我是人格的统合功能，是人格的核心，人的认知、情感、动机和行为都要在自我的统合下发挥作用。有学者认为，心理学“自我”的英文来源包括两个，即 ego 和 self，具体含义有所不同，ego 出自弗洛伊德精神分析理论，是在本我的基础上发展而来的，是人格结构中管理和执行的部分，其活动受到超我的观察、评判和监督；self 是人们将自己作为观察实体而形成的自我思考与感受。因此，从概念的范围来说，可以认为 self 是 ego 的一个方面。本章即从“人格”（personality）和“自我概念”（self-concept）两个层面学习旅游消费者的“自我”问题，同时探讨当前数字技术引发的旅游消费者“自我”现象。

第一节 旅游消费者的人格特质

一、人格概述

（一）人格的定义

“人格”一词源于拉丁文 Persona，原指演员面具，象征戏剧角色。在心理学中，人格涉及个性和性格，被视作个体思想、情感、行为的整合模式，是最基础的概念。学者们对其定义各抒己见。在本书里，人格的定义表述为：人格是存在于个体之内的一套有组织、有结构的持久心理倾向与特征，它决定人的独特行为和思想，此种倾向、特征与外界环境互动而决定了人的思考、欲望、情绪和行为等。

（二）人格的特征

人格至少具有以下三个特征。

（1）独特性。人格是在遗传、成熟、环境、学习等因素的交互影响下发展形成的，因影响因素有所差异，所以个体的人格也不尽相同。

（2）整体性。人格是身心合一的组织，一个人生理上的变异情形会影响心理状态与行为表现；同样，个体为了适应社会环境，其个体观念和行为也随着环境的变化而变化，以求人格完整。

（3）持续性。个体人格在异常重大的环境压力下会产生改变，但是一般情况下，人格特征具有持续性，不易受到外界环境的影响。

（三）大五人格理论

大五人格理论（big-five personality theory）由高德伯格（Goldberg）提出，经由考斯特和麦克雷所完善，是截至目前人格理论中影响最大的理论，它将人格特质划分为五种类型。

（1）外向性（extraversion）。这种特质往往与喜欢交际的、善于社交的、爱说话的、有活力的、正面积极的特征相联系。相反的特质是偏于保守、安静、低调、谨慎和缺乏社会活动的参与。若一个人对和他人之间的关系感到越舒适，则表示其越外向。

（2）情绪的稳定性（emotional stability）或神经质（neuroticism）。这种特质往往和焦虑、内疚、抑郁、愤怒这些词语相联系，指能激起一个人负面情感之刺激所需要的数目和强度，代表性格方面缺乏情绪稳定性或调节性。神经质的特质倾向是易焦虑、脾气暴躁、缺乏安全感和多愁善感。当一个人所能接受的刺激越少，则其神经质性就越高。

（3）亲和性（agreeableness）。这种特质是一种在社交过程中愉快和包容的倾向，对应的是有礼貌、灵活性高、值得信任、合作性、宽容、与人为善等特征。他们相信人们是诚实且值得信赖的。与其相反的特质是偏于敌意、自私和易怒，通常不关心他人，有时因猜忌他人的动机而使得自己成为孤僻和不友善的人。亲和性是人际关系的衡量标准之一，指一个人对于他人所定下之规范的遵循程度，若对规范遵循的程度越高，则亲和程度就越高。

（4）尽责性（conscientiousness）。这种特质是指小心细致、按照良心支配自己行为的人格特质。它包括自律、细心、可靠、彻底性、条理性、审慎性以及成就需要等，经常被视为一种道德品质。它与一个人对追求目标的专心与集中程度有关，若其目标越少、越专心致力于工作，则尽责性越高。

（5）经验开放性（openness to experience）。开放性的特质包括想象力、心胸开放、求知欲、独创性、智慧、艺术感、喜欢思考以及求新求变等。相反的特质则是偏于传统、平淡无奇、老实。若兴趣越多样化，但相对深度较浅，则开放性越高。

二、旅游消费者的人格

（一）定义

旅游消费者的人格可以理解为在旅游过程中，旅游消费者对人、对事、对己所显示出来的独特性格，他们为适应旅游环境而采纳的个体行为模式和思维特质。显然，旅游消费者的人格特质对其个人而言通常是自成体系的，且有固定模式，表现出稳定性、整体性和持续性，是一个复杂的结构。

（二）Plog 旅游行为人格理论

将人格概念应用到旅游行为上，最广为人知的就是美国著名学者斯坦利·普洛格（Stanley Plog）提出的旅游行为人格理论。

1. 自向中心型-混合中心型-异向中心型模型

1967 年，普洛格通过美国航空业的一项全国性样本调查，引入了“冒险倾向”这一概念，用以解释顾客行为差异。基于这一维度的强弱，普洛格构建了旅游消费者心理类型即自向中心型-混合中心型-异向中心型模型（psychocentric-mid-centric-allocentric model），其将旅游消费者划分为五种不同的心理类型，这些类型在数量上近似正态分布。具体而言，如图 2-1 所示，所谓自向中心型游客，对应的就是曲线最左端的依赖型（dependable）人群，其特征为谨慎保守、缺乏自信和主动性、遵循常规，偏好流行名牌产品，决策能力弱，依赖权威指引，倾向于群体行动。相反地，所谓异向中心型游客，对应的就是曲线最右端的冒险型（adventurous）人群，其特征为好奇心强，喜欢探索未知，果断、自信、主动，偏好新产品，相信自己的决策，独立性强。

美国消费者市场调查显示，约 2.5%的人属于依赖型，4%的人属于冒险型，其余则分布在两者之间的不同类型，包括近依赖型（near dependable）、近冒险型（near venturer）和中间型（mid-centric）。中间型人数最多（近 60%），并可进一步分为两个亚群体（中间依赖型和中间冒险型），它们在人格特征上分别倾向于相邻的心理类型。

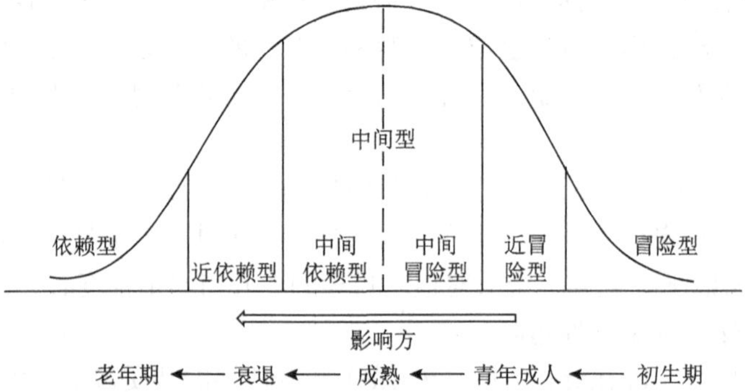

图 2-1　旅游消费者心理类型曲线及其与目的地生命周期之间的关系

普洛格认为，这五种心理类型为理解旅游目的地兴衰提供了心理学视角。在目的地发展的早期阶段，首先吸引的是冒险型旅游消费者，随着知名度的提升和成熟期的到来，冒险型和中间型消费者成为主要客源。当依赖型消费者也开始访问时，表明目的地已进入衰退期。因此，目的地管理和营销策略必须根据旅游消费者的这些特点进行统一规划和调整。

2. 旅游消费者人格特质类型

普洛格基于上述研究，进一步提出了包含两个基本人格维度（冒险型和依赖型）的旅游行为人格理论。冒险型消费者偏好异国风情的目的地、非组织化的假期，能较好地融入当地文化；依赖型消费者则偏好熟悉的目的地、全包式旅游和大众观光点。psychocentric 一词源自“精神”和“自我关注”，意味着关注日常生活的小事；而 allocentric 则表示兴趣集中于多样化活动，这类人性格开朗、自信、富有冒险精神。

1979 年，普洛格加入了活力维度，以描述旅游消费者偏好的活动量，分为高活力和低活力旅游消费者，从而得到了旅游消费者人格特质的八种类型。

（1）冒险型：追求探险，倾向于尝试新的旅游产品或概念。

（2）寻乐型：追求旅游中的享乐和舒适，包括交通、住宿、娱乐等服务。

（3）冲动型：决策迅速，偏好即兴旅行，不太考虑成本。

（4）自信型：愿意尝试独特和非常规的旅游目的地或活动。

（5）计划型：行前做周密计划，寻求优惠价格和预先安排的全包旅程。

（6）男性气质型：偏好传统户外活动，倾向于自驾旅行，装备齐全。

（7）知性主义型：对古迹、文化节庆和未知的现代社会事物有浓厚兴趣。

（8）人群导向型：通过旅游体验不同文化，具有良好的社交能力。

第二节 旅游消费者的自我概念

根据美国心理学家布朗（Brown）的观点，个体获得关于自身认识的途径主要有四种：对物理世界的知觉、社会环境下与他人的社会比较，他人对自身评价的反射性感知，个体内部反省和知觉的过程。旅游活动提供了一个良好的认识自己的情境，甚至被认为是个人教育的一部分，因此，旅游消费者的自我概念是旅游行为研究中的重要议题。

一、自我概念

（一）自我概念的定义

1890 年，心理学家威廉·詹姆斯（William James，1842—1910）在其著作《心理学原理》中首次系统地阐述了自我概念理论。詹姆斯认为，人类有能力将自身视为客体，从而发展出对自我的感觉和态度。自我概念由纯粹的自我和经验的自我组成，是个人的自我意识。在他看来，自我分为两个部分：宾我（Me）和主我（I）。宾我是个体对自身的经验和看法，而主我是个体主动体验世界时所形成的自我。

詹姆斯进一步将宾我细分为物质自我、社会自我和精神自我，并指出它们之间存在层次结构。物质自我涉及与个体相关的所有客体、人和地点，是身体以外的自我延伸。社会自我指他人对个体的看法和对待方式，与个体的社会身份相关。精神自我则是个体的内在自我或心理自我，包括个体感知到的自身能力、态度、情绪、兴趣、动机、信念和人格特质。因此，个体的自我概念是由这些多维度的自我构成的知识系统。

自詹姆斯提出自我概念以来，这个古老的哲学命题正式成为心理学的研究对象，研究方法分为理论建构和心理测量两个方向。尽管关于自我概念的内涵、结构、要素和维度等方面的探讨持续不断，但学术界已就其定义达成共识：自我概念是人格结构的关键组成部分，是个体对自身的主观知觉、判断和认知结构。它由一系列态度、信念和价值标准构成，展现出多维度、多层次的动态复杂性。通常情况下，首先，自我概念通过回答“我是谁”的问题，为个体提供自我认同感，确保内部一致性。其次，自我概念为个体提供了解释自我与他人行为的经验和方向。最后，个体根据自我概念来塑造自己并解释后续的行为。

表 2-1 汇总了自我概念常见的九个维度，分别概括出自我概念某个层面的特征。将这些维度结合起来，有助于理解自我概念的定义。

表 2-1 自我概念常见的九个维度特征

自我概念维度	维度特征
内容（content）	个性、社会认可、生理特性
方向（direction）	自我概念的正负方向
强度（intensity）	自我概念的强烈程度
显著性（salience）	自我概念处于意识层面的程度
一致性（consistency）	个体自身多个自我概念之间的冲突程度
稳定性（stability）	自我态度随时间改变的程度
清晰性（clarity）	个体对自我概念和自我形象的清晰程度
可证实性（verifiability）	自我概念可以被测量和证实的程度
准确性（accuracy）	自我概念反映一个人自我意识的程度

（二）自我概念的结构

人们对自我概念的理解从最开始的单一维度、笼统性和纯理论建构，逐步发展为多维度、多层次和注重实证，先后提出常规模型（nomothetic model）、阶层模型（hierarchical model）、分类学模型（taxonomic model）和补偿模型（compensatory model）等四种模型。其中，常规模型是基础，阶层模型则因真正实现了自我概念的可测量而成为主流理论。

1. 自我概念的单维模型

早期心理学家，包括詹姆斯在内，主要从宏观角度探讨个体的总体自我价值信念，将自我概念视为一个统一的组织结构，是个体在生活的各情境下对自身感觉的综合。这一模型被称为“常规模型”或“单维模型”（unidimensional model）。

例如，美国心理学家卡尔·兰塞姆·罗杰斯（Carl Ransom Rogers，1902—1987）认为，自我概念是个体现象场中与个人自身相关的内容，是个体对自身特性、人际关系及其价值规范的知觉。他认同詹姆斯关于主我和宾我的区分，并强调宾我是自我意识的对象和本体，它通过接受他人（社会）对自我的有意识态度系统而形成，与“社会自我”基本一致；而主我则是自我的动力部分，具有面向未来的特征，使人的行为具有自由意志性、创造性和新异性。罗杰斯还提出了现实自我（the actual self）和理想自我（the ideal self），认为理想自我代表个体最希望拥有的自我概念，其实现即自我实现，是指理想与自我概念的完全一致。罗杰斯强调，影响行为的主要是理想自我而非现实自我。

马库斯（H. R. Markus）也是自我概念单维模型的代表学者。他提出的自我图式理论（self-schema theory）认为，自我图式是关于自我认知的内化，来源于过去的经验和经历，是组织、指导与自我有关的信息加工过程（Markus，1977）。自我概念被视为关于一个人特征的所有特殊图式的集合体，而可能自我（possible selves）不仅有助于组织信息，还具有强大的动机影响，指导我们成为某种类型的人。自我概念的单维模型在 20 世纪 60—70 年代流行，但后来人们意识到它掩盖了个体对生活不同领域评价的差异。

2. 自我概念的多维模型

20 世纪 70 年代中期，心理学家沙沃森等提出的自我概念是多维度、多层次结构，特建构了阶层模型，见图 2-2。这一模型认为，自我概念是通过经验和对经验的理解而形成的自我知觉，按照一定的层次组织成一个多维度的、类似金字塔的整体。一般自我概念位于该结构的最顶层，指对自我的整体概括性理解；具体的行为位于最底层，是自我概念形成的基础，可分为学术自我概念和非学术自我概念。学术自我概念又可分为语文、数学、英语等具体学科的自我概念；非学术自我概念可分为社会自我概念、身体自我概念、情感自我概念。

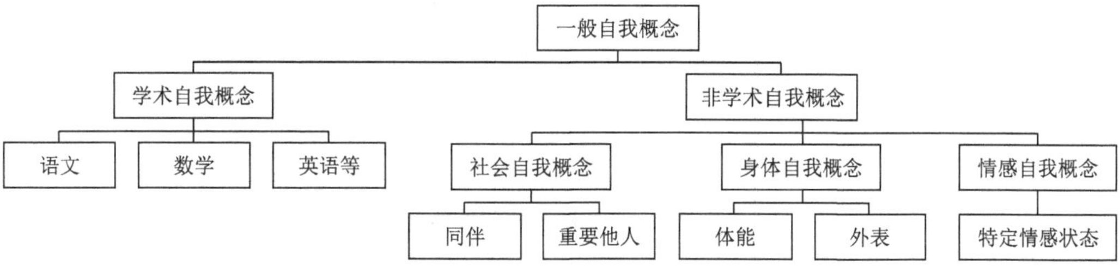

图 2-2　自我概念阶层模型

沙沃森的阶层模型取得了对单维模型的决定性胜利，直接推动了自我概念由理论探讨向实证研究的转变。此后，多数研究和量表编制均以该模型为主导，其中对美国心理学家费茨（W. H. Fitts）的工作影响最大。

1965 年，基于自我概念阶层模型，费茨提出田纳西自我概念量表（Tennessee Self-Concept Scale，TSCS）。该量表采用 5（外部参照框架）×3（内部参照框架）×2（积极 vs 消极的项目表述形式）的结构，是应用最广泛的自我概念测量工具之一，许多学者对其进行了修订以完成案例研究。

二、消费者的自我概念

心理学中的自我概念研究经历了从单维度到多维度，从笼统到结构化的转变，为将自我概念引入消费者行为研究奠定了基础。20 世纪 60 年代，自我概念被引入消费者研究领域，成为解释消费者互动行为的重要变量。

（一）基本内涵

消费者的自我概念隶属于人们的一般自我概念，根据沙沃森的阶层模型，可以归类为非学术自我概念的一部分。相对于心理学的学科传统和方法论，消费者的自我概念研究，无论是理论建构还是实证测量，都倾向于从消费对人的意义角度出发，更注重为营销实务提供理论指导和操作建议。例如，消费行为研究的学者强调，自我概念不仅包括个体对自身的认知——个体性自我，还包括个体希望他人如何看待自己——社会性自我。其中，个体性自我是个体区别于他人的特性，也即个体真实的自我特征；社会性自我反映了个体被他人和群体认同的特性，即个体展现于他人眼中的社会自我特征。基于此，在消费者行为研究领域，人们普遍采用一个通俗易懂的框架来理解自我概念，即真实自我/理想自我以及社会自我/社会理想自我这两个维度（Sirgy，1982），形成自我概念的四种基本类型（图 2-3）。其中，*X* 轴代表“自我”主观的程度，即“自我”价值取决于个人意识（个人化）还是社会评价（社会化）；*Y* 轴代表“自我”真实的程度，即自我认知接近真实的自我（实际化）还是美化过的自己（理想化）。两轴相交，产生了四个象限，即自我概念的四种类型。

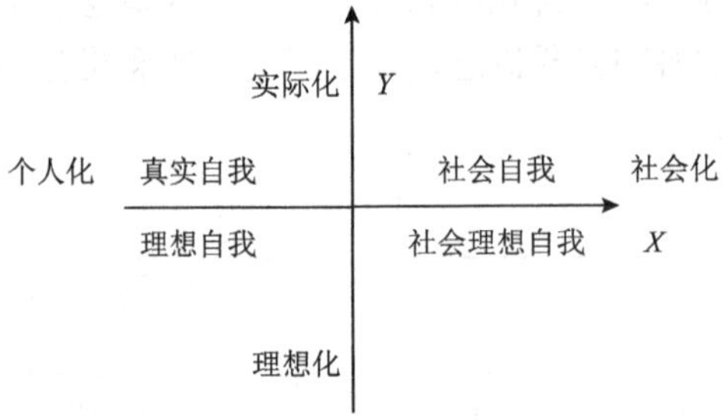

图 2-3　自我概念的四种类型

自我概念会影响消费者行为。这种影响来源于两种动机：自我提升动机和自我一致性动机。自我提升动机指的是个体倾向于那些可以提升自我概念或自我形象的行为；自我一致性动机指的是个体倾向于那些与自我概念相一致的行为。消费者通过关注周围人所属群体和他们所拥有的财产类型来辨识、管理自己所属的群体（所谓“社会分类”）；同时，大多数人认识到真实自我与理想自我之间的差距，通过购买自认为合适的产品和服务来尽可能提升自己的社会地位（所谓“上行社会比较”），这是现代社会中人们保持和提升自尊的重要方式（自尊即指自我概念的积极性）。相应地，一种名为“幻想诉求”（fantasy appeals）的营销策略也常常奏效。

（二）多重自我理论

消费者自我概念是一个多维度、多层面、动态的复杂结构。多位学者提出理论或模型来描述、解释和预测消费者自我概念在消费者行为中的具体运用。

1. 个体的自我强化理论（individual self-enhancement theory）

由卡尔·兰塞姆·罗杰斯提出。该理论认为：①消费者自我概念对个体有价值，个体行为趋向于维护和强化自我概念；②商品的购买、展示和使用可以向个体或他人传递象征意义；③个体的消费行为趋向于通过具有象征意义的商品来强化自我概念；④每个人都有多重自我，需要不同系列产品来支持我们扮演的每个角色。这一理论的优点在于它将商品消费和消费者自我概念联系起来，但并未说明消费者自我概念的形成机制及其特性。

2. 环境自我形象理论（situational self-image theory）

该理论认为，环境自我形象是个体希望他人拥有自我的意义，这种在特定条件下的形象包括个体希望他人与自己相联系的态度、直觉和感情。个体选择表达自我的某个方面取决于特定的环境。一旦个体选择了在一定社会环境下要表达的自我方面，他就会寻找表达这一方面的方式。因此，那些重复购买率高、比较引人注目的产品，或者特点比较突出的品牌，可以被消费者用来在特定环境下表达自我形象。这一理论的优点在于它认为消费者的自我概念是行为导向，并且自我概念有多个侧面；更重要的是，自我概念理论表明自我概念是一个动态的过程，它取代了现实自我形象、理想自我概念等众多静止的概念。对一个品牌的消费在一种环境下可能是与自我概念高度一致的，但到另一个环境中却可能完全不同。该理论的不足之处在于没有回答在特定条件下，消费者会表现自我概念的哪些方面。

3. 延伸的自我（extended self）

由贝尔克（Belk）提出。该理论认为，延伸的自我由自我和拥有物两部分构成，人们倾向于根据拥有物来界定自我，某些拥有物不仅是自我概念的外在显示，还是构成自我概念的一个有机组成部分。同时，从非常私人的物品到根植于社会环境中的地点或物品，延伸的自我有四个层次。

（1）个体水平（individual level）：如珠宝首饰、汽车、衣服等。

（2）家庭水平（family level）：如住宅及内部设施。

（3）社区水平（community level）：消费者常常根据自己所在的地区或城镇来介绍自己，提高归属感。

（4）群体水平（group level）：对特定社会群体的依恋也可以视为自我的一部分，如青年亚文化。

（三）自我概念一致性

消费者通过消费产品来进行自我表达，并在使用和感知产品之后，帮助自己建立新的自我概念。因此，消费者倾向于购买符合自我概念的产品，以表达自我价值，并使品牌成为自我概念的一部分。

1. 自我形象/产品形象一致性理论（self-image/product-image congruence theory）

1982 年，美国学者施吉（Murray J. Sirgy）提出了自我形象/产品形象一致性理论。该理论认为，具有象征意义的产品能够激发与产品形象相一致的自我概念，而消费者的购买行为也往往旨在维持和提升自我概念。消费者倾向于选择那些与自我概念相似或一致的产品和品牌。这一理论很好地解释了产品、产品广告代言人以及消费者之间的关系，并阐述了如何通过代言人形象激发消费者的自我认同，从而影响消费者的选择。学界后来普遍将这一理论简称为“自我概念的一致性理论”，它为消费者自我概念研究奠定了基本方向。由于认识到营销活动中品牌建设及其管理意义的重要性，越来越多的学者主张将理论中的“产品”进一步提升为“品牌”，品牌个性也由此成为一个重要概念。品牌与消费者之间的关系被类比为人与人之间的关系，品牌和自我之间的一致性指的是特定品牌的品牌特性和消费者自我概念之间的一致性程度。这种一致性涉及品牌个性和消费者不同维度自我概念之间的关系。消费者通过品牌传达的自我概念维度，可以被划分为两种类型：在个体性自我方面，品牌能够展现使用者自身的个性特点；在社会性自我方面，品牌能够体现消费者的社会角色、身份和群体归属。企业通过选择特定的消费群体作为目标消费者,并通过品牌广告的宣传帮助公众形成对品牌典型使用者形象的认知，同时在互动过程中形成独特的品牌个性。当品牌具备了特定人的形象和个性时，消费者会像选择伙伴一样选择特定的品牌来构建和象征自我概念（图 2-4）。

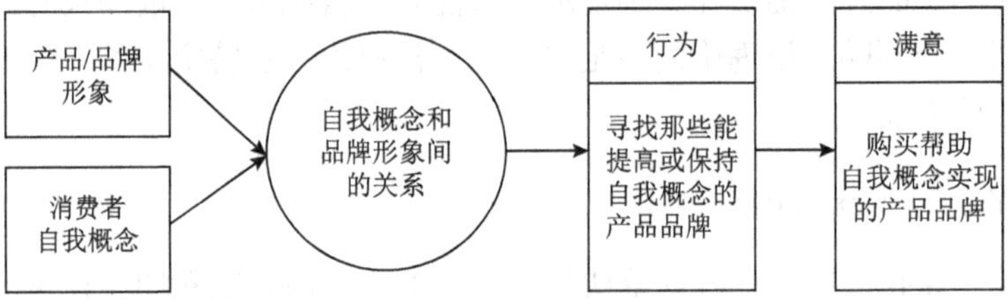

图 2-4　消费者自我概念与品牌形象的一致性

2. 自我概念与品牌个性的契合

近年来，营销学领域提出了契合的概念，认为它能够为消费者行为提供更强的预测性和前瞻性判断，如预测消费者的品牌忠诚度。当自我概念和品牌个性之间存在较大程度的契合时，消费者与品牌之间可以形成高强度的自我—品牌联结。这种高质量的品牌关系会促使消费者通过购买等具体行为来强化和保持无形、抽象的自我概念。我们可以认为，这个模型实质上是对施吉自我形象/产品形象一致性理论的提升，见图 2-5。

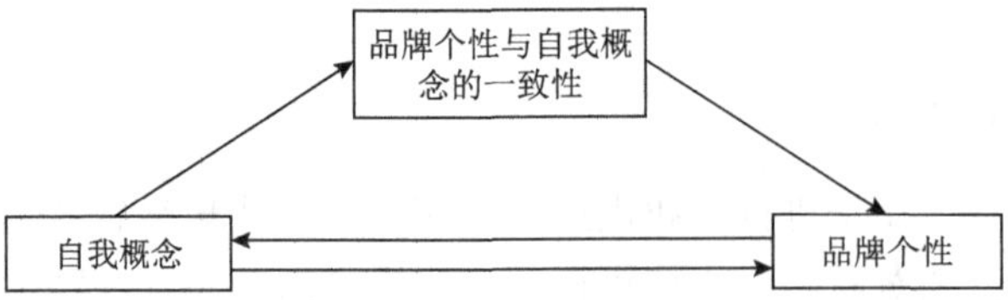

图 2-5　以自我概念为核心的品牌个性认知模型

（四）旅游消费者-自我一致性原理

自 20 世纪 90 年代以来,学者们开始关注旅游消费者自我概念在旅游行为中的作用,包括自我概念如何影响动机、出游态度、消费偏好以及满意度和忠诚度等方面。2000 年,美国学者施吉也进一步将自己于 1982 年提出的“自我形象/产品形象一致性理论”应用到旅游情境，提出“旅游消费者-自我一致性原理”。他认为，目的地形象与旅游消费者自我概念之间存在两种一致性：当旅游消费者的自我概念与目的地典型旅游消费者形象相匹配时，就形成旅游消费者的自我一致性（self-congruity）；当旅游消费者对目的地的重要功能属性（如价格、服务、质量、氛围等）的期望与其实际到访后的感知经历相匹配时，就形成功能一致性（functional-congruity）。这两种一致性最终共同形成旅游地形象一致性。显然，当这两种一致性都得到满足时，意味着旅游消费者的满意度较高。

第三节　数字社会里旅游消费者的“自我”问题

一、数字技术对我国旅游消费的影响

数字技术引领的消费革命在旅游行业内也引起了广泛关注。然而，截至目前，国内的相关学术研究并未完全跟上市场的创新与发展，尚缺乏一个完整的理论解释框架。学者孙九霞（2023）发表文章，对我国文旅消费的新趋势提出了以下观点。

首先，互联网重新定义了旅游的消费方式，拓展了旅游体验的时空维度。例如，旅游的全过程与数字媒体的融合日益加深：在出游前，民众已习惯性地参考网络媒介信息，形成对目的地的“初印象”；在整个行程中，他们也依赖在线平台来比较现实中的价格，并享受通过社交媒体及时分享甚至直播行程的乐趣。网络的内容生产、网友间的互动以及用户与自身的价值互构，构成了现实旅游地之外的另一体验空间。随着短视频自媒体、直播平台和综艺节目的兴起，热门博主在旅游地制作的视频、明星旅拍、旅游综艺等被开辟为景区、镜头下的“旅游消费者”以及潜在旅游消费者三方实现实时互动的“价值共创”场域，屏幕上方飘过的海量弹幕，营造出强烈的“氛围感”“即时感”，进一步丰富了旅游目的地的生动形象。

其次，在数字媒体的强势主导下，青年与中老年消费群体不断向两端扩张，为旅游供需两侧的改革发展提供了更大的驱动力。一方面，作为“互联网原住民”的Z世代等年轻人，对移动互联网、智能手机、第三方应用软件以及社交媒体等技术了如指掌，他们积极培育新型的旅游消费文化和产品，如沉浸式旅游、非旅游景点旅游、网红景点打卡旅游等，并与供应方形成良性互动，极大地推动了我国文旅产业的深刻变革，实质性地促进了国家从制度层面和发展规划角度加强部署实施文化产业数字化战略，提升文旅融合的深度和广度，启动新一轮旅游产品策划与营销的新理念、新技术与新策略。另一方面，老年旅游消费者吸纳、学习与运用数字化新技术、新产品的能力日益提升，旅游消费的数字鸿沟正在改善，延长了老人旅游体验时间，也增加了体验的深度。

最后，互联网的贯通使得消费者在平台社会下拥有更多的主动权和更丰富的选择性，对消费产品的价值认知也更加透彻。旅游主播、旅游消费者体验沟通员等创新型职业正在被大量创造出来。同时，数字化时代，旅游产品不再需要供给方全产业链供应、全程开拓渠道，旅游产业能够借助其他产业完善自身的供应链体系。例如，互联网新内容平台对旅游消费者注意力的吸引强度增加，旅游消费者成为旅游产品的生产者的同时，还能够借助旅游体验方式形塑目的地。

二、数字化旅游消费者的自我

正如前文所述，数字社会中的消费仍属于新事物，随着技术的日新月异，其变化性尤为显著，相应地，学术研究也必然逐渐认识其规律性。当涉及数字社会中旅游消费者的自我问题时，目前学界达成的共识并不多，这里暂且选择两点做初步探讨。

（一）在线网络情境下的延伸自我

2013 年，曾提出过“延伸自我”理论的著名学者贝尔克关注到了互联网技术对旅游消费者的影响，总结出数字时代下延伸自我的新表现。

（1）延伸自我非物质化。贝尔克指出，旅游消费者的通信、照片、视频、音乐、购物等数据多是非物质化的，且越来越依附于这种虚拟的消费品，一方面，因为它们的损失而感到害怕和悲伤，感觉自我意识减少；另一方面，会依附于无形财产（包括数字设备），通过虚拟物增强自我。

（2）网络替身的出现。贝尔克认为，在一个更直观的社会媒体互联网环境，包括网络游戏、微博、微信朋友圈、照片和视频共享平台等，旅游消费者将自己化身为头像、照片和视频，这些替身代表理想的自我、可能的自我和具有抱负的自我。

（3）分享行为进一步增强延伸自我的构建。我们频繁地通过社交媒体进行自我揭露和自我描述，导致了比在前数字时代里更开放的自我延伸。

（4）与他人共建延伸的自我。我们越来越多地用文本信息和上传照片、视频等实现与朋友的联系，朋友也通过帖子、标签和评论等与我们互动，大家一起共建彼此的自我意识。

（二）旅游消费者自拍

当前，人们获得了一种前所未有的自我表达方式，即自拍（selfie）。自拍是互联网技术、移动互联网技术、智能手机以及第三方应用软件共同作用下消费者的自我呈现、自我叙事和自我建构。2013 年，牛津词典将“自拍”评选为年度词语并收录，同时给出其基本定义，即由智能手机或其他网络摄像镜头拍摄并上传到社交网络的自拍照片。

已有研究表明，旅游是激发人们自拍欲望的常见情境之一。因此，旅游消费者的自拍行为已成为当前旅游消费中最为显著的行为特征，并且成为探讨数字技术时代旅游消费者自我认同问题的重要途径。研究发现，旅游消费者通过自拍来记录和见证自己的旅行经历，同时通过这一行为进行自我表达、自我表征和自我品牌化，这一过程充满了主体性的建构。

至于旅游消费者自拍的结果——自拍照，学者们指出，在技术至上和社会主流审美标准的影响下，Z 世代旅游消费者的自拍行为，表面上是自我凝视，实质上是受到社交网络群体凝视影响的数字化的自我描绘。在自拍过程中，个体通过自我表现和从他者的视角进行自我审查与自我调整，这一过程正逐渐成为常态。在旅游场景中，当前旅游消费者的自拍照已不再是过去的标准照，而是出现了所谓的“景点遮蔽效应”

（attraction-shading effect），即自拍照中的旅游消费者成为构图的中心，而目的地的标志性景观则退居其次，成为他们表达自我的背景。

此外，自拍的意义在于通过社交媒体与他人分享。只有当这些分享行为完成时，自拍的真正意义才能得以实现。因此，照片的发出者和接收者通过社交媒体形成了一个网络，这个网络中包含了强关系社交（如微信朋友圈）和弱关系社交（如微博）。这进一步强化了旅游的社交属性，自拍照成为旅游消费者之间交流的社交货币。在此背景下，旅游消费者对旅游地产品特色和整体服务质量的关注度降低，他们更关心能否拍摄出吸引人的自拍照并获得更多的点赞，这已成为他们旅游的主要目的。这种现象也直接导致了目前所谓的网红打卡点肤浅化，甚至出现欺骗旅游消费者的现象。

课后思考题

1. 究竟是人们因为产品看起来与自我相似而购买，还是因为已经购买了产品而肯定它们与自己相似？

2. 从哲学到社会心理学，再到市场营销学，直至当下数字社会里消费者的自我概念，请画出你的思维导图。

3. 心理学家沙沃森提出的自我概念阶层模型似乎并没有被应用于旅游研究，你对此有何评论？

4. 圈层文化是近几年营销界的热点话题，谈谈你的看法。

5. 前往网红旅游地打卡是年轻人热衷的活动，试用本章所学知识解释其原因。

6. 你认为如今的旅游消费者有哪些拥有物？能否用贝尔克的理论加以解释？

第三章

旅游消费者需求与动机

【本章学习要点】

1. 掌握旅游需求的概念内涵以及旅游需求的形成；理解和掌握旅游需求的类型与特征、影响旅游需求的因素。
2. 掌握旅游动机的概念、形成；理解和熟悉划分旅游动机类型的不同视角；掌握旅游动机的功能作用以及如何激发旅游动机。
3. 掌握旅游期望的概念和构成；理解和熟悉旅游期望管理面临的挑战和策略。

第一节　旅游需求

一、旅游需求的概念解读

（一）需求与旅游需求

要深入理解旅游需求，首先需要明确需求的本质。需求被视为在特定条件下，人们渴望满足某种事物或行为的欲望，是驱动人类行为的基本动力。将这一定义应用于旅游情境，我们可以将旅游需求定义为：在一定条件下，人们对旅游产品及服务或相关活动的内心欲望，这种欲望是激发旅游动机和行为的核心因素。

从经济学的角度来看，需求被定义为消费者在一定时间内，愿意并能够以特定价格购买的商品或服务数量。当这些商品或服务属于旅游类别时，就形成了旅游需求。因此，从经济学的角度出发，旅游需求可以被界定为：在特定时期内，有旅游欲望和闲暇时间的消费者，在各种可能的旅游价格下，愿意并能够购买的旅游产品或服务数量。这一定义目前得到了广泛的认可，本书也将采用这一定义来阐述旅游需求。

（二）旅游需求概念的解读

虽然前文已经对旅游需求的概念进行了界定，但要全面理解其深层含义，还需进一步探讨几个关键要素。

1. 旅游需求是“想”和“能”的双重结合

在心理学和经济学视角下，需求被视为一种欲望，是人们渴望获取某种事物或采取某种行为的内心意愿。因此，旅游需求体现了人们对旅游产品及服务或相关行为的欲望和意愿。然而，仅有欲望和意愿不足以完整解释旅游需求，旅游需求必须是一种有效需求，即消费者既有获取旅游产品及服务和采取旅游行为的欲望，也具备相应的支付能力去实现这种欲望。因此，我们认为旅游需求应是“想”与“能”的双重结合，两者缺一不可。

2. 辨析旅游需求、旅游需求量和旅游购买量

在理解旅游需求时，我们还需要注意区分旅游需求与旅游需求量、旅游购买量之间的差异，这几个概念看起来相似，实则差异显著。前文已经提到，目前关于旅游需求被普遍认可的一个定义是：“在一个特定时期内，有旅游欲望和闲暇时间的消费者在各种可能的旅游价格下愿意并且能够购买的旅游产品或服务的数量。”很多人在理解这个定义时片面地认为，旅游需求就是消费者想要购买的一个旅游产品或服务的具体数量，但实际上这种观点是狭隘和片面的，其混淆了旅游需求与旅游需求量这两个不同的概念。

旅游需求的实质是，一种旅游产品或服务的需求量与其价格之间的对应关系；而旅游需求量指的则是消费者在面对一种旅游产品或服务时，有意愿并且有能力购买的数量。此外，旅游需求量与旅游购买量也是两个不同的概念。旅游购买量是消费者在一定时间范围内实际购买到的某种旅游产品或服务的数量。

二、旅游需求形成的条件

旅游需求的形成需要多方面条件共同作用，现有观点普遍认为旅游需求的形成条件主要可以划分为主观条件和客观条件。

（一）主观条件

旅游需求的主观条件主要涉及旅游消费者个体的内在需求和动机。从心理学的角度来看，需求是人类个体在生存和发展过程中，由于内部系统的缺乏和不平衡状态而产生的对某种事物的渴求或依赖。这种需求可以表现为心理层面和生理层面上的追求，是人们对稳定内部状态或外部生活条件的追求。当个体产生某种需求时，便意味着该个体处于缺乏和不平衡的状态，这种状态会驱使他们寻找满足需求的目标或对象。一旦找到合适的目标或对象，个体就产生了动机，这种动机可以被理解为人类个体在特定需求或目标的引导下，产生的激发或维持个体活动的内在心理过程或内部动力。动机驱使个体采取行动以满足需求，从而形成需求。

对于现代人来说，快节奏的生活和工作压力常常导致他们渴望逃离日常生活的重压。旅游因其独特的特性，如放松身心、提升生活质量等，成为现代生活中不可或缺的一部分。旅游需求的形成遵循了需要—动机—需求的逻辑路线。当个体面临身心压力时，他们会产生减压或休整的需求，进而产生离开常住地去旅游的动机，为旅游需求的形成提供了主观条件。

（二）客观条件

在消费者个体产生对旅游的内在需求和动机后，旅游需求的主观条件已经具备。为了将旅游需求转化为实际行动，消费者个体还需要具备一定的旅游支付能力和可自由支配的时间。此外，现代交通技术的发展也为旅游需求的实现提供了必要的基础。

1. 可自由支配收入的提高

旅游需求的有效性要求消费者具备旅游支付能力。可自由支配收入是一个重要的衡量指标，它指的是在扣除税收、社会预支消费（如健康和医疗保险、退休基金、住房基金等）和日常生活必需消费后的剩余收入。恩格尔系数常被用来反映可自由支配收入水平。随着全球生产力水平和现代科技的迅速发展，人们的可自由支配收入水平不断提高，这极大地促进了旅游需求的形成和实现。

2. 闲暇时间的增加

旅游需求形成的第二个重要的客观条件是闲暇时间的增加。闲暇时间是指人们除去日常生活、工作、学习等必要活动后，可以自由支配和安排的时间，是人们休闲权这一重要人权的体现。第二次世界大战以来，全球范围内的人们逐渐拥有更多的闲暇时间，这得益于社会生产力的发展和人权观念的进步。例如，联合国大会在 1948 年通过的《世界人权宣言》提出，"任何人都有休息、休闲的权利，尤其是享有合理的工作时间和定期带薪休假的权利"，这使得休闲权成为人权中不可或缺的一部分。目前，人们可以根据时间长度将闲暇时间划分为工作日工作结束后的闲暇时间、周末闲暇时间、假日闲暇时间和带薪休假闲暇时间，不同类型的闲暇时间直接影响消费者对旅游的需求。

3. 现代交通运输技术的发展

除了可自由支配收入和闲暇时间的增加，现代交通运输技术的发展也是旅游需求形成和实现的重要客观条件。从早期的内河运输发展到现在的综合性运输网络，包括高速铁路、高速公路、豪华客车、私家车、大型船舶、宽体客机等，现代交通运输技术极大地改善了旅游消费者的交通状况，使旅行更加舒适便捷，并使跨国甚至洲际旅行成为可能，从而激发和丰富了潜在旅游消费者的旅游需求。

三、旅游需求的类型与特征

（一）旅游需求的类型划分

旅游活动是一项复杂且系统的活动，因此，旅游需求可以从不同角度进行分类。首先，根据旅游需求实现的可能性，旅游需求可以被分为潜在旅游需求和现实旅游需求。潜在旅游需求指的是人们虽然有内在的旅游需求和动机，以及一定的旅游消费意愿，但由于支付能力不足、闲暇时间有限等限制，无法实现旅游需求。现实旅游需求则是指人们同时具备旅游消费意愿和消费能力，具体表现为对旅游产品及服务的实际购买。总体而言，潜在旅游需求是一种被抑制的需求，在特定条件下可以转化为现实旅游需求。因此，如何将潜在旅游需求转化为现实旅游需求，对旅游行业的未来发展至关重要。

此外，旅游需求还可以根据其来源地划分为客源地旅游需求和目的地旅游需求。客源地指的是能够为旅游目的地输送旅游消费者的地域范围，因此客源地旅游需求指的是在一定时间内，客源地人口愿意且能够以各种可能的价格购买的旅游产品及服务的数量。客源地旅游需求的规模直接影响目的地旅游经济的发展。目的地旅游需求则具有较强的指向性，表现为消费者在一定时间内愿意且能够以各种可能的价格购买与某一旅游地相关的旅游产品及服务的数量，目的地旅游需求通常受到自然、社会、经济等多方面因素的影响。

（二）旅游需求的特征解读

1. 主观性和高层次性

主观性和高层次性是旅游需求的主要特征。主观性指的是不同个体对旅游产品及服务的认识、喜好和购买倾向存在显著差异。旅游需求的主观条件源自个体内部系统的缺乏和不平衡状态，这种状态激发了个体寻求满足的动机，从而形成旅游需求。由于个体面临的缺乏和不平衡状态不同，他们对旅游的内在需求和动机也存在差异，因此旅游需求具有显著的主观性。此外，依据马斯洛需求层次论，旅游需求还具有高层次特征，因为旅游需求是在满足了基本的生理、安全等低层次需要后产生的更高层次的追求。

2. 时间和空间的指向性

从旅游需求的概念内涵来看，旅游需求体现出人们对购买旅游产品及服务或进行旅游相关活动的意愿。旅游活动本身具有显著的季节性和地域性，因而旅游需求也相应地在时间和空间上具有指向性，具体表现为人们的旅游活动具有明显的淡旺季之分，而不同时间人们选择的旅游目的地也具有显著差异。旅游需求在时间和空间上的指向性主要受到旅游目的地的气候条件和节假日等休假时间的影响。

3. 整体性和系统性

旅游需求具有整体性和系统性特征，这主要体现在旅游本身是一个包含了食、住、行、游、购、娱等多方面要素的综合性活动。旅游消费者在选择和购买旅游产品及服务时，会综合考虑多个因素。例如，在选择旅游度假地时，消费者会综合考虑消费水平、交通状况、住宿条件、餐饮供应、自然环境、社会治安等可能影响旅游体验的要素。

4. 敏感性和复杂性

旅游需求具有敏感性和复杂性。旅游活动是在满足基本生理、安全等低层次需要后进行的更高层次的追求，每个旅游消费者都希望在确保自身安全的基础上获得满意的旅游体验。因此，在选择旅游产品及服务或进行旅游活动时，人们会尽可能地趋利避害，对可能影响旅游体验的因素非常敏感。但旅游业的发展受到多方因素的制约，具有脆弱性和复杂性，这使得旅游需求呈现敏感性和复杂性。

四、旅游需求的影响因素

旅游需求受到多方面因素的综合影响，现有观点普遍认为人口因素、经济因素、社会文化因素、政治与政策因素等是最能够影响旅游需求的因素。

（一）人口因素

人口因素是影响旅游需求的重要因素之一。影响旅游需求的人口因素主要表现在人口总量和人口结构两个层面。人口总量指的是某一客源地国家或地区在一定时间内的人口总和；而人口结构指的是人口的构成，常见的划分标准包括年龄、性别、受教育水平、职业等。通常，人口总量较高的客源地具有较高的旅游需求，即便在同等出游频率的情况下，人口总量较高的客源地出游的总人数也更多。此外，客源地的人口结构也会对旅游需求产生影响，因为不同人群对旅游的需求程度和具体喜好存在显著差异。

（二）经济因素

经济因素对旅游需求的影响主要表现在客源地居民收入水平、目的地经济发展水平和汇率等方面。旅游需求的有效性要求旅游消费者具备支付能力，这与客源地居民的收入水平密切相关。居民的平均收入水平较高的客源地，其旅游需求也较为旺盛。此外，旅游目的地的经济发展水平直接决定当地能够为旅游消费者提供的旅游产品及服务的质量，从而影响旅游需求。

（三）社会文化因素

旅游是社会经济与文化发展到一定阶段的产物，旅游活动不仅是一项经济活动，还是一项文化活动。我国古人一直推崇“读万卷书，行万里路”，而近些年来“生活不只眼前的苟且，还有诗和远方”这一生活理念也被越来越多的人所接受，这些都充分显示了人们试图通过旅游来满足体验异国他乡文化、丰富自我精神阅历的需求。因此，社会文化因素对旅游需求的影响也十分值得关注。不同的旅游目的地都具有各自独特的文化风情与魅力，很多旅游目的地在设计品牌形象和进行市场推广时也会对当地的文化元素加以提炼和利用。消费者在进行旅游目的地选择时也会充分考虑到当地的文化特色，而不同的消费者对旅游目的地文化的需求和偏好也存在差异。除了寻求体验与自身文化背景迥异的新奇文化之外，与自身文化相近的旅游目的地也容易增强旅游消费者的亲近感和安全感，从而激发旅游消费者的旅游需求。

（四）政治与政策因素

政治与政策因素也是一项对旅游需求影响十分广泛的因素，体现在各个不同的层面。消费者在选择旅游目的地时最为关注的首要因素一定是旅游的安全性，而当地政治的稳定性是衡量一个旅游地安全性的核心要素。当一个地方存在明显的政治不稳定性，如存在各种冲突、暴乱、战争、恐怖袭击、政变等问题时，那么该地的旅游业发展必将遭受巨大打击。此外，消费者在计划国际旅行时，目的地国与自身所在国之间的外交关系也成为重要的考虑要素，人们往往会避开与自己所在国之间存在明显矛盾或冲突的国家，以避免引起麻烦。除此以外，政策因素对旅游需求的影响也非常显著，包括客源地和目的地发布的鼓励或限制旅游的各种相关政策。

第二节　旅游动机

一、旅游动机的概念及形成

在探讨旅游动机的概念之前，我们首先需要理解动机的含义。动机是一个心理学概念，我们在本章第一节已经提到，动机是指“人类个体在特定需求或目标的引导下，产生的激发或维持个体活动的内在心理过程或内部动力”。简而言之，动机是一种内在驱动力，它可以在一定条件下激发人类个体从事某种活动，既可能是有意识的，也可能是无意识的。动机的产生通常受到内在条件和外在条件两个层面的影响。内在条件指的是人类个体的需求，由于某种需求的存在，才促使人们产生满足该需求的动机。因此，人类个体的内在需求可以被视为动机产生的基础，没有任何一种动机是能够脱离需求单独存在的。外在条件则是指那些能够引发人们的某种动机并满足人们需求的外在刺激因素，也被称为诱因，诱因既可能是物质的，也可能是非物质的。当一个人类个体产生了内部需求，又受到外界诱因的推动时，就能产生某种动机，并对其未来行为产生影响。例如，当一个人感到口渴时，看到路边大屏幕上播放的饮料广告，就会很想买一瓶饮料喝。在这个例子中，口渴是这个人的内在需求，大屏幕播放的饮料广告则是外在诱因。在两者的共同作用下，这个人就产生了买饮料的动机。

理解了动机的概念以及动机的形成条件后，我们再来探讨什么是旅游动机，以及旅游动机是如何形成的。结合目前对旅游动机概念界定的普遍观点，本书认为，旅游动机是驱动人们进行或维持旅游行为的一种内在驱动力，通常表现为人们对旅游活动的兴趣或进行旅游活动的愿望、意图等，可以用来解释人们为什么会想要进行旅游活动。旅游动机的形成也需要内在和外在条件的共同作用。人们产生的内在旅游需求是旅游动机形成的基础，会推动人们为满足旅游需求而去寻求具体的依托对象或方式，从而形成旅游动机。旅游动机形成的外在诱因则包括但不限于旅游地的自然或人文景观、旅游产品及服务的宣传推广、鼓励旅游的相关政策、人们自身的经济状况、闲暇时间等。在二者的共同作用下，旅游动机就形成了，并会对人们的后续行为产生影响。例如，人们产生旅游需求后，就会开始搜寻自己感兴趣的旅游信息、制订旅游计划、预订旅游产品及服务等。

二、旅游动机的类型

人类个体内在的旅游需求是旅游动机形成的基础，而不同个体的旅游需求千差万别、多种多样，这也决定了人们的旅游动机具有多样性。现有研究对旅游动机的类型划分持有不同的观点，这些观点主要包括横向和纵向两个大类。本小节将先对现有的旅游动机类型划分的观点进行梳理并列举部分代表性观点，然后提出本书对旅游动机类型的划分。

（一）旅游动机类型划分的现有观点

目前大部分学者都是从横向对旅游动机类型的划分进行研究，所谓的横向指的就是在同一等级和标准下从不同的视角划分旅游动机的类型，所划分的类型之间没有高低主次之分，处于一个平等且相互独立的状态。最早尝试从横向视角提出旅游动机类型划分的是德国学者葛留克斯曼（Glucksmann），他在其著作《一般旅游论》中探讨了人们进行旅游活动的原因，然后将旅游动机划分为心理动机、精神动机、身体动机和经济动机。日本著名旅游学者田中喜一沿袭了葛留克斯曼对旅游动机类型划分的四维度观点，并在其基础上进一步将每个维度的内容进行了细分，将心理动机细分为思乡心、交友心、信仰心；将精神动机细分为知识的需要、见闻的需要、欢乐的需要；将身体动机细分为治疗的需要、休养的需要、运动的需要；将经济动机细分为购物目的和商务目的。另一位日本学者今井吾则认为旅游动机包括三个维度，分别是消除紧张的动机、自我完善的动机和社会存在的动机。美国学者罗伯特·麦金托什（R. McIntosh）对旅游动机的四维度划分也被广泛地认可，麦金托什将旅游动机划分为身体健康动机、文化动机、交际动机、地位和声誉动机四个维度。我国部分学者也尝试从横向划分旅游动机的类型，如吕勤和郝春东将旅游动机划分为求补偿、求平衡、求解脱三个维度；刘纯提出旅游动机包括探险动机、复杂性动机等六个分类。

除了横向的划分，还有部分学者参考马斯洛需求层次论，从纵向来对旅游动机的类型进行研究和划分，认为不同的旅游动机之间存在着由低到高的层次之分。最具代表性的观点是由皮尔斯和卡尔塔比亚诺提出的旅行生涯阶梯（travel career ladder，TCL）理论，将旅游动机由低到高划分为生理、安全、关系、自我尊重、自我实现五个维度。此后，皮尔斯和李又在原模型基础上进一步修正，提出了旅行生涯模式（travel career pattern，TCP）理论，认为旅游动机由低到高分别是放松动机、兴奋动机、追求新奇动机、社交动机和自我发展动机（Pearce and Lee，2005）。

此外，旅游动机的“推-拉”模型也是研究旅游动机时被广泛认可和应用的理论。该理论认为旅游动机主要包括“推力”和“拉力”两个维度。推力指的是能够驱动人们产生旅游动机的那些内在需要，包括但不限于人们的逃离、放松、声誉、健康、冒险、社交等需求；拉力则是指能够吸引人们产生旅游动机的外在诱因，如引人入胜的美景、丰富的旅游接待设施等。另外，还有各国学者从不同视角对旅游动机进行的划分。由于篇幅所限，本书仅列举了部分代表性观点。

（二）本书对旅游动机类型的划分

1. 愉悦和放松身心的动机

对愉悦心情和闲适放松状态的喜爱和追求是人的天性，因此愉悦和放松身心也成为人们进行旅游活动最为普遍和常见的一种旅游动机。自古至今，人们都乐于通过各种各样的旅游活动来放松自己的身心，寻求快乐。在古代中国，人们已经习惯于根据节令的不同进行不同的旅游和休闲活动。例如，早在先秦时代，古人们就已经开始在初春时节去郊外踏青，与家人一起或约上三五知己到郊外赏花看景。到了盛唐，踏青活动就更为流行，据古籍记载，长安的青年男女每逢春天都会去郊游踏青，遇到美景则席地而坐，品茶饮酒，共享悠闲的美好时光。这里的踏青实际上就是我们现代所谓的“春游”，属于旅游活动中的近郊游。到了现代，人们的日常生活都普遍面临着工作压力大、生活节奏快等种种问题和烦恼，旅游更是成为人们缓解身心压力、恢复愉悦心情的主要方式。这也解释了为何每到节假日，人们都携家带口、呼朋引伴地去各地旅游。

2. 自我完善和发展的动机

在旅游中寻求自我完善和发展也是人们进行旅游活动的一个重要动机。第一，人们通过进行旅游活动可以充分开阔自己的眼界，增长见识。我国古人有云，“读万卷书，行万里路”，形容的就是不但要从书卷中获取知识，还需要走出去，到外面的广阔世界中进行实践和学习，而旅游就为我们提供了一个很好的走出去的机会。第二，很多人希望通过旅游活动来获得良好的审美体验。第三，旅游活动也是一个强健体魄和磨炼意志力的良好机遇。旅游活动并不都是轻松舒适的，很多旅游活动如户外徒步、登山等都需要人们付出极大的体力，因此能够帮助人们强健体魄。此外，旅游活动中遇到的各种突发状况和意外也有利于人们磨炼心志，挑战自我。

3. 探新求异的动机

在节奏飞快的现代社会，人们每天在惯常的环境里为了学习、工作和生活而奔忙，非常容易感到厌倦和疲劳。在这种情况下，人们非常容易产生一种想要离开惯常居住地，去其他地方感受新的生活方式的愿望。此外，人们大都具有好奇心与发现欲，渴望了解其他地方人们的生活、发现其他地方新奇与好玩的事物，因此探新求异也成为人们较为常见的一个旅游动机。尤其对于年轻的旅游消费者而言，探新求异是他们选择旅游地和进行旅游活动最为重要的动机之一。探新求异的旅游动机通常表现在人们希望通过旅游来离开自己的惯常居住地，去一个从未去过的新地方感受与自己所在地完全不同的风土人情和文化氛围，体验与自己所在地迥异的气候和环境，尝试一些自己在日常生活中没有体验过的新奇事物等。

4. 情感和社交的动机

人类是社会性动物，生活在一定的社会关系中，与周围的人建立情感联系并进行互动。因此，情感和社交的动机是人们进行旅游活动不可忽视的重要动机之一。人们通常具有强烈的情感需求，渴望拥有良好的亲密关系。在旅游过程中，人们可以与家人、恋人、朋友等亲密的人一起参与各种活动，如乘坐交通工具、餐饮住宿、观光游览等，这些活动有助于增进彼此之间的交流和理解，从而加强情感联系。对于独立个体而言，带亲密的家人或朋友一起旅游，让他们感到快乐，也会让自己内心产生满足和愉悦的情感。此外，人们普遍需要不断发展人际关系并进行社会交往。在旅游活动中，人们有机会建立新的人际关系，维护和巩固现有关系，并与不同的人进行交流和互动，如旅途中遇到的各类旅游服务人员、同一旅游团内的同伴等。

5. 其他动机

人们的旅游动机源于个体内在的需要，而不同个体的内在需要千差万别，因此，旅游动机具有多样性。除了前面提到的愉悦和放松身心的动机、自我完善和发展的动机、探新求异的动机、情感和社交的动机之外，不同的旅游消费者还可能具有其他各种旅游动机。例如，有人可能为了品尝地道的重庆火锅而特意去重庆旅游；有人可能为了购买免税名牌商品而去海南三亚旅游；有些粉丝可能会跟随自己偶像的演唱会行程到不同地点旅游；有些人可能会因从众心理而受身边人的影响做出旅游决策；还有些早年移居海外的华人华侨可能会为了寻根祭祖回到家族的发源地。

三、旅游动机的特征

（一）指向性

指向性是旅游动机的一个显著特征，指的是旅游动机通常明确指向某个具体的旅游目标或对象。这一特征与人们的内在需求紧密相关。例如，当个体经历连续的高度紧张和忙碌后，可能会产生去大自然中放松度假的动机；而长期生活在单调环境中的人可能会寻求蹦极、攀岩等具有刺激性和冒险性的旅游活动。

（二）差异性

旅游动机的另一个显著特征是差异性，指的是不同个体在旅游动机方面存在显著差异。旅游动机源于人们内在的需要，个体间的差异使得内在需求不同，进而导致旅游动机也存在显著的差异。例如，一个旅游经验丰富的个体可能对常规旅游产品不感兴趣，但可能被新奇、冒险的旅游产品吸引；而一个旅游经验较少的个体可能更多地体现自我发展或情感社交的动机。

（三）发展性

发展性是旅游动机的第三个主要特征，指的是旅游动机处于一个不断变化发展的状态中，受到主观和客观等多方面因素的影响。对于人类个体而言，在成长过程中，旅游动机会随着年龄、人生阅历、旅游经验、身体状况等因素的变化而发展变化。此外，旅游动机也会受到社会环境、政治稳定性、公共卫生状况等因素的影响。

四、旅游动机的激发

（一）强化带薪休假制度，增强执行力度

为了有效激发旅游动机，我们首先需要解决实际存在的旅游障碍。对于现代人来说，缺乏足够的闲暇时间是阻碍旅游动机形成的一个重要因素。因此，我们必须不断完善带薪休假制度，并加大该制度的执行力度。以我国为例，随着社会经济的持续发展，人民生活水平逐渐提高，国民对旅游休闲的需求也在迅速增长。然而，我国带薪休假制度在实施过程中，部分单位可能存在一定的落实难度，导致职工在享受休假权益时，有时会遇到休假时间未能完全满足规定的情况。因此，我们应当根据实际情况继续完善带薪休假制度，并全面推动带薪休假督查制度，以保障劳动者的合法权益，并激发大家的旅游消费热情。

（二）加强基础设施建设，提升旅游便利性与舒适度

旅游活动是一个涉及交通、餐饮住宿、景区、购物、娱乐等多方面要素的系统性活动。每一位旅游消费者都希望自己的旅游体验能够便捷而舒适。随着旅游基础设施建设的不断完善，人们的旅游动机也会得到显著激发。因此，我们必须提高对旅游基础设施建设的重视，不断推进和完善各类旅游基础设施的建设。其中，旅游交通基础设施的建设对旅游业的发展起到了重要的推动作用。近年来，我国加快了高速公路、铁路、飞机等交通设施的建设，极大地缩短了人们的出行时间，提高了出行过程的舒适性，激发了更多人出游的热情。

（三）创新旅游产品内容与形式，丰富优质旅游产品供给

旅游动机的个体差异显著，且受多方因素影响，处于不断发展变化的状态中。因此，

重视旅游产品及服务在内容和形式双层面的创新，不断推出能够契合人们旅游消费心理、激发旅游消费热情的优质旅游产品是至关重要的。例如，北京故宫博物院神武门外的故宫角楼咖啡在 2018 年正式营业，推出了“康熙最爱巧克力”“千里江山卷”等特色餐饮，迅速受到广泛的热议和追捧。很多游客专程从各地赶来，只为在故宫角楼咖啡品尝一杯特色饮品，感受这里的独特氛围。

（四）利用多元化渠道，提升旅游宣传效果

互联网和智能移动终端技术的发展将我们带入了一个信息爆炸的时代，信息的传递变得无比迅速，网络媒体的多元化和用户行为的碎片化成为信息时代的典型特征。在这样的时代背景下，旅游企业和旅游目的地要想激发人们的旅游动机，就必须理解和把握信息时代的特征，跟上时代的步伐，充分利用多元化的宣传渠道，不断提升旅游宣传效果。例如，国内许多城市已经通过抖音、快手等短视频 APP，为自己城市的旅游业发展创造新契机，吸引了大量旅游消费者前来旅游打卡。

第三节 旅游期望

一、旅游期望的概念和构成

（一）旅游期望的概念

在深入探讨旅游期望之前，我们有必要先理解“期望”这一概念。在中国古代文献中，“期望”一词已有所记载，如宋朝叶适在《上孝宗皇帝札子》中写道：“今环视诸臣，前者后者，迭进迭退，其知此事本而可以反覆论议者谁乎？其抱此志意而可以策厉期望者谁乎？”从字面上理解，期望指的是人们对人或事物的一种内在期待、等待和希望。具体而言，人们会对某个人或事物设定一定的标准，如果能够达到这个标准，就意味着达到了期望。从心理学的角度来看，期望是指在给定的环境或条件下，个体对特定活动可能引发某种结果的概率的预估。期望在管理学中也被广泛应用于消费者购买决策的研究，指的是消费者对商品达到其预期标准的期待。这些对期望的解释虽然视角不同，但都强调了人们内心所怀有的期待和希望。

目前，学术界对于如何界定旅游期望尚无统一的标准。然而，一些被较为认可的观点包括：王莹和吴明华（1991）认为，旅游期望是“人们对在旅游目的地获得物质和精神需求满足的希望，对在旅游地的亲身感受同预先的期望得到完美统一的希望”；谢彦君和吴凯（2000）将旅游期望界定为人们对自己想要通过旅游所获得满足的心理预期；王纯阳和屈海林（2013）提出，旅游期望是“旅游者在实施购买决策之前，对目的地提供的产品或服务的预期表现所持有的事先看法”；李飞（2007）在其研究中提出了旅游期望明确度，表示旅游消费者对即将进行的旅游活动的满足感、乐趣、意义和价值等方

面效用的可预见性。本书基于现有理论和研究，认为旅游期望指的是旅游消费者对旅游目的地各要素的主观想象的总和,以及在该地进行旅游活动所能获得各方面满足的预期。旅游期望的实质是旅游消费者根据所能获得的信息预设的一个标准或参照系，其将被用来与实际的旅游体验做比较，从而形成对旅游体验和旅游产品及服务质量的评价。旅游期望在一定程度上能够体现潜在旅游目的地对人们旅游动机的激发程度和吸引力的高低。当人们对某一旅游目的地抱有很高的旅游期待值时，也就说明这一旅游目的地对潜在的旅游消费者具有较为强烈的旅游吸引力，能够很好地激发人们的旅游动机。

（二）旅游期望构成的不同视角

1. 按照旅游期望的需求层次

旅游期望可以按照由低到高的层次划分为基本的旅游期望、价格关联的旅游期望和超值的旅游期望。这一划分依据马斯洛需求层次论，认为旅游消费者的旅游期望具有不同的层次。基本的旅游期望指的是旅游消费者认为在旅游过程中必须提供的产品和服务，或者旅游产品和服务必须达到的要求。例如，很多旅游消费者都认为酒店应该提供牙具、拖鞋等一次性用品，当酒店提供这些用品时，旅游消费者并不会因此感到特别满意，但如果酒店不提供，则会让很多旅游消费者感到不快。价格关联的旅游期望指的是与旅游产品及服务的定价紧密相关的期望。人们普遍认为，产品及服务的好坏应与其价格具有紧密对应关系，因此，当旅游消费者为某一旅游产品及服务所花费的费用越高，则对该产品和服务的期望也越高。例如，对价格昂贵的五星级酒店服务的期待值要远远高于价格低廉的经济型酒店。超值的旅游期望指的是旅游消费者希望在旅游过程中获得的额外收获和满足。这一类期望即使无法被满足，也不会影响旅游消费者的满意度；然而一旦超值的旅游期望得到满足，旅游消费者就会格外满意。

此外，还有另一种被广泛接受的划分方式，即理想的旅游期望、可接受的旅游期望和旅游期望的容忍域三个部分。理想的旅游期望指的是那些被旅游消费者寄予最高期待值的期望，反映了消费者对旅游产品和服务不切实际的想象，是一种被过度加工和美化的期待。可接受的旅游期望指的是在一定的约束条件下能够使旅游消费者接受的期望，是一种较低水平的期望。旅游期望的容忍域则是理想的旅游期望和可接受的旅游期望之间的差值，描述的是旅游消费者从可接受的旅游期望到理想的旅游期望这一期待范围。由于旅游产品和服务异质性的存在，旅游期望容忍域的范围因人而异，即便是同一旅游消费者，在不同的条件下旅游期望容忍域也可能存在差异。

2. 按照旅游期望的清晰程度

根据旅游消费者对产品及服务要求的明确程度，旅游期望可以分为三类：隐性旅游期望、显性旅游期望和模糊旅游期望。隐性旅游期望指的是消费者认为在旅游过程中理所应当获得的产品及服务，这些期望非常明确，且不需要消费者特意提出要求即可实现。这类期望与基本旅游期望在概念上存在相似性。例如，消费者在餐厅就餐时，通常期望就餐环境整洁舒适，饮食符合卫生标准，并确保消费者的饮食和人身安全，这些期望被认为是无须特别表达就应该实现的。显性旅游期望指的是消费者明确知道自己需要什么样的旅游产品和服务，并且能够清晰地表达这些需求。例如，当消费者明确告知餐厅希望根据个人口味调整菜品时，这种期望就属于显性旅游期望。模糊旅游期望指的是消费者意识到自己希望获得某种旅游产品和服务，或者期待服务提供方采取某些措施来改善自己的旅游体验，但无法清晰地表达这些期望。例如，消费者在酒店房间发现酒店提前赠送的果盘和鲜花时，会产生被重视和尊重的认知，从而感到开心。但如果酒店没有准备这些小礼物，消费者也很难明确提出这些期望，这就是模糊旅游期望的典型表现。

3. 按照旅游期望的具体对象

根据指向的具体对象，旅游期望可以分为三类：对旅游目的地的期望、对具体旅游产品和服务的期望、对提升个人形象和影响力的期望。首先，选择理想的旅游目的地是旅游消费者制订旅游计划和做出旅游决策的关键步骤。在确定旅游目的地后，消费者会对该目的地产生各种主观想象和预期，如旅游基础设施的预期、居民友好程度的预期等。其次，旅游涉及多个方面，包括交通、餐饮、住宿、景区、购物、娱乐等，消费者在参与一次旅游活动时，往往会体验多项不同的旅游产品和服务，并对这些具体的旅游产品和服务有所期望。例如，在到达酒店前，消费者会基于已有信息预期酒店的服务质量、客房舒适度、餐饮水平等。最后，旅游消费者还会产生对提升个人形象和影响力的期望。例如，许多人通过社交平台发布旅游照片和视频，以吸引他人关注，从而提升个人形象和影响力。

二、旅游期望的特征

（一）倾向性

在信息爆炸的时代，旅游消费者通过多种渠道获得旅游信息，包括智能手机、平板电脑等移动智能终端设备和互联网科技。这些信息往往带有发布者的个人情感和倾向性，因此，旅游期望的形成可能存在倾向性和片面性。

（二）动态性

旅游期望并非固定不变，而是可以根据实际情况进行调整和改变。当原有期望无法实现时，消费者可能会调整或替代新的期望。由于旅游活动的复杂性，消费者需要做好随时调整期望的准备。例如，计划中的旅游地因故无法前往，消费者可能需要重新规划旅游路线。

（三）双重性

旅游期望具有双重性特征。一方面，它是激发旅游动机和消费热情的重要驱动力；另一方面，它是消费者预设的评价旅游产品及服务的标准或参照系。当实际体验与期望相符时，消费者满意度较高；当实际体验超出期望时，满意度更高；而当实际体验远低于期望时，消费者可能会感到失望。

（四）复杂性

旅游期望的形成和变化受到多种因素的影响，包括消费者个体特征、政策方针、社会文化、经济发展、国际形势等。这些因素共同作用，使得旅游期望呈现出复杂特征。例如，不同消费者在面对同一旅游产品时，可能产生截然不同的期望；同一个消费者在不同的旅游地，其期望也可能大相径庭。

三、旅游期望管理的挑战

（一）旅游消费者期望的持续增长

在本节第二部分，我们探讨了旅游期望的动态性，即它是一个不断发展和变化的过程。尽管旅游期望受到多种因素的影响，但总体上呈现出持续增长的态势，这一趋势为旅游期望的管理带来了挑战。消费者在做出购买决策并预先购买旅游产品和服务后，会基于从各种渠道获得的信息，形成对所购买的旅游产品、服务或旅游目的地的初步期望。在实际旅游活动中，如果发现任何不满的迹象，出于自我保护的动机，消费者会降低其初始期望。然而，如果旅游体验达到甚至超越了初始期望，消费者的后续期望值往往会更高，即消费者在无形中提高了自己的期望。对于再次消费同一旅游产品或服务的消费者来说，他们通常基于之前满意的体验做出重复购买的决定，其再次消费时的期望值往往高于初次。因此，旅游消费者的期望总体上呈现持续增长的趋势，这也对旅游产品和服务的提供者提出了挑战。

（二）服务提供者难以精确把握旅游期望

旅游期望管理面临的第二个挑战是服务提供者难以精确把握旅游消费者的期望。首先，旅游期望的动态性增加了服务提供者理解期望的难度。旅游活动是一个包含旅游前、中、后不同阶段的整体过程，旅游期望在消费者真正开始旅游活动之前就已形成，并在形成的那一刻起，受到消费者自身及其外部多种因素的影响，不断发展和变化。其次，模糊的旅游期望也是消费者期望的重要组成部分，许多对旅游产品和服务的期待是消费者自身难以清晰认知和表达的。因此，对于旅游产品和服务提供者来说，把握这一类期望的难度极大。

（三）服务的标准化与旅游期望的冲突

推进旅游服务的标准化建设有利于提高服务水平和服务效率，提升旅游行业从业人员的职业素养。因此，实现旅游服务标准化对旅游企业以及整个行业的可持续发展具有积极的促进作用。然而，在推进服务标准化的过程中，标准化产品和服务与消费者期望之间的冲突也屡见不鲜。由于不同消费者所持有的期望存在显著个体差异，仅提供标准化的旅游产品和服务难以满足每位旅游消费者的期望。因此，对于旅游企业而言，如何处理产品与服务的标准化与消费者个性化期望之间的冲突，成为一个必须面对的挑战。

（四）旅游服务质量管理的挑战

旅游消费者期望的持续增长要求服务提供者能够及时跟进并满足这些不断变化的

期望。为了实现这一目标，服务提供者需要根据消费者期望的变化，迅速采取措施以提升产品和服务质量。这使得旅游服务质量管理面临诸多挑战。例如，对于一个旅游景区来说，公共洗手间、摆渡车、纪念品商店等接待设施都是影响消费者期望的关键因素。设施老旧、产品单一、洗手间破损等问题都可能导致消费者失望，从而降低期望。相反，拥有崭新设施和有趣项目的景区会随着消费者获得的良好体验而使消费者提高期望。景区若想继续满足消费者期望，必须不断改善服务、调整接待策略和完善游玩设施，这会给运营成本带来巨大压力。尽管可以通过提高门票价格来弥补成本损失，但价格提升可能会进一步提高消费者的期望，使景区运营面临更多困难。

课后思考题

1. 什么是旅游需求？旅游需求是如何形成的？影响旅游需求的主要因素有哪些？
2. 什么是旅游动机？旅游需求与旅游动机之间的关系如何？旅游动机如何激发？
3. 什么是旅游期望？旅游期望的构成是怎样的？

第四章

旅游消费者感知与态度

【本章学习要点】

1. 理解感觉和知觉的定义、分类与基本规律。
2. 掌握旅游知觉的形成过程和条件，以及影响旅游知觉的主要因素。
3. 熟悉旅游消费者态度的含义与偏好，以及影响旅游消费者态度的因素。

第一节 旅游感觉

1954 年，心理学家贝克斯顿等在加拿大的麦吉尔大学进行了首例感觉剥夺实验研究。在获得每天 20 美元的报酬后，大学生被要求在一个缺乏刺激的环境中待一段时间。具体来说，实验者被要求戴上特制的半透明塑料眼镜，以限制图形知觉；他们的手和手臂被套上由纸板制成的手套和袖套，以限制触觉；实验在隔音室内进行，以空气调节器的单调"嗡嗡"声代替听觉刺激。实验参与者被要求安静地躺在舒适的帆布床上。在当时，大学生每小时的工作报酬大约只有 50 美分，这吸引了许多大学生参与，他们认为这是一个可以好好休息或思考论文和课程计划的机会。然而，结果出乎许多人的意料：几天之内，许多志愿者纷纷退出实验。他们报告说，他们在这种环境中感到极度不适，难以进行清晰的思考，甚至在短时间内也难以集中注意力，思维活动似乎总是"跳来跳去"。更严重的是，大约 50%的参与者出现了幻觉，包括视觉、听觉和触觉幻觉。例如，视觉幻觉可能表现为光的闪烁；听觉幻觉可能表现为狗叫声、打字声或滴水声；触觉幻觉可能表现为冰冷的钢板压在前额和面颊，或感觉床垫被从身体下方抽走。在随后的几天里，参与者注意力分散，难以进行清晰的思考，智力测试成绩不理想。通过分析脑电波，心理学家们发现参与者的所有活动都严重失调，有时甚至出现了幻觉（白日做梦）现象。①

从这个实验中可以看出，在日常生活中，我们不经意间接受的各种刺激以及由此产生的多种感觉对于我们的心理和生理健康至关重要。我们能够看到色彩的斑斓，听到音乐的旋律，品尝到佳肴的滋味，感受到棉花的柔软，这些体验都离不开一种直接的心理现象——感觉。同样，旅游体验也时刻被感觉所丰富。攀登泰山的顶峰，俯瞰群山；守候黄河之畔，聆听日夜喧嚣；游历巴蜀之地，品味人间风味。对于旅游消费者而言，每一次旅行都是一场感觉的盛宴。

一、感觉的概念

在心理学中，感觉是指外界刺激通过感觉器官传递到大脑，经过大脑的信息处理活动所产生的对客观事物的个别属性的反映。这种反映是基于我们的感官（如眼、耳、鼻、口、肢体和皮肤）对光线、色彩、声音、气味和质地等基本刺激的直接反应。感觉器官能够识别各种刺激的存在，使我们能够享受听觉、视觉、嗅觉、触觉和味觉。感觉使我们能够感知外部世界并意识到周围发生的事情。可以说，感觉是一种单一的、低级的心理现象，因为它只能展现事物的个别特征，而不能使我们做出全面的、深入的评价与判断。然而，感觉也是最基础、最重要的心理现象，因为所有更高级、更复杂的心理活动都不能在没有感觉的基础上产生。因此，感觉是一切心理活动的基础，是人的意识形成和发展的先决条件。

---

① 心理学上著名的"感觉剥夺"实验. 中央民族大学学报（自然科学版），2007，16：280.

感觉可以分为内部感觉和外部感觉两大类。外部感觉是指感官对事物的个别外部特征的反映，包括视觉、听觉、嗅觉、味觉和触觉。反映身体内部器官状态的感觉则属于内部感觉，包括平衡觉、运动觉和机体觉等（表 4-1）。

表 4-1　旅游感觉的分类

分类	感觉器官	感觉刺激	旅游功能
视觉	眼睛	景象	观看风景
听觉	耳朵	声音	听解说、聆听大自然的声音
嗅觉	鼻子	气味	识别气味
味觉	嘴巴	味道	品尝美食
触觉	皮肤	质地	感受硬度、质地
平衡觉	内耳中庭	身体倾斜度	保持身体平衡
运动觉	所有感官与大脑皮层	身体运动	进行运动项目
机体觉	内脏壁	机体内部失衡	产生饥渴的信号

二、旅游感觉的分类

1. 视觉

视觉是人类通过眼睛感知外界事物，如色彩、形状、动态等，从而获取对生存至关重要的信息。作为人类和动物最基本且不可或缺的感觉，视觉对于人和动物认知世界和环境至关重要。事物的形状可以传递不同的信息，例如，圆形的物体通常被认为具有温暖的特质，而具有棱角的物体则可能被感知为具有力量或能力。物体的远近也会引起消费者不同的情感反应，例如，紧凑的标志可能带来安全感，而分散的布局则可能产生距离感。此外，食物的颜色也会影响消费者的心理状态，例如，暖色调可能唤起舒适和温暖的感觉，因此饭店的装潢往往采用暖色调。在旅游产品设计中，色彩的选择对于吸引顾客具有显著作用。例如，故宫的红色和黄色体现了帝王的庄严与雄伟，而伊犁建筑屋顶的紫色元素则与当地盛产的薰衣草相呼应。旅游资源的开发和景点设计应首先考虑满足游客的视觉享受，如波澜壮阔的海平面、广袤无垠的草原、雄伟瑰丽的长城、秀美清新的凤凰古城等，都为游客提供了视觉上的盛宴。在旅游宣传中，视觉元素也发挥着重要作用，如高速公路和火车轨道旁的旅游宣传标语以及当地特色的建筑和景观，都吸引着游客的目光，缓解旅途的单调乏味。

2. 听觉

听觉是人们感知声音刺激的能力，具有音调、音响、音高三种特性，是仅次于视觉的重要感觉。在游览过程中，听觉通常处于视觉的辅助地位。声音通常与视觉景物相伴而生，如密林中的鸟鸣、山涧中的溪流声、海浪的涛声、船桨的划水声、寺院中的诵经声和朝拜声、瀑布的落水声、火山熔岩的喷发声等，都是相互依存的形象和声源。然而，在某些情况下，听觉可能具有独立的目的性，如水下音乐、天然或人工的回音壁、山间的回声等。导游的抑扬顿挫的语调、景区播放的背景音乐、自然形成的环境噪声，都能为旅途增添美的感受。优美的音乐可以营造良好的氛围，提升旅游服务质量，并在游客心中形成好感与信任，而噪声污染则可能破坏旅游体验。在景区中，导游的“串音”问题（多个旅游团同时游览时，导游讲解声音相互干扰）可能导致游客感到烦躁。因此，许多现代化景区采用电子耳机解说，为游客提供一个专注的听觉环境。在旅游宣传中，听觉传播是一种广泛且有效的传播方式，例如，《刘三姐》让人联想到广西的风景，《成都》让人想起春熙路的熙攘，《可可托海的牧羊人》让人想起草原的广袤。

3. 嗅觉

嗅觉是指人们通过鼻子感知外界气味的能力。气味可以激发强烈的情感，也可能带来平静的感觉。在旅游过程中，游客的感官都是开放且敏感的，对于新鲜事物有较强的接受能力。嗅觉作为人体的一个重要警觉系统，在旅游体验评价中扮演着重要角色。芬芳的气味可以带来快乐和温暖的感觉，而难闻的气味则可能引起不适、厌恶甚至令人无法忍受。游客在欣赏山水风光的同时，也期待能够呼吸到清新自然的空气，享受嗅觉上的愉悦。此外，旅游从业者应在服务场所保持空气清新，尤其是景区厕所的气味，因为它们很大程度上影响着游客对旅游地的印象。例如，20 世纪 50 年代的日本东京由于缺乏抽水式厕所，散发出令人不愉快的气味。然而，在 60—70 年代进行了厕所卫生革命后，东京成为世界卫生城市的典范，吸引了大量游客和投资者。在餐饮业中，嗅觉同样扮演着重要角色。人们追求“色香味”俱全的美食体验，而食物的香味是餐厅吸引顾客的最佳广告。

4. 味觉和触觉

味觉是人类通过味蕾对食物进行感知和反应的感官体验。在旅游活动中，味觉体验不仅是饮食享受的一部分，它还与旅游目的地的风土人情紧密相连。例如，到云南旅游时，品尝当地的菌菇盛宴是不可或缺的；在广州，体验当地特色的早茶文化是深入了解该地的途径；而在北京，尝试豆汁和卤煮则是对当地饮食文化的直接体验。不同地区的饮食口味各有特色，川渝地区以咸辣口味著称，沿海地区则偏好清淡鲜美的食物，而苏浙一带则以甜食为特色。因此，景区在餐饮服务上应进行充分的市场调研，根据游客的地域分布提供多样化的餐饮选择，同时突出本地特色，以满足不同游客的味蕾需求，并使游客留下深刻的旅游记忆。

触觉是指人类皮肤对外界刺激产生的感觉，包括疼痛、触感、软硬度等。触觉在旅游体验中扮演着重要角色，尤其是在互动体验中。尽管现代科技在景区体验中带来了很多创新，但触觉在旅游体验中的核心地位依然不可动摇。例如，在海滩上脱下鞋子感受沙粒的细腻和海水的清凉，购买旅游纪念品时触摸物品的质感，或在初雪天气中伸手感受雪花的细腻，这些触觉体验都是旅游体验中不可或缺的部分。温度也是触觉的重要刺激因素。酒店和景区的温度控制对游客的舒适度至关重要，过热或过冷的温度都可能影响游客的体验。

5. 内部感觉

内部感觉包括平衡觉、运动觉和机体觉。平衡觉反映了身体的位置变化和运动状态，例如，晕车和晕船就是由前庭器官的毛细胞未能及时调整而导致的失衡感。运动觉则涉及身体各部位的位置变化和运动感知，如肌肉的收缩和舒张。机体觉则是内脏壁等神经末梢对刺激的反应。游乐园中的过山车、海盗船、攀岩以及滑雪、蹦极等刺激性游乐项目近年来受到广大游客的喜爱。这些项目通过刺激身体各个部位，激发游客的运动觉和平衡觉，带来精神振奋和惊险刺激的体验。能够激发游客身体活动的项目通常能够吸引他们全身心投入，产生强烈的旅游热情。尤其是青年游客，对于能够刺激运动觉和平衡觉的游乐项目有着更大的兴趣和热情。

旅游体验中的各种感觉相互联系、相互作用，共同加深我们对旅游目的地的感知和理解。这些感觉的综合作用使我们能够更全面地认识外部环境和个人状态，从而开启更深层次的旅游体验。

三、旅游感觉的基本规律

1. 感受性和感觉阈限

并非所有的外界变化都能引发感觉，感觉器官仅在一定强度的刺激下才会产生反应。例如，电视广告的持续时间若少于 3 秒，则无法引起观众的视觉感知。在心理学中，感受性和感觉阈限被用来描述刺激的范围及其相应的感觉能力。

（1）感受性指的是感觉器官对特定刺激的感受能力，即对感觉的敏感程度。它分为绝对感受性和差别感受性。绝对感受性是指个体能够感知到的外界最小刺激量的能力，而差别感受性是指个体能够感知到的同类刺激物之间极微小差异的能力。以视觉为例，视觉的绝对感受性非常高，即使在黑暗环境中，点点星光也能引起光感觉。人的各种感受性并非固定不变，它们受到内外部条件的影响，如适应、对比、生活需求等。有徒步旅游经验的旅行者相比一般人，对天气变化的感受性更高。感受性的高低可以通过感觉阈限的大小来衡量，感觉阈限值越低，感受性越高；相反，感觉阈限值越高，感受性越低，两者呈反比例关系。

（2）感觉阈限是指能够引起感觉的临界点，只有超过这个临界点的刺激才能被意识到。感觉阈限分为绝对感觉阈限和差别感觉阈限。绝对感觉阈限是指能够引起感觉的最小刺激量，它对旅游服务规划具有重要意义。例如，帕米尔高原的盘龙古道标志牌上写着“今日走过了人生所有的弯路，从此人生尽是坦途”。这块标志牌可以慰藉许多游客的心灵，但如果字体过小，乘客无法注意到，则其效果将大打折扣。差别感觉阈限是指能够感知到的两个同类刺激物之间最小差异量，也称为最小感觉差。1830 年，德国生理学家韦伯发现，在中等强度刺激范围内，差别感觉阈限与原刺激量的比值是一个常数，即 $K=\Delta R/R$。其中 R 为原刺激量，ΔR 为差别感觉阈限。韦伯定律表明，不同效用、价格的商品有不同的差别阈限。例如，汽车价格的轻微波动可能不被顾客察觉，而一碗面的价格波动则可能引起顾客的高度关注。

2. 感觉的适应性

同一刺激物持续作用于某一特定感官，导致感受性发生变化的现象称为感觉的适应性。感觉的适应性在日常生活中十分常见。“入芝兰之室，久而不闻其香；入鲍鱼之肆，久而不闻其臭”等古语正是说明了由刺激持续时间过长而导致的适应性现象。刚开始进入景点时旅游消费者可能会有新鲜感，但随着游览的深入，如果景点缺乏变化，就无法为游客带来新的刺激，游客可能会产生适应性，从而失去新鲜感，对景点的整体体验做出较低的评价。同样，如果刺激不足，人的感受性将增加，变得非常敏感，如从明亮的环境进入暗处。当旅游消费者从一个熟悉的环境进入一个陌生的环境时，感受性也会增加，在欣赏异地风光的同时，可能会面临水土不服的问题。

旅游从业人员在设计规划旅游区域时，需要综合考虑各种因素，注重特色景点的突出以及景点的变换，尤其在沙漠、草原等景区，景色变化较小的情况下可以设置一些游玩设施，例如，巴音布鲁克草原设置了“九曲十八弯观景台”和“天鹅家园”等观景点。

3. 感觉的对比

感觉的对比是指同一感受器接收（同类）不同刺激而使感受性发生变化的现象，包括以下两方面。

（1）同时对比——不同刺激物同时作用于同一感受器产生的对比现象。例如，同样的灰色图案在白色背景上显得较暗，在黑色背景上则显得较亮。在旅游纪念品的摆放展示上可以应用这一原理，将亮色的商品摆放在淡色的布上可以突出纪念品的闪亮精美。

（2）及时对比——不同刺激物先后作用于同一感受器产生的对比现象，如喝了苦药之后再喝白开水，会觉得白开水是甘甜的。“曾经沧海难为水，除却巫山不是云”便是感觉对比的体现，当见识过更加宏伟的风景时，对一般的景物就不以为意了。来自厦门的旅游消费者可能对青岛的海景见怪不怪了，来自哈尔滨的旅游消费者在北京看到雪景也不会十分兴奋，所以感觉的对比启示了旅游从业人员要开发具有独特性、他地难以复制的旅游资源才能提高景区的核心竞争力。

4. 感觉的关联性

感觉的关联性又称联觉或者通感，是指当某种感官受到刺激时出现另一种感官的感觉和表象的现象。人对某种刺激的感受性，不仅取决于感官的灵敏与否，同时也受其他感觉的影响。视觉、嗅觉、听觉等感觉在特定情况下可以彼此打通或交互，颜色有温度，声音有形象，冷暖有重量，气味有质地。大家熟知的名句“感时花溅泪，恨别鸟惊心”“大弦嘈嘈如急雨，小弦切切如私语”中都体现了感觉的关联性。常见的联觉有以下几种。

（1）视觉与触觉联觉。看到黑色人们会感到冰冷，看到光会感受到温暖，所以餐厅一般设置成暖色调，在旅游产品设计中也常借用颜色打造通感的外包装设计。

（2）听觉与触觉联觉。例如，用刀子沿着玻璃边擦出来的“吱吱”声有时会使人的皮肤起鸡皮疙瘩，“哗哗”的雨声会使人产生清凉的感觉。

5. 感觉的补偿

感觉的补偿是指某种感觉系统的功能丧失后可以通过其他感觉系统功能来补偿。比如，盲人在丧失了视觉之后，听觉和触觉却得到了特别的发展。所谓“从心里流失的能在胃里找回”便是痛觉与味觉互相补偿的体现。

6. 感觉后像

当外部的刺激停止后，部分感觉印象还会保留在系统中，这种现象叫作感觉后像，也称为感觉后效，这是由神经兴奋的后作用产生的。旅游感觉后像有正后像和负后像两类，与外界刺激物性质相同的是正后像，与刺激物性质相反的是负后像。当人们在海滩旅行时，注视着一望无际的大海，然后闭上眼睛，会感到眼前依然是一片蓝色，这种现象就是正后像。一定时间后，再将视线转移到红色的帐篷上，就会看到一个紫色的负后像。

第二节　旅游知觉

上一节我们探讨了感觉问题。感觉是人类对事物个别属性的认知。在日常生活中、工作环境中以及学习过程中，人们每时每刻都在接收海量的信息，这些信息作为刺激被我们的感觉器官所接收。然而，在实际生活中，我们不仅需要认识事物的个别属性，还要理解事物的整体，了解其意义。以番茄为例，我们不仅要知道它的颜色和味道，还要把它作为一个整体与其他事物（如苹果、红皮球）区分开来。我们认识到事物的整体，并理解其意义，这就是知觉。例如，我们在广告上看到某个旅游目的地的广告，会在心中留下关于该旅游目的地风景的印象，之后通过搜集信息，了解该旅游目的地的位置、旅游路线和旅游消费者评价等，知道该旅游目的地的特色并与其他同类型旅游目的地做出区分，明确若前往该旅游目的地旅游，可以获得什么好的或不好的体验，最后才会决定是否将该旅游目的地作为自己的旅游目的地，这个过程就是知觉。

一、旅游知觉的概念

在心理学中，个体是研究的主要对象，知觉是指直接作用于个体感觉器官的刺激在人脑中的整体反映。值得注意的是，感觉是人脑对客观事物某一属性的反映，而知觉则是多种感觉协同作用的结果。知觉是在感觉的基础上产生的，但并非对个别感觉信息的简单加总，它按照一定的方式将感觉组织起来并赋予意义，是对感觉的解释。纯粹的感觉是不存在的，感觉信息传达到大脑时，知觉便随之产生。通过知觉，我们才能对客观事物有一个完整的印象，理解其意义，并对它做出解释。例如，当我们闻到草莓的香气时，立即就能判断出眼前的事物与草莓有关。知觉和感觉的产生过程是有区别的。感觉的产生主要是由刺激物的性质所决定的，而知觉则在很大程度上依赖于主体组织感觉刺激的方式，即主体的知识经验。如果这个人不知道草莓是什么香味的，他就无法仅凭果香辨别出该事物。

同样地，在旅游中，旅游消费者作为旅游活动的主体，可以说旅游业是为旅游消费者而存在的。因此，研究旅游消费者在旅游活动过程中的知觉就显得尤为重要。与传统的知觉略有区别的是，旅游消费者在一次旅游活动中多批次、递进式的消费特点导致其行为模式处于不断的变化当中，旅游消费者在旅游过程中的知觉形成过程历经从最初未开始旅游目的地的活动，到旅游消费者在旅游目的地的旅游活动开始后，再到旅游消费者回到常住地的三个阶段，是一个持续的、变化的刺激综合理解过程。本书将旅游知觉定义为：在旅游活动进行过程中，直接作用于旅游消费者感觉器官的，与旅游活动相关的客观事物总体属性在旅游消费者头脑中的反映，即直接作用于感觉器官的旅游刺激的整体在人脑中的反映。

二、旅游知觉的过程

刺激物传达到大脑并做出解释会经历一系列阶段。由于知觉具有选择性，并非所有的刺激都会被加工，人们常常会注意到其中的一小部分刺激。而被注意到的刺激又只有其中的一小部分才能够被人们根据自身的经验、知识和需求解释。如图 4-1 所示，感觉器官在接收到感觉刺激后，人们就开始进入知觉过程，暴露、注意和解释是知觉的三个过程。从图 4-1 中可以看出，感觉是知觉的基础，感觉和知觉是连续不可分的两个认知阶段。掌握好感觉和知觉的特点与加工过程，对旅游产业规划和旅游产品开发、设计都有重要的积极意义。

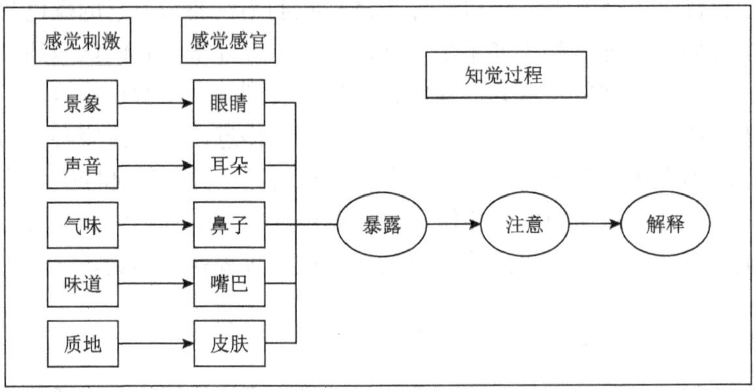

图 4-1 知觉的过程

（一）暴露

暴露是指外界刺激进入个体感觉器官的接受范围，使感觉器官有机会被激活的状态。暴露阶段只代表刺激物属性的展现，并不一定所有刺激都会被接收。外界的声音、光、气味等在这个阶段展露。在广告中常用发行量、收视率和点击率等测量暴露程度，在旅游管理中则用客流量等测量。

（二）注意

注意是指人的心理活动集中于某一事物的过程，体现了对特定刺激进行信息加工的投入程度。外界的刺激多种多样，且无时无刻不在发生，但并非所有的刺激都能引起注意。我们在专心做一件事时，可能会把其他事情忽略了，例如，“两耳不闻窗外事，一心只读圣贤书”。这是因为人所能分配的注意力是有限的。注意力又被分为选择性注意力、导向性注意力、持久性注意力和分散性注意力。选择性注意力是指人们将注意力集中于某一刺激从而忽略了其他刺激；导向性注意力是指将注意力转换到另一时空上；持久性注意力是指长期的，能够保持注意力数秒至数分钟的情况；分散性注意力是指同时对多种刺激进行加工，即多任务处理能力。

多任务处理是当代人最常用的处理信息方式。处在信息时代，人们每天会接收到庞大的刺激信息，引发感官过载。为了尽可能多地接收加工信息，许多人会选择从一个信息加工频繁地切换到另一个信息加工，对两个乃至多个任务进行同时处理。研究表明，多任务处理会导致注意力分散和受众感知负荷。旅游从业者在进行旅游宣传时需要不断寻求方法破除杂乱，了解到潜在旅游消费者何时以及为何进行多任务处理，从而通过策略抓住受众的眼球。例如，将旅游产品摆放在与消费者水平视线相齐的货架上。

（三）解释

解释是知觉过程中的最后一个阶段，指人们赋予所感觉到的刺激物的意义。人们对刺激物的感觉不同，对刺激物的理解也不同。解释阶段受到个体知识、经验、文化等的影响极大，许多被解释出的意义都是社会化的结果。人们倾向于将感觉到的刺激物与自己已有的知识与意愿相结合，按照特定的图式来进行理解。因此，解释阶段是个体主动的过程。两个不同教育、文化背景的人对同一件事物的解释可能背道而驰。春夏之交在江南旅游时易碰到阴雨天气，有的旅游消费者想到的是出行不便，有的旅游消费者则惊喜于可以观赏烟雨江南的美景。

三、旅游知觉的特征与分类

（一）旅游知觉的特征

1. 选择性

知觉的选择性是指个体对外部刺激信息进行有选择的加工的能力。人们无时无刻不在接触着各种各样的外部刺激，而知觉的选择性使人能够将有限的注意力分配给那些具有重要意义的刺激，排除次要刺激的干扰，从而快速有效地辨识事物。例如，在著名的鲁宾酒杯–人面图中，如果将人面模糊为背景，则可以识别出酒杯的形状；反之，如果将酒杯视为背景，则可以看到两个人面（图 4-2）。影响知觉选择性的因素既有主观因素，也有客观因素。主观因素包括主体的知识经验、期望、任务、爱好等，这些因素会影响刺激的选择。客观因素则是指刺激物本身的特点，如位置是否接近、颜色鲜艳与否等。千篇一律的旅游产品和景色难以吸引旅游消费者的注意，只有独具特色的服务或产品才会成为旅游消费者自觉选择的对象。沙漠中的月牙泉、带有霓虹灯的“天津之眼”等，都是人们容易察觉的对象。

图 4-2 鲁宾酒杯–人面图

2. 整体性

知觉是对客观事物各种属性和各个部分的整体反映。人们在接收客观事物信息时，往往会依据自身经验对其进行判断。如果该事物的关键成分与经历过的事物重合，即使有残缺的部分，人们也能将其组织成完整的事物。例如，图 4-3 的中心图案，竖看时我们将其视为 B，与 A 和 C 归为整体；横看时，将其视为 13，与数字 12 和 14 归为整体。影响知觉整体性的因素与知觉对象的组合特征有关。知觉的整体性使我们能够根据事物的主要特征快速地辨别事物的整体。在自然风光旅游中，人们常常会把不关联的山水景色相连，并加以想象。整体性遵循四个原则：第一是邻近性原则，即在时间或空间上彼此接近的感觉刺激容易知觉为一个整体；第二是相似性原则，即在形状、颜色、大小或其他属性上相似的刺激容易归为一类，如人们常常把地理条件优越、工商业发达的无锡称为“小上海”；第三是完好性原则，对于不完整、零散的刺激，知觉倾向于将其补全，使之变得完整；第四是连续性原则，即在时间或空间上连续出现的刺激容易知觉为一个整体。

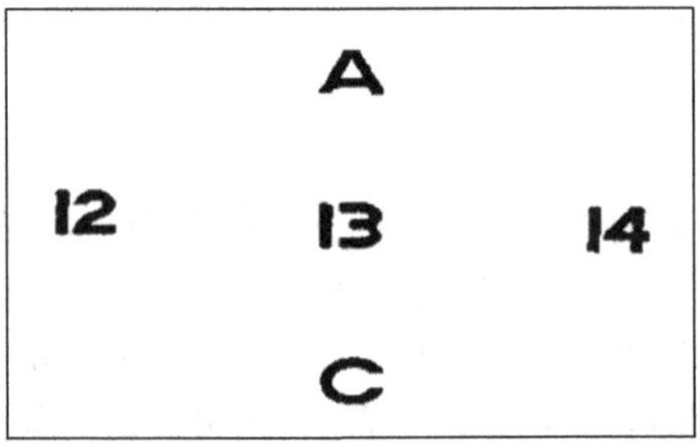

图 4-3 字母–数字图

3. 理解性

人们对客观事物的知觉是一个主动反映的过程。在知觉过程中，主体会根据已有的知识和经验对知觉对象进行加工处理，并采用词语加以概括，用动作或者行为将其表现出来，这就是知觉的理解性。旅游消费者对旅游景点的感知是一个主动的过程。知觉的理解性能够帮助旅游消费者提高感知速度，快速理解事物的内在属性，同时也有助于解释为何不同的旅游消费者感知不同。这是由于个体的知识经验存在差异，面对同一个知觉对象时，人们的理解也会有所不同。例如，在沙漠中出现蜃景时，缺乏知识经验的人可能会感到困惑，而有相关知识的人则会知道这是大气折射的奇异幻景。同样，赋予景物一些特殊的含义，进行知识经验的补充，能够促进旅游消费者对景物的理解。如将黄山松树的姿态描述成迎客，这种拟人式的理解能使旅游消费者游兴大发，对黄山的文化有进一步的理解。

4. 恒常性

客观事物处于永恒的发展变化之中，但是由于知觉具有恒常性，我们的主观感受并不一定会发生变化。当我们从不同角度、状态或者距离感知某一熟知的事物时，虽然该事物在一定范围内发生了变化，但是由于对该事物的知觉经验以及对物体基本属性和结构的认知，知觉印象并不因此发生相应的变化，这就是知觉的恒常性。当旅游消费者结束一次旅行之后，对旅游景点的印象及所见所闻仍然保留在他们的感知中，因为刺激的信息被感知后可能被记住一段时间。这些被记住的感知对后续的旅游行为会产生影响。常见的恒常性现象主要体现在大小、形状、颜色等方面。

（二）旅游知觉的分类

1. 时间知觉

时间知觉是人脑对客观现象的延续性和顺序性的反映，它涉及对某件事物发生的时间顺序及变化的觉察。通常情况下，时间知觉以客观存在的外部线索（如钟表等）和生理过程中的内在线索（如脉搏、呼吸等）为参考。然而，时间知觉也会因周围环境的变化而发生改变。态度、情绪、兴趣等因素对时间知觉具有重要影响。当旅游消费者在旅游活动过程中感到轻松、愉悦时，他们会觉得时间过得较快，如泛舟游湖；反之，当旅游消费者在旅游活动过程中感到枯燥、无趣时，他们会觉得时间过得较慢，如排队等待购买门票。

2. 空间知觉

人们生活在三维空间中，必须对自己所处的空间有足够的了解才能适应生存。空间知觉是人脑对物体特性的反映，包括形状知觉、大小知觉、方位知觉等。视觉和听觉是构成空间知觉的感觉基础。人们通过观察与听辨来判断所处的空间形态，对空间关系进行综合了解。

3. 运动知觉

运动知觉是指对客观事物的空间位移和变化速度的知觉，它与时间知觉、空间知觉有着不可分割的关系。运动知觉的产生较为复杂，其源于外部刺激，但最终由投射到视网膜上的影像移动而产生。运动速度会影响运动知觉的产生，运动知觉并非绝对，而是相对的。例如，以相同的车速行驶在两边空旷的高速公路上时，会比行驶在城市道路上感觉更慢，这是因为参照物不同，导致知觉到的运动速度不同。

4. 错觉

错觉是指在特殊情况下对事物产生的某种定式倾向而导致的知觉偏离。错觉在日常生活中非常常见。在一些空间较小的地方，商家会利用镜子、灯光等物品使空间显得更大，调节消费者心情。在繁忙的时候，一些饭店会播放节奏较快的音乐，使服务人员及顾客加快消费速度，以提高翻台率。相反，在客流量较少时，餐厅会播放比较舒缓的音乐，使顾客的心情更加舒畅，服务体验更佳。

四、旅游知觉的影响因素

（一）客观因素

1. 旅游知觉对象的强度（特征）

在旅游过程中，旅游消费者会接收到多种刺激，但并非所有刺激都能被感知。旅游知觉对象的强度（特征）对旅游知觉产生影响。只有当对象具有独特性、突出的属性，或者刺激的强度足够大时，才能吸引旅游消费者的注意并引起他们的反应。这是因为个体对外界刺激存在感知阈限，只有刺激的强度超过阈值，个体才会注意到暴露出来的刺激。因此，旅游知觉对象的强度（特征）对旅游知觉产生影响。

2. 旅游知觉对象的组合

旅游知觉对象的组合也会影响旅游知觉。完形心理学中提出了四种主要的组合完形法则：相似法则、接近法则、闭合法则和连续法则。

（1）相似法则：当两种或多种刺激相似时，容易被个体知觉为一体。例如，同为东亚的日本人和中国人常常因为长相相似而被西方人混为一谈。当旅游地的文化习俗与旅游消费者常住地的文化习俗相近时，旅游消费者在旅游过程中会更容易融入当地环境。

（2）接近法则：个体会有选择性地将有关刺激组合成一个对主体有意义的模式并加以知觉。例如，旅游消费者会将三亚、夏威夷和马尔代夫联系起来，作为海滨度假胜地进行知觉；同样，西安、南京等旅游地会被组合成整体作为古都进行知觉。

（3）闭合法则：即使刺激的特征并不完整，个体也会根据自身已有的知识和经验增加刺激的特征，从而获得合乎逻辑的知觉对象。例如，当旅游消费者看到宾馆漂亮的外观和优美的周边环境时，他们会推测该宾馆内部的房间、大厅等有相同的水准，即使宾馆并未展示其内部环境。

（4）连续法则：个体倾向于将在空间和时间上具有连续性的个体对象知觉为一个整体。例如，在景区中，一群旅游消费者乘坐同一辆观光缆车行进时，当地人容易将这群旅游消费者视作一个旅游团队进行知觉，即使这群旅游消费者有明显的肤色差异。

（二）主观因素

旅游知觉是指个体对暴露的旅游刺激的注意，并根据一定的规则对其进行解释的过程。在日常生活或旅游体验中，不同个体对同一对象的知觉往往存在偏差，甚至可能完全不同，因此，旅游消费者的个体主观因素是影响他们形成旅游知觉的重要因素。

1. 旅游消费者的知识和经验

由于每个旅游消费者所接受的教育水平不同，他们的知识经验储备也存在显著差异。不同的个人知识和经验会影响旅游消费者对同一刺激的知觉，这是因为旅游消费者在解释他们注意到的刺激时，往往会基于自身的知识和经验去构建规则，从而赋予刺激以意义。例如，在旅游活动开始前，旅游消费者可能会通过广告信息或主动搜索信息形成对旅游目的地的初步印象。这些印象基于他们的储备知识和经验，对他们在旅游活动进行过程中的知觉产生关键作用。当旅游消费者到达旅游目的地时，他们会更加关注这些对象，并根据自己在活动开始前形成的知识和经验印象进行比对和评价。

2. 旅游消费者的动机

动机是引导人们行为的内部动力。旅游需求和旅游动机是激发旅游行为的前提，决定个体是否选择旅游。当旅游消费者的旅游需求被激活时，旅游动机就产生了。这种旅游需求是一种紧张状态，驱使旅游消费者试图减轻或消除这种紧张状态。在旅游动机的驱使下，旅游消费者会更加主动、有选择地注意暴露出来的旅游刺激，并积极地对这些刺激进行判定规则的解释。例如，一个旅游消费者对敦煌莫高窟充满向往，当他有前往敦煌莫高窟游玩的动机时，他就会通过各种途径广泛地收集相关信息，如旅游路线、旅游费用预算等，最终对前往敦煌莫高窟的旅游活动形成较为完整的知觉。

3. 旅游消费者的兴趣

兴趣可以帮助我们筛选对我们不重要的事物，引导我们关注自身的需求。例如，当一个旅游消费者是一个攀登爱好者时，他就会更加关注与攀登相关的旅游项目；当一个旅游消费者对历史文化感兴趣时，对历史文化的兴趣就可以引导他更多地留意古都、古迹等旅游目的地。这类旅游消费者在古迹旅游时，对该旅游目的地的知觉也会比对历史文化不感兴趣的旅游消费者更加深刻。

第三节　旅游消费者态度

一、旅游消费者态度及其特征

（一）旅游消费者态度的形成

1. 态度的含义

态度是个体基于过去的经验，以赞成或反对的方式对某一对象所持有的稳定评价和行为反应倾向。旅游消费者态度，即个体对旅游对象和旅游条件的行为反应倾向，可以理解为心理倾向。这种态度会引起旅游动机，影响个体从事旅游活动的程度。不同的旅游景点、旅游活动、旅游条件等可能会引发个体不同的、具体的行为倾向。例如，在旅游过程中，如果旅行社能够满足旅游消费者的需求，他们就可能对旅行社给予积极的评价，并表现出兴致勃勃的行为倾向；如果旅游消费者与旅游工作者之间相互理解和尊重，他们可能会产生友好交往的行为倾向。一个人的旅游态度会影响其外显的旅游行为。一个人对某项旅游活动的态度越积极肯定，他越有可能参加这种活动。因此，旅游开发者和旅游经营者非常重视人们的旅游态度。

2. 态度形成的过程

美国社会心理学家凯尔曼提出了态度形成或变化的三阶段理论，即服从、同化和内化。这三个阶段代表了态度形成或变化的复杂心理过程。

1）服从阶段

服从，也称为顺从，是指个体为了获得物质或精神上的报酬或避免惩罚而采取的表面顺从行为。服从是态度形成的第一阶段，也是最为表面的阶段，个体在这一阶段的行为是为了适应环境要求，而非出于真心。如果环境中的奖励或惩罚消失，个体在服从阶段的行为和态度也会立即消失。例如，一个不喜欢自然景点的人可能会因为保持与群体成员一致的需要而参与班级组织的自然景点旅游活动。长期服从可能导致态度结构的真正形成或改变。

2）同化阶段

同化，也称为认同，是态度的同化阶段，即认同过程。在这一阶段，个体不再是被迫，而是自觉或自愿、主动地接受他人的影响，使自己的思想、情感和态度与他人相一致。同化阶段的态度改变与服从阶段的不同之处在于：第一，态度的转变是自愿的，而非被迫的；第二，认同性的态度变化已不是简单的表面态度反应的变化，而是涉及情感和认知因素的改变。例如，某学生最初可能因为学校要求而参加跑操，但几天后，他意识到跑操对身体和精神的好处，便从内心愿意全身心地投入到这项运动中。需要注意的是，尽管相对于服从阶段来说，个体在同化阶段已经形成了新的态度，但这种新的态度仍然不够稳定和深刻，容易改变。

3）内化阶段

内化阶段是指个体将他人的观点纳入自己的态度体系之内，以此为标准转变自己的态度，从而指导自己的思想和行为。内化阶段多属于态度的认知部分，是个体理智的表现，也是个体产生旅游行为的内部心理基础。在这一阶段，个体发自内心地接受他人的影响，将所接收到的新的思想、新的观点、新的情感和新的意愿与自己原有的相对比、相结合，构成新的、统一的态度体系，以新态度取代旧态度。内化阶段的态度是一种独立的态度，更坚定、更稳固，是个体的内在心理特征，不易受外界压力的影响，也相对难以改变。此外，态度的三阶段反映了一个复杂的心理过程，实际上并非所有态度的形成都必须经历这整个过程。

（二）态度的结构

心理学家认为，态度由三种成分构成，即认知成分、情感成分与行为意图。即使不同的人对同一个对象可能持有不同的态度，但一切态度都离不开这三个基本成分。

1. 认知成分

认知是指个体对态度对象的认识、理解和评价，可以简单理解为平时所说的印象。认知是态度构成的基础。例如，某旅游消费者认为北京是中国的政治文化中心，历史悠久，去北京旅游可以开阔眼界、增长见识，这就是这位旅游消费者对北京的认知。对同一对象，不同的人会有不同的认识、理解和评价。因此，态度的认知成分具有倾向性。

2. 情感成分

情感是指个体对态度对象肯定或否定的判断以及由此产生的情绪、情感体验。这种判断有好和不好两种，如喜欢和厌恶、同情与冷漠、亲近与疏远等。情感成分是态度的核心成分，在态度中起着调节作用。例如，某旅游消费者喜欢去上海旅游，认为上海是一个包容开放、魅力十足的城市，这说明这位旅游消费者对上海有积极的情感成分。

3. 行为意图

行为意图成分是指个体对态度对象肯定或否定的行为反应倾向，它构成了态度的准备状态。例如，一位旅游消费者在对某一旅游目的地产生积极的情感后，就有可能产生某些行为倾向，比如向周围的人推荐或者做好准备，在合适的时机转变成实际的旅游行动。行为意图是外显的，因此，可以由个体的外显行为来推知其态度。

总的来说，态度的三种成分缺一不可，如图 4-4 所示。认知成分是态度的基础，情感成分是态度的核心，行为意图是态度的表现形式并影响个体最终的外显行为。三者彼此协调并共同作用，协调程度越高，形成的态度就越稳固。

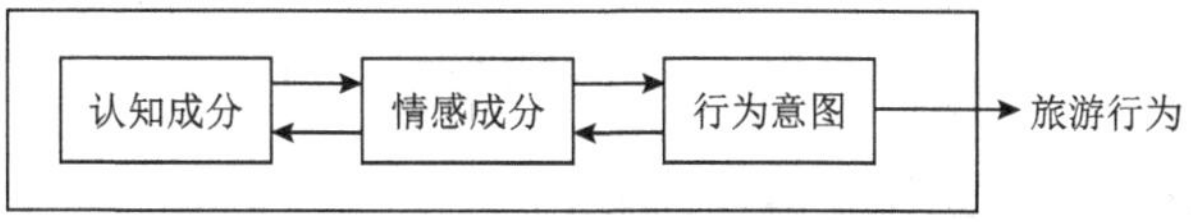

图 4-4 态度的构成

（三）态度的特征

1. 对象性

态度的产生必须针对某一对象，这个对象可以是人、物、事件、团体或组织，也可以是一种现象、状态或观念。如旅游消费者对旅游产品、旅游设施、旅游服务的态度等，这些态度都有明确的对象，没有对象的态度是不存在的。

2. 社会性

态度不是生来就有的，而是人们通过后天学习获得的，是人们在长期的生活中与周围世界相互作用的结果。它受社会环境和社会关系的影响，因而具有社会性的特征。比如，旅游消费者会通过浏览某景点的广告宣传、查看他人对该景点的评价、亲身体验该景点的旅游服务等方式来增长自己对该景点的认识，在此基础上形成对该景点的态度。

3. 内隐性

态度是人们行为表现前的心理体验，是一种内在结构，它能够影响行为，却并不等于行为本身。人们可以通过一个人的言语论述、行为活动等外显表现来间接推测他的态度，却不能直接观察出他的态度。

4. 相对稳定性

态度形成后，通常会持续很长的一段时间，不会轻易改变，并会使个体在行为上表现出一定的规律性。例如，某一年轻旅游消费者在体验了青旅住宿之后，感觉很好，从而对青旅住宿形成了积极的肯定的态度，以后当他再有旅行需要时，可能会再次甚至多次选择青旅住宿的方式。

二、旅游消费者态度、偏好与旅游决策

（一）旅游偏好

旅游偏好是指个人对特定旅游目的地所持有的积极心理倾向。这种倾向是基于人们对旅游的态度，并影响着他们的旅游决策行为。偏好形成于态度之上，而稳定且复杂的态度通常难以改变，从而塑造了个人偏好。具有特定偏好的个体，其行为和决策往往受到这些偏好的影响，表现出一致性。在旅游决策过程中，最初的重点并非评估和比较旅游产品，而是判断旅游产品是否具备符合个人偏好的特征。如果旅游目的地被认为具有满足个体偏好的异质特征，即使整个产品并非完美无缺，也能激发个体的旅游兴趣，进而促使他们采取积极的旅游行为。因此，旅游工作者在宣传旅游产品时，应注重突出产品的独特性和差异性，以吸引具有相应旅游偏好的消费者。

（二）旅游消费者态度对旅游偏好的影响

心理学研究表明，态度的强度与态度的复杂性对偏好的形成具有重要影响。

1. 态度的强度

态度的强度反映了旅游消费者对特定旅游目的地喜爱或厌恶、肯定或否定的程度。一般而言，消费者的态度越稳固，就越不容易改变。个体对某一对象的态度强度与该对象的重要属性有关。这些重要属性是指对象众多属性中对个体最为重要、最能满足其需求的那些。不同个体对态度对象的每种属性的相对重要性看法不一。例如，在考虑旅游目的地时，有些人可能更重视交通和气候条件，而其他人可能更关注住宿和价格。此外，同一对象的重要属性可能随着个体需求或目标的变化而变化。例如，在选择交通工具和便利店商品时，人们对价格属性的重视程度可能会有显著差异。

因此，对于旅游开发者和经营者来说，关键在于理解消费者寻求的“收获”，识别与其服务相关的突出属性，确保提供的正是消费者所需的。然而，实现这一点颇具挑战。

一方面，旅游产品各部分的突出程度或所寻求的收获因人而异；另一方面，有时旅游工作者认为非常重要的属性，实际上对某些消费者来说并不突出。例如，航空公司高度重视飞机的安全性，但许多消费者可能认为大型航空公司的安全性差异不大。因此，在选择飞机出行时，安全性可能并非一种突出属性。

2. 态度的复杂性

态度的复杂性涉及个体对态度对象所掌握的信息量和种类，反映了他们对对象的认知程度和行为倾向。个体掌握的信息越多，形成的态度就越复杂。例如，人们如果很熟悉乘坐飞机旅行，他们可能对航空旅行的态度也更为复杂，评价时可能涉及速度、便利性、节省时间、费用、身份、声望、空中服务、行李携带等多个方面，因此一旦形成正面或负面的态度，通常很难改变，将严重地影响个体的行为和决策。

三、旅游消费者态度的改变

态度是个体在社会实践中形成的，因此，个体因素及外界条件的改变都会导致个体态度的改变。在前面的学习中我们已经知道旅游消费者对旅游对象的态度会影响旅游消费者行为，所以旅游的组织者和经营者都希望人们能对旅游持有肯定的态度，积极参与到旅游活动中。但事实上很难有人一直对旅游持积极的态度，因此，对旅游组织者和旅游经营者来说，如何引导和改变人们的态度，以吸引人们参与到旅游活动当中，具有非常重大的意义。

（一）旅游消费者态度改变的形式

1. 一致性改变

一致性改变指的是原有态度的强度发生变化，而其性质和方向保持不变。例如，旅游消费者对旅游活动的积极态度从一般转变为非常积极，或者对某个旅游目的地的喜爱程度从一般转变为非常喜欢。这些变化仅体现为态度强度的增强或减弱，而态度的本质并未发生改变，这就是所谓的一致性改变。

2. 非一致性改变

非一致性改变则是指态度的性质和方向发生了变化，表现为新的态度取代了原有的态度。例如，旅游消费者对绿色出行的态度从不支持转变为积极支持，或者对旅游不文明行为的态度从漠不关心转变为强烈谴责。这些变化不仅体现在态度的强度上，而且在态度的性质和方向上也发生了显著的改变，这就是非一致性改变。

态度改变的两种形式存在内在联系。一方面，非一致性改变中包含了一致性改变，例如，态度从赞成变为不赞成，其中包含了赞成程度的降低和不赞成程度的增强。另一方面，一致性改变中也潜藏着非一致性改变的可能性。例如，积极态度的降低可能包含消极态度的增加。总之，态度强度上的变化积累到一定程度，可能会导致态度性质和方向上的变化。

（二）旅游消费者态度改变的影响因素

1. 旅游消费者本身因素

1）旅游需要

旅游需要是指旅游消费者在旅游活动及其要素缺乏时所产生的一种心理状态，通常表现为对旅游的渴望和向往。旅游消费者的旅游需要是旅游消费者态度改变的重要因素。对于能满足自己旅游需要或有利于实现旅游目标的对象，旅游消费者一般会产生赞成、肯定等积极的态度，而对影响旅游消费者需要的满足以及阻挡目标实现的旅游对象，则会产生排斥、厌恶等消极的态度。旅游对象越能满足旅游消费者的需要，旅游消费者的态度就越容易改变。

2）旅游消费者的个性特征

旅游消费者的个性特征也会影响其态度的改变。一般来说，如果旅游消费者的性格中包含依赖性强、易受暗示或较为随和等特征，他们更容易崇拜他人、相信权威，从而改变自己的态度；而如果性格中包含独立性强、自信心强等特征，则不易被他人说服，态度改变也较为困难。此外，智力水平高的人具有较强的分析和判断能力，在旅游过程中更为坚定，不易受他人影响；而智力水平低的人则难以形成独立判断，容易听信他人，改变态度。需要注意的是，智力水平不仅指智商，还包括由广博知识和丰富经验所形成的智慧。此外，旅游消费者的自尊水平也会影响态度的改变，自尊心强的人具有较强的心理防御能力，不易受他人影响，态度改变困难；而自尊心弱的人较为敏感脆弱，容易接受他人意见，改变态度。

2. 态度自身特点

原有态度的强度、复杂性、构成态度的三种成分的一致性程度、原有态度与要求改变的态度之间的距离等因素都会影响态度改变的难易程度。一般来说，态度越强、越稳定，越不易改变；习惯性的、极端的、协调程度高的、价值大的、满足个体需求程度高的、与个人基本价值观念密切相关的态度不易改变。总之，态度的持久性、稳定性和一致性使得态度改变具有较大难度。

3. 外界条件

1）旅游消费者搜集到的旅游信息

在制定旅游决策前，旅游消费者会主动搜集相关信息。信息来源的权威性、传播媒介、表述方式、消费者接收信息的次数等因素都会影响态度的改变。信息来源越权威、传播媒介越符合消费者习惯、信息表述越简单明了且合乎逻辑、消费者接收次数越多，态度越容易改变。此外，不同渠道关于同一对象的信息一致性越强，形成的态度越稳固，越不易改变。

2）参照群体

参照群体是指个体用来判断事物或模仿的群体，可以是所属群体，也可以是想要加入的群体或理想中的群体。当旅游消费者将某一群体视为参照群体时，他们会以该群体的目标、行为标准、伦理观念、价值判断、理想、愿望和生活方式来要求自己，接受群体的态度，并自觉或不自觉地以参照群体的规范对照自己的行为和态度，使自己与群体保持较高的一致性。

3）旅游消费者之间的态度

个人的社交环境对其态度的改变有着明显的影响力。人们的态度在社会交往中产生，也会在社会交往中改变。在旅游的过程中，由于旅游消费者之间角色、身份、目的和利益具有相同或相似性，因此旅游消费者很容易接受对方的意见，改变自己的态度。

（三）旅游消费者态度改变的方法

1. 更新旅游产品，提高旅游产品质量

旅游产品包括有形商品和旅游服务，是旅游消费者在旅游活动中所消费的对象。旅游消费者对旅游产品的认知构成了其旅游态度的基础。因此，更新旅游产品、提升产品质量，以及积极推出满足不同消费需求的个性化旅游产品，是改变旅游消费者态度的基本且有效手段。这些措施有助于旅游企业保持并扩大客户基础，长期稳定市场份额。提升旅游产品质量可从以下两个方面入手。

首先，改善旅游基础设施。适时对交通、通信、文化娱乐和住宿设施进行升级改造，以满足现代经济环境的需求，并符合消费者的期望。其次，引入先进的服务理念和技术，如对旅游服务人员进行专业培训，提高他们的服务意识和技能。同时，利用新技术，如智能机器人服务，吸引旅游消费者的注意，提高工作效率。通过这些方式，为旅游消费者创造新颖满意的体验，转变消极态度为积极态度，或进一步增强原有的积极态度。

2. 加大旅游宣传力度

态度的改变可以通过宣传过程实现。通过旅游宣传，向旅游消费者传播旅游知识和信息，使其逐渐具备认识和评价旅游目的地的能力，从而建立积极的旅游观念和态度。为确保宣传效果，应采取适当的宣传策略。

1）进行全方位的宣传

结合旅游消费者的兴趣点，采用广告、专栏报道、精美宣传册、参加或举办旅游博览会、专题讲座和大型旅游活动等多种形式进行宣传。需要注意的是，不同的宣传方式对旅游消费者态度的影响效果不同。通常，结合视觉和听觉的宣传方式更能吸引旅游消费者的注意，给旅游消费者留下深刻印象，从而产生更大的影响力。

2）有针对性地组织宣传的内容

鉴于旅游消费者在性别、年龄、文化水平和收入等方面的差异，应根据旅游消费者的特点策划宣传内容、选择宣传方式和制定宣传策略。例如，针对低收入群体，强调经济实惠的旅游途径；对于教育水平较低的群体，强调旅游对个人和社会发展的重要性。如果宣传内容能与旅游消费者的经验产生共鸣，将更容易改变他们的态度。

3）适当重复宣传

心理学研究表明，适度的重复刺激可以增强记忆。因此，适度重复宣传可以提高旅

游消费者对宣传内容的认识和熟悉度，增强认同感，降低心理防御，促进态度改变。然而，宣传重复过度可能会引起旅游消费者的厌烦，产生负面效果。

3. 逐步提出要求，引导人们积极参加旅游活动

行为可以影响态度，引导个人参与相关活动是转变态度的有效方法。旅游服务提供者可以通过旅游实践，让旅游消费者接触新信息、认识新事物、结交新朋友、体验新环境。当旅游消费者在旅游活动中亲身体验到乐趣、放松和享受时，他们的态度往往会变得更加积极，也更容易发生变化。在引导过程中，应考虑旅游消费者原有态度与期望改变的态度之间的差距，逐步提出要求，不断缩小差距，使旅游消费者逐渐接受宣传者的态度，最终实现完全改变。如果要求过高过急，不仅难以改变旅游消费者的原有态度，反而可能引发逆反心理，使他们更加坚持原有态度。

课后思考题

1. 感觉的概念是什么？感觉分为哪几类？
2. 知觉的概念是什么？知觉的特性有哪些？
3. 认知的概念是什么？什么是旅游认知？两者之间存在什么关联和区别？
4. 影响旅游认知的因素有哪些？
5. 哪些因素影响着态度的形成？
6. 你有哪些旅游偏好？请分析这些偏好形成的原因。

第五章

旅游消费者学习、记忆与信息加工

【本章学习要点】

1. 理解旅游消费者学习、记忆与信息加工过程的特点。
2. 运用相关理论认识学习行为、记忆活动和信息加工行为。
3. 初步掌握如何借助实证案例研究开展具体议题探究。

第一节 旅游消费者学习

一、旅游消费者学习行为

（一）旅游消费者学习行为的定义与内涵

学习是一个认知过程，它涉及主体在环境因素的作用下，通过社会、心理及个人特定情境的影响，实现知识的获取（Brown，1989）。学习行为是行动者通过与外部环境的持续互动，实现经验转化和知识创造的过程。任何环境和情境都可以成为学习行为的素材和途径。在旅游活动中，如博物馆、动植物园、历史建筑、遗迹遗址等文化休闲场所，都是促进学习行为的重要媒介，这些场所为旅游消费者提供了获取信息、发展理念、构建新视野的机会（白凯，2013）。旅游消费者学习行为是旅游消费者行为的一部分，它描述了旅游消费者在游览过程中，通过选择、访问、接触和使用等方式，与具有教育属性的空间环境互动，实现个人提升的过程（苏勤等，2005；Falk et al.，2012；Beeho and Prentice，1997；吴微，2017）。

旅游消费者学习行为可以分为正式学习和非正式学习两种类型。正式学习发生在具有明确教育目标和正式教育环节的旅游场景中，如研学旅游、科普旅游等，这类学习行为具有结构化和计划性的特点。相比之下，任何提供知识资源和学习机会的旅游活动都可以成为非正式学习的场景，如主题公园旅游、自然旅游、背包旅游等。这两种类型的学习行为都能为旅游消费者带来学习收益，但由于场景的丰富性和对象的广泛性，非正式学习在景区内更为常见，门槛更低，也更具有普遍性（李文明，2012；Sie et al.，2016）。

旅游消费者学习行为具有不连续、难以捕捉和难以量化的特点。这种行为发生在混合环境中，一方面是由于景点内教育性空间环境分布不均，另一方面是因为教育性空间环境各有不同，具有异质性。这种多样的背景可能会导致旅游消费者的动机和目的在追求娱乐休闲和开展学习活动之间变化，其行为轨迹也可能在娱乐环境和教育环境之间切换（Morgan and Hodgkinson，1999）。此外，旅游消费者的个人属性、主观需求、即时感受等因素都会影响他们的学习行为决策，因此旅游消费者之间的学习行为可能存在较大差异。

（二）旅游消费者学习行为及过程研究

旅游消费者学习行为的过程符合“需求—动机—行为”的发展模式，类似于消费、娱乐观光、摄影等旅游消费者行为（张宏梅，2010）。因此，对旅游消费者学习行为的讨论始于早期的旅游动机研究。旅游消费者在旅游过程中寻求知识积累的需求强烈，对旅游目的地的语言、饮食、自然地理与景色、本土文化与历史等的认识和理解激发了他们的学习和体验需求，获得教育与文化的动机是旅游消费者出游目的的重要组成部分之一（Collins and Tisdell，2002）。

对旅游活动中旅游消费者学习行为全过程的描述，即旅游消费者学习行为模式的认识，也是旅游消费者行为研究的重要内容。目前，学者们普遍基于传统学习理论构建旅游消费者学习行为模型，总结和探索学习行为的模式和规律。例如，Richards（1992）基于库伯（Kolb）的学习周期理论，提出了旅游情境下的学习周期模型，认为旅游消费者的学习行为由分离、交互、返回、再卷入四个环节组成，并指出游览过程中旅游消费者与环境的互动以及游览结束后的回想、反思与分享共同促成了旅游消费者学习行为的完成。

对旅游消费者学习行为的效果与收获的讨论，是旅游消费者学习行为研究领域中成果最为丰富的主题。早期研究主要基于质性讨论对学习行为收获进行总结，在一定程度上证实了旅游消费者通过体验式学习行为能够实现个人成长。具体来说，不同类型的旅游情景下，虽然通过学习行为获得收获的具体内容不同，但大体可以归纳为获得知识与能力、改变观念与态度、改变行为意向或模式等（吴微，2017）。

（三）旅游消费者学习行为的理论基础

学习行为的产生和发展过程极其复杂，其方法和方式也多种多样。为什么旅游消费者在旅游活动过程中会产生学习行为？现阶段，受到心理学和认知科学的影响，学者们基于旅游活动的特点，从经验主义学习理论、情境学习理论、建构主义学习理论、转化学习理论等对旅游消费者学习行为的理论基础进行解释。下面将介绍较为常见的学习理论：情境学习理论和建构主义学习理论。

1. 情境学习理论

情境学习理论强调，在传统的学校教育环境中，学习者往往与现实情境相脱离（Brown，1989）。然而，知识产生的源泉总是现实本身，学习者通过参与现实情境中的事件来获取知识，这种基于现实情境的学习行为是知识获取的直接途径。自 20 世纪 90 年代以来，情境学习理论已成为学习理论研究的热点。该理论认为，个体处于特定的情境中，通过参与情境事件来获得知识，这种学习行为是学习者与实际情境不断互动和碰撞，从中汲取意义的过程（Lave and Wenger，1991）。

旅游作为一种社会活动，与社会生活紧密相连，几乎所有的旅游活动都是在情境中发生的。因此，情境学习理论被引入到旅游消费者学习行为的研究中。在旅游情境中，旅游消费者面对新奇和陌生的情景时，由于对新事物和新现象的好奇心，往往会被激发起主动观察和参与的愿望（白长虹和王红玉，2018）。此时，与新事物的接触就成为一种主动的学习行为。此外，旅游消费者经常利用旅游机会加入实践组织，通过参与实践活动，获得某一领域的知识与能力。在研学旅游或修学旅行等特种旅游中，旅游消费者参与特定的旅游学习活动，进行有组织、有目的、专业性的学习行为。

2. 建构主义学习理论

建构主义学习理论认为，与学校教育中的被动接受知识不同，旅游情境中缺乏正式教育环节或学习干预，旅游消费者往往是主动进行学习和吸收知识的，这与建构主义的学习过程相符（白长虹和王红玉，2018）。建构主义学习理论由皮亚杰（Piaget）最早提出，其核心是心理图式的构建，即个体通过吸纳新的知识和经验来构建心理图式，并在新旧图式存在差异时，对原有图式进行重建，以个人过去的经验、心理构成和信念为基础来建构和理解新知识（引自温彭年和贾国英，2002）。

旅游消费者离开熟悉的环境，置身于全新的社会和事物中，新的事物、场景、情境构成了他们的学习来源。旅游消费者在原有认知结构的基础上对新事物进行同化或顺应的建构加工（Mitchell，1998）。例如，在新奇的环境中，旅游消费者进行自由的旅游活动，从语言、景观、事物、文化中吸收新信息，通过观察、记录、阐述和分享获得与原有认知一致或不一致的信息，从而更新对旅游目的地的原有观点和态度。然而，也可能会由于刻板印象的影响，旅游消费者“只看到他们相信的”，而非“相信他们所看到的”，从而使建构主义学习失去意义。

二、教育旅游

（一）教育旅游的定义与内涵

旅游是个体进行学习的一种方式，近期受终身学习理念普及、知识社会成型、全球化等多种因素的影响，旅游与教育相融合得到了快速发展：教育促进了流动性，学习成为重要的旅游体验。旅游消费者在放松、休闲的同时希望增长知识和收获学习体验，学校希望通过校外考察、研学旅行拓展学生能力；面向老年人、儿童、学生群体的多样化学习类旅游产品得到开发。与此同时，景区、目的地也希望通过教育功能实现旅游产业价值链的跃迁。随着经济的发展和人们对受教育程度的追求，教育旅游正在成为一种获得经验和知识的途径。

美国学者里奇等（Ritchie et al.，2003）对教育旅游的概念进行了综合界定：“教育旅游是指旅游消费者以教育和学习为首要动机或第二动机，参加假日游或短途旅游的旅游活动。它包括大众教育旅游、成人学习旅游、国内外院校组织的学生旅行，如语言类学校培训、学生远足、交换生项目等。教育旅游可单独行动，也可统一组织，可在自然景区，也可在人文景区。”从广义的角度看，教育旅游是作为教育实施环节的观光活动。这个意义上的教育旅游既包括传统的“修学旅游”和“研学旅游”，也包括当今以可持续发展理念为导向的一系列旅游形式。从狭义的角度看，教育旅游是旅游消费者以提高教养和受到启发为目的的旅行，是特种旅游的一种形态。从参与主体的角度来看，教育旅游的参与主体更倾向于广大青少年、高等院校师生。

教育旅游具有不同于大众旅游、一般旅游的特点。第一，相比于一般旅游具有的无意识的学习行为，教育旅游把有组织、有系统地学习作为旅游的目的，参与教育旅游的旅游消费者也是有目的、有计划、有系统的学习者。第二，教育旅游为实现其教育的目的，要在旅游活动中安排专业的指导员。这个指导员的作用也与一般旅游中的导游不同，教育旅游中的指导员一般是某个专业领域的专家或老师，在旅游消费者接受教育的过程中担任导师。第三，教育旅游的提供者可以是专业旅行社组织的某种教育旅游形式，也可以是大学、博物馆、非营利性组织等平台或机构。第四，教育旅游的开展经过专门的策划、编排和组织，具有明确的主题，做到寓教于游（朴松爱，2001）。

（二）教育旅游及其研究的发展历程

教育旅游的历史悠久。国外的教育旅游可以追溯到古希腊时期，如游吟诗人荷马在游历中创作《荷马史诗》。16 世纪左右，英国上流社会将旅游作为子女教育的一个必要环节，盛行送子女到海外旅行。现代意义的教育旅游始于日本，至今已有 100 多年的历史。日本明治维新时期开始鼓励研学旅行，政府在教学大纲中规定，每年小学生要在本市、初中生要在全国、高中生要在全球范围进行一次社会学习，称为“修学旅行”。

当前，教育旅游在国外的发展受到政府与公益基金机构的青睐，如一些国际教育旅游组织和信托机构等，皆出资赞助中小学生的外出修学活动。2016 年，我国首次将研学旅行纳入国家教育政策，直接推动了国内中小学积极开展研学旅行的热潮，也带动了近年来全民参与教育旅游的潮流。

目前，国内外关于教育旅游的研究处于新兴阶段。国外对教育旅游的研究始于 20 世纪 90 年代，主要围绕教育旅游理论研究、市场细分与案例实证研究等主题展开。国内对教育旅游研究开始较晚，研究重点在于对教育旅游的特点、产品及市场开发的研究。其中，教育旅游关于资源整合与市场开发的研究相对较多，尤其是研学旅游、红色旅游等方面。

（三）教育旅游的类型

在教育和旅游日益兴盛的今天，教育旅游市场广阔、参与主体广泛、开发模式多样、相关产品丰富。教育旅游的类型划分也因不同的划分标准而有所不同，比如，以教育旅游的资源种类为标准，可以分为红色教育旅游、黑色教育旅游、遗产教育旅游等；以市场群体细分为标准，可以分为学生、老年人、女性等群体的教育旅游。下面将详细介绍以旅游产品种类为分类标准的教育旅游类型，包括道德教育旅游型、知识科普教育旅游型、健康教育旅游型、美育教育旅游型。

1. 道德教育旅游型

道德教育旅游的主要目的是让旅游消费者在休闲放松的过程中接受爱党爱国主义、先进思想、文明精神、良好品行的教育。其主要旅游目的地一般是具有优秀传统文化、不朽的英雄人物及事迹、爱国主义历史故事、良好生态环境的基地。主要的道德教育旅游产品有：历史文化类、经典榜样类、革命传统类、英雄事迹类、环境教育类等。道德教育旅游的作用发挥依靠旅游项目和旅游环境本身蕴含的教育和暗示作用,它不同于“灌输式”“填鸭式”教育，而是强调在潜移默化中实现对旅游消费者的道德感化。

2. 知识科普教育旅游型

知识科普教育旅游是以旅游活动为载体，在旅游产品中增加科普教育含量，使旅游消费者在旅游的过程中学习科学知识，受到知识教育，提高旅游消费者科学文化水平的一种寓教于乐的教育旅游形式。这类旅游产品包括文学艺术类、学科研究类、民俗文化类、博物馆类等。作为知识科普教育场所的旅游目的地应该在某个领域具有个性和特色、影响力与知名度；除此之外，目的地还必须达到一定的软件水平，如具备科学、完善、准确的解说系统，还要求导游、解说队伍具备较高的语言水平，甚至需要具备某一领域的专业知识。

3. 健康教育旅游型

健康教育旅游是通过旅游活动，让旅游消费者了解体育健身的意义，了解运动机理、休闲疗养专业知识和技能的旅游活动。这类旅游一般以特定主题的、达到一定水准的旅游活动为平台，主要的旅游产品类型包括体育教育型、休闲教育型、医疗教育型、心理健康教育型、三观教育型等，对旅游消费者进行身心健康教育的产品和活动。

4. 美育教育旅游型

美育教育旅游主要是通过旅游活动加强旅游消费者旅游审美教育，促进旅游消费者与自然、旅游消费者与旅游消费者、旅游消费者个体自身的和谐。美育教育一般以观光旅游为主，通过自然山水或具有较高审美价值的人文景观带给旅游消费者心灵的震撼，引起旅游消费者内心的共鸣，从而促进人与自然、人体身心的和谐发展。

三、体验式学习

（一）体验式学习的定义与内涵

体验式学习自古以来便是人类最基本、最自然的学习方式。从石器时代到信息社会时代，体验式学习始终贯穿于人类的发展历程中，其重要性不言而喻。然而，在相当长的一段时间内，传统式教学法（又称作教式教学或填鸭式教学）占据了学习方法的核心地位，说教者是教学关系的中心，学习者只需被动接受而很少被要求主动思考，这是一种被动的单向式学习方式。随着社会的高速发展和知识的指数增长，传统式教学法的弊端逐渐显现，体验式学习开始受到重视。

体验式学习是指学习者通过实践活动获得亲身体验和直接认知，接受知识或学习技能，之后进行反思、概括、讨论、评价等活动，最终产生新的认识、情感以及行动，并在实践中加以检验、运用并指导后继行为的过程或能力。体验式学习突出了学习者的主体作用，能够提高其在学习中的主观能动性和卷入度，并取得较好的学习效果。与传统教育学习模式不同，在体验式学习中，体验是基础，学习者成为学习的中心，不再被动地从老师、课堂、课本中接受知识，而是自动自发地投入到体验中，并在体验中感悟、观察、反思、概括，并将其“所得”应用于新的生活、学习情景中去。库伯认为学习是体验的转换并创造知识的过程，这一界定强调了体验式学习过程的几个重要方面：第一，强调适应与学习的过程，而不是内容或结果；第二，知识是一个转化的过程，是连续不断地创造与再创造，而不是可获得或可传递的独立过程；第三，学习转换的体验包含主观形态和客观形态两种体验；第四，要理解学习，必须理解知识的本质是什么，反之亦然。

体验式学习具有较高的社会价值。21 世纪的社会是一个“学习化的社会”，需要人们终身学习以满足高速发展的社会需求。学习化社会是一个以学习者为中心的社会形态，对学习者主体地位的强调是学习化社会的重要前提。同时，终身学习不是一种外在的被动式学习，而是从学习者自身需要出发的一种主动的、自愿的学习，要求充分体现学习者的主体性地位。这意味着，以具体经验为基础的体验式学习，在终身学习中将扮演越来越重要的角色。此外，不同的主体在学习方式的选择上具有自己的特点，体验式学习能够在一定程度上弥补传统教育中由于强调共性而对个性的忽视的缺陷。

（二）体验式学习及其研究的发展历程

体验式学习的研究萌芽于 20 世纪初期实用主义教育思想，随后在美国广泛兴起。经验学习理论的开创者杜威（Dewey）提出“教育即生活”“教育即经验”“在做中学”的教育思想，认为经验学习的核心是人与环境的交互，人在特定情境下通过一系列交互行为完成学习过程，而学习的结果又能够帮助个体在之后的经验中更好地学习。

20 世纪 80 年代，随着建构主义的兴起，经验理论进一步发展，经验学习过程被认为包括了四个环节：经历、反思、分析与评估。单纯的经验与反思无法带来真正的学习，真正的学习过程是在经历的基础上个人对经验的评价以及根据目标、志向、期望等对经历的个人解读。在此基础上，库伯通过总结皮亚杰、杜威、勒温的理论精华，提出了“体验式学习圈模型”，该模型包括了四个主要环节：经历、反思、一般化、试验（库伯，2008）。基于四阶段模型，即时或具体体验是进行反思观察的基础，这些反思被提炼、吸收和抽象一般化，使得个体获得行动应用的新启发，新的启发可以作为积极试验或创造新体验的指导。

我国体验式学习理论的相关叙述也具有悠久历史。如“纸上得来终觉浅，绝知此事要躬行”（陆游《冬夜读书示子聿》）、“知行合一”（王阳明）、“实践出真知”等名言皆反映了我国传统文化中对体验的重视。中国体验式学习真正意义上的第一人当属陶行知，他在研究西方教育思想的基础之上，结合中国国情，提出了“生活即教育”“社会即学校”“教学做合一”等教育理论，并在 1927 年创办晓庄试验乡村师范学校，践行自己的教育理念，为我国本土化的体验式学习提供了宝贵的经验。

（三）体验式学习的经典模型

经过近一个世纪的发展，体验学习理论研究初步成熟。人类学习和发展理论中心论的学者们发展了一系列动态的、综合整体观的体验式学习的模型，具体内容阐释如下。

1. 勒温的行为研究与实验室训练模型

勒温认为，一个以即时体验为开端，紧接着收集资料与观察的综合过程能够更好地推动学习、改变与发展，如图 5-1 所示。分析收集资料所得的结论能够向体验者反馈以不断修正他们的行为及改变他们对新体验的选择。直接的具体经验是观察和反思的基础。这些观察结果可归纳为一种抽象概念，从中可推断出行动的新含义。这些含义或假设可以作为创造新体验的指导。

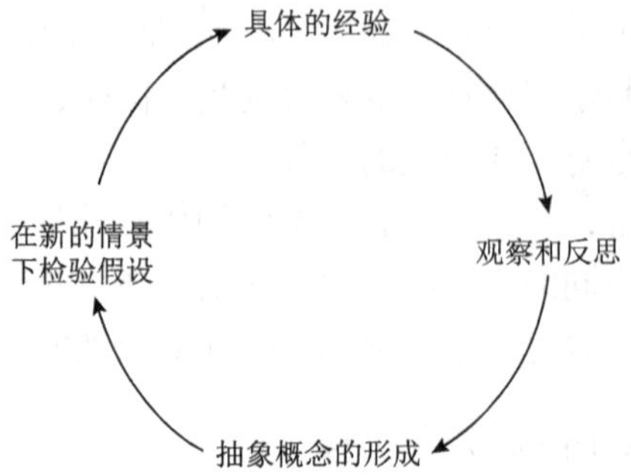

图 5-1 勒温的行为研究与实验室训练模型

2. 杜威的学习模式模型

杜威的学习模式与勒温所倡导的十分相似，杜威认为，目的的形成是一种复杂的头脑活动，如图 5-2 所示。它包括：观察周围事物；拥有在过去相似情境下发生事件的知识，这些知识源于资料再搜集和拥有更多经验的个体的信息；判断，它将观察与回忆结合起来，其目的不同于原始的冲动或者渴望，它会转化为基于某种可观察情境下对行动结果有所预见的计划和方法。

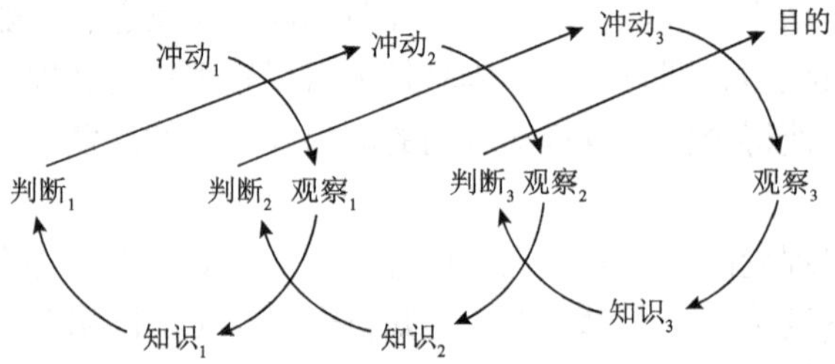

图 5-2 杜威的学习模式模型

3. 皮亚杰的学习和认知发展模型

皮亚杰认为，体验、概念、反思与行动的维度构成了成人基本的连续性发展思维，如图 5-3 所示。从幼儿期发展至成人期，经历了感知运动阶段、表象阶段、具体运算阶段、形式运算阶段，学习的关键是依赖于一个相互作用的过程，其中融合了内部概念或经验图式的顺应过程和外部事件与经验同化到已有观念或图式的过程。

4. 库伯的体验学习圈理论

库伯在吸收了杜威、勒温、皮亚杰等的合理思想后，提出了体验学习圈理论，如图 5-4 所示。在体验学习圈理论中，体验式学习有 4 个阶段：①具体经验（concrete experience，CE）：学习者在真实情境中活动，获得知识并产生相应感悟。②反思观察（reflective observation，RO）：学习者在这一阶段回顾、描述自己的体验活动，对自己的体验进行分析、反思，明确自己在这一体验过程中学到了什么、发现了什么问题、对自己产生了哪些影响等，从而形成新的见解。③抽象概念化（abstract conceptualization，AC）：学习者在自己经历的基础上试图把感性认识上升到理性认识，将现象抽象化为概念，借此建

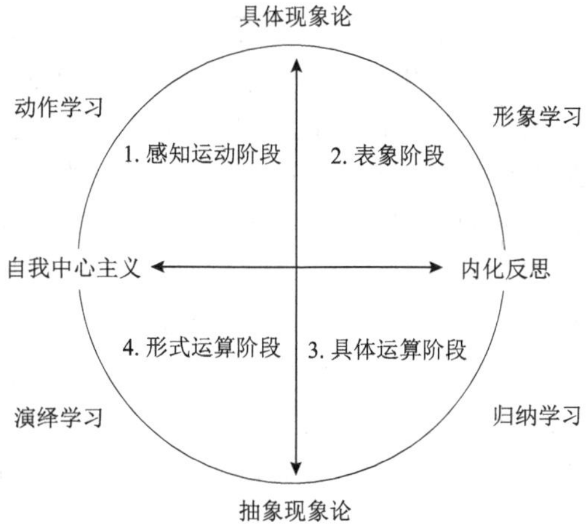

图 5-3　皮亚杰的学习和认知发展模型

构一种理论或者模式，并以此对自己发现的某些现象和问题进行解释。④主动实验（active experiment，AE）：在这一阶段，学习者的主要任务是在新的情境中检验自己的理论或模式假设的合理性、可靠性。

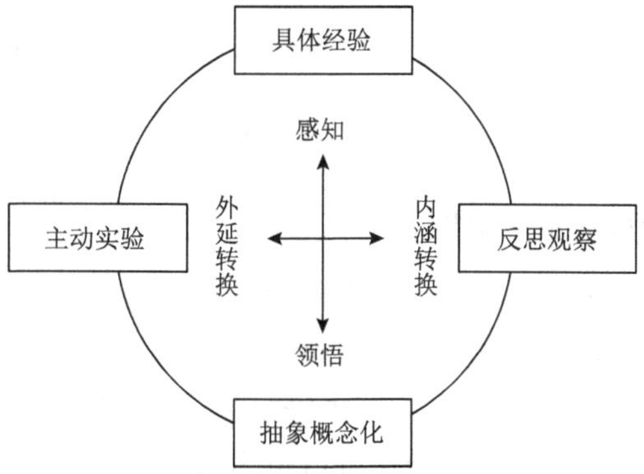

图 5-4　库伯的体验学习圈理论模型

第二节　旅游消费者记忆

一、记忆及其类型

（一）记忆的定义与类型

记忆是人脑对经历过事物的识记、保持、再现或再认的过程。人们感知过的事物、体验过的情感及练习过的动作，都可以以印象的形式保留在人的头脑中，并在必要的时候再现出来，这个过程就是记忆（Tulving，1972）。记忆是进行思维、想象等高级心理活动的基础。

记忆会随时间和其他干扰因素而减弱，也可能受某些因素刺激而被强化，它受大脑支配、隐身或再现，对个体生活产生一定的影响（Schacter et al.，2003）。记忆按停留时长可分为感觉记忆、短时记忆和长时记忆，见图 5-5。感觉记忆是指事件经历后首先短暂地表征在感觉-知觉系统中，是通过知觉系统对信息的加工和分析来实现的记忆过程。短时记忆是指储存时间有限、储存容量也有限的记忆。长时记忆是个体有意识地对瞬时记忆进行加工储存而成。长时记忆可分为内隐记忆和外显记忆，前者储存个体潜在能力（如骑自行车的方法），后者储存固有知识和经验（如旅游目的地的形象）。其中，外显记忆又可分为语义记忆和情景记忆，语义记忆针对固有知识的储存，情景记忆针对生活经验的储存。情景记忆中与自我关联度较高的事件称为自传体记忆，如旅游体验的记忆就是个体主观构建并反映个人兴趣和诠释的，因而被视为一种自传体记忆。

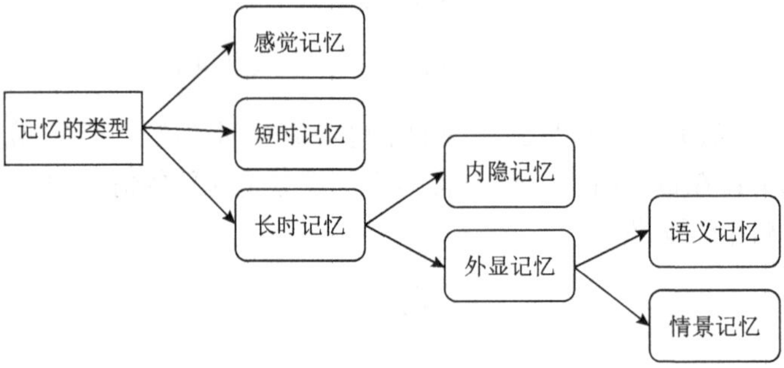

图 5-5　记忆的类型

（二）记忆及其研究的发展历程

德国心理学家冯特（Wundt）于 1879 年在德国莱比锡大学创立了世界上第一个心理实验室，首次将心理学从哲学体系中分离出来，并在之后提出记忆等高级心理过程只能依靠被试的主观报告。同时代的艾宾浩斯（Ebbinghaus）对记忆现象进行了开创性的实验研究，影响并激励着后来的学者对记忆进行更为深刻的探索。在冯特和艾宾浩斯之后，记忆成为实验心理学中实验研究最多的领域之一。

加拿大认知心理学家图尔文（Tulving）将科学的记忆研究划分为三个阶段（Tulving，1995）。第一阶段始于 1885 年，艾宾浩斯发表著作《论记忆》，持续到 1960 年左右。艾宾浩斯在实验研究中采用无意义音节作为记忆材料，字词的学习与记忆现象的研究密切联系；同时，他提出了著名的艾宾浩斯遗忘曲线。这一时期，人们一直把记忆看成一种单一的东西，认为只存在一种长时记忆系统。20 世纪 60 年代，随着认知心理学的发展与计算机模拟实验的兴起，信息加工理论的探索逐渐取代了记忆研究中对词语学习的关注，从而开启了记忆研究的第二个阶段。这一阶段的代表性成果为记忆裂痕理论和记忆二重学说，一致性的观点认为人脑内的记忆类型分为短时记忆和长时记忆两类。受记忆二重学说的影响，美国心理学家斯波林（Sperling）首先用实验证明了比短时记忆更短暂的感觉记忆系统的存在，将记忆二重学说进一步发展为三级加工模型。但感觉记忆并没有改变记忆二重学说的实质，而是使其更加完善。第三阶段开始于 20 世纪 80 年代左右，心理学家将短时记忆扩展为工作记忆，将长时记忆分为情景记忆、语义记忆。此后，记忆研究的方法、技术、议题都得到进一步拓宽。

（三）记忆的经典模型

1. 记忆多存储器模型

长期以来，心理学界关注的主要问题是记忆是否存在特定的存储器或系统。1968 年，美国心理学家阿特金森（Atkinson）和谢夫林（Shiffrin）提出了记忆多存储器模型，该模型通过描述三种不同类型的记忆存储器来解释记忆的过程，如图 5-6 所示。该模型的基本假设是，人的记忆系统中存在三种不同类型的记忆存储器，它们各自执行着不同的功能。①感觉储存：通过感觉器官输入和保存的信息，其容量相对有限，保存时间非常短暂；②短时储存：保存信息的时间略长，但容量同样有限，通常可以保存 7±2 个组块的信息，持续时间在几秒到几分钟之间；③长时储存：具有强大的储存能力，能够保存信息很长时间，甚至可能是永久。长时储存的容量和保持时间取决于信息的编码方式和提取原则。记忆多存储器模型是一种关于记忆结构的理论，它以记忆二重学说为核心，并对其进行了扩展。目前，认知心理学家通常用感觉记忆、短时记忆和长时记忆来指代这三种存储器。

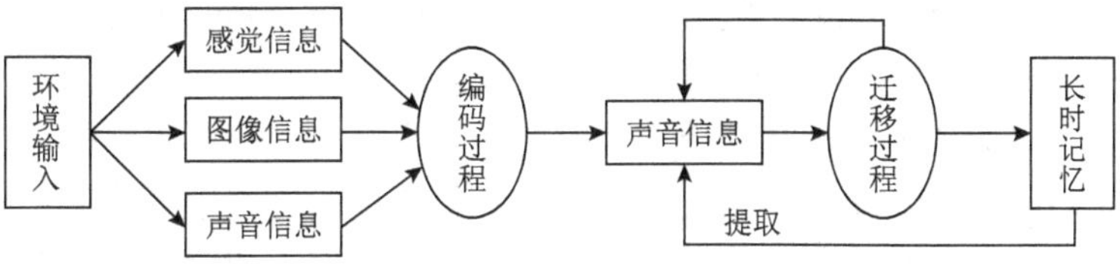

图 5-6 记忆多存储器模型

2. 多重记忆系统模型

在记忆多存储器模型发展的同时，长时记忆因其所储存的材料性质不同而被划分为多种记忆，形成了多重记忆系统模型。该模型认为，记忆是由不同操作系统组成的复合系统，不同性质的信息由不同的操作系统进行加工和存储，且每个操作系统都由若干特定的加工过程组成。同一操作系统内的加工过程之间的关系比不同操作系统的加工过程之间的关系更加密切。图尔文和斯奎瑞（Squire）关于记忆系统的划分代表了目前认知科学对多重记忆系统模型的观点。

在多重记忆系统模型中，记忆被分为两大类型，即陈述性记忆（外显记忆）和程序性记忆（内隐记忆），见图 5-7。陈述性记忆涉及对事实和事件的记忆，可以通过语言描述和传授实现；陈述性记忆的信息内容提取通常需要个人意识的参与，因此也等同于外显记忆。陈述性记忆可以进一步分为语义记忆和情景记忆。语义记忆涉及对周围世界中一切事物的认知，包括文字、概念、原则等知识；情景记忆涉及个体经验方面的记忆。程序性记忆涉及对动作和行为的记忆，通常不能用语言描述，而是在操作中表现出来，如对游泳动作的记忆；其提取往往不依赖意识和认知。程序性记忆可以分为程序技能记忆、启动效应记忆和经典条件反射记忆。程序技能记忆涉及对如何执行某一任务或一组动作的记忆；启动效应记忆涉及先前呈现的刺激对后续刺激或相关加工的易化现象；经典条件反射记忆涉及学习过程中建立的刺激与反应之间的联系。

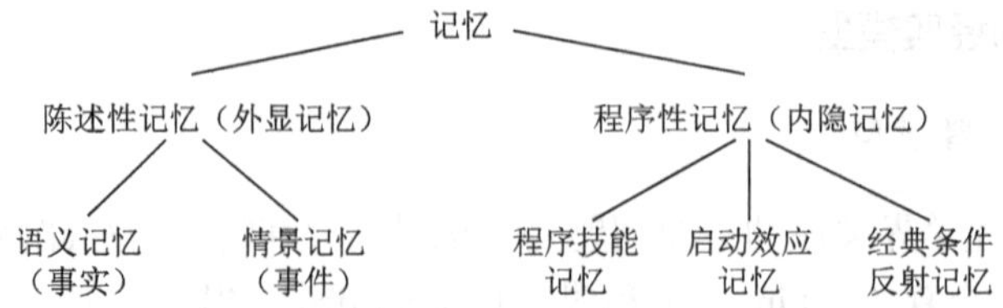

图 5-7　多重记忆系统模型

多重记忆系统模型将记忆与具体的神经系统或过程联系起来，较好地解释了遗忘症患者及正常人身上表现出的陈述性记忆和程序性记忆的实验性分离现象。

二、体验记忆

（一）体验记忆的定义与内涵

“体验”一词源自拉丁文 experientia，意为探索和查询。亚里士多德（Aristotle）将其解释为从感觉中产生的记忆，这些记忆通过多次重复而串联在一起。英文中的 experience 源自 experimenting（实验）、trying（尝试）和 risking（冒险），强调了个人参与的必要性。因此，体验可以被理解为个体在与环境互动过程中获得的一种亲身经历，以及这些经历在体验主体心理和精神上引发的一系列反应，包括主观的、感性的感觉、知觉和印象（Kelly，1987）。体验记忆是主体在经历体验过程中形成的相应记忆，这些记忆内容是通过人体感官感知的信息，并在人脑中进行加工和储存的。例如，“我记得昨天在教室上课时的情景”或“我记得去年暑假期间去海边旅游的经历”都属于体验记忆。体验记忆与情景记忆有相似之处，但更强调由个体自身经历形成的记忆，在一定程度上可以理解为自传体记忆。体验记忆包括项目记忆和来源记忆。项目记忆指的是对中心事件的记忆，即提取事件的内容；而来源记忆则是对特定时空背景的记忆，即回忆事件的背景信息，包括时间、地点、人物等。

体验记忆使个体能够回忆起特定的、具体的个人经历，在认知活动和行为决策中扮演着关键角色。例如，在准备工作面试时，个体可以利用已有的面试体验记忆来回忆过去的经历，并根据这些经历为即将到来的面试做准备。在消费者购买决策中，如果对某一产品或服务的过往体验不佳，个体可能会依据这种体验记忆做出其他选择，而不是继续购买该产品或服务。

（二）体验记忆及其研究的发展历程

在记忆研究领域，图尔文最早提出外显记忆由情景记忆和语义记忆组成，并指出“过往体验与经历”是促成情景记忆的重要因素之一（Tulving，1972）。然而，在早期，对情景记忆的研究主要集中在心理学和神经科学领域的情景记忆特点上，并未充分关注情景记忆与过往体验之间的联系。进入 21 世纪，“体验经济”引起了广泛关注，学者们开始不仅关注体验的过程性对消费者心理和行为的影响，也关注体验过程结束后，对消费者产生的持久记忆的影响。

目前，学者们对体验记忆的研究主要从两个方面展开：影响体验记忆的体验要素和体验记忆的作用机制。在体验要素方面，现有研究主要集中于现场情感体验和时间要素的影响。首先，现场的情感变化是长期记忆形成的主要原因，包括情感的性质、强度和持续时间。其次，有关现场时间点对记忆形成的影响研究中，普遍认为记忆的形成存在近因效应和首因效应，并遵循峰值和尾值理论。从情节体验的性质上讲，情节的起始、高潮和结尾代表了故事情节发展的时间标志,因此这些部分的细节更容易被记忆和回想。

体验记忆的作用机理探究是理论思辨与实践发展的桥梁，主要包括两个方面：一是体验记忆对主体感知的探讨，这类研究往往通过构建体验、记忆、满意度、忠诚度、幸福感、行为意向等之间的关系，阐释体验记忆的作用路径；二是体验记忆对消费者决策行为的探讨，即个体在首次消费后，往往倾向于依据自己的记忆而非即时信息做出下一次的相关决策。同时，基于信任传递的作用，消费者曾经的体验经历是影响周围人行为决策的重要因素。

（三）体验记忆的经典研究范式

目前，对于体验记忆的研究范式种类繁多，包括自由回忆、配对联想回忆、故事记忆任务、图片再认任务等。然而，尚未有一个被广泛认可和应用的研究范式。这主要有两个原因：一是不同年龄段个体的体验记忆发展水平和特点不同，需要使用不同的范式进行测量；二是不同研究者关注体验记忆的不同方面，因此在研究时会选择合适的方法。这里介绍两种比较常见的研究范式——情景描述类范式和房子测试范式。

1. 情景描述类范式

情景描述类范式是指在研究过程中，被试使用语言描述过往体验事件，以表现体验记忆的研究范式。这包括自传体记忆访谈和个人事件记忆范式。自传体记忆访谈是通过使用代表性的图片或词语激活被试的相关回忆，并用语言描述出自己曾经体验过的具体情景和事件细节。个人事件记忆范式则是研究者通过提问的方式引导被试回忆发生在自己身上的事件。这类范式的优点是具有较强的情景性，能够较为准确地测量体验记忆的内容。但由于对体验记忆的衡量标准是研究者对被试会议内容的编码，主观性较强，且受到研究目的和研究内容的影响，具体操作过程难以统一。

2. 房子测试范式

房子测试范式是将特定体验记忆的某一场景放入自然生活环境的一所房屋中，要求被试将核心事件及事件发生的时间、地点进行编码。在编码阶段，主试向被试展示绘有多个区域的两层房子正面图，并按照早、中、晚的时间顺序描述在这所房子中进行的各项活动。每项活动由三个连续信息组成：事实、时间、空间。在主试描述活动时，被试需要拿起绘有事实信息的图片并将其放入正确的区域。在测试阶段，首先，被试要自由回忆编码阶段提供的任何信息；其次，对于没有被记起的活动再进行口头线索的回忆；最后，对遗漏和错误的信息进行再次辨认，直到所有信息都被完整回忆为止。

三、旅游体验记忆

（一）旅游体验记忆的定义与内涵

旅游体验是指旅游消费者在旅游过程中，与所处环境深度融合时所获得的一种身心一体的愉悦感受（谢彦君，2006）。这种感受是旅游消费者内在心理活动与旅游环境所呈现的表面形态和深刻含义之间相互交流或相互作用的结果。一般认为，旅游体验从旅游活动的准备阶段开始，并在旅游结束后仍能持续一段时间，包括旅游前的期待形成、现场体验以及旅游后的体验记忆形成三个阶段。鉴于旅游产品的无形性，旅游体验本身也是无形的，但它以记忆的形式被储存。旅游体验不同于日常生活体验，是旅游消费者个体非凡经历和情感积累的结果，容易引发深刻的记忆，但并非所有的旅游体验都会被旅游消费者生动而持久地记忆。研究表明，在学校组织的集体旅行中，学生可能不会产生形象生动的记忆。

因此，旅游难忘体验（memorable tourism experiences，MTEs）可以被理解为：旅游事件发生后，旅游消费者不断回忆和提及的体验或经历所形成的生动、长时记忆。旅游体验记忆是基于旅游消费者对旅游目的地的综合感知和评价之后，由个体主观建构而成的，包含时间、地点、事件、人物等一系列关键要素，具有鲜明性、准确性、持久性等特点。当旅游消费者再次面临选择旅游目的地时，之前的旅游体验记忆会被无意识地回想起，并依赖这些记忆进行行为决策。

（二）旅游体验记忆及其研究的发展历程

进入 21 世纪，国内外的学者在关注体验记忆的同时，也开始在旅游领域着手对体验记忆的研究。国外对旅游体验记忆的研究基本上可分为萌芽和发展两个阶段。

1. 萌芽阶段

旅游体验记忆的萌芽阶段始于 21 世纪初，部分学者通过消费者行为决策研究逐步认识到体验记忆的重要性，并在旅游领域开始探索体验记忆。研究发现，旅游体验记忆是影响旅游消费者未来决策及重游行为的主要因素之一，尤其是在活动参与和花费方面，为目的地忠诚度管理提供了理论依据。这一阶段的研究凸显了旅游体验记忆的重要性，促使学者们对其关注度日益增加。

2. 发展阶段

美国印第安纳大学休闲哲学博士金钟亨（Jong-Hyeong Kim）在其代表作《旅游难忘体验量表的开发》（“Development of a Scale to Measure Memorable Tourism Experiences”）中基于感知理论探讨了旅游体验记忆形成的影响因素，并从自传体记忆角度研究了旅游体验记忆的表现，最后研究了其对行为意向的作用路径，这标志着旅游消费者体验记忆研究的发展阶段（Kim et al.，2012）。此后，更多学者开始对旅游体验记忆的影响因素和前因变量进行深入研究，探索旅游体验记忆的本质，构建旅游体验记忆量表，以及行为意向影响等方面的内容。

相比之下，国内对旅游体验记忆的研究仍处于萌芽阶段，主要在社会记忆、文化记忆和地方记忆中探讨旅游体验记忆，并将研究成果应用于景区规划、市场营销、产品设计等方面。

（三）旅游体验记忆的测量维度

作为近年来新兴的概念，旅游体验记忆的相关研究仍处于探索和深化阶段。该领域的实证性研究逐渐兴起，涉及不同旅游资源类型和服务类型的旅游体验记忆。研究主要聚焦于概念和内涵、指标分类以及旅游体验记忆的前因后果影响。

在概念和内涵上，旅游体验记忆被解释为情感、期待、结果和回忆四个方面的内容（Tung and Brent，2011）。基于此，目前应用较广的是金钟亨等开发的 7 维度 24 题项的量表，该量表包括享乐、新奇、地方文化、精力恢复、意义、涉入和知识等 7 个维度（Kim et al.，2012）。之后，金钟亨在指标体系中加入了影响旅游体验记忆的旅游目的地属性，包括地方文化、基础设施、服务质量等多个维度（Kim，2014）。这一量表从主观心理角度出发进行测量，被旅游研究领域广泛接受和应用。

在探究其前因后果的影响上，当旅游体验记忆作为因变量时，受到旅游消费者的心理因素和旅游地的设施或服务因素的影响；作为前置变量时，体验记忆会作用于旅游消费者一系列的游后行为，包括旅游消费者主观幸福感、目的地忠诚度、重游意愿和推荐意愿等，如表 5-1 所示。

表 5-1　旅游体验记忆维度构成研究

作者	指标选取	选取依据	研究结果
Kim 等（2012）	激动、沉溺、享受、兴奋；一生一次、独一无二、不同以前、新的事物；对居民好的印象、当地文化、居民友善；释放、享受自由、清爽、精力恢复；有意义、重要、了解自己；真正想游览的地方、做真正想做的事情、兴趣；探索、知识、新的文化	记忆形成过程的追踪	享乐、新奇、地方文化、精力恢复、意义、涉入和知识等 7 个维度
Kim（2014）	Kim 在 2012 年提出的 24 个题项的基础上，增加了地方文化、基础设施、服务质量、地理特征、可达性、事件活动、居民热情好客、上层建筑、目的地管理	旅游目的地属性	

第三节　旅游信息加工

一、信息加工理论

信息加工是指将收集到的原始信息按照一定的程序和方法进行分类、整理、分析、储存、使用等的处理过程。通常情况下，原始信息处于一种零散的、无序的、彼此孤立的状态，这种状态既不便于分析和利用，也不便于传递。通过对信息进行加工，可以将其转换成有逻辑、相关联的形式，使其更具可用性。

1991年，盖瑞·彼得森（Gary Peterson）、詹姆斯·桑普森（James Sampson）和罗伯特·里尔登（Robert Reardon）在其著作《生涯发展和服务：一种认知的方法》中详细地阐述了生涯发展的新方法——认知信息加工（cognitive information processing，CIP）方法，该方法后来逐渐发展成为一种指导行为决策研究的理论，如图5-8所示。认知指的是人的思维方式或头脑加工信息的方式。认知信息加工理论是一种基于大脑在问题解决和决策制定的过程中如何接收、编码、储存和利用信息与知识的研究而形成的理论。认知信息加工理论研究人在注意和选择信息、对信息的认识和储存、利用信息进行决策以及指导外部行为等过程中的心理活动。

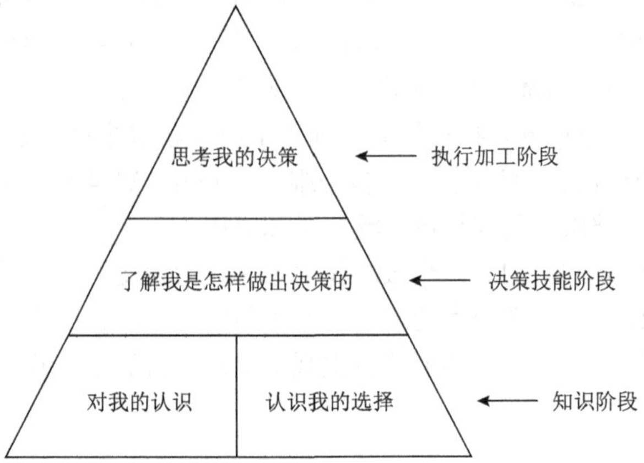

图5-8 认知信息加工理论的金字塔模型

认知信息加工理论的基本框架是一个金字塔模型，包括知识阶段、决策技能阶段、执行加工阶段。

金字塔底部最基本的知识领域包含“对我的认识”和“认识我的选择”。其中，“对我的认识”指的是行动主体要了解自己的价值观、兴趣、技能及所处社会的历史、文化等个体内在的影响因素；“认识我的选择”指的是主体在行动前了解目标产品、服务或行动的基本信息。

金字塔中间层的决策技能阶段关注的是“了解我是怎样做出决策的”。这一阶段包含沟通（communication）、分析（analysis）、综合（synthesis）、评估（valuing）和执行（execution）五步骤指南（缩写为CASVE）。第一，“沟通”是行动主体主动与相关行为或决策的所有方面进行充分的“接触”，接收外界有效信息，并进行初步编码的过程，以识别到自身理想与现实情境的差距，从而激发行动需求的产生。第二，“分析”是对行动或决策的所有方面进行更充分、更深入、更有针对性的了解阶段，以明确需求产生的原因和行动决策存在的必要性。第三，“综合”是对分析阶段提供的信息进行加工、综合理解，制定可供选择的消除问题、满足需求的行动方案。第四，“评估”指行动主体根据自身的基本条件、现实的需求特征，对综合阶段形成的一个或几个方案进行综合性、可行性的评价，对可选方案进行排序。第五，“执行”是从可行方案中挑选出一个最佳方案，并按照计划的步骤执行，尝试解决问题、弥补差距、满足需求。

金字塔顶层的执行加工阶段关注的是“思考我的决策”，包括自我对话、自我觉察、控制与监督三个方面，具有工作控制职能。第一，“自我对话”是行动主体主动评价自身现阶段的表现、行动，此时积极的评价可以强化学习的行为，消极的评价则可能干扰信息加工的效率和效果，阻碍下一步的行动。第二，“自我觉察”指在行动中，能意识到自己的感受，意识到他人的需要，从而做出对自己和社会都有利的行动。第三，“控制”指个体能够监控行动中在哪一个步骤需要提供何种信息，在哪一个步骤需要暂时停顿以便补充足够的信息，在哪一个阶段产生冲突而需回到先前的阶段重新开始等。“监督”指个体意识到什么时候任务已经完成、什么时候进入下一个任务。

二、旅游消费者信息加工过程

自20世纪60年代以来，心理学在消费行为研究中的应用得到了蓬勃发展，并逐渐受到相关领域学者和企业界的重视。将个体的消费行为视为一个信息加工过程是目前消费行为研究中比较流行的一种观点。消费者从接受商品信息开始，直至最终做出购买决策的行为，始终与消费者接受、编码、储存、提取和使用商品信息的过程相关（张莹，2011）。在整个过程中，商品信息在消费者体内流转，从感觉、知觉开始，影响消费者的认知、态度和选择。因此，关注消费者形成行为决策的信息加工过程是研究消费者行为学的一个重要环节。

旅游消费者作为旅游活动的参与者与消费者，在面对旅游信息时，运用感觉、知觉、注意、记忆、思维等感知能力，对旅游信息进行判断、处理和选择的过程，即旅游信息加工的过程。任何一个旅游消费者的行为决策的制定首先来源于对自身需要和旅游信息的感知，而整个感知过程也正是行为决策制定的有关信息加工的过程（牟海鹰和黄希庭，2001）。心理学家将这一信息加工过程称为“消费者暗箱”的内部自我完成的心理活动。图5-9展示了旅游消费者在进行购买或目的地选择等行为决策时的信息加工过程，我们将以购买决策过程为例，分析旅游消费者的信息加工过程。

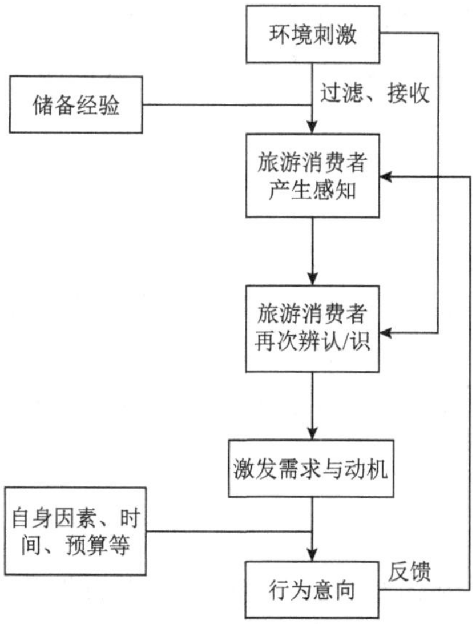

图5-9　旅游消费者信息加工与行为决策过程

1. 储备经验

在旅游之前，任何旅游消费者在长期的社会生活中，都会得到一些旅游地或旅游产品、服务的相关信息，包括时空特征、体验特色等。比如，当大多数中国人想起内蒙古时，一般都会想起“天苍苍，野茫茫，风吹草低见牛羊”的场景。潜在旅游消费者虽然没有去过这些地方，但由于以前的知识见闻、口口相传的信息、网络流传的资料等而获得关于该旅游目的地的信息，形成旅游消费者本身的经验储备（白凯，2013）。但这些储备经验不足以让旅游消费者产生真正的感知，其原因是缺乏刺激感知产生的环境因素。

2. 环境刺激

外界具体的旅游信息，如某一旅游地的宣传片、旅行社的促销信息就是典型的外部信息刺激，这些刺激信息包括文字、图片、视频、音频材料等。潜在旅游消费者调动自己的五个感觉——视觉、听觉、味觉、触觉和嗅觉对这些刺激信息加以感受，并利用注意、记忆、思维等知觉对信息进行分析、比较、概括和推理等。旅游消费者可以进一步有选择地筛选和接受信息，在心中形成对旅游地的初步印象。

3. 旅游消费者再次辨认/识

潜在旅游消费者会持续受到外界信息的反复刺激，尤其是一些市场营销者运用多种渠道，如各种线下广告和线上广告等方式，在不同时间、不同地点、不同场合进行不断刺激，强化旅游地的形象，加深旅游消费者对其印象。在多次刺激之后，潜在旅游消费者心中旅游地的形象也被不断地修正或巩固，从而激发真正的旅游需求。

4. 激发需求与动机

在已有刺激感知的基础上，潜在旅游消费者会觉察到机体本身的变化和渴望，生理、心理出现某种不平衡，即意识到自己的理想状态和现实状态存在差异时，就会产生某种需要。这些需要可能是由很多内部或外部因素引发的，再次通过旅游消费者的感知觉信息加工而被觉察到。

5. 行为意向

当旅游消费者的需求达到一定强度后，潜在旅游消费者在制订出游计划阶段，开始搜寻相关旅游地的旅游活动信息；当旅游消费者完成信息搜索并获得足够多的信息之后，再次根据自身的基本条件、现实的需求，对一个或几个可选方案进行综合性、可行性的评估；经过审慎的方案评估后，旅游消费者会从中选择一个最能满足原始需要的、最可行的方案，并采取旅游行为。

6. 反馈

当旅游消费者完成某个旅游行为后，会根据原本的期望去评价该产品或服务，旅游消费者可能感到满意或不满意。而行为后的评价作为一种经验，将加深旅游消费者对该行为的认识并将影响其下一次的信息加工和行为决策。

此外，旅游信息加工过程也是一个循环过程，每一次加工完成后获得的经验又会反馈回去，影响下一次的信息加工及行为决策，从而形成一个完整的循环过程。

课后思考题

1. 简述旅游消费者学习行为的概念。
2. 试举例说明旅游与学习之间的关系。
3. 试概述体验式学习的一种模型理论。
4. 简述记忆形成的过程及其类型。
5. 试说明旅游体验记忆的含义及其重要性。
6. 试举例说明旅游消费者信息加工的阶段及过程。

第六章

影响旅游消费者的外部因素

【本章学习要点】

1. 理解文化特征的定义和范围，并掌握文化对消费者行为的影响。
2. 掌握家庭和社会阶层对消费行为的影响，并了解其作用机制。
3. 了解影响消费行为的社会因素。

第一节 文化因素

文化是某一特定社会的集体价值观、习俗、规范、艺术、社会制度和智力成果。文化价值观表达了社会标准和集体准则。大多数营销信息在一定程度上都反映了目标受众的文化价值观。市场营销依靠消费者对文化变迁的察觉，以发现新的机会并舍弃因文化变迁而消失的市场。总的来说，营销在促进、反映和强化文化价值观的过程中与文化相互影响。本节将重点讨论文化的社会角色及其动态性，解释文化价值观是如何被习得和表达，以及如何影响消费者的行为的。

一、文化的特征

文化被视为指导人们行为的“无形之手”，即人们的行为会受到文化潜移默化的影响。例如，当研究人员询问人们为何采取某些行为时，常见的回答是：“因为这是正确的做法”——这一回答体现了文化对人们行为的深远影响。一般来说，人们的行为和决策是基于其所在的文化框架进行的，不同国家或地区文化对人的塑造过程和结果必然存在差异。

为了更深入地理解文化对人们的影响，Karahanna 等（2005）将文化划分为三个不同层级。第一是群体层级，反映了一个国家或社会中某种标准下人群的细分，如亚文化和各种参照群体的影响；第二是国家层级，反映了代表特定国家“民族性格”的共同核心价值观、习俗和个性；第三是超国家层级，反映了文化对多种社会的潜在影响（即文化跨国或跨文化）。例如，它可能反映了地域特征（如生活在上海的多个国家和地区的人），或种族和宗教的异同，或共同或不同的语言。在跨越国界的超国家文化层级，相关研究将全球 14～24 岁青年群体的生活方式划分为以下四种：①合群。这一群体注重特权和文化强化，成员积极寻求他人的认可，喜欢通过购买经典品牌来继承传统习俗或信仰。②特立独行。这一群体的青年倾向于信赖口碑传播，追求激情、个性、及时行乐，偏好彰显个性化的品牌。③网络知识分子。作为社交网络的中心，这一群体强调革新、创造力、解构主义，喜欢通过一些小众品牌来增强自己的朦胧（神秘）感。④离经叛道。这一群体背负坏名声，追求极度自由，推崇无政府状态（即无视法律和秩序）（Stock and Tupot，2006）。

文化并非一成不变，随着社会结构、经济发展、人口规模、政治制度、技术创新等内外部因素的改变，文化会随之发生连绵不绝的变迁。相应地，文化的变迁会为社会带来新的文化价值观和社会规范。例如，随着传统性别角色理论的摒弃，女性的社会地位已不可同日而语。大多数女性现在都在外工作，并且很多从事曾经完全以男性为主导的职业（如医学、工程、科学）。虽然个人成就对男性（尤其是男性企业高管）很重要的观念依然普遍，但随着女性越来越多地接受高等教育，并且经常晋升到顶级业务岗位，成就与女性的密切关联已不容忽视。因此，现在许多针对女性的广告都强调了这一群体对个人成就的追求，而此前大部分的营销活动则倾向于将女性描绘成母亲和家庭主妇的角色。

一项对美国女性在广告中呈现的形象的跟踪研究发现，营销活动中性别角色的转变十分显著。具体而言，相较于男性，女性作为主角的广告数量增加了四倍；此外，将女性描绘为职业人士的广告数量也大幅增加（Strieter and Weaver，2005）。然而，营销活动中性别刻板印象以及女性依赖男性的描述仍然存在。例如，研究人员通过对比利时的电视广告进行调查后指出，女性通常被描绘成受抚养人、家庭主妇、育儿人员（Verhellen et al.，2016）。此外，Giaccardi 等（2016）的研究表明，消费者在电视、杂志及社交媒体上看到的内容会影响他们对性别角色的看法。

总的来说，营销人员必须时刻关注文化变迁，以发现新的机会并放弃因文化变迁而萎缩的市场。为此，营销人员需经常重新思考消费者的行为动机是什么、销售对象是谁、消费者何时购物、如何及在哪里可以接触到消费者，以及有哪些正在涌现的产品和服务需求等问题。

文化可以表达并满足社会需求。具体来说，文化通过提供可以满足生理、个人和社会需求的“行之有效”的方法，为解决问题制定秩序并提供方向和指导。例如，文化提供了吃饭的标准：用餐时间（不在两餐之间）；一天吃几顿（早、午、晚餐）；节日吃什么（端午节吃粽子，中秋节吃月饼）；用餐礼仪（人到齐用餐、不用筷子翻菜）；等等。文化还决定了不同的场合的着装要求（例如，在家里穿什么；上学、上班、去电影院穿什么；出席宴会穿什么）。然而，一些习俗不太可能改变。例如，一些饮料公司曾尝试以茶、苏打水等替代美国人日常饮用的咖啡，但由于咖啡文化在美国根深蒂固，这些尝试几乎都以失败告终。因为在美国消费者心中，咖啡不仅是早餐必备，还是日常休闲、工作间歇休息时的首选。相对于其他想要撼动咖啡文化的软饮公司来说，咖啡营销商更为明智，他们没有一直依赖咖啡文化优势，而是通过推出各种风味和异国情调的咖啡，如意式浓缩、卡布奇诺和摩卡等来吸引年轻人，从而抢占竞争对手的先机。

当某一特定标准不再满足社会成员的需要或不能反映社会需求时，就有必要对其进行修改或替换。例如，糖在过去被人们视为稀缺、昂贵的消费品，很多普通家庭只有在逢年过节出于招待亲友的目的才会消费甜食。而如今，低糖已成为人们追求的健康生活方式之一，相应地，曾经风靡的甜食可能不再受消费者青睐。市场也推出了一系列符合消费者新需求的产品，如控糖电饭煲、无糖饮料等。然而，社会的集体利益有时候会与某种新兴的习惯相矛盾，例如，大多数年轻人现在几乎随时随地都在用手机与外部保持联系。然而，因使用手机而分心驾驶导致的车祸变得更多。

只有得到社会中大部分人的认同，特定的信仰或习俗才会被认为是一种文化价值观。这是因为文化本质上是一系列规范，指导个人和群体行为，并将个体连接成有凝聚力的群体。通常情况下，个体主要从家人和同龄人那里学习文化规范和习俗，并在很小的时候就开始了解某些行为是否适当。人类学家认为有三种文化习得形式。①正式学习：指父母、长兄长姐及其他成年的家庭成员教年轻的成员“如何表现”；②非正式学习：指儿童模仿他人（如家人、朋友或电视和电影中的人物）的行为来学习文化；③技术学习：指教师在教育环境中指导孩子应该做什么、应该如何做以及为什么应该这样做。总的来说，通过对父母、兄弟姐妹、老师、亲戚、朋友等的行为的模仿，个人的道德价值观（如善良、诚实和责任的重要性）在童年时期逐渐形成。

人类学家将学习本土文化称为濡化，而学习新文化称为涵化。从市场营销的角度来看，涵化对于跨国公司的营销人员尤为重要。具体来说，将产品销往海外时，营销人员必须研究潜在客户的文化，以确定他们的产品是否会被目标客户接受，以及如何有效地传达其产品的特性并说服消费者购买。而消费者社会化是个体濡化的表现之一。这一过程包括父母教导孩子与消费相关的价值观和技能，如金钱和产品价值的含义、如何判断产品质量、如何了解自己的风格偏好、产品用途以及营销信息的目的等。除了家庭单位，社会机构也向年轻成员传达文化价值观。例如，教育机构传授艺术、科学和专业技能方面的知识，宗教机构会提供精神、道德指导和价值观。这些会对个体的消费行为产生重要影响。

二、文化对消费者行为的影响

广告和营销内容反映了文化价值，在当今社会，每个人每天都会广泛接触各类纸质和线上媒体平台，因此营销信息也已成为向社会成员传播文化价值观的有效工具。文化价值不仅体现在营销文案中，还体现在广告的视觉形象、颜色、动作、音乐和其他非语言元素中。许多产品成为某些地区的标志，并形塑民族的文化价值观。例如，近年来流行的“国潮风”产品（如李宁国潮风服饰、故宫国潮风彩妆）让消费者产生了强烈的中华民族文化认同感。此外，许多品牌或产品自称属于某种文化标签（如上海和平饭店代表了外滩近现代以来的百年历史变迁），甚至是自我表达的手段（如万豪酒店的奢华直升机飞行套餐、上海中心大厦的 J 酒店、“新东方快车”豪华火车之旅——表达个人品位和经济实力）。

通常情况下，每个人每天都会接触到上百条促销信息，其中许多促销信息更是会反复出现在我们面前，而营销信息的重复性会进一步强化文化信仰和价值观。例如，在竞争激烈的在线旅游市场中，供应商（如携程、驴妈妈）会积极推广诸如“一价全包”、低价、路线可定制、无购物、代办签证、免费接送机等产品特性，而在接受此类营销信息多年潜移默化的影响后，消费者对在线旅游产品的高质量、低价格的期望会不断上升。与此同时，在线旅游产品的频繁营销也会逐步影响消费者对从其他途径（如旅行社）获得类似的旅游产品和服务的期待。

营销人员还传递大量信息使消费者能够表达共同的文化价值观。例如，《旅行家》《世界旅游》等杂志上的广告会指导读者如何选择旅游目的地；旅游网站猫途鹰（TripAdvisor）上的“旅行者之选”榜单为消费者提供酒店、景点、餐厅的选择建议。在现今的网络时代，人们形成了以产品为中心的虚拟社区（如旅行攻略讨论社区马蜂窝，各大自驾游、徒步游论坛等），这使消费者能够交流和学习与产品相关的文化。此外，社交媒体正迅速成为传达和分享文化价值观的重要渠道。一般来说，人们会在社交媒体上关注关键意见领袖（key opinion leader，KOL）的观点、接受相应的文化价值输出，并在社交媒体上对自己感兴趣的话题畅所欲言。相应地，网络及社交媒体上的高频互动进一步加快了文化价值的传播，例如，自 2014 年，故宫博物院借助淘宝、微博、微信等线上平台以耳目一新的营销方式（如微信公众号推文——《雍正：感觉自己萌萌哒》和 H5《穿越故宫来看你》）与大众交流故宫的形象，使得中国传统文化价值在年轻消费者群体中快速传播并广受认同，进而产生了非常显著的营销成效。根据故宫博物院公布的数据，2019 年，故宫全年接待旅游消费者人次达 1900 万；其中，40 岁以下的年轻旅游消费者达到 56.2%（新华社，2020）。

文化价值也反映在一个社会的语言、符号、交流和人工制品中。其中，符号用来指代其他事物，可以是语言的或非语言的。例如，文字是语言符号，因此任何广告的文字都是符号的组合。而一些非语言符号包括图形、颜色、形状以及纹理，是出现在广告、商标、包装和产品设计中的文化线索。许多符号含有语言和心理意味，并能激发个体的不同感受。例如，“沙滩”一词可以让人联想到阳光暴晒的天气，但也会激发起很多人去悠闲度假的想法；有些人看到橙色会联想到爱马仕（奢侈感），而很多人只会认为橙色代表活力。同样，“劳斯莱斯”对一些人来说代表着顶级豪华汽车；有些人则认为它意味着产品品质（如卡萨帝冰箱的宣传语——“冰箱中的劳斯莱斯”意在表示该冰箱是同类产品中最好的）。

但是符号也可能会有相互矛盾的含义。例如，广告商希望借用描绘老工匠的商标来表达产品工艺精良的意愿可能会被消费者理解为风格过时、工艺落后。此外，在针对青少年的广告中使用俚语时需格外注意。一方面，被滥用或过时的俚语会传递出老套的企业形象；另一方面，有些俚语使用不当可能会冒犯他人或误导青少年（如性别歧视）。

价格和销售渠道也是反映文化意义的符号。例如，对大多数消费者来说，高价格象征着高质量；商品通过高级商场销售意味着品质，通过网络渠道直销则意味着实惠。不过，消费者不会仅从一种符号中真正了解产品特性，营销组合的所有元素——包括产品、促销、价格、渠道、服务等——都是传达商品质量、价值、形象等的重要符号。例如，上海迪士尼乐园的“迪士尼尊享导览”通过价格（售价远高于门票）、促销（限量发售、无促销）、渠道（官方销售）、产品（专属的礼宾、导览、提早入园、免排队等服务）等特性向消费者传递该产品的稀缺性、专属性等。

仪式是一种象征性的活动，由一系列遵守一定流程并定期重复的步骤组成。仪式可以是公开的、精心制作的或仪式性的（如婚礼），也可以是平常的例行公事（如日常梳洗）。通常，仪式化的行为是正式的并附有脚本（如宗教仪式），并且反复发生（如在体育赛事开始前唱国歌）。总的来说，仪式会伴随每个消费者从出生到死亡（抓周、毕业、出入职场、结婚等）。从营销人员等角度，仪式中会用到很多特定物品以烘托氛围（如求婚仪式要用戒指和玫瑰花，生日要点蜡烛和切蛋糕，元宵节要吃汤圆等），相应地，仪式会促使大部分消费者的购买决策。旅游消费场景下，由仪式而导向的旅游活动和营销也非常常见。例如，很多新婚夫妇会选择度蜜月，因此很多旅游供应商会针对这一客群进行宣传。例如，“中国十大浪漫旅游首选地”（如西双版纳、三亚等）、“全球十大蜜月旅游胜地”（如大溪地、巴厘岛等）等。而近年来，一些摄影机构针对新婚夫妇需要拍婚纱照和蜜月旅行的双重仪式需求，还推出了“旅行拍摄”这一产品。

第二节 家庭及社会阶层

一、家庭对消费行为的影响

尽管家庭之间会存在差异，但研究人员指出，家庭消费决策相对于个人来说更频繁和复杂，因此家庭是分析消费者行为时最重要的研究单元（Hoyer et al.，2018）。本小节将重点阐述家庭的定义、类型、家庭生命周期，以及家庭决策和消费特征。

家庭是一个相对宽泛的概念，可以指单独居住的一个人，也可以指共同居住的一群人，无论这群人是否有血缘关系。具体而言，家庭通常是指通过婚姻、血缘或收养关系联系在一起、共同生活的个体群体。核心家庭是指仅包括父亲、母亲和孩子的家庭，而大家庭则是在核心家庭的基础上加上亲戚，如祖父母、阿姨、叔叔、堂或表兄弟姐妹。全球各地对家庭概念的理解存在差异。例如，美国一般把家庭看作核心家庭，而中国则视大家庭为决定性的单位。

当今社会，家庭的类型呈现出新的发展趋势。由于近年来全球经济形势下行、晚婚晚育现象等原因，核心家庭的建立速度正在减慢。此外，离婚、双职工、与父母同住、独居、较低的出生率等现象，以及推迟结婚和同居而出现的小家庭等现象，使得非传统家庭的数量大大增加，家庭单元规模在缩小，家庭基本结构和特征发生显著改变。

首先，当今社会选择推迟结婚或不婚主义的人越来越多。据统计，2010—2019 年，我国结婚率从 9.3‰连年持续下降至 5.8‰；而离婚率则从 2010 年的 2.0‰上升至 2019 年的 3.4‰（中华人民共和国民政部，2018，2020）。上述社会现象出现的原因相当复杂，可能是当事人认为事业优先，或是更偏向于同居，或是想减轻经济负担，或是不想承担家庭责任。此外，由于社会规范的变迁，婚前同居已是非常普遍的现象，大部分同居的未婚伴侣会共同承担费用。营销人员需要充分关注上述趋势，因为非传统家庭会表现出独特的消费模式。例如，与单身男性相比，单身女性在住房、医疗保健和个人护理上的支出占其收入的比例更高。而由于双方都可能工作，未婚伴侣往往比同龄段、只有一方投入工作的已婚夫妇有更多的可支配收入。

其次，双职工家庭数量增加。双职工家庭由于较高的可支配支出，其消费行为有几个显著特征。一般情况下，这些家庭比其他家庭在育儿、外出就餐和生活服务上花费更多。此外，双职工家庭成员需要兼顾工作和家庭角色，导致留给家务和休闲活动的时间偏少。这使得双职工家庭特别偏好能够节省时间的产品和服务，如家政服务、速食产品。同时，由于时间压力，双职工家庭在进行消费决策时不会有太多的时间做产品或服务对比，而是偏好购买自己熟悉的品牌。

最后，离婚率持续走高已成为当前重要的社会现象，中国自 2002 年开始离婚率一直连续上涨（中华人民共和国民政部，2011，2018，2020）。显然，离婚会对消费者行为产生重要影响。在这个过渡时期，消费者要完成一些关键的任务，如处理旧的财产、组建新的家庭等，上述过程中，消费者很可能会建立全新的消费模式。消费者通常认为购入新的商品和服务可以帮助自己形成一个新的身份，并缓解离婚期间和离婚后的压力。例如，刚离婚的消费者可能会购买一辆新车、置换家具或服饰、换个新发型等。离婚显然也会影响到家庭结构。如果夫妻双方没有孩子，刚离婚的人往往采用前述单身人士的消费模式。然而，当涉及孩子时，离婚会产生单亲家庭，这意味着在单亲父母有工作的情形下，便利性产品（如速食）可能成为这类家庭的必需品。与已婚父母相比，单亲父母的收入往往较低，因此消费水平也会相应降低。当前，平均家庭规模已越来越小。一个较小规模的家庭意味着有更多的可支配收入用于娱乐、度假、教育。较小的家庭也可以在每个孩子身上花费更多。而没有孩子的已婚夫妇比其他家庭有更多的可支配收入，并在食品、外出就餐、娱乐、酒类、服饰和宠物上花费更多。

Wells 和 Gubar（1966）在营销领域引入了家庭生命周期（family life cycle）的概念，即绝大部分人会经历单身、婚姻、育儿等不同的阶段。研究指出，每个阶段的转变会导致家庭经历若干变化，如家庭结构、家庭成员角色、经济状况、生活方式、休闲方式等（Xiao and Yao，2014；Melo et al.，2017；Baxter et al.，2012）。而为了适应上述变化，家庭成员通常会改变日常活动行为，进而影响其消费行为（Lee et al.，2018）。家庭生命周期阶段转变对于消费者行为的影响多种多样，包括消费频次、购物时间花费、消费偏好、品牌忠诚度等（Dotsey et al.，2014；Mathur et al.，2008）。

一般来说，家庭支出会随着家庭从单身到已婚、育儿的转变而增加，之后会随着孩子的成长一直保持在高位；直至孩子的年纪超过 18 岁，家庭的支出才会急剧下降。同时，家庭购买模式会随着时间的推移而发生变化。例如，全球出生率的持续下降，再加上经济衰退，导致了一次性消费品的销量也随之下降。此外，处于生命周期阶段转变期的家庭更有可能改变对品牌的偏好并接受相应的推销（Mathur et al.，2001）。因此，营销人员必须考虑家庭在不同生命周期阶段的需求变化及其对家庭消费行为的影响。家庭旅游消费场景下，处于不同阶段的家庭对旅游的倾向和产品偏好必然不同。例如，当某个家庭的孩子处于幼儿阶段时，该家庭（尤其是核心家庭）的出游动机明显不如孩子已进入学龄阶段的家庭，并且出行时可能偏好度假酒店或是短途目的地；而一旦孩子进入青少年阶段后，家庭的旅游动机会显著增强，并且在产品方面会偏好于选择长途旅游目的地、主题公园等。

二、家庭成员的角色对消费行为的影响

在家庭消费行为中，决策和购买往往涉及不止一位家庭成员。家庭成员在消费产品或服务的过程中可能承担多个任务或角色：①把关人——负责收集和控制影响决策信息的家庭成员；②影响者——试图表达自己意见并影响决策的家庭成员；③决策者——实际决定选择哪种产品或服务的人；④购买者——最终购买产品或服务的家庭成员；⑤使用者——实际使用产品或服务的家庭成员。

通常，每个角色可以由单个或多个家庭成员，甚至整个家庭来承担。例如，父母可能最终决定下载哪部电影，但孩子们也通过直接（表达他们的喜好）或间接（父母记住孩子的喜好）的方式产生影响。家庭消费角色可以是工具性的，这意味着他们与影响购买决策的任务有关，如何时购买和购买多少；也可以是表达性的，此时家庭消费角色用

来表明家庭偏好，如颜色或风格的选择。一般情况下，丈夫承担工具性角色，而妻子承担表达性角色。然而，由于性别角色的变化，这种模式也在逐渐改变。

尽管家庭成员在履行不同的家庭角色时可能会因各种原因产生冲突，包括购买的原因、决策权、方案选择以及使用权，但家庭通常通过劝说、商议等手段来缓解这些冲突。这些方法通常不是系统的、直接的、理性的，而是一个“妥协”的过程，在这个过程中，家庭成员会做出一系列小的决定来达成一个解决方案。然而，许多家庭在大多数情况下会选择避免而不是面对冲突。

在消费决策中，丈夫和妻子扮演着不同的角色，而这些角色的性质部分取决于夫妻关系的状态。夫妻决策模式通常包含四种：①丈夫主导，主要由丈夫做出决策（如购买汽车等）；②妻子主导，主要由妻子做出决策（如服饰、食品、日用品等）；③自主决定，由丈夫或妻子各自决策，而不是由双方共同决定（如男士服装、运动器材和相机等）；④共同决定，由丈夫和妻子共同决策（如度假、冰箱、电视、客厅家具、财务规划等）。当家庭有强烈的传统性别角色取向时，某些任务被刻板地认为是男性或女性的，家庭决策更倾向于由丈夫主导。例如，东亚国家（如韩国和日本）的家庭通常比较传统，倾向于维持丈夫的主导地位。然而，随着性别角色的变化，家庭决策模式也在相应地变化。例如，泰国将近一半家庭的丈夫会承担决定家庭吃什么食物、采购等事项，虽然这在传统上被认为是妻子的义务。美国的白人家庭中，夫妻共同决策则十分普遍。

父母会以多种方式影响孩子的消费行为。首先，父母会通过直接教导儿童储蓄的重要性、让儿童观察他们的节俭行为、奖励儿童的节俭行为等方式向儿童灌输节俭的价值观。研究发现，对幼儿进行直接教学时，向儿童灌输消费者技能的效果最为显著，而观察性学习对稍年长的儿童更有效（Hoyer et al.，2018）。其次，父母会通过向子女传播信息、价值观和资源（即代际传播）来影响孩子的消费者社会化，包括对产品类别和品牌的消费决策。研究表明，儿童在 12 岁时就会将品牌名称作为消费决策的线索（Achenreiner and John，2003）。育儿方式和社会化模式因文化而异，消费者社会化程度也因此存在差异。例如，在崇尚个人主义的国家或地区（如澳大利亚和美国），放任型家长会比较多，因此儿童也会在较早的年龄获得消费技能。相比之下，在中国、日本等集体主义文化中，父母普遍更保守，儿童也因此会在较大的年龄理解广告营销。此外，父母通过决定他们的儿童接触什么类型的产品、电视节目和广告，以及儿童对其想要购买的产品有多少控制权来影响儿童的消费者社会化。例如，一些家长因为担心儿童过早接触暴力及色情类节目和产品，会严格控制儿童可以玩的游戏种类及游戏时间。

儿童在家庭消费决策中同样发挥着重要作用。通常来说，儿童会通过不同的方式影响父母的购买、使用行为，甚至会不停地絮叨直到父母最终让步。但研究发现，儿童的影响力取决于父母的特点、父母的年龄、产品的类型和决策过程的阶段等因素（Williams et al.，2015）。具体来说，当父母比较传统和保守时，儿童的影响力往往较小。双职工和单亲家庭因为面临更多的时间压力，更有可能受儿童影响。此外，儿童年龄越大，影响力越大，相对于低龄儿童，青少年在试图影响父母和家庭决策时会使用各种策略，包括讨价还价（做交易）、说服（试图促成对他们有利的决定）、情感诉求（利用情感来获得他们想要的东西），以及请求（直接要求）。反过来，父母在希望削弱儿童的消费决策影响力时，也会采取一些策略，例如，利用产品知识来说服儿童、借用父母权威下达指令等。此外，儿童更有可能将影响力用于与其有关的产品上，如玩具、零食、学习用品、度假。儿童的影响在决策过程的不同阶段有所不同，在家庭消费决策过程的早期（问题识别和信息搜索）影响最大，在评估和选择阶段明显下降。然而，即使家庭有两个或更多可以产生影响的儿童，父母仍然对家庭购买和消费新产品起主导作用。

家庭的沟通类型也决定了儿童影响的性质。具体来说，专制型家庭强调服从，而忽视型家庭则很少施加控制；民主型家庭鼓励自我表达，而放任型家庭则消除约束。整体上，在放任型和忽视型家庭中，儿童更有可能直接进行决策；在民主型和放任型家庭中，儿童更有可能影响决策。在不同沟通模式的家庭环境下，儿童对消费决策的影响作用也存在一定差异。一般来说，社会导向和概念导向的家庭沟通模式与对儿童的影响之间存在正向互动关系（Li et al.，2023）。此外，儿童自身的特点也会影响到家庭决策。研究发现，具备更多产品知识的儿童通常对家庭消费决策的潜在影响更大。例如，在选择家庭旅游目的地时，父母更愿意接受具有一定旅游相关知识的儿童的建议（Li et al.，2023）。

总的来说，家庭是由多重身份组成并和谐共存的集体性系统，家庭消费决策在各个成员角色的互动下完成。Wang 和 Li（2021）通过对家庭旅游消费决策的研究发现，核心家庭中的父亲、母亲、儿童会呈现出基于个人、两两关联、家庭整体的七种身份组合形式；每种身份在家庭旅游目的地的选择中会表现出不同的影响力。例如，母亲会呈现出强烈的个人身份从而对家庭旅游决策起到把控作用，而父亲的个人身份则较弱、参与决策的意愿也不强；此外，母亲会与儿童之间表现出强烈的关系身份认同，而由于这种紧密性，儿童通常可以向家庭旅游的决策者——母亲——来表达自己的旅行意愿。不过，儿童对于家庭旅游决策的影响相对间接，即父母会根据自己认为的对儿童的了解来决定目的地而不是直接询问。此外，在决策过程中，其他外部因素（如与大家庭的关系、家庭成员在社交媒体与其他成员的互动等）会充当一定的调节角色，从而影响家庭的最终消费决策。

因此对营销人员来说采用只吸引决策者或购买者的推销策略可能过于狭隘，因为不同的家庭成员可能扮演不同的角色。例如，只针对儿童推销玩具的营销人员往往忽视了一个事实：父母通常是这些产品的影响者、决策者和购买者。因此，营销人员应明确购买决策中牵涉了哪些家庭成员，以向他们进行推销。例如，全棉时代紧抓品牌的核心用户——妈妈群体，精准洞察这一群体孕育二胎、职业追求等痛点，推出“妈妈都是胆小鬼”“每个妈妈都是多面手”等营销活动，直接与妈妈们产生情感共鸣，进一步带动品牌知名度和产品销售。另外，随着家庭旅游的需求不断提高以及孩子在家庭旅游决策中由被动向主动的地位转变，一些针对家庭旅游消费者的旅游产品在营销中会重点关注儿童的需求。

三、社会阶层对消费的影响

社会阶层结构的重要性在于其对社会规范和价值观的强烈影响，进而对个人行为产生深远的影响。通常，同一社会阶层的成员之间交流更为频繁，包括正式和非正式的交往，这使得人们更容易受到自己所在社会阶层成员的影响。然而，这种影响方式只是反映了具有相似经历的人会表现出相似的生活方式和行为。此外，当经济或社会发生剧烈变化，打破现有社会结构的稳定性时，社会阶层结构也可能会随之改变。某一阶层的消费者规范和行为也会影响其他阶层的消费者。通常，人们为了提高自己的社会地位，会模仿上层社会的行为。在缺乏文化知识的情况下，人们也倾向于跟随上层社会。例如，在音乐、艺术和文学等方面，中等收入阶层往往会倾向于高收入阶层的选择。但在某些情况下，社会阶层的影响力会出现地位浮动的现象，例如，某些潮流（服装、音乐等方面）是从中下阶层开始向上蔓延的。总的来说，各社会阶层在消费方面的互动方式非常复杂。研究还指出，低收入阶层并不会一味地模仿高收入阶层，在有些情况下甚至会拒绝象征上层社会的行为（Üstüner and Holt，2010）。

社会阶层对消费的影响主要体现在四种模式。第一种是炫耀性消费，这是一种试图通过消费来弥补自尊心的行为，与社会阶层有关。对炫耀性消费者来说，消费品的特征非常重要。首先，这些物品需要是显而易见的，以便信息能够被传达。同时，消费者会关注产品或服务的独特性和一致性。研究表明，即使在地位等级区分较不明显的社会，炫耀性消费也会促使地位较低的人感到社会竞争，并提高他们的消费。恐惧管理理论（terror management theory）认为，炫耀性消费所体现出的物质主义有助于缓解消费者对死亡等不可避免的焦虑（Arndt et al.，2004）。消费者有时还会进行炫耀性浪费，例如，富人可能会购买不会居住的房屋和无人弹奏的钢琴。不过，当今，一些消费者正在从炫耀性消费转向自愿简单消费，即有意识地克制自己的消费欲望和行为，降低物质主义并追求环保的生活方式。

第二种是通过消费彰显个人身份。人们经常会根据自己拥有的东西来判断他人。换句话说，产品或服务成为身份的象征，被所有者用来表明其所在或所期望的社会地位。例如，拥有昂贵手表或汽车的人通常被视为高收入阶层。一些奢侈品牌（如爱马仕）会使用非常独特的标志或其他突出的元素（如颜色）来彰显其代表的社会地位。有时候，消费者会根据店铺内消费者的密度来推断商店顾客的社会阶层。一般来说，商店的人越少，消费者就越有可能认为该商店的顾客属于较高（或较低）的社会阶层。消费者的购买行为不仅表明了其当前所处的社会阶层，还能够反映其追求社会地位的渴望。通常来说，消费者会认为通过购买本阶层大部分群体买不起的东西象征着其获得了更高的社会地位，并由此提高对自我价值的认知。不过，地位的象征有时候也会反向流动，即反讽展示（parody display）。例如，在 20 世纪 90 年代之前的中国，粗粮（如小米、高粱、玉米等）价格低廉，是很多低收入群体无奈的选择，高收入群体则会以大米、小麦等精粮作为主食；而现今，粗粮已成为社会各阶层追捧的主食，某些品类的价格甚至已远高于精粮。此外，如果某些象征地位的标志被广泛拥有，那么其身份内涵和价值就有可能会下降，成为欺诈性符号（fraudulent symbols）。例如，一些奢侈品牌的服饰会被仿制成廉价的山寨品流向大众市场，其大肆泛滥会损害原版所代表上层社会地位的形象。

第三种是补偿性消费。补偿性消费与炫耀性消费类似，都是消费者借助消费来弥补内心不足。例如，一个消费者如果遇到挫折或困难，特别是在职业发展或地位水平方面，可能会通过购买地位象征物（如汽车或昂贵的衣服）来帮助重拾自尊心。一些工薪阶层也会进行补偿性消费，例如，通过抵押物来购买房子、汽车及其他地位象征物。近年来，许多中高收入阶层的消费者由于内心的失落感（如感觉自己事业停滞不前、个人成就低于父辈）会表现出补偿性消费行为。

第四种是通过消费获取幸福感。经济学家将货币定义为一种交换媒介或支付标准。这种观点使得货币实现了一个非常实用或功利的目的，即人们能够用金钱获得所需的物品，如日常生活用品。研究表明，在可以满足人类基本需求的贫穷国家，自主性高的消费者生活满足感也相对较高；同样是在贫困国家，那些生活在极端贫困中、无法满足基本日常需求的消费者会普遍感到生活无望（Martin and Hill，2012）。消费者通常在童年时就认识到金钱的意义，尽管人们普遍认为（特别是在西方国家）金钱可以提高幸福感，但一些人在获得巨大的财富后，金钱对他们来说可能变得毫无意义。实际上，随着时间成为比金钱更加稀缺的资源，消费者正在有意识地把时间花在能让他们快乐的地方，比如与朋友和家人在一起。消费者可以通过多种方式用他们的钱获得更多的快乐，例如，购买体验而不是物质、购买多种小的快乐而不是少数大的快乐、用钱来造福他人及延迟消费等（Dunn et al.，2011）。有研究指出，消费者在购买一种体验（如主题公园一日游）时收获的积极情绪会比获取和拥有物质财富时得到的良好感受更持久（Nicolao et al.，2009）。

四、不同社会阶层的消费模式

尽管社会阶层的界限日益模糊，但个人行为的差异性依然显著，因此，营销人员必须深入理解特定群体的消费模式，以便进行有效的市场细分。本部分将重点讨论高收入阶层、中等收入阶层和低收入阶层各自独特的消费模式。

高收入阶层在大多数社会中整体规模不大，但构成极为多样化，包括贵族、新兴社会精英（或新富）以及一些专业人士等。整体而言，尽管这些群体中的大多数消费者都具有价格意识，但他们更倾向于基于产品的特点而非价格来做出消费决策。高收入阶层的消费者倾向于将自己视为知识分子、政治家和有社会意识的人，因此，他们的消费行为包括欣赏演出、投资艺术品和古董、旅游度假以及关注慈善和社会问题等。对于高收入阶层来说，通过消费高质量、有品位的品牌来展示社会地位尤为重要。例如，即使在经济衰退的背景下，面向高收入阶层的奢侈品牌在包括美国、印度、巴西在内的多个国家依然保持良好的销售业绩。高收入阶层内部也展现出不同的消费模式。例如，新富们通常有展示自己新聚集财富的欲望，他们通过参与定制的休闲活动或进行炫耀性消费来展示财富。此外，具有不同文化资本的新富阶层个体在消费模式上也存在差异（Liu and Li，2020）。针对这一群体旅游消费行为的研究发现，根据自身文化资本的高低，新富阶层会呈现出显性浪费、显性品位、生活方式等三种旅游休闲消费方式（Liu and Li，2020）。

中等收入阶层主要由从事脑力劳动或基于专业技术的体力劳动者组成，这一群体通常受过良好的教育。中等收入阶层消费者的价值观和消费模式存在差异，但总体上，他们在一些消费行为上倾向于模仿中等收入阶层，例如，在餐饮、服饰以及高尔夫和网球等休闲活动上的消费。这种倾向还扩展到了欣赏演出、度假和参加提升自我的成人教育课程等方面。然而，近年来经济下滑导致许多中等收入阶层家庭的购买力减弱，生活水平下降（如减少出境游次数、降低旅游时入住酒店的档次）。尽管如此，这种消费流动性下降的趋势需要等到经济真正复苏时才能得到扭转。

低收入阶层的消费者在许多方面都依赖于家庭成员在经济和情感上的支持，尤其是在对家庭或个人影响重大的购买决策和困难时期。因此，低收入阶层在社会、心理和地理空间上往往比其他阶层更具本地化倾向。例如，低收入阶层的男性对本地新闻和旅游目的地有强烈的偏好。此外，该阶层的消费者会根据价格来判断产品质量（价格越高意味着质量越好）、喜欢在折扣店购物、在购买时不会过多关注产品信息。通常来说，这一群体倾向于采用低成本的旅游消费模式，一些运营商（如途牛旅游网、驴妈妈）在旅游产品营销中也会强调“限时特惠”“薄利团”等。

第三节 社会及社会群体影响

某些特定的个人或团体提供的信息可以对消费者产生很大影响，群体中的个人在频繁交流中能够将信息以潜移默化的方式传达。例如，名人（如著名的运动员、明星）会因为他们的影响力和专业知识使其他人愿意追随他们的信仰、行为或言论。而该群体不仅可以影响消费者获得什么信息，也可以影响他们做什么决策。因此，营销人员需要了解什么样的社会群体创造了影响力、创造了什么样的影响力，以及如何影响其他消费者。

一、参照群体

参照群体可以是个人或一个群体。一般来说，个人会根据参照群体在态度和行为上进行模仿或自我修正。参照群体影响消费者行为的一个途径是社会化，即个体获得在特定领域发挥作用所需的技能、知识、价值观的过程。消费者社会化涉及个体学习成为消费者，了解金钱的价值、储蓄与支出的适当性，以及应如何、何时、何地购买和使用产品。通过社会化，消费者获得消费价值，并获得消费知识和技能。

消费者可能与三种类型的参照群体存在关联：向往群体、关联群体和规避群体。向往群体是个人钦佩并希望成为但目前尚未加入的群体。关联群体是消费者实际所属的群体，如朋友圈、家庭、俱乐部或学校团体。此外，个人所属的性别、种族、地理环境和年龄群组也可能是关联参照组。即便是自认为独立思考能力强的消费者，也会受到关联参照群体的影响。然而，当消费者误解他们在参照群体中的相对位置时，他们往往会做出不恰当的消费决策。例如，如果某人自认为是其所属俱乐部中技术最好的自行车手或滑雪者之一（实际上刚刚超出初学者的水平），那他可能会购买尚不匹配自己能力的设备或服务。关联群体也可以围绕一个品牌形成，例如，热衷于奢华度假酒店“安缦”（Aman）的旅客自发形成的、忠诚度极高的“安缦痴”（Aman Junkies）粉丝社区，其中不乏知名人士（如高田贤三、布吕尼、凯特·摩丝等）。这一群体将全球各地的安缦酒店视为度假目的地，认为入住安缦酒店是一种生活方式，并在社交媒体上（如推特、脸书等）建立“安缦痴”账号供品牌粉丝分享自己的入住体验、酒店信息等。作为专门化的、由使用特定品牌的消费者组成的群体，品牌社区具有一系列结构化的关系，作为品牌社区成员的消费者会考虑品牌名称［如安缦、文华东方（Mandarin Oriental）］、产品类别（如奢华度假酒店、高性价比手机）、使用该品牌的客户以及推广该品牌的营销人员。品牌社区的成员不仅会重复购买产品，而且会非常热衷于深入研究产品和品牌信息，并与其他消费者分享他们的信息和热情，从而影响其他成员的品牌忠诚度。即使在品牌停产后，上述社区交流和成员关系也可能继续存在（Muniz and Schau，2005）。对于规避群体，消费者不认同也不想效仿他们的态度、价值观和行为。

参照群体可以根据接触程度、群体组织形式、成员之间的相似性、群体吸引力、社交密度、认同程度和维系成员关系纽带的强度来描述。个体与各类参照群体的接触程度显然存在差异：消费者可能与一些群体有直接和广泛的联系（比如朋友或家人），但可能与其他参照群体（如名人）的接触较少或基本没有直接接触。显然，消费者可随时联系的参照群体往往对其产生的影响最大。参照群体又可以分为主要参照群体和次要参照群体。与消费者有较频繁面对面互动的群体，例如，家庭和同龄人，是主要参照群体。次要参照群体则是缺乏长期的有规律的联系的群体，但次要参照群体会对消费者有潜在影响。例如，钢琴练习交流微信群或俱乐部等群组的成员之间平时可能只通过群内沟通或与群组某些成员进行互动作为联系的渠道，但成员的行为和价值观仍然可以对个人行为产生影响。

参照群体在组织形式上也各不相同。有些群体是正式建立的（如运动队、俱乐部和班级等团体），这类群体会制定规则，对团体成员资格标准和预期行为提出要求。例如，想进入某所大学，个人必须满足某些要求，如参加高考、达到该大学的录取分数线；入学之后，必须遵守大学生行为准则、按时提交作业并参与考核。相比之下，有些群体可能临时性更强、组织化程度较低、结构也较为松散。例如，个人的朋友圈没有正式的结构，也没有官方规则。此外，参加同一派对的人或在同一游轮上度假的旅游消费者也可能构成非正式团体。

不同参照群体在成员之间的相似性方面也有所不同。一般情况下，群体的同质性越强，其作为参照群体的影响也越强。这是因为相似的人倾向于以同样的方式看待事物、经常互动并构建社交网络。相应地，群体成员可能有更多的信息交流机会。而由于发送方和接收方的相似性，其共享的信息被认为可信度高的可能性也更高。特定同质群体的吸引力会影响消费者对该群体的认同程度。当成员认为一个群体非常有吸引力时，他们遵守该群体行为和准则的意图则更强烈——甚至是群体的不恰当消费行为（如抽烟）。

参照群体的社交密度也是区分群体类型的一个维度。密集型群组是组成员都相互认识的群体，如同班同学。相比之下，一所大学的教师社交密度则较低，因为其成员互动、分享信息或相互影响的机会较少。社交密度因地理区域而异，例如，农村的社交密度可能很高，因为村里的家庭已经相互认识；而上海由于其 2487.45 万居民（上海市统计局，2024）中的许多人彼此不认识，所以社交密度相对较低。群体内的个体会相应地呈现出强度不一的关系纽带。简单来说，牢固的纽带意味着双方通过亲密的关系联系在一起，这种关系通常离不开频繁的人际沟通。弱纽带则意味着人们以有限的人际交往维持着疏远的关系。

群体之间的差异性会受其个体的某些特征所影响，如消费者对群体的认同程度。显然，人们是某个群体的成员并不意味着他们会将该群体用作参照群体，群体对个人行为的影响取决于成员对其认同的程度。研究发现，观看体育赛事的消费者如果对球队表示强烈认同时，则更有可能购买赞助商的产品，并会将这种追逐视为团体规范（Madrigal，2000）。相应地，注重利用消费者对特定群体（如种族或宗教）的认同开展的营销活动将更有可能引起消费者的正面反响。例如，小米公司的整体营销模式是建立以开发者为主导、围绕手机发烧友的线上开放式社区，并常态化组织关于小米产品、系统等的交流、讨论、投票等线上线下活动，使得社区成员在互动中增强对小米社区的参与感与认同感。整体上，这一营销方式对小米用户的快速增长产生的作用不言而喻。

二、社会规范影响

社会规范对消费者的影响主要包括规范性和信息性两种类型。规范性影响可以被理解为促使个体满足他人期望的一种社会压力。例如，社会对“流行”品牌、颜色和款式有规范性期望，同时也存在禁止偷窃和抑制冲动消费的规范。道德规范也对是非对错、行为态度等产生规范性影响，例如，认为在公共场合吸烟有害他人健康的观点会抑制烟草消费。规范性影响意味着，如果消费者不遵守规范，可能会受到制裁、惩罚或嘲笑；相反，如果个体达到社会或他人的预期，可能会获得奖励。例如，大部分餐厅会拒绝为在公共场合吸烟的消费者提供服务；拒绝遵守游乐设施安全规范的旅游消费者可能会被迪士尼取消入园资格；很多中国旅游消费者在泰国旅游时会主动支付小费。规范性影响会作用于品牌选择的一致性，即消费者购买其所属群体中其他成员购买的品牌的可能性。简单来说，如果消费者将其拥有的衣服、音乐、发型和汽车的类型与朋友的选择进行比较，很可能会发现双方的品味非常相似。当然，消费者社交网络中其他人（如亲戚、同事）也会对其购买商品和服务的类型产生影响。

规范性影响也会影响从众性，即个人希望与群体行为同步的倾向性。从众性和品牌选择一致性存在某种关联。尽管品牌选择一致性并不是个体迎合群体的唯一方式，但消费者有时还是会通过购买与群体中其他人相同的品牌来符合群体规范。此外，个体还通过从事群体希望其从事的活动来实现从众性，如参加入会仪式或按照团体的规章制度行事。总的来说，在每种情况下，个体都在遵守关于适当行为的特定期望。但从众的倾向性有时可能会使部分个体面对巨大的压力。一项对未成年人饮酒和吸毒的群体压力感知的研究发现，部分青少年担忧如果不遵从群体行为可能会被排挤（Hoyer et al.，2018）。其他研究进一步指出，随着群体中越来越多的人遵从群体规范，希望符合群体要求的个体会随之增加（Bolton and Reed，2004）。不过，基于身份的思维（例如，“我是一名环保主义者”“我是素食主义者”）通常非常牢固并且能够抵抗从众性压力。此外，从众性还因文化而异。例如，与美国消费者相比，日本消费者更偏向群体导向，希望自己的行为能符合群体规范。

参照群体会对两种类型的决策产生影响：①是否购买特定品类的产品；②购买哪个品牌。然而，参照群体是否影响消费者决策最终取决于产品特性。首先，参照群体的影响会因产品是私下使用还是在公众场合使用、是必需品还是奢侈品而不同。具体来说，对于必须购买的必需品消费决策，参照群体产生的影响几乎可以忽略不计；对于奢侈品购买决策，参照群体的影响则会相对显著。例如，消费者是否购买纸巾基本不会受到朋友的影响，因为这是无论如何都会购买的必需品。但朋友可能会影响消费者是否入住豪华酒店，因为奢侈品会彰显其社会地位；奢侈品还可能会传达消费者在兴趣和价值观等方面的特别之处，从而向公众传播其个人形象及其社会交往对象。此外，由于不同的品牌会传递出不同的形象而消费者会希望借助品牌建立社会地位和形象，因此，参照群体会对消费者在公共场合使用产品方面的消费决策产生较大的影响，而对消费者在决定私下使用产品品牌时的影响则不大。这是因为在公众场合使用的产品（如出差时入住的酒店）会让其他人有机会观察品牌，相比之下，很少有人看到消费者私下使用的产品（如一次性洗脸巾）品牌。

消费者的某些个性会使他们更容易受到规范性影响。例如，争强好胜的特质会产生炫耀性消费行为；而易受他人影响的消费者会通过购买其自认为别人会认可的产品来增强自我认同。大体上，这类消费者对产品和品牌进行消费决策时希望可以符合他人的期望。此外，一种被称为“关注社会比较信息”（attention to social comparison information，ATSCI）的人格特征与规范性影响的强度也有关（表 6-1 显示了 ATSCI 量表中的几项评估内容），具有这种人格特质的人会密切关注他人的行为，而基于获取的信息，消费者的思维方式和行为也会随之改变。例如，研究表明，当人们接触到理想中的财富成功或形象出众的广告人物时，他们的自尊心会降低（Gulas and McKeage，2000）。整体上，为了获得社会的认可，更容易受到规范性影响的消费者往往会对强调产品优势的宣传做出积极回应。

表 6-1 ATSCI 量表

类型	内容
易受人际影响	（1）我很少购买最新款，直到我确定我的朋友们会喜欢 （2）如果其他人可以关注到我在用什么产品，那么我通常会购买他们希望我购买的品牌 （3）我经常购买其他人购买的品牌和产品以与他们保持一致 （4）为了确保我购买了正确的产品或品牌，我经常观察别人在购买和使用什么 （5）如果我不了解某产品，我会向朋友咨询 （6）在购买产品之前，我经常会从朋友或家人那收集相关信息
关注社会比较信息	（1）我感觉如果团队中的每个人都以某种方式行事，那这种方式就是正确的 （2）我避免穿不适合我的衣服 （3）当我不确定如何在社交场合表现时，我会观察他人的行为 （4）我倾向于关注别人的穿着 （5）别人轻微的不赞成态度也足以促使我改变

资料来源：Bearden 等（1989）

社会关系强度也会影响规范性影响的程度。当关系牢固时，个人可能希望维持与他人的联系，因此他们有动力迎合群体的规范和期望。规范性影响也取决于消费者对群体的认同程度。当一个群体（如家庭或亚文化）的成员不认同该群体的行为和价值观时，规范性参照群体的影响力就会很弱。

群体的特征与规范性影响的强度存在一定的关联。其中的一个特征是群体可以提供奖励和惩罚的程度，或称为群体的奖励权力或强制权力（coercive power）。例如，在服装消费决策上，朋友可能比邻居对消费者有更大的影响力。这是因为朋友有更大的强制权力，即如果朋友认为衣服不合适或过时，他们能够更好地实施制裁（劝说消费者不要购买）。另外值得注意的是，男性消费者与朋友一起购物时往往比单独购物时花费更多，而女性与朋友一起购物时一般不会出现这种情况。另一个影响规范性影响强度的群体特征是成员的凝聚力和相似性。通常来说，高凝聚力和高相似性的群体成员交流会比较频繁，因此，成员之间也有更多的机会传播规范性影响。

此外，规范性影响对具备不同文化特征群体的作用程度会存在差异。例如，相较于个人主义文化盛行的国家（如美国），在崇尚集体主义文化的中国，消费者对定价如何影响其所在的群体会更加敏感。典型案例为几年前在中国兴起的“团购”，在这种定价模式下，消费者基于相同的消费需求而自发形成购物群体，以相对较低的价格购入所需物品。

三、信息性影响

除了规范性影响，参照群体和其他信息源在影响消费者决策时也会发挥信息性影响。例如，旅游网站上的交流社区通过向潜在的旅行者提供旅行信息来产生影响。其他信息性影响还包括朋友们告知的电影上映情况、媒体关于健康饮食的报道等。信息性影响会影响消费者在信息搜索和决策方面所投入的时间精力。例如，如果消费者能很容易地从一个朋友那里得到信息，那么在做决定时可能就不会进行广泛的、耗时的信息搜索。因此，如果消费者有度假的需求，而恰巧有个值得信赖的朋友对其刚到访过的目的地评价颇高，那么此时消费者可能就会直接选择去该地旅游。

信息性影响的强弱程度取决于产品特性、消费者和影响者，以及群体的特征。消费者在面对复杂的产品决策时（如去语言不通的目的地旅游），往往容易受到信息性影响。同时，当消费者认为产品有购买或使用风险时，他们也更容易受到信息影响。例如，计划接受整容手术的消费者因为考虑到该消费决策所潜在的巨大财务和安全风险，可能会受到有关整容手术的信息影响。此外，当消费者自己无法分辨品牌之间的差异时，他们也会更容易接受信息性影响。消费者和影响者的特征也会影响信息性影响的程度。对于影响者一方，当信息的来源或群体是专家时，这种影响可能会更大，尤其是当消费者关于产品的专业知识或经验不足时。例如，首次购房的消费者会由于对购房过程缺乏了解，可能会仔细考虑专家（如房地产经纪人）传达的信息。此外，消费者的人格特征如个体对参照群体影响的敏感度或开放性，也会影响消费者向他人寻求产品特征线索的程度。与规范性影响一样，信息性影响也受到社会关系强度的影响。通常来说，拥有强大社交网络的消费者往往与外部互动性更强，也因此有更多的机会来获取产品信息。反之，信息性影响也有可能会影响个人与个人之间的关系。例如，当建立的社交关系涉及信息分享时，消费者可能会在社交过程中成为朋友。群体凝聚力也会影响信息性影响的强度，有凝聚力的群体成员会因为交流更加频繁，相应也有更多的机会和更强的动机来分享信息。

影响消费者决策的信息可以从效价和传播方式两个维度来描述。效价描述信息是负面的还是正面的。这种描述非常重要，因为负面和正面信息影响消费者决策的方式截然不同。有研究表明，对购物体验不满意的消费者中一半以上会进行负面口碑传播（Hoyer et al.，2018）。相关研究进一步指出，与满意度高的消费者谈论他们的良好体验相比，满意度低的消费者谈论其糟糕体验的频次会多三倍（Richins，1983）。此外，喜欢在网上发布产品评论的消费者比那些只浏览评论不发表观点的人对负面信息的反应更激烈，这或许是因为发帖者想表达自己有很高的标准。研究人员推测，人们对负面信息的关注和重视程度要高于正面信息（Herr et al.，1991）。上述推断可从以下几个方面理解。首先，负面信息可能具有决断性，即负面信息在帮助消费者了解产品差异方面意义更大。与此同时，因为消费者已经习惯了获取的关于产品的信息都是正面的，所以当接触到令人诧异的、不同寻常的负面信息时，会给予更多的关注。不过，负面信息也会使得人们将问题归咎于产品本身而不是使用它的消费者。例如，如果得知朋友在新餐厅吃饭后生病了，消费者很可能会归咎于食物问题，而不是因为朋友吃得太多。描述信息的另一个维度是传播它的方式，也即口头交流或非口头交流。虽然关于群体行为的规范可以借助口头描述来明确传达，但消费者也会通过观察来推断规范。

口碑传播（包括线上和线下）会从多方面影响消费者行为。对消费者来说，可能会接受邻居推荐的酒店品牌;可能无意中听到一个陌生人提到商场的半年度促销活动时间;或者可能因为朋友在微信朋友圈发布的正面评价而去一个地方旅游。当然，人们是否听取他人的口碑建议而做出购买决策会受多种因素的影响，包括消费者是否在经济上可以负担（如向工薪阶层宣传高端私人定制旅游的高质量服务）、是否有恰当的使用场景（如向居住在热带地区的居民推荐某品牌羽绒服的保暖性能）等。

如今，消费者只需要在在线论坛、电子邮件、品牌社区、点评网站上点击几下鼠标就可以快速且广泛地将自己的产品体验传播给他人。因此，这些网络平台极大地增强了口碑传播的效果，消费者可以对新产品进行使用说明的介绍、优缺点评估、推荐或不推荐等。猫途鹰拥有 5000 万条关于消费者对平台上的酒店和其他旅游业务的评论（Hoyer et al.，2018）。网络口碑可以多种形式进行传播。研究表明，最有说服力的口碑传播通常陈述了推荐某产品或服务的证据（“推荐入住某酒店，因为价格合理、房型好、交通方便”）并包含产品关键特征的信息（“海景房、有浴缸、大床、含双早”）（Babić Rosario et al.，2016）。消费者的购买决定也会受到与自己接触了相同网络口碑的其他消费者的行为观察结果的影响。例如，使用亚马逊的消费者会在阅读产品评论后查看“客户在购买此商品后还会浏览哪些其他商品？”横幅下显示的商品。这种信息组合方式对高口碑产品的营销作用尤为显著。

微信、微博、小红书、抖音等社交媒体具有极强的社交属性，因此，在这些平台发布的信息（公开发布或好友可见）会进行快速的口碑传播。一旦消息公开发布，其他消费者可能会通过转发、跟帖、反驳、录制视频回复等多种方式来保持对话继续进行。这些互动本身可以激发口碑，让更多的消费者参与到产品或品牌对话中。例如，当一个产品或品牌在小红书上出现“种草”趋势时，许多用户会点击查看其他人在小红书发布的该产品或品牌的相关内容。同样，当一个抖音视频达成了足够的播放量，以至于它出现在“抖音热度排行榜”时，即意味着额外的曝光，且会带来更多的浏览量。对于营销人员来说，在消费者决策过程中为其提供通过社交媒体发表评论的机会实际上是在促进口碑实时传播。最近的研究发现，越来越多的电视观众会在观看节目的同时在社交媒体上开展电视节目相关的分享［这类活动被称为“社交电视”（social TV）］；在社交电视活动较多的节目中播放的广告会激发电视观众随后的在线购物行为（Fossen and Schweidel，2019）。

课后思考题

1. 什么是文化特征？文化特征对消费者行为有哪些具体影响？请举例说明。

2. 家庭和社会阶层如何影响消费行为？请详细阐述这两种因素对消费决策的作用机制。

3. 影响消费行为的社会因素有哪些？请列举并分析这些社会因素如何作用于消费者的购买决策。

第二篇　旅游消费者个体行为

第七章

旅游决策

【本章学习要点】

1. 理解旅游决策的概念，掌握旅游决策的特点。
2. 掌握旅游决策的过程，了解旅游决策的影响因素。
3. 了解旅游目的地选择的影响因素，熟悉旅游目的地选择模型。
4. 掌握旅游消费者的时空行为决策，了解旅游消费者的决策特征及决策模式。

第一节 旅游决策及其过程

一、决策与旅游决策

（一）决策的概念

“决策”（decision making）一词的出现可以追溯到先秦时代。然而，真正将决策概念引入现代科学视野，并引发广泛而深入的研究，始于美国学者巴纳德等在管理学著作中对决策概念的使用。决策伴随着人类的起源而产生，是人类意识的产物。在日常生活中，人们不断遇到各种各样的问题，因此，每个心智正常的人都必须做出许多决策以解决问题。目前，关于旅游感知-决策的研究成果主要是对以往日常生活世界感知-决策行为研究的延伸，结合旅游行为的特殊性来发展旅游消费者的目的地感知-决策模型。在这些研究中，人们通常关注非惯常环境中旅游消费者的感知及其对决策行为的影响，并将感知-决策视为完整的目的地决策链。同时，人们也注意到非惯常环境中的旅游消费者的态度和行为相对于日常生活世界的变化，甚至异化，并观察到这种变化对旅游决策的不同影响。决策涉及的范围非常广泛，简单的可以是决定早餐吃什么，复杂的可以是怎样防止核扩散。

决策是人类认识世界和改造世界过程中的一个重要环节，对个人的正常生存和社会的稳定与发展具有举足轻重的作用。但是，关于决策的定义，却一直众说纷纭，难以定论。一些国外学者对决策进行过界定。早期的消费者感知-决策研究往往建立在新古典主义经济学和早期认知心理学的“理性人”假定的基础上，从工具理性的角度出发，认为个体行为是在一定的约束条件下，追求最大化的利益和效用。随着对消费决策行为认识的深化，“理性人”假说的局限性也逐步暴露出来。在现实社会中，决策者无法拥有完整的信息以及完美的信息处理能力，对决策的非理性和个体差异性的探讨渐渐渗入消费者决策研究中，促使该领域发生第一次认识转向。赫伯特·西蒙（Herbert Simon）的“有限理性人”假设为这一转向提供了思路。一些研究者试图揭示决策中非理性的、个性的因素的规律性。西蒙认为，决策就是决策者提出可能的备选方案，并依次检查它们，确认满意方案作为实际选择的方案的过程。罗宾斯认为，决策是对问题的反应，由于事件的当前状态与期望状态之间存在着差距，因而要求个体考虑几种不同的活动进程，决策就是要在两个或多个备选方案中进行选择。希夫曼认为，就一般的意义而言，决策是指从两个或更多的选择项中选出一个（Long and Schiffman，2000）。也就是说，对决策者而言，必须有可供他选择的选择项。但是，在一些特定的情景中，也可能存在没有选择项的情况。这种没有选择的决策通常被称为“霍布森选择”。太田英昭认为，决策就是在解决问题的情况下，从几个可能实行的行动方案中，选出一个被认为最恰当的方案。

根据以往对决策的定义可以看出，决策概念的内涵主要包括五个方面的内容。第一，决策的第一个要素就是决策者，决策者可能是个人，也可能是群体或组织，决策者是决策过程的主体。第二，决策过程针对明确的目标，决策目标通常是解决某个具体的问题。第三，决策涉及两个或两个以上的解决问题的方案或计划。第四，决策者必须对解决问题的方案或计划进行选择，决定采用哪一个方案或计划开展实践活动。第五，决策的最后阶段是决策者或其他人执行被选定的方案或计划。综上所述，可以把决策界定为：个人或群体（组织）在一定条件下，提出并选择解决某个具体问题的方案或计划，并最终把选定的方案或计划付诸实施的过程。

（二）旅游决策的概念

旅游是现代人生活的重要组成部分，日益成为人们休闲放松的一种体验方式，而一次完美的旅游经历必然离不开一个完善细致的旅游决策。旅游决策贯穿于整个旅游过程，对旅游的实现起着举足轻重的作用。虽然"旅游决策"一词使用频率相当高，但很难检索到几个比较规范的定义。梅奥和贾维斯在描述旅游消费者个人决策时认为，旅游决策是一个从一般决策到重大决策的连续体，针对不同的决策条件，旅游消费者将采用不同的方式进行决策。当旅游消费者采用一般决策方式时，他们几乎是不假思索地快速决策，似乎决策已经成为一种常规或习惯。当旅游消费者采用重大决策方式时，他们会感到掌握的信息不够，难以帮助自己进行选择，希望了解更多的情况。保继刚认为，旅游决策是指在外出旅游之前，人们首先要收集各种有关的信息，然后根据自己的主观偏好，作出决定的过程。

谢彦君（2001）认为旅游决策过程，实际上是旅游消费者对自己面临的众多旅游机会，进行抉择的过程。在决策过程中，旅游消费者要收集和加工大量的有关潜在旅游目的地的信息，并最终做出相关抉择。目前来说，国内外有关旅游决策的定义都是针对旅游之前的决策。事实上，旅游决策不仅发生在旅游之前，而且贯穿旅游发生的始终，是一个动态的决策过程。根据决策的定义及以往学者的定义，本书认为旅游决策是指在旅游发生前或进行中，旅游消费者个人或群体根据旅游目的，收集和加工有关旅游信息，提出并选择旅游所涉及的各种活动的方案或计划，并最终付诸实施的过程。旅游决策作为一种特殊的消费决策，其过程要复杂许多，决策要涉及旅游中的食、住、行、游、购、娱等各种要素，旅游所收集的信息也以这些要素为核心。只有制定完善的旅游决策，并灵活实施，才能更好地满足自己的旅游需要。

（三）旅游决策的特点

1. 复杂性

旅游作为一种高级消费活动，其决策过程比普通消费决策更为复杂。旅游决策涉及多个方面的决策，如目的地的选择、同行人员的确定、出行方式、出行日期和时间、参观的景点、参与的活动、住宿安排、购物、餐饮、预算支出等。这些细分的决策共同构成了旅游决策的完整过程，每个决策在整个过程中都扮演着独特且不可或缺的角色。换句话说，旅游决策的制定依赖于这些细分决策的有效整合，反映并协调每一个细分决策。如果某个细分决策没有得到妥善处理，整个旅游过程可能会出现矛盾，从而影响游玩体验。以家庭旅游为例，考虑到家庭成员的年龄差异，决策者需要综合考虑各成员的兴趣，协调旅游行程的安排，以确保整个家庭都能享受到愉快的旅行体验。

2. 顺序性

与一般消费决策过程相似，旅游决策过程也是一个连续的过程，包括需求确认、信息搜寻、选择评估、决策制定以及游后评估。旅游决策的复杂性促使决策者形成了分层次的决策过程，以满足多种旅游需求和提高消费者满意度，从而最大化决策者的认知能力。具体而言，旅游决策的复杂性要求决策者将复杂决策分解为不同的层次，并依次解决。这些细分决策同样需要经历信息搜寻、信息处理和决策的顺序过程。许多研究表明，信息整合是一个连续的层级结构，每个决策元素（或分段信息）在形成过程中不断融入选择价值。旅游过程整体上是一个有序且分层的决策过程，通常遵循需求确认、信息搜寻等顺序进行。当然，决策的顺序也受到个人性格特征、家庭风格等因素的影响。

此外，鉴于旅游决策的复杂性，在制定旅游决策时，还需明确决策的层级结构。例如，重要的旅游决策，如目的地类型、旅游方式等，必须在确定后，才能进一步决定到达目的地后的食、住、行、游、购、娱等活动。摩尔等学者提出的三维旅游决策层级模型有助于我们更好地理解这一点。每种旅游类型代表一个选择，决策者在确定旅游类型后，会导致决策单元的层级变化，进而形成一个三维决策空间。决策单元及内容会随时间、地点、社会构成内容的不同而发生变化。例如，在“旅游购买”决策中，根据“是否在目的地”这一维度，决策者可能会选择短期停留；根据“社会构成”这一维度，决策者可能会选择适中停留；根据“灵活性”这一维度，决策者可能会选择短期停留。

3. 偶发性

旅游决策不仅是一个连续的过程，也是一个偶发性的过程。它不仅体现在决策前的周密安排，还包括应对到达目的地后的突发情况和事件。这一点反映了旅游决策的复杂性。与日常消费不同，旅游是一种异地性消费，因此在旅游过程中可能会遇到各种无法预料的情况，即使事先的决策非常周密，也可能会遇到临时改变。本质上讲，许多附加决策不是预先设定的。因此，旅游决策往往不是一个静态过程，而是一个解决问题的动态过程。早期阶段的决策有助于确保后期决策的顺利进行，而在旅游目的地后期的临时决策则能在一定程度上确保旅游行程的顺利进行。

在现实旅游决策中，人们的行为不可避免地会受到各种信息、环境及情境因素的影响。因此，旅游前的决策不可能考虑得特别周密，对于一些附加决策，也完全没有办法在出行前完全制定。例如，散客自助游中，途中要去哪里休息，要到什么地方吃饭等，这些都无法提前决定，只能根据实际情况灵活调整。

二、旅游决策的过程和影响因素

（一）旅游决策的过程

旅游决策与其他决策类似，是一个从内在心理活动到外显行为的连续过程，并可以划分为一系列相关的阶段或步骤。众多学者对消费者行为模型的研究结果表明，消费决策是一个连续的步骤过程，旅游决策也不例外。重要的是关注整个旅游决策的内容和过程。Foster（1999）指出旅游决策要素包括六个方面：①去哪里？②在哪里住宿？③如何旅游？④预算多少？⑤在哪里预订？⑥采用什么旅游方式？实际上，如本节开篇定义所述，旅游决策是一个动态的决策过程，涉及的内容非常广泛，包括出发时间、人员构成（个人、朋友、家庭等）、出游方式（跟团、自由行等）、交通方式（火车、汽车、飞机等），以及旅游中的食、住、行、游、购、娱等。凡是与旅游相关的一切内容和活动都在决策范围之内，需要根据自己的实际情况作出决定。许多关于旅游决策的研究都将旅游消费者视为理性的决策者，认为他们会寻求一种有效的方式去满足自己的旅游愿望和需求（Um and Crompton，1990；Woodside and King，2001）。根据消费者行为研究，假定旅游消费者在决策过程中会主动搜集信息，并根据这些信息对几种决策进行评价，最终确定自己的旅游偏好，选择其中一种方案，实现他们的旅游或度假愿望（Fodness and Murray，1997；Mansfeld，1992）。

具体说来，无论是个体旅游决策还是群体旅游决策，都会包括以下几个决策过程。

1. 需求确认

本书第三章中，我们已经详细讲到需要是动机的基础和重要前提，没有动机也就没有行为的发生。旅游需要是潜在的旅游消费者在内在和外在的刺激下，感觉到一种需要的不足，在时间、经济和社会条件的配合下，所产生的旅游欲望。例如，现代社会的快节奏生活，常常使人们乏味疲倦，希望找寻一个新的环境放松一下紧张的心情，逃避人造的、单调的、无味的生活，所以使人们才产生背包旅游的愿望。而网络媒介的高度发达，使旅游经营商充分抓住一切时机，扩大宣传，这些充斥于网络通信媒介的各种信息，也有效地刺激了人们的旅游欲望，激发了旅游的需要。

2. 信息搜寻

旅游是一种异地消费活动，涉及各种各样的内容，且旅游目的地选择本身就含有很多不确定因素，会有一些时间、经济、期望、社会压力、身体等方面的风险，因此相关信息的收集至关重要。一般来说，大多数旅游消费者在出发前都会搜寻有关旅游目的地方面的食、住、行、游、购、娱等旅游信息。一方面可以了解旅游地的风土人情，为选择目的地做准备；另一方面可以在确定旅游目的地之后，节省旅游时间，最大效率地完成行程安排。至于信息来源，主要有正式的（商业环境）和非正式的（社会环境）两类。正式的来源包括旅行社旅游小册子、游记影片、旅游指导书籍、地图、广播电视节目、杂志与报纸。非正式的来源包括他人的推介与意见（指朋友、亲戚与社会群体），以及过去旅游经验与个人先前长期获得的旅游知识（Mansfeld，1992）。

3. 评估和联合决策

信息搜集后，旅游消费者会在内心建立几个可行的目的地备选方案，并根据自己的标准进行评估。这个标准可能是客观的也可能是主观的，客观标准通常都有依据，而主观标准是不可捉摸的，反映了在旅游消费者心中，每个可选择的目的地能满足其特定需要的程度。由于旅游目的地具有多重属性的特点，通常旅游消费者都会以目的地属性的效用价值来进行判断，也就是说目的地拥有的效用价值越多，越能满足自己的旅游需要，则被选为最终旅游目的地的可能性就越大。

4. 行程安排

评估完可行方案后，旅游消费者会综合考虑自己的时间、经济条件，对每一目的地的可行方案形成态度与偏好，按优先级排列，选定最终的旅游目的地。之后，旅游消费者会根据先前获得的旅游地信息，结合自己的预算支出，进行旅游线路的选择。当然，如果是跟团旅游的话，这一阶段就要相对简单，只需到旅行社，参考旅行社安排的行程计划，安排好自己的时间即可。

5. 实施出游

一切准备就绪后，就可以实施决策了。在出游的过程中，旅游消费者不可避免地会遇到各种与预想冲突的事件，这也是事先不可预料的，因此需要根据实际情况临时决策。换言之，旅游决策不会随着旅游的实施而终结，而是会伴随旅游的整个过程，包括到达旅游地后的用餐、购物等。因此，旅游决策是一个动态的决策过程，直到旅游行程的结束。

6. 游后评估

这是旅游决策行为的最后一个步骤。旅游消费者在完成旅游计划之后，会根据自己的旅游体验进行评估，即是否满意这次旅游行程。如果旅游行程轻松愉快，身心获得了满足，说明旅游消费者实现了自己的旅游目的，下次很可能还会选择故地重游。反之，如果旅游消费者感到并没有实现自己的旅游初衷，对行程不满，则重游的可能性就会很低。而且，有些旅游消费者还可能通过自己的博客、微博、微信朋友圈等网络媒介，以文字、图片等方式传达自己的旅游体验，或分享旅游愉悦感，或抱怨旅途中的不满。

（二）旅游决策的影响因素

旅游作为一种特殊的消费决策，按照新古典经济学理论的描述，其最基本的影响因素包括两大方面。第一是旅游消费者所处的外部环境，主要有：①消费选择自由，即旅游消费者在购买活动中，基本不受限量、配额和短缺的约束；②价格充分弹性，旅游产品和服务的价格，取决于供给和需求的关系；③预算约束，即购买受个人收入的限制；④没有流动约束，即借贷自由；⑤不确定性，旅游产品和服务、个人收入、旅游政策等，存在不确定性。第二是旅游消费者的内在因素，主要有：①理性主体，即决策者的理性是适度理性；②追求效用最大化，即寻求最大限度满足自己需要的方案；③规避风险，决策者总是试图使风险降低到最小；④时间偏好，旅游消费者通常看重现在的消费（张辉华和凌文辁，2005）。

1. 外在因素

（1）感知距离和风险。旅游感知距离，一个与物理距离相区别的概念，深受旅游消费者个人经济条件、时间充裕度、目的地可达性、交通便捷性等多重因素的综合影响。这种感知距离的动态变化，直接引导着旅游决策的调整与优化。此外，旅游决策还需考量目的地的社会治安状况、气候条件以及个人身体适应性等潜在风险因素，以确保决策的全面性与合理性。

（2）旅游目的地感知形象。旅游目的地的感知形象，是旅游消费者在旅行全周期（即旅行前、中、后）内对目的地印象、认知及评价的综合性体现，这一过程复杂地交织着消费者的感官体验、认知加工与情感反应。旅游目的地的自然景观、人文景点、旅游产品与服务质量、交通网络、服务设施、地方文化习俗及整体旅游氛围等因素，均对消费者的感知形象产生深刻影响，进而左右其旅游决策的形成。

（3）广告宣传和促销活动。广告宣传和促销活动作为旅游市场信息传播的重要渠道，广泛利用报纸、期刊、电视、互联网、宣传册、户外广告等多种媒介，以及旅游代理商的推广与口碑效应，构建多元化的信息传播网络。特别是在节假日期间，旅行社推出的各类促销优惠活动与旅游目的地的专项推介，成为激发旅游动机、影响旅游决策的关键外部刺激因素。

（4）朋友推荐。朋友间的旅游经验分享，包括照片、视频的展示以及口碑评价，构成了旅游决策制定过程中不可忽视的社会参考体系。这些基于个人体验的推荐，往往具有较高的可信度和影响力，能够显著促进旅游意愿的形成与决策的加速。

（5）旅游交易会。近年来，随着会展经济的蓬勃兴起，旅游交易会作为展示与交流的重要平台，不仅加深了公众对外部世界的认知与了解，更为各地旅游资源的推广提供了宝贵契机。旅游交易会的成功举办，不仅促进了旅游产品的市场化进程，还极大地激发了公众的出游热情，成为推动旅游决策制定的重要外部动力。

2. 内在因素

（1）需求与动机。作为旅游决策构建的基石，需求与动机深刻影响着旅游目的地的选择过程，是其中不可或缺的关键要素。

（2）社会经济地位（社会阶层的象征）。该维度涵盖了个体的职业状况、收入水平及教育程度等核心指标。一般来说，职业地位较高者倾向于追求多样化的旅游体验，这些活动往往需要较多的时间投入与精力消耗，其旅游规划过程也更为详尽与周全。收入水平的提升则直接促使旅游休闲标准的相应提高，追求更高品质的旅行体验。至于教育程度，它显著增强了人们对文化活动的兴趣，如自然探索、野外露营、摄影等深度体验，使得这部分群体更倾向于参与设计精巧、富含创意的旅游活动。

（3）性格特征。旅游决策本质上是一个深受个体性格特征影响的主观心理过程。内向且细致入微的个体，在决定旅行前往往会深思熟虑，进行充分的考量；反之，性格外向且行动迅速的个体，则更倾向于即兴决策，享受旅途中的意外之喜与刺激，对决策过程的深思熟虑要求较低。

（4）态度与自我认知。作为个人心理特征的重要组成部分，态度与自我认知在很大程度上塑造了个体的行为模式，进而对旅游决策的形成产生深远影响。个体的态度决定了其对旅游活动的价值判断与偏好，而自我认知则影响了其对旅行角色的定位与期待，共同作用于最终的旅游选择。

（5）人口统计特征。这一维度聚焦于性别、年龄等客观因素，它们同样在旅游决策过程中扮演重要角色。性别差异可能导致旅游偏好、同行伙伴选择及旅行风格上的不同；而年龄层次则直接关联到个体的生理条件、心理状态及社会角色，进而影响其对旅游活动的偏好与接受度。

第二节 旅游目的地选择

一、目的地选择与决策

旅游目的地的选择是旅游决策的重要组成部分，是实现旅游消费的最终场所，是旅游消费得以发生的地方。旅游目的地是旅游要素（食、住、行、游、购、娱）的集合地。一般说来，旅游决策要解决三个问题：一是要不要旅游，关系到旅游需要与动机；二是去哪儿旅游，即旅游目的地的选择；三是如何旅游，即选择什么样的旅游产品。旅游目的地的选择处于旅游决策的核心位置，关系到其他决策的产生。旅游目的地是吸引旅游消费者短暂停留、参观、游览的地方（孙九霞，2008）。柯特曼定义旅游目的地为：一个具有不同的自然属性、特色或吸引力，能吸引非当地旅游消费者前往游览的旅游地区（Coltman，1989）。一个国家或地区要成为一个旅游目的地，必须具备三个条件：一是具有吸引力，二是有可进入性，三是有旅游基础设施和辅助设施（白凯，2013）。冈恩和瓦尔将旅游市场分为需求方与供给方，需求方是产生旅游消费者的国家或地区，供给方是接待旅游消费者的国家或地区，也就是旅游目的地国家或地区（Gunn and Var，2002）。他们认为旅游目的地构成的四个要素为交通、吸引力、服务及信息的推广。冈恩和瓦尔还曾提出旅游运作系统，指出旅游动态系统的构成及各要素之间的关系（Gunn and Var，2002），如图 7-1 所示。

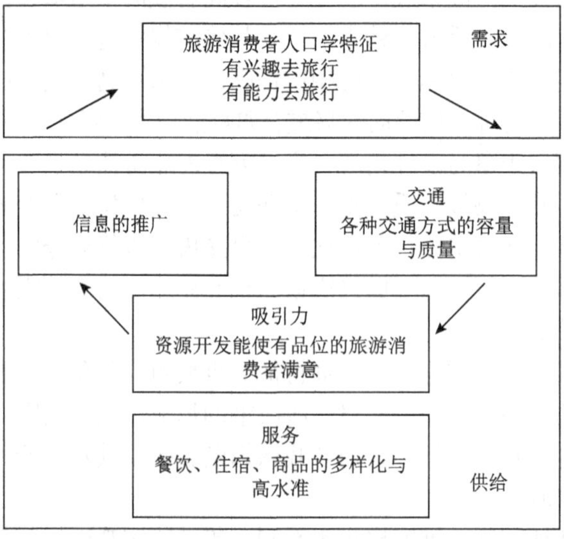

图 7-1 旅游运作系统

资料来源：Gunn 和 Var（2002）

二、旅游目的地选择的影响因素

旅游目的地选择是旅游消费者决策中最重要的决策内容，是一个综合考虑的过程，需要在搜集目的地等各种信息的基础上，综合考虑旅游需求和目的地的契合程度，从而进行选择。卢德伯格提出选择旅游目的地有12种重要的考虑因素，并按重要性将其分为三组（Lundberg，2014）（表7-1）。

表7-1 旅游目的地选择的影响因素

分类	影响因素
第一重要组织	热忱友善的当地居民 舒适的住宿设施 美丽的自然风景 合理的价格
第二重要组织	吸引人的风俗与生活方式 宜人的气候 漂亮的人工景观 美食
第三重要组织	良好的购物场所 异国情调的环境 历史或家族的关联性 特殊的游憩设施

此外，斯利安（Sealy，1984）也列出目的地影响潜在旅游消费者选择的有利因素和不利因素。有利因素包括：自然吸引力、气候宜人、地理位置接近、旅游费用低廉、服务设施完善、政治安定、经济繁荣、丰富的社会文化或深厚的历史渊源、新鲜又刺激的地点。不利因素包括：较高的通货膨胀率、强势货币、高犯罪率、恐怖主义事件、自然灾害、政治不安定、不受欢迎的政府或政权、不良宣传、经济衰退、没有吸引力的地点。

斯莫尔（Schmoll，1977）认为，动机、欲望、需要和期望是决定旅游购买行为的社会因素和个人因素，这些因素受到旅游刺激物、旅游消费者信任度、旅游目的地形象、以往的经历、费用和时间限制的影响。斯莫尔的旅游决策过程模型包括四个模块，分别为旅游目的地服务的特点和特色、旅游刺激物、旅游行为的个人决定因素和外界变量，每个模块都会对最终决策施加影响，最终决策（目的地选择、旅游时间、住宿设施的类型、旅游活动的类型等）实际上是经过一个特定的过程之后而产生的结果，如图7-2所示。

邹统钎等（2009）将这些因素归纳为人口统计因素和经济变量、旅游消费者行为特征、旅游消费者心理特征、旅游目的地形象、旅游消费者先前的旅游体验、选择的自由和限定程度六个方面。

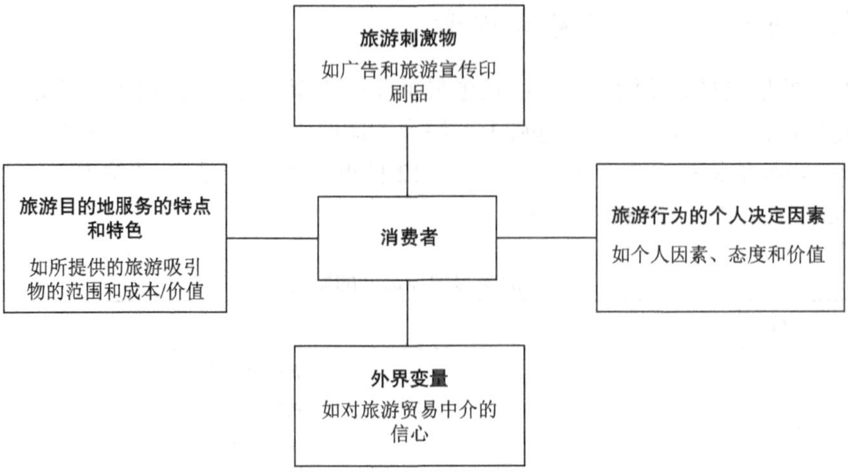

图 7-2 旅游决策过程模型

资料来源：Schmoll（1977）

（一）人口统计因素和经济变量

受人口统计因素的影响，不同群组的人们在选择旅游目的地的时候，会做出不同选择。家庭收入、年龄、性别、受教育水平、职业类型、家庭结构、居住地的地理区位和文化背景等因素都与旅游消费者的目的地选择有关。例如，老年人偏向于选择有较高人工参与痕迹的地方作为自己的假日旅游目的地，而年轻人更倾向于回归自然、有挑战性的目的地，寻求新鲜和刺激。受教育程度比较高的旅游消费者倾向于选择体验性强的旅游活动，反之，受教育程度相对较低的旅游消费者更加关注旅游目的地的名气。

社会经济变量更是会影响到人们的目的地选择，可自由支配收入是其中关键的因素，社会经济变量对旅游目的地的影响主要体现在两个方面：一个是消费习惯，一个是消费能力。消费习惯是需要培养的，尤其是社会经济实力的培养，而消费能力则可以将潜在的旅游需求转化为旅游行动，个人的经济收入影响旅游距离的长短，进而影响到旅游目的地的选择。

（二）旅游消费者行为特征

潜在旅游消费者的搜寻行为中存在着大量的变数，计划和准备范围在不同的旅游消费者之间差异显著。过于冲动和过于谨慎是其中两个购买极端，冲动消费者很可能进行“说走就走”的旅行，而谨慎的消费者是那些在出游之前，不断从旅行社、旅游宣传手册和其他一些为旅游消费者服务的机构中搜集最新出游资讯、比较各种旅游产品价格、关注细节的一些旅游消费者。谨慎的旅游消费者在做出出游决策，并且已经预定了目的地的服务之后，也会继续搜集选定目的地的相关信息。在这两种极端中间的旅游消费者在搜集知识、选择目的地方面可能存在着更多的变数。

（三）旅游消费者心理特征

普洛格在一项有关度假区受欢迎程度的兴起与衰微的研究中，运用心理学的发展原理，将美国人口进行人格分类，以解释旅游者对目的地的选择和旅游行为的差异。普洛格的理论认为，人们的旅游目的地选择与其心理特征密切相关。他提出了几种不同类型的旅游者，包括：自我中心型、近自我中心型、中间型、近多中心型及多中心型（Plog，1974），如图 7-3 所示。

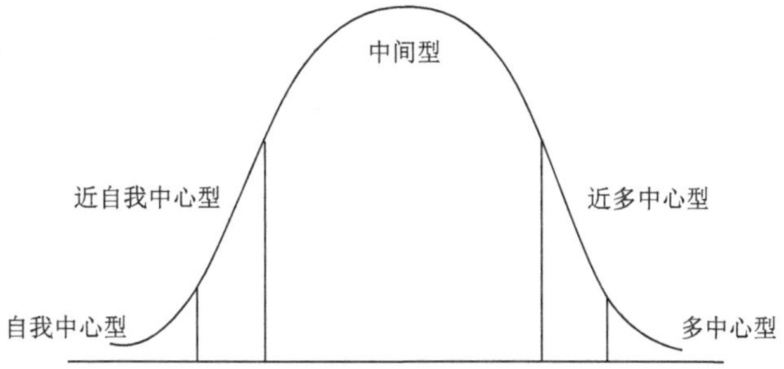

图 7-3 旅游者的不同心理类型

资料来源：Plog（1974）

此研究发现在旅游行为中，具有自我中心型性格的旅游消费者，对其生活的可预期性，有很强烈的需求。因此，他们在进行旅游活动时，通常选择前往其所熟悉的旅游地区。他们性格较被动，主要的旅游动机为休息和放松，对于所从事的活动以及所使用的住宿、餐饮和娱乐设施，都希望能与其日常所熟悉的生活有一致性，而且是可预测的。而具有多中心型性格的旅游消费者，对其生活的不可预期性，有很强烈的需求。因此，他们在从事旅游活动时，通常选择前往较不为人知的地区。他们的性格较主动，喜欢到国外旅游，接触不同文化背景的人，并希望有新的体验。具有极端自我中心型或多中心型性格的人很少，而在这两种极端中间，可区分为三种类型，即近自我中心型、中间型、近多中心型。近自我中心型的旅游消费者通常会选择著名的并且和旅游消费者日常所熟悉的生活有一致性和可预测性的旅游目的地。近多中心型的旅游消费者喜欢冒险、好奇心强、精力充沛，喜欢到外国旅游，喜欢新奇且具有冒险性的旅游目的地。中间型的旅游消费者不是真正喜欢冒险，但又不怕旅游，属于旅游的大众市场的代表。

人们的心理类型，可能会发生改变，多次的旅游活动会使得自我中心型的旅游消费者，变得较喜好冒险和活跃，也会使得中间型的旅游消费者变得接近多中心型。但是这种态度的改变，通常是一个漫长的过程。自我中心型的旅游消费者不会在一夜之间就变得勇猛、好冒险及喜欢到不熟悉的外地去旅游。但无论如何，经过一段时间后，当人们对于新的经验、新的人和新的文化变得更为开放、更能接受时，有些人会变得具有多中心型性格，希望有新的体验。

其实不只人们会改变，经过一段时间后，度假区也会改变。有些度假区早先是吸引多中心型性格的旅游消费者，然后近多中心型性格旅游消费者的到来，使得旅游消费者人数增加。于是需要更多的旅馆为旅游消费者提供住宿服务，而旅游消费者喜欢标准化大型连锁旅馆者较多，当大众市场的旅游团前来时，此地就变得更为人所熟悉了。各类家庭式餐馆、旅游商店陆续开张，无论是餐饮、娱乐还是其他活动，都变得非常标准化了。最后，当自我中心型性格和近自我中心型性格的旅游消费者到来后，此地已变得非常为人所熟悉了。因此，在开发度假区时，规划者、开发者及管理者应注意到旅游消费者类型及其偏好的变化，适时做出调整。

（四）旅游目的地形象

从旅游消费者的决策看，旅游消费者对目的地的选择经历了"原生形象—旅游欲望—主动收集加工信息—引致形象—评价可选目的地形象—目的地选择—实地旅游形成复合形象"的过程。而旅游目的地的形象形成则是从原生形象不断向更高层次的复合形象推进的过程。根据 Fakeye 和 Cromoton（1991）提出的旅游目的地感知形象的形成过程模型图（图 7-4），目的地形象的形成是在旅游决策的过程中形成的，旅游决策为旅游目的地形象的形成提供了前提，同时旅游目的地形象对旅游决策具有十分重要的作用。

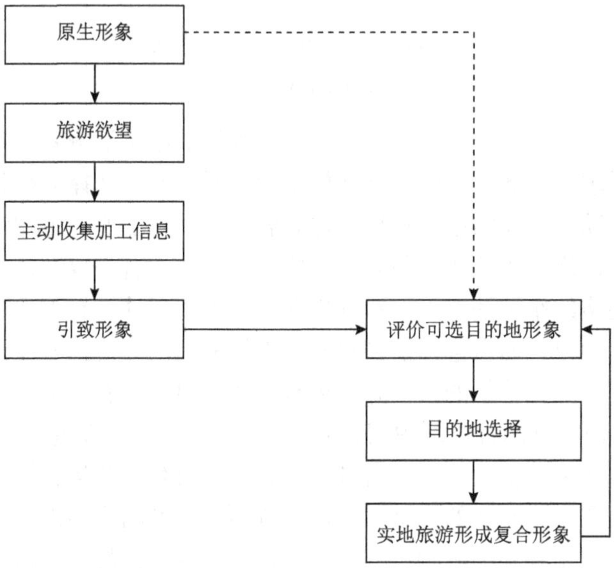

图 7-4　旅游目的地感知形象的形成过程模型图

资料来源：Fakeye 和 Cromoton（1991）

（五）旅游消费者先前的旅游体验

一次令人满意的旅游体验，会给旅游消费者留下深刻的记忆与回忆，促使旅游消费者产生推荐意愿和再次到访意愿，在一定程度上使其产生实际旅游行为。如果旅游体验不满意，那么旅游消费者也会呈现多样的行为意图，如进行负面口碑宣传、转移旅游目的地选择，乃至放弃整个区域的旅游目的地选择。在服务研究领域，消费者行为意图一般被划分为五种：忠诚度、支付更多、转移行为、内部反应和外部反应（Zeithaml et al., 1996）。忠诚度指消费者与服务提供商之间关系的强弱，以及消费者愿意进行更多交易的可能性，包括了正面推荐及再次购买意愿。支付更多指即便产品或服务价格上涨，消费者依然愿意付出更多进行购买。转移行为是指消费者减少或停止与服务提供商的交易，转而选择其他品牌或价格、服务较好的产品。内部反应指消费者在接受服务过程中遭遇问题时，或对产品、服务质量不满意时，会向内部服务人员抱怨、发声的可能性。外部反应指消费者在接受服务的过程中遭遇问题时，或对产品、服务质量不满意时，向提供服务的公司以外人士抱怨，或到别家消费的可能性。先前的旅游体验对旅游消费者行为意图产生影响，进而影响到旅游消费者下一步的旅游决策。

（六）选择的自由和限定程度

旅游消费者对目的地的选择受某些客观条件的限制，比如商务旅游消费者或者走亲访友的旅游消费者，他们的旅游目的地是受出游目的限制的，几乎没有自由选择的权利。相对地，休闲旅游者可能面临广泛目的地选择所带来的困境。处于中间状态的旅游者，由于特定旅游目的地的特征，其选择范围相对缩小。例如，滑雪爱好者可能会将目的地限定在拥有滑雪资源的山区度假村。

三、旅游目的地选择模型

多年来，国外学者从不同研究视角出发，提出了旅游目的地选择的相关理论模型，对于旅游消费者行为研究具有重要意义。经典的模型有 Woodside 和 Lysonski（1989）于 1989 年提出的旅游目的地选择模型，Um 和 Crompton（1990）提出的目的地选择模型，以及 Decrop（2010）在前人基础上进一步完善的选择域理论模型。

（一）Woodside-Lysonski 模型

Woodside 和 Lysonski（1989）以消费者的知觉与偏好为中心建立了一个旅游目的地选择的一般模型，如图 7-5 所示。此模型涵盖八个变量与九个关联。市场营销变量代表外部输入，旅游消费者变量代表内部输入，旅游消费者与市场营销两大变量是影响旅游消费者对目的地知觉的因子，而旅游消费者对目的地的知觉又形成了目的地认知。旅游消费者会在内心将其分为四类：考虑域（自动激起欲望的目的地）、惰性域（未被积极考虑的目的地）、无知觉域（不可能被人们知觉意识到的暂时无意义的目的地）和排除域（被拒绝放弃的目的地）。情感联系是旅游消费者与某一特定目的地相关联的特殊情感。旅游目的地偏好受到对目的地认知的层次分类和情感联系的共同影响，最终得出一个目的地的排序。旅游意图是在特定事件下对某一特定目的地进行观光游览的感知喜好。情境变量是指在某一特定时间和地点所存在的对当前行为产生影响的所有因素，包括物质环境、社会环境、时间视角、任务因素、先前状态等。最后则是做出选择。

Woodside 和 Lysonski（1989）基于心理学对旅游目的地认知进行的分类，被视为是有关旅游消费者目的地决策研究的一大创举。他们认为，旅游消费者对于目的地的认知，尤其是“四个域”的分类受到了市场营销变量和旅游消费者变量的共同影响（图 7-5 中的箭头 1 和 2）。情感联系通常对一个潜在的旅游目的地有着积极意义，极有可能成为被选中的旅游目的地；而对于处于惰性域中的目的地则有着消极作用，被排除在备选旅游目的地之外或者备选序列的最后。旅游消费者对旅游目的地的偏好取决于这一目的地处在其考虑域中的排位顺序，如图 7-5 中的箭头 5 所示，而旅游消费者对旅游目的地的偏好又直接影响到他们的旅游意图。

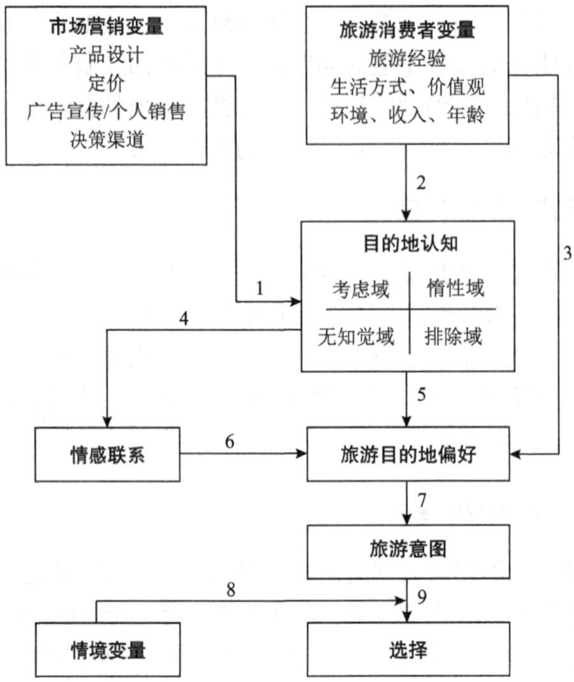

图 7-5　旅游目的地选择的一般模型

资料来源：Woodside 和 Lysonski（1989）

（二）Um-Crompton 模型

美国学者 Crompton（1979）早在 1979 年就对旅游消费者的目的地选择进行过研究，将旅游消费者选择目的地的过程分为两个阶段。首先，人们决定是否去旅游，如果答案是肯定的，就进入第二个阶段，即决定要去哪里。Crompton 认为，目的地选择可以被定义为感知的限制因素（时间、金钱和经验技能）与目的地形象之间互动的结果。在上述理念的基础上，Um 和 Crompton（1990）提出了一套比较完善的旅游目的地选择过程模型。这一模型基于三个变量，如图 7-6 所示。

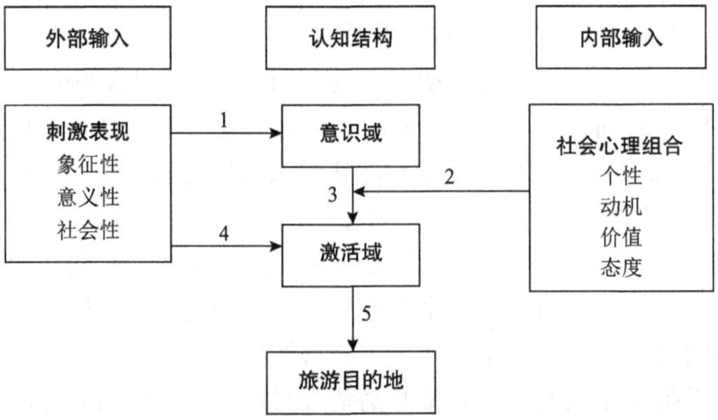

图 7-6　旅游目的地选择过程模型

资料来源：Um 和 Crompton（1990）

（1）外部输入。外部输入涉及的外部因素来自社会和市场环境双方面。这些外部因素可以分为象征性（市场促销方面的信息）、意义性（目的地属性）和社会性（社会刺激）等方面。

（2）内部输入。内部输入涉及的内部因素来源于旅游消费者、度假者的社会心理特征（个性、动机、价值和态度）。

（3）认知结构。它代表了旅游消费者整合外部因素及内部因素，并形成目的地的意识域和激活域。

这一模型进一步将认知评价过程划分为以下五个阶段。

（1）通过被动地获取信息或偶然地学习形成对目的地属性的认同。

（2）在做出一般的旅游、度假决定之后，对目的地选择过程正式开始（包括对环境制约因素的考虑）。

（3）从简单地产生目的地的意识向旅游动机被激发进而积极主动地选择目的地逐步推进。

（4）通过主动的信息搜集进而形成对令人产生欲望的目的地属性的信任。

（5）从令人产生欲望的目的地中挑选出一个特定的目的地。

Crompton 认为旅游消费者到一个新的目的地旅游，本身就是高危险性、高投入的购买选择过程，而这种购买选择过程在许多学者的研究结果中都是阶段式的。之后，他综合各学者的研究，提出三核心阶段的旅游目的地选择组合模型，如图 7-7 所示。该模型清晰地显示出目的地的决策过程，即通过漏斗式的过程，逐步减少目的地可行方案的数目。

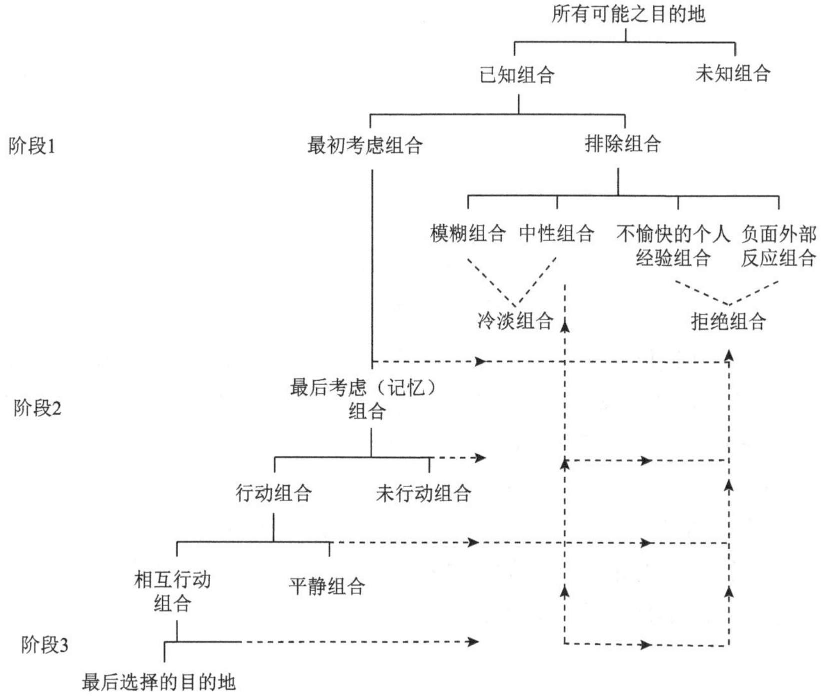

图 7-7 旅游目的地选择组合模型

资料来源：Crompton（1992）

（三）Mansfeld 模型

Mansfeld 认为探讨旅游消费者流动的决定因素应专注于真正旅游前的选择程序，而这种程序来自旅游消费者的需要、期望与背景。Mansfeld 从旅游动机如何影响目的地选择行为的角度，提出旅游消费者目的地选择概念模型，如图 7-8 所示。

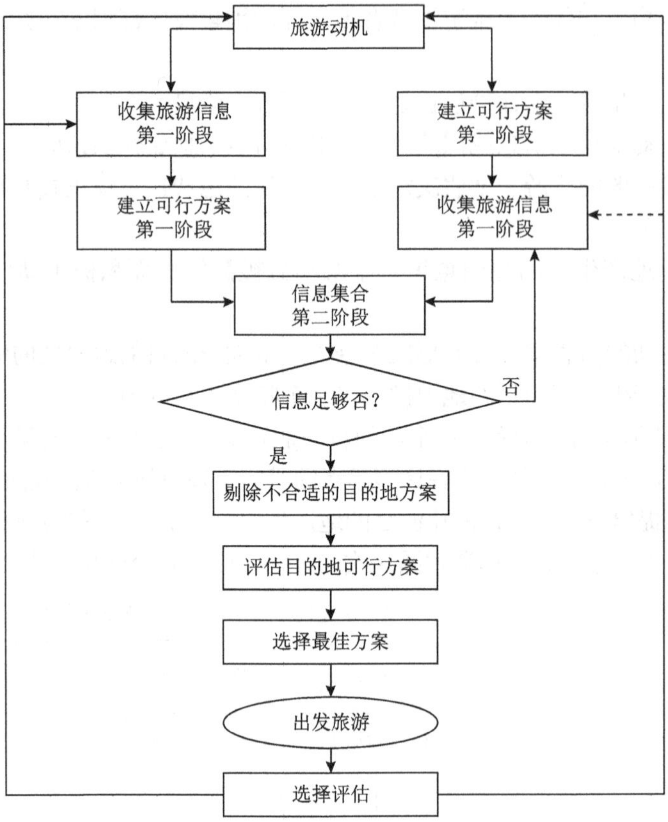

图 7-8　旅游目的地选择概念模型

资料来源：Mansfeld（1992）

首先，此模型强调旅游消费者的旅游动机是多重的、内在的、外在的，属于复杂的状况，其随意的与不理性的动机会改变评估属性的方式。旅游动机是激发整个决策过程，并让其依序运作的原动力。其次，旅游动机的状况和种类，可以影响旅游消费者选择从"非特殊的目的地"、"某一确定地区或国家"到"一个很特别的地方"。因而，在第一阶段其旅游决策有两种可能方向，即一是先建立可行方案再去收集信息，二是先收集信息再建立可行方案；再经第二阶段的信息集合，依次剔除不合适的目的地方案，评估目的地可行方案，最后选择最佳方案去旅游。

第三节 旅游行程综合决策

一、旅游行程的时空特性

旅游决策具有复杂性、顺序性和偶发性，涉及目的地的选择、同行人员的确定、出行方式、出行日期和时间、参观的景点、参与的活动、住宿安排、购物、餐饮、预算支出等多个方面。一次旅游决策的制定实际上是由这些细分的决策综合组成的，包含了一系列的时空行为决策。旅游消费者时空行为，是指旅游消费者在从出发地至目的地、旅游目的地内部和返回出发地的旅游过程中的空间移动行为和时间分配行为。这个概念与旅游消费者空间行为的区别在于加入了“时间”要素。

休闲行为的研究更偏重“时间”要素，而旅游研究领域更重视旅游消费者的空间移动。时空行为以时间地理学为基础，时间地理学是 20 世纪 60 年代后期由瑞典的著名地理学家哈格斯特朗倡导，并由以他为核心的隆德学派发展而成的，其核心思想是同时考量时间和空间状态。如何将各种相关要素有机、直观地表示在空间和时间轴上，成为哈格斯特朗提出时间地理学框架的出发点（柴彦威等，2002）。时空路径是时间地理学的核心概念，它概括了施加在活动上的空间、时间以及以时间换取空间位移等约束因素（Raubal et al.，2004）。哈格斯特朗对时空中的人作如下考虑：①人是不可分割的；②人的一生是有限的；③一个人同时从事多种活动的能力是有限的；④所有活动都需要一定的时间；⑤空间内的移动要消耗时间；⑥空间的容纳能力有限；⑦地表空间是有限的；⑧现状必然受到过去的状况的制约（柴彦威等，2002）。

其中①—③是关于人的生理界限的描述，反映时间地理学在研究人的行为时的基本态度，即强调人本身的制约以及围绕人的外部客观条件。这与重视人的主观因素、重视分析偏好与选择等行为机制的行为地理学方法有重要区别，也与试图将主观因素与客观因素、时间与空间、个体行为与群体行为结合在一起解释人类行为的时空预算不同。④—⑦反映出哈格斯特朗对时间和空间的可计量性的重视，认为时间和空间都是实际存在的一种资源，人在一定时间与空间内的存在就意味着这些资源的消耗。时空路径概括了施加在活动上的有限的空间和时间以及以时间换取不同活动需要的空间位移的需求等约束因素。旅游行程中的综合决策的重要内容是何时、何地、何事，蕴含了时空特性，受到时间、空间的制约，因此将旅游消费者行为作为时间和空间的有机统一形式，从时空双重维度去了解和认识其本质具有重要意义。

二、旅游消费者的空间行为决策

（一）空间行为决策概述

旅游行为是旅游消费者在旅游动机支配和旅游环境影响下所表现出来的举止行为，包括旅游消费者对旅游目的地、旅游方式的选择及旅游过程中发生的食、住、行、游、购、娱等一系列行为。其中，与地域移动相关的旅游消费者的整个心理和行为过程即为广义的旅游空间行为，包括旅游动机行为、旅游决策行为、旅行行为、体验行为等。而狭义的旅游空间行为则指旅游消费者在地域移动中产生的旅行过程和游览行为（黄震方等，2015）。旅游消费者空间行为决策即旅游消费者所做出的与旅游过程和游览行为相关的决策。

旅游空间行为的产生需具备三方面条件，即内动力、外动力和中间条件（包括收入、闲暇时间等）。旅游空间行为产生的内动力是人的旅游动机，它以需要的产生为前提，是行为的直接动因。外动力主要包括地理环境和空间相互关系两方面。

1. 客源地和目的地的地理环境

在地理环境的众多组成要素中，与旅游空间行为决策密切相关的因素包括自然地理因素、文化地理因素和经济地理因素。

自然地理环境由地貌、水文、气候、植物、动物等多种要素组成，是影响旅游活动场所最为重要的因素。正是因为存在不同地域间自然地理环境各要素以及环境综合体上的差异，才对来自不同环境中的人们产生了不同程度的吸引力，进而激发了旅游空间行为的产生。一般而言，客源地与目的地之间的自然地理环境特征差异越大，对人们构成的吸引力也越大，旅游动机也就越强烈，做出旅游空间行为决策的可能性也就相应越大。正因如此，自然地理环境的差异可分为三级：一级差异即纬度地带性和经度地带性差异；二级差异即地形差异、气候差异等；三级差异即较小区域范围内的地区差异。

文化地理环境是人类在利用自然、改造自然的过程中，在自然环境的基础上有意识创造的有形文化景观（物质文化要素）和蕴含在其中的无形氛围（精神文化要素）共同组成的环境综合体。文化地理环境同样存在三个级别的差异：一级差异即文化圈，指的是受到统一文化影响的地区，这些地区可能在地理上不连续，但所承袭的文化却是一致的。当前世界可划分为五大文化圈，即欧洲文化圈、东亚文化圈、阿拉伯文化圈、非洲文化圈、太平洋群岛上的土著文化圈。同一文化圈内的地区被称为同质文化区，而不同文化圈的地区则被称为异质文化区。二级差异即文化区，指的是具有某种共同文化属性的人群所占据的地区，这些地区在政治、社会或经济方面具有独特的统一功能。例如，同属东亚文化圈的中国文化区、日本文化区、东南亚文化区等。三级差异即民族小区，指的是全球各个民族所特有的风俗习惯、居住方式、生产特点以及蕴含其中的文化氛围等。随着人们旅游需求的不断升级和日益多元化，目的地的独特文化地理环境越来越受到旅游消费者的关注，成为引发旅游空间行为的重要吸引力之一。

经济地理环境的区域差异可以根据不同的标准进行划分，依据地区经济发达程度，可划分为经济发达地区和经济不发达地区；依据地区经济发展性质，可划分为城市和农村。经济地理环境对旅游行为决策的影响主要表现在以下几个方面：首先，经济发达地区为旅游行为的产生提供了基础。这些地区高度发达的生产力带来了较高的人均国内生产总值和收入，为旅游空间行为创造了客观条件；另外，由于经济发达地区的人们常常处于紧张、压抑的工作环境和嘈杂、狭小的生活空间中，他们迫切需要改变环境、放松身心，这也促成了旅游决策和旅游空间行为的产生。其次，经济发达地区通常也是主要的旅游目的地，其完善的基础设施和旅游设施、现代化的城市风貌等，使其具备了较强的旅游吸引力和接待能力。最后，城市和乡村之间往往构成相互吸引的关系，乡村的低人口密度、慢生活节奏、浓郁的田园风情对长期居住在城市的人们构成较强的吸引力，而城市的现代化都市风貌、丰富的物质和文化生活同样吸引着居住在乡村的人们前来游览和体验。

2. 客源地和目的地的空间相互关系

旅游地与客源地在自然、文化、经济地理环境方面的差异会产生一种梯度力，从而导致旅游消费者在空间上的移动。要促成这一移动现象的真正发生，还需要具备三项条件，即互补性、替代性、可达性，这三项条件也正是客源地与目的地的三种空间相互关系。具体如下。

互补性：这是客源地与目的地空间相互作用的基础，两地间的互补性产生需要满足这样一个前提条件，即一地可以提供某种旅游资源和条件，而另一地恰好需要这种旅游资源和条件，这样才能实现两地间的相互作用。这种旅游资源和条件在时间和空间上的不均衡性，成为人们旅游的重要动力。

替代性：两地之间的互补性可能会导致旅游消费者的空间移动，但在客源地和目的地之间可能存在与目的地性质相同的目的地，从而产生替代作用，引起旅游消费者原定目的地的替换。

可达性：一般来说，旅游消费者的可达性与客源地和目的地之间的距离成反比，而与旅游地的价值成正比。具体来说，一方面，客源地和目的地之间的距离越长，该目的地的可达性越小；另一方面，旅游地的价值越大，旅游消费者的可达性越大，反之亦然。

（二）旅游空间行为的层次与决策特征

从行为科学的角度看，空间行为是特定空间的人类行为。保继刚（1997）认为，旅游空间行为是人们在特定地域上进行旅游和游玩的行为。根据涉及的空间大小，可将旅游空间行为划分为大、中、小三个尺度：大尺度旅游空间行为涉及省际、全国、国际；中尺度旅游空间行为涉及省内、地区（市）内；小尺度旅游空间行为涉及县（市）内、风景区内。旅游消费者在进行不同尺度的旅游活动时可能表现出不同的决策偏好，进而表现出不同的行为特征。

1. 大尺度下的旅游空间行为

在大尺度空间进行旅游时，旅游消费者往往受到最大旅游效益原则的影响，该原则主要体现在“最小的旅游时间比”和“最大的信息收集量”两个方面。一方面，人们用于往返常住地和目的地的时间与在目的地游玩所耗费的时间的比值小于某个临界值时，才会决定到该旅游地旅游，这个比值称为旅游时间比。当几个旅游地的类型相同时，人们往往会选择拥有最小旅游时间比的旅游地；另一方面，旅游地与客源地一般在自然、文化或经济地理环境方面存在较大差异，人们选择旅游正是希望最大程度地体验这种异地环境，并从感知上消除或减少这种环境差异。因此，人们在选择旅游目的地时，往往倾向于选择最有名的旅游地，或是与居住地环境差异较大的旅游地。

受最大旅游效益原则的影响，大尺度空间下的旅游行为通常表现出以下特征。

倾向于选择游玩级别较高的旅游点。这体现在两个方面：一是选择有高级别旅游点的地方作为旅游目的地，例如，外地旅游消费者首次到江苏旅游时，通常会选择苏州或南京作为首选目的地；二是到达目的地后，往往只游玩级别较高的旅游点，例如，外地旅游消费者首次到南京时，通常会选择中山陵、总统府、夫子庙等高级别的旅游点，尽管其他旅游点也有相当的游览价值，但因级别较低，往往不会作为首选旅游点。

尽可能游玩较多的高级别旅游点。旅游消费者到达旅游目的地后选择旅游点的级别与到达目的地所需迁移的路程有关，路程越长，选择高级别旅游点游玩的可能性越大。大尺度空间的旅游属于长途旅游，旅游消费者常常只游览目的地中属于国家级或国际级的高级别旅游点，之后，即便资金和时间留有富余，他们也往往会迁移到其他地方，并选择游览当地级别较高的旅游点。

力图采用环状路线旅游。进行大尺度空间旅游的旅游消费者，由于旅游活动的距离较远，且旅游目的地往往不止一个，为了节省旅行时间并游览尽可能多的旅游地，他们总是试图用环状路线将各个目的地连接起来，以避免重复路线。

2. 中、小尺度下的旅游空间行为

除了具有与大尺度旅游空间行为基本一致的特征之外，中、小尺度的旅游空间行为还具有采用节点状路线旅游的特征。发展中、小尺度空间下的旅游行为时，旅游消费者无论是在常住地还是在暂住地附近旅游，都有采用节点状旅游线路的倾向。在常住地附近旅游时，旅游消费者一般不愿在外留宿，而是尽可能在一天内结束游程，这既出于经济考虑，也出于对常住地的特殊归属感；在暂住地附近旅游时，当旅游点到暂住地的距离可以保证旅游消费者在一天内完成到该点旅游时，他们也会选择节点状旅游线路，这既出于安全、经济的考虑，也因为多数旅游消费者在外旅游时不愿意过多地更换住宿地点，宁愿以某一地为中心，多次往返。

以上反映了旅游消费者在不同尺度层面进行的旅游决策活动的一般规律，但旅游消费者的决策还受到旅游偏好、过去的旅游经验、旅游消费者的个性特征、情境因素等多要素影响，会使其决策表现出个性化特征，并非都遵循上述规律，这也体现了旅游决策的复杂性。

（三）旅游空间行为模式

1. O-D 模式

在一定空间尺度上，O-D 模式具有双向吸引作用，即许多地区（尤其是城市）既是客源地也是旅游目的地，由此形成客源地和目的地之间的双向相互作用模式。Thurot 模式和 Lundgren 模式是两种主要的 O-D 模式。

Thurot 模式：Thurot（1980）将旅游分为国内旅游和国际旅游，该模式集中研究国家之间的国际旅游流动特征。Thurot 认为在国际旅游流动中，不同国家的作用模式不同，发达国家之间表现为旅游流动的双向性，而发达国家与发展中国家之间则通常是发展中国家作为主要的旅游目的地，旅游消费者源由发达国家向发展中国家流动。

Lundgren 模式：Lundgren（1984）将研究重点集中在地区之间，指出地区之间的旅游流动可以看作是客源地与目的地之间的相互作用过程，它们的“空间旅行相互吸引程度”与大城市的区位特征有很大关系。这一模式是在 Hills 和 Lundgren（1977）提出的国际旅游流动的核心-外围模式的基础上提出的，在这一模式中，他们把产品和市场划分为三个空间层次，其认知基础是旅游地的开发以城市为核心向外扩散，形成大城市之间水平的旅游流动和大城市向一般非城市型旅游胜地扩散的垂直流动。

2. 区域尺度模式

旅游消费者在空间中的移动受多种因素的综合影响，包括旅游目的地的吸引物资源和可进入性等。这些因素共同作用，形成了以不同目的地组合为基础的线路模式。Lue 等（1996）提出的多目的地旅行模式（图 7-9）是此类模式的典型代表，其具体包括五种具体模式。

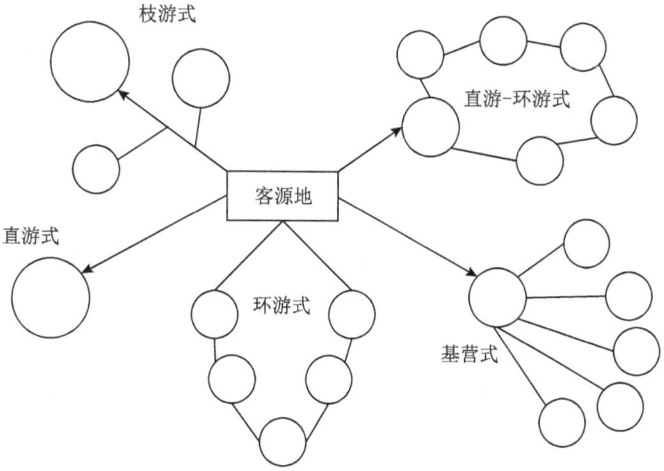

图 7-9 多目的地旅行模式

资料来源：Lue 等（1996）

第一，直游式。旅游消费者从客源地出发，只前往一个目的地，然后原路返回，不前往其他任何旅游地，即直游式旅游空间行为。这种模式在城郊旅游中较为常见，例如，城市居民在双休日选择一个郊区的旅游地作为一次性休闲活动的目的地。

第二，枝游式。旅游消费者在选择某一路径方向上的旅游目的地时，存在主次之分。虽然主要选择的目的地只有一个，但在到达主要目的地的过程中，会沿途游览其他次要旅游地，即枝游式旅游空间行为。

第三，环游式。旅游消费者在一次旅行中，从客源地出发沿环状路线游览多个旅游地，游览路径不完全重复，并从另一方向返回客源地，即环游式旅游空间行为。这种模式一般出现在大尺度范围内，如入境旅游消费者在我国境内主要采取环游式路线。

第四，直游-环游式。旅游消费者从客源地出发抵达某一旅游目的地后，以该目的地为起点，在其附近进行环式游览，最终按原路径返回客源地，即直游-环游式旅游空间行为。这种模式中部分为直游式，部分为环游式，主要表现在国内省际尺度旅游空间行为上。

第五，基营式。旅游消费者在到达某一旅游目的地后，会选择周边一日游范围内的多个旅游点进行多次游览，即基营式旅游空间行为。

三、旅游消费者的时间行为决策

从理论上讲，金钱作为一种循环资源是可以再获取的，而时间却不是这样。时间的稀缺性使其更具有价值。对于旅游消费活动来讲，除了收入水平的约束与限制，时间也是出行的必备条件。

（一）时间的使用方式划分

传统上，人们将时间分为工作与休闲两部分。然而，现在人们不再如此简单地对时间进行分割，而是将时间分成三个部分：工作、非自由闲置时间和休闲。沃斯（Voss，1967）认为："休闲是指这样的自由处置时间，在此时间内消费者没有感受到经济的、法律的、道德的或社会的义务，也不是一种生理上的必需，消费者如何支配这段时间完全取决于他自身。"按照这一界定，吃饭、睡觉、家务、个人护理及其他负有道义责任的工作所占用的时间都应划入非自由闲置时间。只有在扣除了这部分时间和工作时间之后，剩余的才是休闲时间。

消费者需要确定或安排自己的时间组合，即按一定比例在付酬性工作、非付酬性业务活动和休闲三者之间分配时间。消费者如何安排自己的时间，受很多因素的影响。第一个因素是工作性质和报酬。有的工作，如推销，可能不一定特别有规律，经常需要加班加点，而且出入娱乐场所通常也是为了工作需要，故在时间尤其是非工作时间的预算或安排上个体缺乏足够的自主性；相反，另一些职业或工作，如图书馆管理员，工作时间和非工作时间泾渭分明，在非工作时间里，个体的自主性相对较大。通常，报酬越高，个体用于工作的时间就会越多，相应用于休闲的时间就可能减少。第二个因素是家庭其他成员的时间预算。对于夫妻来说，相异的时间预算体现在"个人活动"上，而融合的时间预算体现在一些共同的活动上。第三个因素是退休年龄、节假日数目和假期长度。第四个因素则是消费者感受到的时间压力。

（二）闲暇时间与旅游需求

闲暇时间是指"个人可自由支配的时间"，只有有了可自由支配时间，才能将其中的一部分或全部用于休闲或旅游活动。不同的休闲活动对闲暇时间的要求是不同的。有些休闲活动只需要较短的闲暇时间，大多数日常休闲活动就是如此。但有些休闲活动却需要一个较长连续的闲暇时间，如休闲旅游一般就需要 1—10 天甚至更长。在所有的休闲活动中，休闲旅游是一项对闲暇时间连续性要求很高的活动。因此，当闲暇时间连续性太低时，即使闲暇时间总量很大，出游价格下降仍然不能有效地激发旅游市场；相反，当闲暇时间连续性提高到一定程度时，此时即使出游价格上升，也难以阻挡人们的出游热情。和一般的休闲活动不同，旅游需要使用的连续闲暇时间相对较长，这种连续性的休闲时间可以与一个国家的公共假期的长度与数量、带薪假期的长度相互对应。公共假期数量越多、越长，民众的旅游活动就越频繁，旅游需求也会相对旺盛。

闲暇时间是除旅游支付能力以外，形成现实需求的又一重要客观条件。闲暇时间的长短会直接影响旅游消费者出行的地域范围。同时，闲暇时间的长短也会影响旅游消费者的旅游方式，进而影响到旅游需求的实现程度，如旅游是采取多点流转式的数量型，还是少点滞留式的质量型。另外，闲暇时间的空间分布会影响旅游需求的集中程度。如果闲暇时间过于集中，则容易造成旅游需求的爆炸性增长，使旅游供给难以适应需求，进而造成旅游消费者旅游体验质量下降。

四、旅游消费者的时空行为综合决策

旅游消费者是指那些利用可自由支配时间，在非惯常环境中进行以获得愉悦为目的的体验活动的个体或群体。时间是个体活动的先决条件，而空间则是对个体活动进行确认的依据。旅游作为一种在特定时间和空间内进行的、与日常生活不同的特殊活动，是时间和空间的统一体，从客源地到目的地的移动是旅游活动的固有特征和显著标志。旅游消费者将时间嵌入到他们所处的空间中，同时，他们的空间行为又受到时间的影响，从而形成了完整的旅游体验。在这一过程中，时间将旅游消费者在不同地点的行为组织成一个连贯的整体，并通过其长短节奏体现了旅游活动的空间结构。在旅游目的地的选择过程中，旅游消费者的行为会受到时空因素的影响，并随着时空动态的变化而变化。具体而言，旅游消费者的认知、情感、外部环境等因素会随着时间的推移而发生变化，这意味着旅游消费者的行为也会随时间发生变化，其中任何一个因素的变化都可能导致整个旅游消费者行为的变化。

旅游决策是一个有序且分层的动态过程，通常遵循需求确认、信息搜寻、评估和联合决策、行程安排、实施出游以及游后评估的顺序。由于旅游的异地消费特性，即使是最周密的预先决策也可能因意外情况而需要调整。因此，早期决策为后续决策提供基础，而现场的临时决策则有助于确保旅游体验的顺利进行。在旅游过程中，行为受多种因素影响，如信息、环境和情境，使得预先规划无法涵盖所有细节。例如，自助游的旅客可能无法提前决定休息地点或餐饮购物选择，这些决策往往需要根据实际情况灵活调整。

时间地理学认为，人类行为在能力制约、权威制约和组合制约的条件下被限定在一定的时间和空间范围内。旅游消费者的时空行为决策受到物理供给、社会供给和智力供给的影响。完全按照事先计划完成“旅游消费者时空行为”的旅游消费者几乎不存在。首先，很多旅游消费者根本没有详细的游览计划；其次，即使有详细游览计划的旅游消费者到达景区之后，仍然要根据现场的供给情况做出对游览计划的修正。亦即旅游消费者的时空路径并不是一条根据时空环境和旅游消费供给事先决策好的路径，而是根据现场的各种供给情况，经过多次现场决策、行为、再决策、再行为这样的循环过程累积的结果。

课后思考题

1. 什么是旅游决策？旅游决策具有哪些特点？请结合实际例子进行说明。

2. 描述旅游决策的过程，并分析影响旅游决策的各种因素。

3. 旅游目的地选择受到哪些因素的影响？请介绍旅游目的地选择模型，并讨论其在旅游决策中的应用。

4. 旅游消费者的时空行为决策包括哪些方面？请分析旅游消费者的决策特征及常见的决策模式，并讨论这些决策模式如何影响旅游消费者的行为。

第八章

旅游情境

【本章学习要点】

1. 了解消费情境的研究在不同学科中的发展历程，掌握勒温的行为公式。
2. 理解贝尔克、卡卡尔和卢茨以及阿塞尔提出的消费情境模型，掌握贝尔克对消费情境的分类方法。
3. 掌握旅游情境的概念，了解旅游情境中存在的互动形式。
4. 理解情景实验法的基本原理，理解民族志和自我民族志方法在旅游研究中的应用方式。

第一节 消费情境

一、消费研究的发展与情境化转向

作为一门相对新兴的学科，旅游学在发展中吸收了哲学、社会学、人类学、心理学、经济学、管理学等诸多学科的成熟理论，灵活运用到了旅游相关的现象中，构建起了相应板块的旅游学科知识。其中，经济学对旅游消费研究的影响至关重要，经济学对消费者的不同假定直接决定了旅游消费研究中的不同范式。从该领域的发展历程来看，学者对旅游消费者行为的研究经历了从新古典主义经济学的理性视角逐渐转向行为主义经济学的有限理性视角，继而进一步迈向了体验主义视角下的消费情境研究。这一过程也是经济学和心理学、社会学等学科不断进行交叉和融合的过程，是对社会科学研究的情境化转向的直接反映。

（一）经济学对消费行为研究的影响

对“消费”这一现象直接进行研究的是经济学。在微观经济学理论中，消费者与厂商成为构成市场活动的基本单位，消费行为成为消费者购买厂商生产的商品后进行使用的代名词；而在宏观经济学当中，消费与投资、进出口并称为决定经济体发展水平的三驾马车。无论是微观还是宏观经济学，当学者在探讨“消费”这一概念时都隐含了一个默认的前提——“经济人”假定，即认为消费者是完全理性者，他们消费的原则或者目的是自身效用的最大化。“经济人”是现代西方经济学的核心假设之一，它的最早提出者是“现代经济学之父”——亚当·斯密（Adam Smith）。亚当·斯密认为，市场中的人天生都具有追求“自利”（self-interest）的趋向，即每个人都不断追逐自身利益的最大化，而且这种每个人最大化自身利益的行为，在市场这只“看不见的手”的引导下，会带来整个社会的利益最大化，资源因此得到了最优的配置。

在研究市场中具体的人的行为时，新古典主义经济学家继承了亚当·斯密的这一假定，并对其进行了一定程度的修正，他们将经济学的研究问题聚焦在了如何在资源有限的情况下实现资源最优配置的问题上。新古典主义经济学以效用函数的形式将市场中具体消费者的动机和目的表达出来，效用函数可以使一个人能够在所有可能的商品和服务组合中做出一致性选择,并且假定经济行为者总是会在备选组合中做出效用最大的选择。新古典主义经济学家们所坚持的“经济人”假定对于消费者的行为研究产生了深远影响，他们在研究市场中的消费者时，尽管也是从微观层面上展开研究，但采用的研究方法却是将消费者抽象为一个个在预算约束条件下追求自身效用最大化的效用函数，且先验地假定消费者身上所具有的诸如情感、认知、意向、性格、动机等因素都已经纳入了效用函数当中——这样一种假设的好处是显而易见的，它方便将数学引入经济学当中，从而使得经济学的数理化成为可能；但它也同样暴露出了明显的问题，即这一假定会与现实事实发生冲突，不同情境下的消费者常常会展现出截然不同的消费行为，而这些情境要素恰恰已经被该研究范式抽象掉了。古典和新古典主义经济学为消费者行为研究提供了基础，但是它无法解释消费行为的复杂性，过于强调理性一面而刻意忽略了许多情境性问题，“经济人”假定制约了消费者行为理论的进一步发展。

（二）心理学对消费行为研究的影响

对“经济人”假定的挑战让学者开始将消费者的行为因素纳入研究当中。率先对“经济人”假定进行发难的是著名的美国学者西蒙。西蒙从完善理性人假设认识的角度指出了新古典经济学的人性假设的局限性，为现代经济学以及行为研究的发展奠定了基础。他在 1945 年出版的《管理行为》和其后发表的一系列论文中明确提出了“有限理性人”（bounded rationality）假设和“满意”（good enough）决策原则。西蒙认为，现实生活中的人往往并不是完全理性的，而是介于完全理性和非理性之间，他们在决策时会受到自身知觉、经验、情绪等因素的影响。受限于主客观条件，决策者很难完全掌握决策环境中的所有信息；即便能够掌握全部决策信息，由于知识的不完备性和资源的有限性，决策者也很难预测每一个结果，或是将全部可能的选择一一进行验证以找到最佳方案。相反，当决策者一旦寻找到他认为满意的选择时，就会停止寻找过程。

西蒙提出的“有限理性人”假设将心理学的相关理论引入了经济学中，既考虑了人的理性方面，又考虑到理性的局限性，这与当时心理学的迅速发展密不可分。而受限于其时的心理学研究进展，古典和新古典主义经济学所提出的理性概念是缺乏相应心理学理论基础的，因此心理学的进步对于消费行为的研究具有举足轻重的作用。在心理学、社会学等学科的推动下，越来越多的社会与情绪的因素被纳入消费决策研究中来，从而造就了消费者行为学的飞跃式发展。20 世纪 50—60 年代，消费者行为学逐渐成为营销学领域中的一门独立学科：1968 年，俄亥俄州立大学的恩格尔（Engel）、科拉特（Kollat）和布莱克威尔（Blackwell）合作出版的《消费者行为学》成为该领域的第一部专著。1969 年，消费者研究协会（Association for Consumer Research）正式成立，消费者行为学正式作为一门学科得到学者的关注，各种研究相继展开。当然，心理学在介入消费者行为领域时，并未在一开始就直接涉及消费情境的研究，或者说在前期的研究中多将情境等同于环境。

1. 行为主义心理学

20 世纪 30 年代兴起的行为主义心理学，又称“刺激-反应心理学”，其创始人华生认为，心理学应该成为“一门纯粹客观的自然科学”，而且必须成为一门纯生物学或纯生理学的自然科学，否则，它就根本没有存在的价值。华生提出，如把意识的研究作为心理学的对象，心理学就永远不能跻身于科学之林，因为心理、意识和灵魂一样，只是一种假设，本身既不可捉摸，又不能加以证实，所以心理、意识是根本不存在的东西。在华生看来，心理学的研究对象应该是人和动物的行为，行为是有机体应对环境的全部活动。为了便于对行为进行客观的实验研究，华生把行为和引起行为的环境影响分析为两个最简单的共同要素，即刺激（S）和反应（R）。刺激是指引起有机体行为的外部和内部的变化，而反应则是指构成行为最基本成分的肌肉收缩和腺体分泌。无论引发行为的原因多么复杂，但最后都可以归结为物理化学性质的变化。这样，全部行为，包括身体活动，也包括通常所说的心理活动，都不外是由一些物理化学变化所引起的另一些物理化学变化而已。华生的这一观点也深刻地影响了消费者行为的研究，行为视角下的研究则强调消费过程中外部环境因素的影响,认为外部环境因素才是形成购买行为的原因。因此，行为视角下的消费者行为假定顾客内心是一个黑箱状态，行为是消费者对外部事件的反应；它更多地关注外部消费环境的暗示，如广告对消费者行为的影响；其研究重点是行为修正的技巧，如行为反应的条件、行为条件、代理人学习等等。在这样的研究思想主导下，消费情境被简化为一个个外部环境的刺激因素，这些因素之间彼此孤立，消费者不过是针对不同反应做出相应刺激的机器（晏国祥，2008）。

2. 认知主义心理学

以托尔曼（Edward C. Tolman）为代表的心理学家率先从行为主义转向了认知主义学派，把主观过程纳入了情境的概念之中。认知主义心理学是在第二次世界大战后受控制论和信息论的影响建立起来的，计算机的发明对认知心理学理论的建立产生了重要启发。信息处理理论将人脑与电脑进行类比，把人脑看作是类似于电脑的信息加工系统：尽管在硬件上电脑的电子元件和人脑的神经细胞不相同，但在软件上人脑和电脑的功能结构和认知历程的确有许多类似之处。该理论把消费者视为一个积极收集环境信息以解决问题者，消费者总是通过收集各种信息来达到控制消费行为的目的。这一学派与行为主义学派的观点不同，他们认为完整的行动包括外部环境、内部生理状态或中介过程。现代认知心理学强调对人的认知结构、历程和功能进行整体的综合分析。一方面要揭示各种认知活动之间的相互作用，譬如，在研究知觉时，既需要各种感觉器官的活动，又需要对信息进行中枢处理，与过去的知识相对照，进行分析综合，以确定知觉对象的意义。另一方面要揭示认知历程中各种情境（context，或脉络、前后关系、上下文关系）的影响。它所指的前后关系外延很广，不仅包括人们在理解语言时语言材料的上下文关系，而且也包括人们在认知客观事物时客观事物所具有的前后、上下、左右等各种背景关系，甚至还包括从事认知活动的人的头脑中原有知识之间、原有知识与当前认知对象之间的关系及先后具有的情绪状态之间的关系（车文博，1998）。

3. 格式塔心理学

真正对情境赋予重要意义的是格式塔（Gestalt，又译“完形”）心理学。格式塔心理学旗帜鲜明地反对行为主义心理学的“刺激-反应理论”，主张应该研究心理现象的整体（whole）、形式（form）或形状（shape），即德文 Gestalt 一词。他们宣称心理现象最基本的特征是在意识经验中所显现的结构性或整体性，认为整体并不等于部分之和，意识经验不等于感觉和感情等元素的总和，思维也不是观念的简单联结。格式塔心理学的重要意义在于，它使人们重新审视了整体论思想在心理学中的重要性，并启发我们真实的世界中不存在没有背景的事物，我们的任何体验和行为都是在某个特定的背景或者场景当中生成的。考夫卡（Kurt Koffka）是格式塔心理学的代表人物之一，他很赞赏托尔曼的观点，反对研究分子行为，主张研究整体行为。由于分子行为产生于机体内部，整体行为产生于一种环境之中，因而他把环境又分为地理环境（geographical environment）和行为环境（behavioral environment）两种：地理环境就是外界的现实环境，行为环境就是心中意识到的环境。考夫卡认为，行为既产生于行为环境，又受行为环境的调节；个体的行为取决于个体对特定环境的认知建构，个体心理活动与物理社会环境的互动是不可分割的。考夫卡还将物理学中的场理论引入心理学中，定义了一系列所谓“心理学的场”，如物理场（地理环境方面的场）、环境场（行为环境方面的场）、行为场（意识或直接经验方面的场）、生理场（生理过程方面的场）、心理物理场（psychophysical field，总结行为场和生理场的场）等等。考夫卡明确规定，心理学的任务是研究行为与心理物理场的因果关系，即心理学不仅要研究行为，而且还要研究包括自我（或人格）和环境在内的心理物理场。通过考夫卡的定义可以发现，格式塔心理学的理论开启了将情境从客观转向主观方面的研究导向，尽管格式塔心理学家并未直接提出“情境”的概念，但他们启发我们，环境的概念不应被简单地理解为人的外在客观环境，而更应考虑到处于该客观环境下的人所产生的心理环境，这种主观和客观环境之间的互动性正是“情境”概念的萌芽（车文博，1998）。

4. 社会心理学

与考夫卡等人同时代的心理学家勒温继承了格式塔心理学的核心思想，并引入了数学中的向量和拓扑学分析心理现象，开始从社会的视角研究处于其中的人的行为，把实验方法扩展到具有整体性和情境性的社会生活中去，这一思想被称为“社会格式塔”。勒温认为，凡属科学的心理学都须讨论整个人的情境，即人和环境的状态，这就需要有一个共同的名词将人和环境陈述为同一情境的部分。但是，心理学还没有一个能涵盖二者的名词，所以勒温提出了心理场（psychological field），亦即心理生活空间（mental life space，或生活空间）一词，以此表示一个人在某一时间内的行为所由之全部事实。以心理生活空间概念为基础，勒温提出了著名的行为公式：

$$B=f(P,E)$$

此公式认为行为（B）等于个人（P）和环境（E）的函数（f），亦即行为会随着人与环境这两个因素而发生改变。这就是说，不同的人对同一环境可产生不同的行为，同一个人对不同的环境亦可产生不同的行为，甚至同一个人在不同的情境下，对同样的环境也可能产生不同的行为（车文博，1998）。人与其所处的具体环境共同构成了“心理场”，考察人的行为时，既要考虑到作为行为主体的个人的经历和特质，也要考虑到该行为所发生的具体情境。借助这一理论，勒温将“系统论”的思想完整地应用到了心理学研究中，该理论对于消费者行为研究的情境化转向起了重要的指导作用。

勒温的思想影响了社会心理学家班杜拉（Albert Bandura），他提出的社会学习理论继承了人的认知、行为和环境这三个因素，但他并不同意勒温提出的行为公式，而是强调环境、行为、人三方互为因果，每两者之间都具有双向的互动和决定关系，这就是“三元交互决定论”。人的行为、认知等主体因素及环境三者之间构成动态的交互决定关系，其中任何两个因素之间的双向互动关系的强度和模式都随行为、个体、环境的不同而发生变化。个体、行为与环境实际上是作为相互连接、相互作用的决定因素而产生作用的，人不是单向的被内在的倾向性或者外在的环境所决定和控制的，人的行为由行为、人的内部因素、环境影响三者交互作用而形成，行为是环境和人的函数（蒋立杰，2013）。班杜拉强调情境的社会意义，认为不同个体有不同的认知原型，情境原型即是认知原型的一种，情境不单单是指客观的或自然的刺激环境，也包括个体对客观情境的认知。

除了班杜拉之外，Lerner（2002）和 Muuss（1996）等学者都从社会角度提出了对情境含义的界定，此外 Pepper（1942）也从个体和环境互动的角度强调了情境的动态性和整体性。表 8-1 列出了情境内涵在不同心理学学派之间的演进过程。

表 8-1 情境在不同心理学学派的含义

研究学派	主要观点	代表人物	概念界定
行为主义学派	环境	华生（1933）	1913 年创立行为主义，认为情境是客观的具体环境，而不是主观的精神境界，将意识、动机等心理运动因素完全排斥于情境内涵之外
		Cappelli 和 Sherer（1991）	情境是围绕特定现象、发挥着直接或间接影响作用的因素，也特指高于现有研究中分析层次的解释因素
		Mowday 和 Sutton（1993）	情境是和被研究对象处于不同分析层次的外部环境因素
认知-行为主义学派	环境和内部生理	Tolman（1932）	完整的行动包括外部环境、内部生理状态或中介过程
社会心理学派	三元交互决定论	Bandura（1986）	情境不单单是指客观的或自然的刺激环境，而是个体对客观情境的认知，即人的行为是主体、行为和环境三种因素交叉互动的结果
		Pepper（1942）	个体与环境相互作用，共同构成动态的整体或系统。而个体、个体的心理活动以及环境等都是该系统的构成成分
		Lerner（2002）和 Muuss（1996）	情境强调的是个体与特定的社会团体（community）之间的相互作用，这个团体不是因为要完成某一项具体的活动而将大家临时聚在一起的松散结构，而是具有共同的文化与历史继承、共同的目标、信念系统和实践活动的团体，他们认为情境不再局限于不同影响因素与人的发展之间的单向作用模式或双向作用模式，而是系统性因素与人的发展随时间形成的或然性循环作用模式
格式塔学派	知觉的环境	Koffka（1922）	情境是个体对客观环境的认知和倾向，个体的行为取决于个体对特定环境的认知建构，个体心理活动与物理社会环境的互动是不可分割的
		Lewin（1936）	提出了心理场概念，其中包括了人和人所体验到的环境两部分，情境概念具有了动态生成性

资料来源：张琳琳（2016），引用时有改动

从整个情境概念的发展过程来看，早期的研究者受“经济人”假定和行为主义心理学的影响，简单地将情境等同于外部环境，它们的共同特点是都把人的主观因素排斥在研究之外；认知主义心理学派开始将人对环境因素的理解纳入心理学的范畴中，强调人

对信息的加工处理过程必须考虑到客观事物的背景，即情境的影响；格式塔心理学对情境研究的推动贡献最大，强调知觉的整体性和个体心理活动与物理社会环境的互动性，勒温的研究更是将系统论的思想完整地带到了心理学中，为情境概念赋予了动态生成属性；以班杜拉为代表的社会心理学者将个人所面对的主体、行为和环境因素推广到了社会领域，重新阐释了情境在社会研究中的重要作用。上述不同学科的学者虽然多数并未对“情境”概念给出明确的定义，但在他们的思想中都已经或多或少地涉及了对环境和情境的看法。这些理论在一定程度上都对营销学中的消费者行为研究产生了影响，尤其在近年的研究中，消费者行为研究已经从早期的主客二元环境对立逐步转向了主客互动的情境发生论，越来越呈现出动态化、体验化和生成化的趋势。

二、情境理论与消费情境分类

（一）情境与环境心理学

情境概念从学科归属上说是环境心理学的一个概念。俞国良等（2000）在《环境心理学》中定义环境心理学是通过心理学的研究方法分析研究个体行为（相对于社会群体）与其所处环境（包括自然环境和社会环境）之间相互关系和相互影响的学科，揭示各种环境条件下人的心理的发生和发展的规律。

环境心理学的发展深受心理学中不同学派思想的影响，主要理论包括以下几种（徐磊青和杨公侠，2002）。

（1）刺激理论：刺激理论认为现实环境是我们很重要的感觉信息源。这种信息既包括较为简单的信息，如光线、色彩、声音、噪声、热和冷等，也包括复杂的刺激，如房屋、街道、室外环境和其他人等，环境因素由于数量程度和意义的不同能够产生或简单或复杂的刺激。基于刺激的理论包括主张个体在环境中适应于某一水平的刺激的“适应水平理论”，认为行为和经验的形式和内容与我们在生理上被如何激发有关的“唤醒理论”，以及用来解释环境刺激超过个体的适应能力时，对行为和健康产生影响的“压力理论”等。

（2）控制理论：主要研究我们对环境刺激能有多大程度的控制。包括说明人们是否能够影响刺激的模式的“个人控制理论”和认为在日常生活里人们有时试图通过几种边界调节机制以达到个人控制的“边界调节机制理论”等。

（3）行为场景理论：行为场景（behavior setting）概念由巴克（Barker，1968）和维克（Wicker，1979）提出，他们认为场所中的活动模式是固定的、规范的，人们进入一个场所，就像进入一个存有预设活动程序的地方，人们的活动只是按照程序表上的内容重复着。维克（Wicker，1987）后来又进一步发展了这个概念，他认为行为场合不是一个静止的实体，而是一个从产生、努力、适应、成功直至最后消亡的过程。

（4）交互作用理论：该理论同前述思想将人和环境相分离的观点相比有所进步，将人与环境纳入一个相互包含着的实体的一部分来考虑。其主要理论包括强调人与环境不可分离、互相影响的“相互作用论”；强调在一个共同的、复杂的系统当中，社会的、社交的和个体的因素之间动态交互作用的“机体论”。

（二）消费情境的定义

20 世纪 60 年代后，情境因素被学者们加入对消费者行为的研究中，形成了消费情境理论。消费情境理论认为，在进行商品消费选择与结算的过程中，消费者面临的决策环境是丰富且多样的，每次选择时自然也会受到当时所处的特定环境氛围的影响，进而反映到最终的购买行为上。同时，行为环境对每个人都有不同的影响，消费者的偏好和选择容易受到情境的影响，在相同的情境下，人们也会有不同的行为。但学者们关于该领域情境因素的定义一直存在分歧。布莱思（1999）认为情境是购物者在购买过程中所面临的暂时性的环境因素，情境既不是销售刺激的一部分也不属于消费者特征，它主要由一些暂时性的事物或者状态构成。Moven 和 Minor（2001）指出情境是由消费过程中周围的临时环境因素所构成的，情境因素是相对短暂的。霍金斯等（2003）定义的影响消费者行为的情境因素是指除产品本身和购物者本身的特征外的所有环境因素。

在各个关于消费情境的研究中，以贝尔克、卡卡尔（Kakkar）和卢茨（Lutz）以及阿塞尔（Assael）给出的消费情境模型最为典型。

贝尔克（Belk，1975）是首位系统地提出情境对于消费者行为具有影响的学者。他把情境因素定义为在某一特定的时间和地点存在的对当前行为产生影响的所有可观察因素，这些因素不会因个人或刺激物的长期特性而发生改变。贝尔克吸取了心理学家托尔曼提出的“刺激（stimulus）-有机体（organism）-反应（response）”（S-O-R）模型，将消费者看作接收、内化商品及其所处情境的有机体，并最终对这些刺激做出主动的行为反应（图 8-1）。贝尔克的这一思想可以看作是环境心理学中“刺激理论”在消费行为方面的应用，主张客观环境对消费者赋予外部刺激，但同时也强调消费者本身是有机的存在，会据此做出主动决策，而非被动式的条件反射。

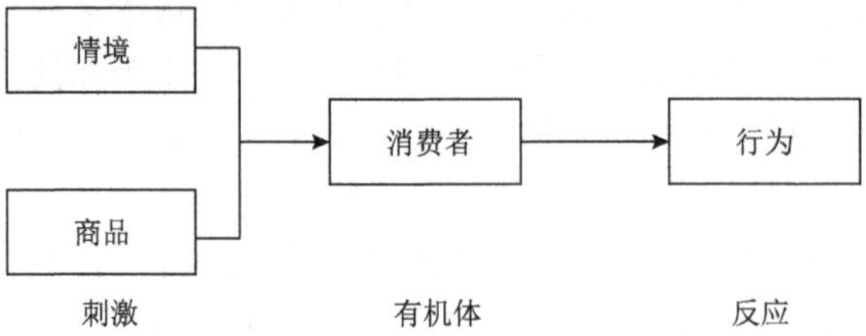

图 8-1　贝尔克提出的消费情境模型

资料来源：Belk（1975）

卡卡尔和卢茨（Kakkar and Lutz，1974）认为，情境是指在特定的时间和空间点上，个体对一切可证明的、系统性影响其内心活动和行为的因素的内在反应和解释，并强调其是独立于物体和个体之外不受二者影响的一种暂时性状态。卡卡尔和卢茨主张外部环境只有经过消费者主观的心理认知才能转化为具体的情境，唯有当外界刺激引起了个人内心状态的变化，经历了认知和解释的心理过程，才能称为情境。他们给出的情境模型如图 8-2 所示，该模型可以认为是环境心理学中“控制理论”在消费行为方面的应用，强调消费者通过认知和决策对环境刺激的主动控制程度。

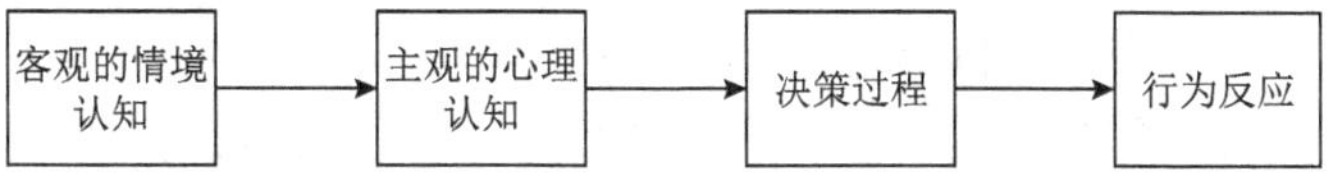

图 8-2 卡卡尔和卢茨提出的消费情境模型
资料来源：Kakkar 和 Lutz（1974）

在综合两位学者的观点的基础上，阿塞尔（Assael，1995）站在了“交互作用理论”的立场上对情境和消费者之间的作用关系进行了重新阐释，他强调了情境、商品和消费者这三方之间的相互影响，主张商品及其背景环境会和消费者产生主动性的互动，正是在这种互动当中，三者形成了一个独特的情境，影响了消费者的决策行为，如图 8-3 所示。

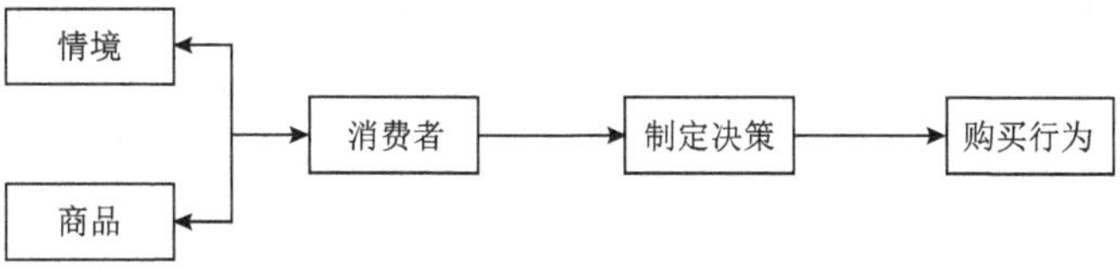

图 8-3 阿塞尔提出的消费情境模型
资料来源：Assael（1995）

（三）消费情境的分类

不同的学者从认知程度、交易阶段、状态特征等不同的角度对消费情境进行了划分。

Hansen（1972）最早依据消费者在情境当中的认知程度，把情境划分为公开情境（exposure situation）、慎思情境（deliberation situation）、反应情境（response situation）。恩格尔等（Engel et al.，1995）以交易阶段为标准将情境界定为：①沟通情境；②购买情境；③使用情境。沟通情境是指消费者在与人（如销售人员、亲友）或物（如报刊、广告）沟通、接触时所处的状况。购买情境是消费者在购买产品或服务时所处的状况，可进一步分为信息环境、零售环境、时间影响。使用情境是指使用产品或享受服务的时机或状况。

美国学者保罗·彼得和杰里·C. 奥尔森将一般的消费情境归纳为五个，即信息的获得、购物、购买、消费和处置（彼得和奥尔森，2010）。具体如下：①信息获得情境，指消费者获得诸如品牌和商场选择等相关信息的环境；②购物情境，指当消费者购买商品和服务时所具有的物质的、空间的和社会的特征；③购买情境，指消费者实施购买行为所处的环境中存在的社会的和物质的刺激因素；④使用情境，指消费者使用商品或享受服务所处的环境中存在的社会的和物质的因素；⑤处置情境，指消费者在使用产品以后处置产品的情境。

学术界应用最广泛的分类方法应是贝尔克（Belk，1975）的五类划分法，他以情境的状态特征为标准将消费情境分为物质环境、社会关系、时间、任务类型以及先前状态五大类型。具体如下：①物质环境主要是指消费者周围的非人为的因素，划分为占据空间的有形因素和不占空间的无形因素。有形的如商店的环境、产品的展示、产品的包装等因素；无形的如气味、灯光、色彩等因素。②社会关系是指在消费过程中其他人对消费者产生的影响，包括销售人员、同伴等。③时间在很大程度上能够影响消费者的行为，一方面是指自然界的客观的时间观念（如购物的季节、某月的某一天），另一方面人们对时间的感觉也会对其购买行为产生影响。④任务类型主要是指消费者购买行为发生的原因或目的，如购买意图、计划购买与非计划购买、选择标准等。⑤先前状态是指消费者带入消费情境中的暂时性的情绪状态或条件，消费者的金钱充裕程度也是其中的重要内容。

以上典型学者对消费情境的分类如表 8-2 所示。

表 8-2 不同学者对消费情境的分类

学者	消费情境的分类
Hansen（1972）	①公开情境②慎思情境③反应情境
Belk（1975）	①物质环境②社会关系③时间④任务类型⑤先前状态
Engel 等（1995）	①沟通情境②购买情境③使用情境
布莱思（1999）	①信息获得情境②购买情境③使用情境
霍金斯、贝斯特和科尼（2003）	①信息获得情境②购买情境③使用情境④处置情境
彼得和奥尔森（2010）	①信息获得情境②购物情境③购买情境④使用情境⑤处置情境

第二节 旅游情境与旅游消费情境

一、旅游情境的定义与构成要素

旅游是一种以体验为主导的过程，游客是一种特殊的消费者——相较于消费其他产品和服务而言，旅游消费者在旅游过程中会面临更高频率的场景转换，与不同旅游情境发生密切的互动，这些不同情境下的元素会对游客体验产生或大或小的影响。旅游的目的之一是追求差异化体验，面对游客体验逐步转向“舞台化”和“表演化”的现实，旅游企业和从业者亟须从市场供应者的角度为游客设计和营造出丰富多彩的旅游情境。然而，当前国内的许多旅游目的地企业依然固守着旧的观念，不断追求有形旅游吸引物的高大、富丽，而忽略了情境营造工作的重要性。事实上，企业从业者和相关政策制定者只有明确了旅游情境中的哪些要素能够从根源上打动旅游消费者，才能真正把握住营销目的地的密码。

然而，尽管旅游情境研究方兴未艾，目前学界对于“旅游情境”这一概念的内涵尚未形成一致看法。学者谢彦君（2005a）曾系统研究过同旅游体验相关的旅游情境，他继承了格式塔心理学的整体论思想和勒温的场论，提出了“旅游场”的概念用以综合描述旅游情境。旅游场是通过旅游消费者的心理场与外在的物理场相交融而产生的存在，是旅游消费者的心物的统一，是作为远因而存在的地理环境和作为近因而存在的行为环境相互作用的产物，表达了旅游需要和旅游景观之间的互为因果、互为存在的特性。受谢彦君的观点影响，后来国内对与旅游情境相关的研究大多都涉及了游客的心理和物理环境关系问题，从主客互动、心物统一的视角对旅游情境进行定义。不同学者的具体定义如表 8-3 所示。

表 8-3 不同学者对旅游情境的定义

作者	旅游情境的定义
谢彦君（2005a）	旅游情境是旅游需要与旅游景观相互作用后所产生的旅游场
任思北（2010）	旅游情境是旅游消费者在旅游活动过程中产生的一种心物环境
屈册和马天（2015）	旅游情境是在一定时间、空间内，由旅游主体与客体互动所产生的心物环境
唐唯（2017）	旅游情境是在旅游活动中旅游消费者与环境相互影响所形成的整体环境
许春晓等（2018）	旅游情境是旅游活动过程中旅游消费者与其在目的地所感知到的要素产生互动后，对游客的心理和行为产生影响的环境条件

资料来源：黄娜（2019）

本书对于旅游情境的定义是：旅游情境是旅游消费者在旅游目的地中开展旅游活动时所面临的暂时性的心理和环境要素的有机集合。该定义说明了旅游情境的生成前提是旅游消费者自身的心理与外在环境产生交互，并强调了这种交互是一种生成的、动态的有机过程；随着旅游消费者同目的地的不同内容进行互动，旅游情境也是不断变化的，最终会伴随着旅程的结束而消失，因此在客观持续时间上是暂时性的。

在旅游情境的构成要素方面，谢彦君（2010）对旅游情境做了进一步划分。他认为，旅游情境是旅游消费者为自己营造的心理环境，与物理环境有重合的地方，但又不同于物理环境。进一步地，他将旅游情境划分为旅游氛围情境（tourist situations of atmosphere）和旅游行为情境（tourist situations of behavior）。旅游氛围情境是一种概念性情境，它对行为者的心理影响主要以弥漫性的渗透为主，像是空气里的味道、海水里的盐分一样，包裹着行为者的外部心理感知世界，为这个世界涂抹上主观性的色彩。旅游行为情境也称为“旅游场”，是旅游消费者在旅游体验过程中的行为表现的直接情境因素，是一种涉及行为具体操作的情境。他以格雷伯恩（Graburn，2002）的一段描述作为对旅游氛围情境的注解：如果一个人“到著名的地方进行长途的旅游或参观拜访那些奇异的民族，在一种迷人的环境中，即使是一种最基本的活动，如在花园里进行野餐，也包含有某种旅游的魅力，尽管所吃的食物和饮料也许与平时在家吃的一样。但旅游的魅力却在于这种活动的本身，它与平时活动不一样，具有某种特殊的环境”。格雷伯恩所说的“某种特殊的环境”正是旅游氛围情境。而旅游行为情境是一种具体的情境，由于在这种情境中潜藏着乃至呈现着某种矢量因素，因此它常常有一些动力成分，它对行为的影响也就更具有方向感和力度感。旅游消费者在旅游体验过程中的行为表现的直接情境因素，是旅游行为情境。

屈册和马天（2015）在谢彦君的研究的基础上，根据旅游消费者所含“情结”或诉求的不同将旅游氛围情境进一步划分为历史情境、自然情境、乡土情境、休闲游憩情境等，根据不同旅游行为将旅游行为情境分为观赏类、餐饮类、体验类、住宿类等，并指出建构旅游情境需要具备的属性有主题性、故事性、地方性和具身性。这四种属性相互补充，促成了旅游情境的精神性与物质性。许春晓等（2018）则从实证的角度推演出旅游情境包含物理要素、社会要素、个人要素和时间要素四大维度。物理要素指旅游目的地客观存在的且具有一定物理形态的事实环境，没有被游客感知的自然环境要素不能一概而论为物理要素，参考吴必虎（1998）对旅游吸引物系统的划分，物理要素具体内容可划分为山水景观、气候条件、民俗风情和旅游设施；社会要素指对游客产生影响的社会成员和非实物形态的社会创造物，具体包含游客交往、服务人员交往、居民交往以及景区氛围等；个人要素指游客个人、家庭暂时性的情绪或状态；时间要素指游览时长以及时间的选择和安排。

二、旅游情境中的互动形式

旅游是一种在非惯常环境下或主动或被动地与周围环境、旅游地中的他人以及各种活动不断展开互动的过程，这种互动产生了包含各种对象的旅游情境。或者说，旅游消费者不断地在跟旅游场中的不同对象产生交集，从而生成不同的旅游情境。旅游情境中的互动对象主要包括外部环境、他者和活动三类，根据互动对象的不同，旅游情境中的互动形式主要包括六种：认知、审美、交往、模仿、游戏和娱乐（图 8-4）。

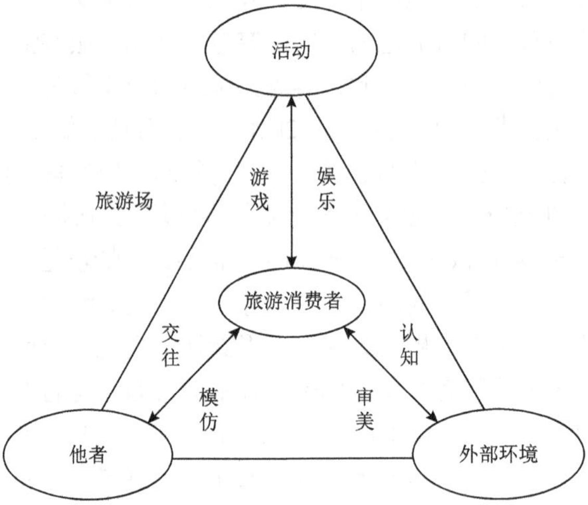

图 8-4 旅游情境中的互动对象和互动形式

资料来源：武虹剑和龙江智（2009），引用时有改动

旅游消费者与外部环境的互动包含两个方面：认知和审美。旅游消费者的外部环境既可以是自然风光，也可以是人文艺术作品，还可以是其他各种能够愉悦耳目和身心的旅游资源。审美是贯穿旅游活动的一种超越功利的自由心态。它不仅贯穿于旅游的全过程，而且也是生活艺术化的理想得以实现的方式。除了超越功利的审美态度，旅游消费者也可能保持探究的姿态进入旅游世界，学习、受教育、增长知识成为他们的旅游动机之一。所谓认知是指人们对于环境、事物的认识与了解，旅游认知可以视为旅游消费者对于旅游情境的认识和了解。它是旅游消费者通过与旅游情境发生交互作用，对所处情

境赋予意义而解释感觉印象的过程。

旅游消费者与他者的互动包含两个方面：交往和模仿。这里所说的旅游交往，主要指发生在旅游世界中广义的交往活动，是旅游消费者与他者以物、语言符号、操作行为等为中介发生和进行的各种交互作用。换言之，交往就是旅游情境中的“我”与“他者”相互之间的接触、交流、理解、合作以及影响、矛盾和冲突，大致包括两个不同层次：共同在场（co-presence）与集中互动（focused interaction）。共同在场对于旅游体验生成的影响主要表现在两个方面：拥挤和情绪感染。集中互动通常划分为四种形式：旅游消费者与东道主、旅游消费者之间、旅游消费者与潜在旅游消费者以及旅游消费者与旅游供应商。旅游消费情境可能发生于这四种形式中的任何一种当中，但主要发生于旅游消费者与东道主以及旅游消费者与旅游供应商之间。模仿也是重要的旅游体验的生成途径。旅游情境中的模仿主要有两种方式：一是角色扮演，亦即旅游消费者试图设身处地地去扮演另一个在实际生活情境中不属于自己的角色行为的过程。二是从众行为，即个体受群体或社会气氛的压力，放弃独立的见解，在心理与行为方面不由自主地与大多数人相一致的现象。

旅游消费者与活动的互动包含两个方面：游戏和娱乐。此处的“游戏”是指有规则的、需要主体参与其中的活动；“娱乐”理解为一切没有明显规则的消遣性活动。游戏是对日常生活的超越，游戏是非强制的，是游戏者自发和自愿的选择。游戏是生成旅游体验的重要途径之一，因为旅游不仅跨出日常生活世界，而且是一种超越现实生活的完全自愿的活动，具有自成目的的特点。旅游活动所追寻的目的就是旅游活动本身所带来的乐趣和收获。在这种意义上，旅游就是一场游戏，一场跨出日常生活时空的“大型游戏”。娱乐从心理体验到活动形式都与其他的日常活动有着明显的区别，选择完全是自由的而不是被迫进行的，并且能否实现娱乐的目的，即达到心理上的愉悦感和满足感是决定娱乐性质的关键。旅游消费者一旦进入旅游世界，那么所有的活动在某种意义上都将成为一种自由的选择，源于内在动机，因而，即使是日常工作性的活动或行为，在旅游消费者眼中都将成为娱乐性的活动。

三、旅游消费情境与分类

在经济学中，消费是指消费者对商品或者服务获取和使用的过程，其中获取的过程又称为购买。然而，作为一种特殊的消费过程，旅游服务的一个重要特点是其生产、交换和使用在时空上具有同一性，因此从狭义上讲，“旅游消费”指代的是旅游消费者为达到愉悦的目的，以体验为手段而购买和享用核心旅游产品的过程（如在迪士尼乐园中的游览）。但从广义上讲，旅游消费者在享受核心旅游产品的过程中也会产生对非核心产品的购买活动（如购买旅游纪念品），这种消费也可以纳入“旅游消费”的概念当中。谢彦君（2015）将前者称为“旅游消费”，把后者称为“旅游消费者消费”，认为旅游消费是旅游消费者消费的一部分，且是最核心的部分。如果只考虑狭义的旅游消费，那么此时“旅游消费情境”与“旅游情境”是同义概念；而本节所要讨论的是广义背景下的旅游消费，即旅游消费者在旅游目的地发生一切消费活动时均需要考虑的情境，既包括关于核心旅游产品的消费决策情境，也包括其他旅游相关产品的购买决策情境。

旅游情境是在旅游目的地环境要素和旅游消费者心理要素的共同作用下形成的；旅游消费情境则产生于旅游消费者同他者的互动中，是旅游消费者主动与东道主、旅游供应商、其他旅游消费者和潜在旅游消费者等对象发生接触而生成的旅游场。在旅游消费者所处的现实环境中，会涉及各类复杂的因素，例如旅游地的天气、旅途中的拥堵程度、旅游消费者本人的心情、同行者的行为等等，这些均会对旅游消费者本人的消费行为产生或大或小的影响。这些具体情境中的要素纷繁多样，因景而变、因时而动，想要梳理清楚所有相关的情境要素是很难达成的。但在每个具体的旅游消费情境当中，总会存在一些共有的元素类别，借助对它们的分析，我们能够快速地理解和掌握其中的一些关键要素。

贝尔克（Belk，1975）对消费情境的五类划分法是目前应用最广的方法之一，他将消费情境中的具体要素划分为物质环境要素、社会关系要素、时间要素、任务类型要素以及先前状态要素五大类型。这种划分方法同样也适用于旅游情境的研究，下面对这五大类型在旅游消费情境下的应用做简要介绍。

（1）物质环境要素。物质环境要素囊括了旅游消费者在旅游目的地所处的环境中全部的物理要素，除了旅游消费者所处的位置、旅游目的地所提供的有形商品、旅游目的地可见的自然资源等常见要素外，旅游消费者在当下环境中所嗅到的气味、品尝到的食物口味、听到的声音以及所感受到的温度、湿度、光线明暗、气压等方面都属于物质环境要素范畴。

（2）社会关系要素。旅游消费者在旅游过程中并未脱离社会关系网络的影响，甚至可能在旅途中构建起新的社会交往关系。这种旅游情境下的社会关系要素主要体现在他人对旅游消费者本人的影响当中，例如旅途中他人的性格、角色、行为以及人际互动都会为旅游消费者本人带来积极或者消极的感受。作为社会关系中最重要的组成部分之一，家庭成员在旅游消费和决策情境中起着重要的影响作用，家庭旅游决策是一种群体决策行为，比一般的个体决策更为复杂、更加慎重。研究表明，孩子与老人对家庭旅游决策的影响十分显著，尤其是孩子，以孩子为中心的旅游决策模式是现代很多家庭旅游决策的重要类型。

（3）时间要素。时间要素涉及旅游消费者在旅行中同时间相关的因素，包括旅游消费者距离上次参与旅游活动的时间间隔、旅途中某件事情发生的时机、本次旅游活动持续的时间长短限制等等。例如，美食旅游中的夜间美食消费就存在大量与时间密切相关的情境：一些品牌餐饮、老字号纷纷选择夜间营业，打造“夜游”“夜宴”等重要的饮食娱乐活动；许多城市也专门打造以“美食+城市特色文化”为卖点的综合美食集聚区，吸引游客在夜间进行逛吃消费、拍照打卡等活动。在这些情境中，游客会不由自主地受到目的地的夜间氛围影响，消费行为与时间要素紧密相关。此外，在一些跟团游中，还存在游客在旅行即将结束时冲动消费的情况，这也是时间要素对旅游消费行为的影响。

（4）任务类型要素。任务类型要素是指旅游消费者出行以及消费的目的。对于旅游消费者的出行或者旅途中的消费行为，我们总能找到这些行为所意图达到的目的：或是追求陌生带来的愉悦感，或是逃离既有的生活，或是发泄堆积的情绪，或是享受购物本身的快乐，等等。以冰雪旅游为例，王恒利等（2019）对女性参与冰雪体育旅游的影响因素进行了研究，发现女性重视的冰雪旅游服务属性主要包括地理环境与位置、口碑评价、价格合理等，愉悦心情及增加其冰雪体验是女性消费者享受冰雪体育旅游生活、炫耀冰雪体验的重点。

（5）先前状态要素。先前状态要素是旅游消费者在当下状态之前所经历的个人特征，是旅游消费者带入当前情境中的暂时的情绪或状态，这种情绪（如焦虑、兴奋）或状态（如生病、疲劳）源自旅游消费者同前一个情境之间的互动，它们会对当前的情境继续产生一定的作用。在所有的先前状态要素中，消费预算状态是影响消费行为的主要因素之一，金钱的充裕程度直接决定了消费者在当前消费环境中的具体做法。

第三节 旅游情境的常用研究方法

前述两节内容简要介绍了与消费情境、旅游消费情境相关的理论，这些理论能够帮助我们更好地理解这些概念的含义，了解不同学者对情境、消费情境的划分方法。但当谈到如何在旅游消费者行为研究中具体应用这些理论时，除了掌握必要的理论以外，也要掌握具体的研究方法，将已有的理论在研究方法的指引下应用于某一现实问题上，从而得到研究结论。

目前社会科学研究的主流研究方法包括定量研究与定性研究两大类，定量研究侧重于且较多地依赖于对事物的测量和计算，而定性研究则侧重于和依赖于对事物的含义、特征、隐喻、象征的描述和理解。两者的根本区别是它们基于不同的研究范式：定性研究从最纯粹的意义上说，从属于人文主义的自然范式，即研究应在自然的环境和条件中进行，而研究所获得的结果和意义也只适用于这种特定的环境和条件，这种方法的核心是“整体地”理解和解释自然情景；与此不同的是，定量研究则来源于实证主义，它在范式上更接近于科学的范式。定量研究者往往强调客观事实，强调现象之间的相关，强调变量之间的因果联系；而定性研究者则更加注重现象与背景之间的关系，更加注重现象的变化过程，注重现象和行为对于行为主体所具有的意义（风笑天，2018）。典型的定量研究方法包括实验法、问卷调查法等，而定性研究包括案例分析、民族志、扎根研究等。针对旅游情境研究而言，定量和定性的方法能分别从不同的角度为研究提供相应的结论支持，两者在某种程度上可以实现相互补充，从而更加立体、全面地解释游客在某些旅游情景下所采取的行为。

实验法是定量研究的典型方法，其中情景实验法（scenario experiment）是在近年虚拟现实等技术成熟后随之兴起的实验方法，尤其在结合了眼动测量、脑电、皮肤电等测量技术后，该方法以其较高的精准性和客观性越来越得到学界的认可，目前开始广泛应用于旅游行为研究当中。在定性研究方面，民族志则是常用的旅游者行为研究方法，研究者通过仔细观察甚至深度参与到被观察者所在的旅游情景当中，构建出该情景下的各种要素，揭示出旅游者行为背后的动机、意义等。下面将对这两种方法做简要介绍。

一、情景实验法

实验法是一种经过精心设计，在高度控制的条件下，通过控制某些因素来研究变量间因果关系的方法，基本要素包括：自变量与因变量、前测与后测、实验组与控制组。实验研究的基本逻辑是，如果我们根据某种理论命题得到两个变量之间存在因果联系的假设，或者我们根据经验事实和主观判断推测现象 *X* 是造成现象 *Y* 的原因，即 $X \to Y$。为了证明这一假设，我们首先对 *Y* 进行测量，即先测量在没有受到 *X* 的影响之前，*Y* 的情况如何；然后，通过操作某些条件，引入被看作自变量和原因的实验刺激，即引入 *X*；接着再对引入 *X* 后 *Y* 的情况进行测量，并比较前后两次测量的结果。如果前后两次的情况发生变化，则可以初步认为 *X* 是导致 *Y* 变化的原因，即有 $X \to Y$（图 8-5）。如果在实际操作中很难排除其他事物或者因素对 *Y* 的影响，此时还需要引入一个自始至终不施加刺激 *X* 的控制组（施加刺激 *X* 的称为“实验组”），这样，在“实验组和控制组这两组对象相同”的前提下，我们就可以从实验组前后两次测量之差中，减去控制组前后两次测量之差，从而得到仅由自变量 *X* 产生的影响（风笑天，2018）。

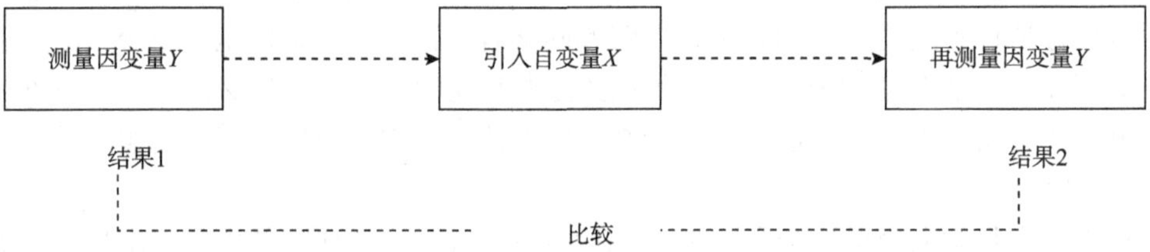

图 8-5　实验研究最基本的分析逻辑示意图

相较于其他定量研究方法，实验法因能较为准确地反映出自变量和因变量之间的因果关系而在消费者行为研究中受到重视。在研究旅游问题时，传统的问卷调查研究只能勾勒出自变量和因变量之间的相关关系，而无法明确给出两者之间的因果关系。而因为情景实验在设计中对各元素有很大程度的可控性，加上近年虚拟现实（virtual reality，VR）技术的迅速发展为相关研究的情景构建提供了技术支撑，目前已经成为旅游消费者行为研究中的热点话题，也引发了一些争议。

旅游实验研究在研究问题的选择上初步形成了统一的认识，但在实验研究方法的具体应用层面则存在较大的分歧。目前，旅游学术界关于实验研究方法的讨论和疑虑集中于方法运用的有效性和规范性。通常实验研究的科学效度分为内部效度和外部效度。实验研究的主要目的是探索因果关系，内部效度是指结果是否真的由自变量的操纵引起，而外部效度是指因果关系的结论是否可以在个体和环境中推广。不同类型的实验研究遵循的规范和标准不完全一致，坎普贝尔和史坦利（Campbell and Stanley，1966）根据实验的控制程度和内外效度将实验分为真实验、准实验和前实验。由于前实验实际上不属于实验研究方法，因此此处只讨论真实验（true experiment）和准实验（quasi-experiment）。另外一种比较常用的分类，是按照实验进行的空间进行划分，分为实验室实验（laboratory experiment）和田野实验（field experiment）。它们的各自优缺点和区别如表 8-4 所示。

表 8-4 旅游实验研究运用的实验类型

分类方式	实验类型	优点	缺点	区别
分类一：按照控制程度和效度划分	真实验	内部效度高、具有较强的控制能力	外部效度较低	操纵、控制和随机 3 个要素全部包含在实验设计中 总是前瞻性的（always prospective） 科学效度高（high scientific validity）
	准实验	外部效度高、多发生于现实生活情境	内部效度较低，参与者通常不是严格随机分配的，存在可能的混杂变量	操纵、控制和随机 3 个要素中，只有 1 个或 2 个要素包含在实验设计中；通常有操纵或控制，缺少随机 基本上是前瞻性的（prospective） 科学效度中等（moderate in scientific validity）
分类二：按照空间划分	实验室实验	内部效度高、具有较强的控制能力	外部效度较低	发生于实验室中，可以很好地实现对实验环境、参与者、干预变量等全过程的操纵和控制，可以随机分配样本
	田野实验	发生在真实情境、外部效度高、测量实际（真实）行为	内部效度较低，不能做到完全控制，存在许多可能的混杂变量，很难严格地将参与者随机分配到各组	发生于实际旅游情景中，要求参与实验的参与者是与旅游相关的人员，需要克服难以随机分配参与者、难以控制混杂变量等问题

资料来源：黄潇婷等（2021），引用时有改动

情景实验是研究者为实验参与者营造精心设计的与现实接近的情景，允许研究者操纵和控制自变量，以评估意图、态度、行为等因变量，增强实验真实性的研究方法（Aguinis and Bradley，2014）。根据上述划分标准，情景实验可以是真实验或者准实验中的一种，也可以是实验室实验或者田野实验的一种。为了获得变量之间的直接因果关系，目前许多旅游行为研究采取让参与者在实验室中通过各种辅助仪器参与实验的方式，以确保全部因素的可操控性。研究者借助 VR、头戴显示器等设备为参与者模拟某一旅游情景，适时地在该情景中增加或者减少某些情景要素，用眼动仪、皮肤电测试仪等设备检测参与者相关参数的变化情况，与未施加刺激之前的数据进行对比。此外，还会辅以问卷的方式调查参与者的内心想法，实验数据能够和旅游者行为有机结合，使得实验处理手段多元化。例如，黄潇婷等（2018）利用 EyeSo Ec60 遥测式眼动仪，为参与者播放香港海洋公园导览图和经过处理的香港海洋公园电子标准地图，在记录每位参与者的眼动轨迹之后，通过降维处理，将三维眼动轨迹的时空路径拆分为二维时间序列，通过问卷获得参与者的旅游计划，分析眼动模式与地图类型、计划游览景点的关系，从而发现参与者的眼动模式与旅游计划行为显著相关。

使用实验室的情景实验法展开研究也存在一些争议点，主要包括以下几方面。

（1）目前的研究多采用在校大学生作为实验对象，一方面，大学生群体人数众多、参与实验意愿相对积极，容易获得；另一方面，很多大学生本身都有旅游的经历或者出游的打算，属于旅游者群体的重要组成部分。但从外部效度来看，大学生群体的行为反

应并不能代表旅游者总体，这将会影响研究结论的外推。

（2）旅游行为实验方法的核心思想是“S-O-R”机制，这与强调情境研究的整体化、动态化的建构主义方法论在根本上是难以相容的。持建构主义观点的学者认为，实验室中人为设计出来的实验情景在本质上和现实中发生的旅游情景是不同的，旅游者在该情景下的体验存在失真情况。旅游者的体验生成不仅取决于视觉，而是多种感官的交互作用，甚至在某些情景下，视觉、听觉、嗅觉、味觉、触觉等多种器官感觉之间会发生联动，形成通感效应，共同影响了旅游者的行为。

（3）部分行为实验尚缺乏有力的学科理论作为支撑。实验数据是人心理活动和行为的数字化反映，仅仅提供数据的变化而缺乏有力的心理学理论作为解释，这样得到的结论也只是在某些未经确立的假设基础上的进一步推论而已。因此，选择情景实验法进行旅游行为研究时，必须要有可靠的心理学、社会学等理论作为假设依据，在客观数据的获取之外还要辅以其他手段对参与者的真实心理状态进行检验，以确保研究目的和操作方法的结果是一致的。

二、民族志

基于定量主义的消费者行为研究招致了很多批评。定量主义范式的反对者认为，定量主义忽略了社会文化的复杂性，消费者行为研究应该强调消费过程中产生的符号的意义与消费者的主观感受，认为消费者价值与意义源于特定的、共享的社会文化体验。比如，诠释主义认为，“从诠释视角来说，购买行为不是简单地根据产品所带来的利益与成本收益理性计算，而是消费过程中个人体验过程感觉的汇集，消费者行为与决策的依据是内在主观价值系统”（O’Shaughnessy，1985）。后现代主义的消费观则认为，消费者心中并没有固定的或既有的本质性东西驱使其行动，消费者的动机与主观感受依赖于特定的情景与氛围，而这些情景与氛围本身又是在消费者自身同社会中的他者交往时产生的。因此消费者的动机与主观感受是处于不断变化中的，受消费者与什么人消费、处于什么样的消费环境等变量影响。无论是诠释主义还是后现代主义的观点，总之，它们都认为消费者绝非一个简单的效用机器，而是对消费中所包含的符号、文化等方面有着复杂追求的主体。

与定量研究不同，定性研究在一开始就主张研究的情境性，即被研究对象无法脱离其所在的情景独立存在，要研究对象的行为模式，就要把他还原到当时所在的情景中加以考察。一方面，定性研究特别关注人们如何赋予各种社会行为、社会事件、社会事物之意义。任何一种现象、任何一种社会现实都是存在于一定的社会情景之中、存在于与其相关的各种社会联系之中的。社会中不同人群的行为及其行为的意义，以及由这些行为和意义构成的各种社会现象，都只有在与其相联系的“情景”中才能很好地被理解和解释。只有认识和理解了那种“情景”，认识和了解了那些与此“情景”相联系的各种因素，研究者才能更好地认识和理解他所研究的这种行为和这种现象。另一方面，定性研究也特别看重人们各种行为、意图对其自身来说所具有的意义。而由于所有的“意义”又都是处于特定“情境”中的，都是离不开“情景”的。因此，这也可以说是定性研究之所以特别强调要到实地、要参与研究对象的实际生活，之所以特别看重与行为和态度相关的“情境”的内在原因（风笑天，2018）。建构主义学派更是认为，情境是在主客互动中生成的，脱离了客观环境，主体失去了外在交互的对象，而失去了主体，也就缺少了和客观环境互动的基础，自然谈不上建构情境的可能，因此要想研究清楚现象背后的机理，研究者甚至要参与到情境的建构中，亲自体验具体情景中的各种要素的影响。

针对定性研究的这一要求，人类学学者发展出了民族志（ethnography）的研究方法，深刻影响了包括旅游在内的其他社会学科。所谓民族志，是指研究者从研究对象的观点来了解研究对象的文化习俗、生活方式、价值观和世界观。民族志原为对特定文化及社会收集制作资料、记录、评价，并以社会或文化人类学的理论来解释此观察结果的一种研究方法，所以一般称为人种志或民族志法。随着各学科研究的推进，许多其他社会科学领域的学者逐渐吸纳了这一研究方法，在实地研究过程中主动放弃既有的视角，以参与者或者深度旁观者的身份融入研究对象的群体中，通过与被研究对象建立信任关系从而获得他们的真实想法或者感受。

民族志方法也深深地影响了旅游学科，是旅游人类学的主要研究方法之一。学者聚焦于旅游过程中出现的“我者与他者”“东道主与游客”“旅游表演”“朝圣仪式”等现象，通过民族志研究深刻揭示出游客、当地人、相关从业者等不同身份视角下的行为动机和思想变化，这构成了旅游社会学和旅游人类学的重要研究内容。

除此之外，近年来在旅游研究中还兴起了“自我民族志”（auto-ethnography）的研究方法。自我民族志诞生于对研究者自身主观因素的反思中，自我民族志凸显了“自我”，强调研究者对亲身经历与个性化的感受进行有感染力的深度描述。在旅游研究中，人是不可或缺的关键主体。在旅游世界的人际互动与人地互动中，作为具有思想情感与自由意志的人会在旅游交互中感悟到不可言说的东西。其中，有些可以通过观察、访谈、问卷等形式加以认知，借助以客观为基础的研究方法展开分析；有些则是对世界的一种根本的或诗性的领悟，非亲身体验不足以深入洞悉，这为以“我”为根基的自我民族志提供了应用空间（吴建兴等，2022）。

自我民族志将民族志的认知方式与分析手段从外界转向自我，把民族志的主体（旅游者或者当地人）与客体（研究者）合二为一。自我民族志是指，将研究者主观性的亲身经历作为数据来源（自传特性），通过民族志方法对自身文化、境遇以及生活方式开展反思性描述分析（民族志特性）。因此，自我民族志具备了自传（auto）与民族志的双重特性（Ellis et al.，2011）。自我民族志主要分为两类：注重情感共鸣的唤起式自我民族志（evocative auto-ethnography）和注重理论建构的分析式自我民族志（analytic auto-ethnography）。唤起式自我民族志的开拓者 Ellis 等（2011）认为，传统民族志中研究者一般会按照冷静旁观者的角色要求过滤掉研究者的个人情绪，但个体的情绪体验是影响行为不可忽略的重要因素。因此，唤起式自我民族志重视对研究者情感体验的表征，研究者试图唤起情境中的情感认识，感动读者去体验被研究文化群体的情感，让读者参与到文化的情感体验中，不仅仅使其知晓这是什么，也可以从情感上认识到这是如何在生活中形成的，以及这种情感经历对他们的生命意味着什么。分析式自我民族志则强调研究者基于社会科学认知论的假设，着重对个人经验进行概念和理论的建构，研究者并不试图唤起读者对自己经验的共鸣与回应，而是致力于某个特定问题的亲身实践体悟，并且能够转化为可以操作的行动。

自我民族志不像其他方法那样将“自我”和“他人”无差别对待，用一种所谓的客观或规律来容纳一切，而是聚焦对“自我”故事的文化描述、解读与重构，向内反观“自我”思想情感与主观体验，用“自我”的透镜解读文化模式与社会意义。因此，自我民族志是对所谓的“客观”的旅游研究的一种范式突破，通过理解“我”来反思与“我”相关联的群体的文化，来展现旅游情景中“人”和“我”的世界。自我民族志的研究者以不同角色的亲身经历对不同类型旅游场景中体验到的活动展开了翔实的描述与剖析，深度挖掘“自我”感知体验，剖析角色理性与情感认知。角色体验是在社会互动中共同创造的，个体感知意义会随着互动关系的进展不断浮现出来。不同于民族志、访谈法等传统质性研究中大多是对陌生受访者展开，自我民族志是在研究者与熟悉的参与人的共同协作中进行的，研究者能从多个互动片段中以真实经历者的视角去反思“熟悉的事件”，这种反思可以让研究者获得传统民族志所无法探视到的后台行为以及互动中所隐藏的想法和事实（吴建兴等，2022）。

当然，民族志方法也面临着许多质疑和批评，主要的一点是其主观性过强，这也是以定量研究为代表的实证主义学者质疑最多的一点。民族志研究者拒绝接受社会现象的客观性及标准一致的解释，而对注重个体的主观体验、经历的诠释，研究者在研究过程中会同被研究对象一起参与互动，这样就导致民族志研究的过程很可能无法实现价值中立，会受到研究者本人的视角、深度参与后的情感变化等个人因素的影响，在可信度方面也较难证明其信度和效度。目前学界出现的一个研究趋势是，定量方法和定性方法在旅游消费者行为研究中互为补充、结合使用，无论采用哪种方法，科学和严谨的研究态度始终都应是第一位的。

复习思考题

1. 经济学、行为主义心理学和格式塔心理学的基本研究观点是什么？对消费行为研究产生了怎样的影响？
2. 贝尔克、卡卡尔和卢茨以及阿塞尔分别提出了怎样的消费情境模型？
3. 请简述旅游情境中主要包括的互动形式，并用贝尔克的消费情境五类划分法对旅游消费情境中的要素进行分类。
4. 旅游实验研究中运用的实验类型有哪些？请简述它们各自的优缺点。

第九章

旅 游 体 验

【本章学习要点】

1. 理解旅游体验的概念，并探讨关于旅游体验的争论。
2. 掌握旅游情感体验的类型与表现，以及旅游消费者体验质量的评估。
3. 了解旅游消费者时空行为的测量方法，掌握其特征与规律。
4. 熟悉分析旅游消费者时空行为研究的理论框架。

第一节 旅游体验概述

一、旅游体验的兴起与发展

（一）多学科视角下的“体验”

体验经济学家派恩和吉尔摩（2002）指出，体验是指人们以个人化的方式度过一段时间，并从中获得一系列可回忆的事件。服务则是指由市场需求决定的一般性大批量生产。体验经济高于服务经济，正如服务经济的地位高于产品经济。个性化服务使得一项服务变得值得记忆，从而成为一种体验。如果顾客愿意为这类体验付费，那么体验本身也就可以看成某种经济上的给予。它创造的价值来自个人内在的反应。实际上，体验一直存在于我们的周围，只是我们最近才开始将其作为一种独特的经济提供物来对待。

通常，“体验”可以定义为：体验是主体通过作用于客观世界，而对客观事物有了更深层次理解的心理行为活动过程，在这个过程中满足了主体更高层次的需求。也就是说，主体在体验之前，已经对客观事物有了初步的认识；体验之后，主体对客观事物有了更深层次的认识（杨四耕，2009）。那么具体到不同学科中，相关学者又是如何看待体验的呢？

在哲学领域，“体验”被视为一种特殊的关系状态，存在于主体与客体之间。在生命哲学中，体验特指生命体验，是人的存在方式，具有本体论意义。狄尔泰、格奥尔格·齐美尔（Georg Simmel）、海德格尔等对生命体验有过深入研究（樊友猛和谢彦君，2017）。

在心理学领域，“体验”主要指人的一种特殊心理活动——人对情绪或情感状态的自我感受，这种心理活动由感受、理解、联想、情感、领悟等心理要素构成。在体验中，主体以自己的全部“自我”（已有的经历和心理结构）去感受、理解事物，因发现事物与自我的关联而生成情感反应，并由此产生丰富的联想和深刻的领悟（张相乐，2008）。

在美学领域，体验即审美体验，是指主体在具体审美活动中被具有某种独特性质的客体对象所深深地吸引，情不自禁地对之进行领悟、体味、咀嚼，以至于陶醉其中，心灵受到涤荡和震撼的一种独特的精神状态。我们对某物有深刻的体验，必然会理解到它在我心目中的独特意义，或者形成某种联想、领悟。换言之，体验是一种能生发与主体独特的“自我”密切相关的独特领悟或意义的情感反应。体验的结果是产生情感（内心有反应，内心有感动）且生成意义（产生联想、领悟），两者缺一不可。光有情感没有产生新的意义就只是一般的情感，而不能算作体验；光有意义没有情感，就同单纯的认知性理解没有区别（叶继奋，2018）。

从经济学意义上讲，“体验”主要包括三个方面的内容，即个体的高度参与、个体与客观世界的相互作用、精神上的满足，简言之，体验是一种新的经济提供物（李德顺，2013）。

从文化学意义上讲，“体验”更侧重于商品和服务背后的文化含义，就是这种文化性满足了人们精神上的需求（王杰，2019），如表 9-1 所示。

表 9-1　不同学科视角下的“体验”

学科视角	体验概念概括
哲学	生命体验，是人的存在方式
心理学	人的一种特殊心理活动
美学	审美体验，独特的精神状态
经济学	新的经济提供物
文化学	商品和服务背后的文化含义

（二）旅游体验概念的提出与发展

“体验”概念本身在不同学科的视角下就有不同的含义，在学术界，旅游是一个多学科交叉的学科。就旅游本质而言，存在经济本质论、文化本质论、仪式本质论、心理体验论和社会交往论等诸多观点，而无论从哪个视角来说，旅游体验都是旅游研究的重要一环。学者龙江智（2005）根据辩证唯物主义思想将旅游体验作为整个旅游活动的核心。谢彦君（2005b）通过现象学的实验方法，认为旅游是人们利用余暇在异地获得的一次休闲体验。换言之，旅游的本质就是一种体验，而余暇和异地将这种体验与其他体验分离出来，赋予其独有的特征。杨振之（2014）引入海德格尔的名言“栖居乃是终有一死的人在大地上存在的方式”，将旅游的本质定义为诗意的栖居，而通过体验，旅游消费者在旅游目的地完成了短暂的“诗意的栖居”。旅游体验是旅游消费者完成“诗意的栖居”的必备途径。无论秉承何种旅游本质观，旅游体验在旅游研究中的核心作用是毋庸置疑的。

早在 1970 年，美国学者阿尔文·托夫勒（Alvin Toffler）第一次对体验经济进行了详细的阐述（Toffler，1970）。1998 年，美国学者 B. Joseph Pine Ⅱ和 James H. Gilmore 指出现在的体验经济时代（The Experience Economy Era）是继农业经济、工业经济、服务经济后出现的第四个经济时代——体验经济时代（Pine and Gilmore，1998）。此后，体验经济也逐渐成为旅游学术界和业界研究的焦点课题。1999 年，国内谢彦君开创了我国旅游体验的研究先河。进入 21 世纪以来，国内旅游学界对旅游体验的研究也日渐深入，研究内容也呈现出多元化、多视角的趋势，2003 年以来研究呈现快速发展的态势，尤其是 2005 年以后旅游体验的相关研究在量上有一定的突破。此后“旅游体验”的研究逐渐受到旅游学术界和业界的广泛关注。据此，魏遐和潘益听（2010）认为 2005 年是国内旅游体验研究的分水岭。近年来，越来越多的学者加入了旅游体验的研究，从不同视角对旅游体验的特征、影响因素、质量评价体系、产品设计和体验营销等各方面均进行了深入的研究，逐渐形成了相对成熟的旅游体验研究体系。

二、旅游体验的概念与要素

（一）旅游体验的概念

在旅游领域中，有关旅游体验的研究日益受到关注，“旅游体验”这一术语也被广泛使用（表 9-2）。但是在已有研究中，旅游体验的含义常常被宽泛地界定，使得这一重要的概念岌岌可危。旅游体验概念的模糊性，对学术界深化旅游体验和旅游体验质量的认识，以及对管理者在实践中有效地监管、设计旅游体验、测量旅游体验质量都提出了挑战。

表 9-2　旅游体验的概念

学者	旅游体验的概念
Oh 等（2007）	旅游消费者在目的地经历的每一件事都是体验，它可能是行为的或感知的、认知的或情感的、表达的或隐含的
Volo（2011）	旅游体验的定义是在惯常环境和工作时间之外，发生在一个人身上的任何事件
Tung 和 Brent（2011）	旅游体验是个体对与他们旅游活动有关的时间的主观评价和经历（例如情感的、认知的和行为的）
苏勤等（2005）	旅游经历就是旅游消费者的旅游体验
王昕等（2012）	旅游体验是一系列旅游活动的体验过程，是旅游消费者在一个特定旅游地花费时间进行游览参观、参与的过程
陈海波（2017）	人利用闲暇时间在其惯常环境以外所开展的体验

目前，对旅游体验的界定可以概括为两类：一类定义认为，旅游消费者的整个旅游过程就是旅游体验。在此基础上，一些研究者将旅游体验分为不同的阶段，如旅游前的预期阶段、旅游时的在场阶段和旅游后的追忆阶段。在这一类定义中，陈海波的旅游体验定义与 Volo 的定义相似，也强调旅游的时空特性，认为旅游体验是人利用闲暇时间在其惯常环境以外所开展的体验。与上述将旅游体验看作一个过程的观点不同，谢彦君（2005a）认为旅游体验是指处于旅游世界中的旅游消费者在与其当下情境深度融合时所获得的一种身心一体的畅爽感受。他强调旅游体验的心理层面，认为旅游体验是旅游消费者的心理感受，这成为旅游体验另一类定义的代表。前者认为，在休闲和旅游中，体验是参与者感受到的主观的精神状态。与之相似，Page 等（2001）认为，旅游体验是旅游消费者在游览特定的旅游地点形成的特定体验高潮，它是多种复杂因素结合的结果，反映了旅游消费者对游览之地的感觉和态度。此外，Larsen（2007）尽管也强调从心理过程理解旅游体验，但是他主要从认知路径理解旅游体验，认为旅游体验主要是记忆过程；进而将旅游体验定义为个人的、过去的与旅游相关的事件，并且这些事件能够进入体验主体的长期记忆中。实际上，Larsen 的旅游体验定义与旅游经验等同。樊友猛和谢彦君（2017）对体验和经验的概念内涵进行辨析，认为体验是主体在场经历的、具有更多感情色彩正在生成的行动过程或是该行动过程的结果。

综上所述，以谢彦君为代表的旅游体验定义与营销或消费者行为中顾客体验的概念有着一致的认识，关注旅游消费者的心理感受，尤其强调情感或情感状态，而不是简单地将旅游体验与旅游过程或经历等同（马天，2019）。

（二）旅游体验的本质

旅游本质的研究可谓整个旅游学科的基石。自改革开放后旅游业得到发展以来，旅游本质的研究视角经历了从外部现象到内部意义的变迁——从早期将旅游认定为某种空间现象或经济现象的“现象本质论”，到稍后认为旅游是一种审美活动的“活动本质论”，再到目前盛行的“体验本质论”（连丽智，2017）。

“体验本质论”主张旅游的本质是一种审美和愉悦体验；而在马斯洛需求层次论中，自我实现的途径之一是“通过察觉经历而获得体验，并为主体带来积极效用”。明显地，旅游体验来自旅游经历，并且能够为旅游消费者带来愉悦感。因此二者间具有同构性。旅游者对体验的追求，作为自我实现需求的一个方面，处于需求层次的顶层，但并非所有主体都达到了追求自我实现的高度。

旅游现象是一种纷繁复杂的社会经济现象，旅游消费者的旅游体验过程是一个有一定自组织能力的连续系统，由一个个富有特色和专门意义的情境串联组合而成，这些情境共同构成了一个有别于人们日常生活世界的另类行为环境——旅游世界（谢彦君和谢中田，2006）。旅游世界最核心的要素即旅游体验，它是指旅游个体借助观赏、交往、模仿和消费等活动方式而实现的一个时序过程，通过与外部世界取得暂时性的联系而改变其心理水平并调整其心理结构，是旅游消费者的内在心理活动与旅游消费者身体所呈现的表面形态和深刻含义之间相互交流和相互作用的结果（谢彦君，1999）。如果把旅游理解成文明社会的个体与自然和社会相互沟通的互动过程，那么旅游体验过程其实是一个符号的解读过程，解读这种文化乃至符号体系，也同时意味着在重构这个体系（邹统钎和吴丽云，2003）。王艳平和金丽（2004）提出了旅游体验过程中被忽视的环节——“体验界面”问题。根据行为与感知的特征，人们的体验活动可划分为若干象限，由一个“象限”进入另一个“象限”所经历的相对短暂的时间和具有内容的空间称为“体验界面”。当体验者通过“界面”之际，两个“象限”的状态函数存在显著差异，并且界面上往往缺少内容和相应的体验时间，导致了界面导数的大起或大落变化。这种落差与体验者的内心承受能力（被动体验）以及多种多样的体验取向（期望）不匹配。如果能建立有机制、有维度的界面，为体验者提供一个既有诱导性，又可自主选择行为方向的时空界面，旅游消费者的体验质量则会提高。

（三）旅游体验的要素与结构

1. 旅游体验的要素

纵观现有学术研究成果，体验已成为旅游学科体系中的一个重要组成部分。根据文献综述和对旅游体验及其要素的概念界定与分析，旅游体验要素是构建旅游消费者情感体验过程完整性的结构元素，其目的是描述不同体验阶段下旅游消费者所获得的心理感受（孙小龙，2018）。

具体而言，旅游体验要素属于情感要素范畴。在旅游体验的本质探讨及概念分析中，学者们从不同学科背景出发，对旅游体验的属性进行了多样化的解释。总体来看，旅游体验涉及旅游消费者所获得的情感、感受或记忆。同时，从旅游消费者体验的实现过程与阶段性成果来看，旅游消费者在体验前的期望、体验中的情感投入与愉悦获取，以及体验后的回味与触景生情等，均表现出强烈的心理特质，即构建旅游消费者体验的过程与结果的要素均属于情感要素。

旅游体验要素具有结构性特征。从旅游消费者情感体验获取的过程来分析，旅游体验的构建呈现出阶段性特点。在不同阶段中，构建旅游消费者愉悦感受的要素具有唯一性，不能跨阶段使用。例如，在旅游体验阶段中，属于情感认知层面的体验要素不能用于进行体验价值的评价。另外，旅游体验要素的结构性又表现为要素的不可或缺性或必备性。作为构建旅游消费者体验的基本单位，要素的缺失将不能确保旅游消费者体验的完整性。

旅游体验要素贯穿于旅游消费者体验过程中。已有研究证实，旅游消费者体验是具有不同阶级属性的动态演变过程。尽管不同视角下的旅游体验过程有显著区别，但作为情感体验获取的基本单位，旅游体验要素存在于不同的体验阶段中。旅游体验要素是构建旅游消费者体验过程完整性的基本结构元素。此外，从旅游消费者情感体验获取及实现的历程来解读，“情感”与“过程”也可以被理解为构成旅游体验的两个“元要素”。旅游体验的获取和实现途径有着不同视角的众多解释，但旅游消费者体验的情感结果却离不开“情感”的投入及其阶段性演变过程。

2. 旅游体验的结构

由于学科背景的差异，国外研究成果也呈现出多样性和丰富性。从社会心理学层面来看，Cohen（1979）将旅游体验划分为由外感向内感递进的五个阶段，即消遣、转移、实验、经验及存在。随后，Lengkeek（2001）从游憩体验的视角对 Cohen 的体验结构模型进行扩展，使用隐喻性的表达重新归纳了旅游体验的模式，即消遣、改变、兴趣、投入和精通。基于产品导向视角，Hirschman 和 Holbrook（1982）认为旅游体验表现为功能体验和享受体验的二元组成结构。功能体验来源于对产品功能的消费，而享受体验则是消费者购买产品时所获得的感觉。同时，作为体验经济的先驱，Pine 和 Gilmore（1998）根据顾客的参与程度，将体验识别为娱乐体验、教育体验、逃逸体验和审美体验四个类别，其认为旅游企业应当从提供服务转变为创造值得顾客回忆的体验。从体验营销视角来看，Schmitt（1999）将旅游体验区分为感官体验、情感体验、理性体验、操作体验和关系体验五个类别。从旅游体验的核心内容视角分析，Aho（2001）认为旅游体验可以分为情感体验、知识体验、实践体验和身心转移体验四个主要类型。情感体验属于心理层面的主体精神印象，是具有普适特征的旅游元素；知识体验则以学习和接收新的知识为目的；实践体验主要体现为各种技能的应用；身心转移体验则表现为健康旅游的形式。

三、旅游体验的理论与争论

龙江智和卢昌崇（2009）基于现代意识谱理论，将旅游体验分为五个层次：感官体验、认知体验、情感体验、回归体验和灵性体验。感官体验是最浅层次的旅游体验，涉及视觉、触觉、嗅觉、听觉等，提供直观而具体的感受。认知体验是对感官体验进行认知加工的过程，情感体验则建立在认知体验之上，产生情感反应。回归体验进一步将旅游消费者的情感与自身精神世界融合，而灵性体验则是回归体验的升华，达到忘我境界。

赵刘等（2013）将完整的旅游体验划分为三个维度：知觉体验、意义体验和情感体验。知觉体验主要涉及通过感觉器官对外界刺激的直接感知，较少涉及复杂的意识理解。意义体验指主体对事物深层次的思考，意识试图把握事物背后的信息和相对于主体的意义。情感体验则是在知觉和意义体验的基础上，主体因事物而产生的深层次情绪变化。这三种体验维度并非孤立存在，而是复合交织，共同形成完整的体验流。

谢彦君和樊友猛（2017）通过扎根理论，将旅游体验分为唤起体验、浸入体验、共在体验和生成体验。生成体验的向往激发了唤起体验，后者是追求生成体验的起点。浸入体验是旅游消费者完全沉浸在体验中，实现了从惯常环境到非惯常环境的转换，唤起体验构成了浸入体验的前提。共在体验是具体情境下个体浸入体验的进一步延伸，个体的沉浸状态有助于共在体验的实现。生成体验为共在体验提供了目标意义，共在体验旨在达到生成体验的状态，个体的生成体验是在与整个旅游世界共同在场的情况下获得的。

尽管学者们对旅游体验的具体层次存在分歧，但普遍认为旅游体验是一个从身体感知到意识感知的由浅至深的过程，意识层面的旅游体验具有不同的层次，深层次的旅游体验能够给旅游消费者带来更加愉悦的享受（陈文捷和宋凯锋，2021）。

第二节 旅游情感体验

一、旅游情感类型与表现

（一）相关概念的辨析：情感、情绪与感觉

感情是更为综合的概念，包括情感和情绪。感情有时也指在一段时间内体验到的情感和情绪的平均水平。情感是对事件直接的、强烈的反应，发生在个体环境中；而 Beedie（2005）认为情绪主要来自内在，不直接激发行为。在意识程度和强度上，情绪弱于情感。Ma 等（2013）认为情感是大脑对外部刺激进行有意或无意评价后的结果，并表现出相应的生理反应，例如出汗、心跳加速等，而感觉是生理反应给予大脑的信息反馈，传递给大脑的缘叶组织和躯体感觉系统。情感与感觉互为因果、相辅相成。一些营销研究常常对感情、情感与情绪等概念不作区分，但是在心理学研究中这几个概念是有区别的，如图 9-1 所示（马天和谢彦君，2019）。

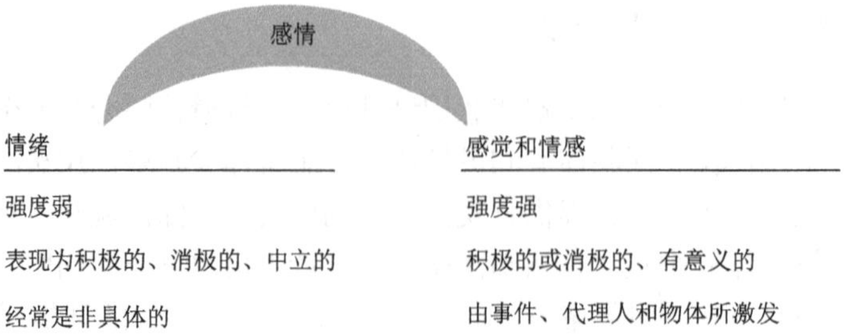

图 9-1　感情的类型

什么是情感？

“情，波也；心，流也；性，水也。”（《关尹子・五鉴篇》）“性之与情，犹波之与水；静时是水，动则是波；静时是性，动则是情。”（五代・梁朝・贺玚语）

中国自古以来文人墨客就喜欢将情感比作水波，以此表达情感就是一种人的心理的波动状态。而心理的这种波动状态又是如何产生的呢？古人也对其做出了解释。

“心感物，不生心生情；物交心，不生物生识。”（《关尹子・五鉴篇》）

而在学术界，对情感的研究也由来已久。20 世纪 80 年代之前，由于西方理性主义哲学思想的束缚与情感的难以把握，传统意义上的情感研究大多散落于哲学与心理学等学科中。哲学主要从宏观抽象的层面上对理性与情感的关系进行探讨，心理学则主要从个体生理心理层面探究情感的形成机制以及情感的内涵、性质与功能等基本问题。20 世纪 80 年代之后，随着社会情感问题的增多以及相关学科条件的成熟，尤其是现象学哲学思想的发展，社会学、政治学、教育学、语言学、人类学甚至是经济学、计算机科学、管理学、建筑学等学科中都先后出现了情感研究之热潮，情感成为一个备受多学科关注的全新研究领域或研究视角（刘丹萍和金程，2015）。总的来说，情感是人类在其生活环境中对刺激做出的短暂、强烈的反应，由 4 个要素组成，即社会表达、身体、体验和行动趋势。

（二）旅游情感

随着 20 世纪末体验营销概念的提出和发展（Pine and Gilmore，1998），情感的作用逐渐受到重视。体验营销强调消费者追求快乐体验，因此，营销者应促使消费者对产品产生情感依恋，以提升顾客忠诚度和满意度（McCole，2004）。旅游体验通过情感或情绪的形式在体验个体中集中表现（谢彦君，2011a）。从最初的旅游决策到最后的旅游消费者满意度，情感在旅游体验中扮演着关键角色。从研究内容上看，目前，旅游体验中的情感研究主要集中在以下六个方面。

（1）从思辨角度的探讨，包括旅游体验中情感的维度及愉悦的分类、对旅游情感和旅游情感体验的辨析、对情感与体验的辨析。谢彦君（2005a）在国内旅游领域中率先系统地研究旅游体验中的愉悦，认为愉悦是旅游体验的本质，将愉悦划分为审美愉悦和世俗愉悦。在回顾了冯特的“情感三度说”（愉快—不愉快、兴奋—镇静、紧张—松弛）、铁钦纳的“情感一维论”（愉快—不愉快）后，谢彦君以情感一维论为基础，构建出表达旅游体验过程中情感状态的一元两极多因素模型。邹本涛（2010）对旅游情感体验与旅游情感进行了辨析，认为前者是旅游消费者对情感的认识与反应过程，后者是人们对旅游的情绪与感情的总和。他在内容上将情感体验概括为两大类，即对他人情感的体验和对自我情感的体验。在形式上，他认为旅游情感交流包括自我旅游情感交流、人我旅游情感交流和物我旅游情感交流，并对旅游情感交流的交融和冲突这两种情况进行了阐释。刘丹萍和金程（2015）从旅游消费者情感的影响因素、旅游消费者情感的动态变化、旅游消费者情感产生的影响等角度出发，系统地综述了旅游领域和酒店领域的情感研究现状，对深入了解旅游中的情感研究作出了重要贡献。

（2）研究情感与满意度、忠诚度等结果变量之间的关系。已有研究认为情感是决策制定过程的核心，在旅游消费者决策过程中发挥重要作用。Pham（2001）指出，人们经常作出评价性的判断，无论这些判断是积极的还是消极的，都基于其感觉和情感或是对目标购买决策的主观反应。Graham（1994）认为人们的情感引导其决策过程。然而动机理论学家如施吉（Sirgy，1985）和 McClelland（1985）提出，情感是实际决策背后动机的基础。Gnoth（1997）强调情感对旅游消费者决策过程的重要性，指出旅游产品的享乐特点意味着购买决策受情感目标驱使。Hirschman 和 Holbrook（1982）、Chuang（2007）也认为，与逻辑动机相比，享乐购买（如休闲和旅游）最可能涉及情感动机。Hyde（1999）的研究认为，旅游相关的购买决定不涉及解决问题的活动，而是激发与预期的旅游体验有关的感情和情感。

（3）研究某种具体情感及其前因变量或结果变量。情感对旅游消费者的体验评价有重要影响。同时，积极情感可能创造愉快的、难忘的体验，情感与体验密切相关，旅游消费者的难忘体验明显以情感为特征。顾客忠诚度的相关研究也表明，顾客忠诚度极大地受情感影响。Hosany 和 Prayag（2013）认为，情感反应是影响旅游消费者是否向他人推荐旅游产品的重要指标，体验到欣喜和激情情感的旅游消费者有较高的满意度。Bigné 和 Andreu（2004）的研究也得出相似结论，即有着更高水平积极情感的旅游消费者可能展示出更高的满意度水平，也会有更强烈的推荐意图。

罗盛锋等（2011）研究了消费前和消费后的情感、体验评价、感知价值、满意度等变量之间的关系。研究结果表明，消费前情感因素显著影响旅游消费者对旅游产品的体验评价与属性评价，消费后情感因素显著影响旅游消费者对旅游产品的感知价值评价，感知价值进而显著影响满意度形成。在对“消费情感”的研究中，粟路军和黄福才（2011）以“认知-情感-行为理论”为基础，对服务公平性、消费情感与旅游消费者忠诚之间的关系进行研究。结果表明：服务公平性通过消费情感与旅游消费者满意度两个中介变量对旅游消费者忠诚产生影响；旅游消费者满意度对旅游消费者忠诚有直接影响；正面消费情感对旅游消费者满意度、口碑宣传具有显著的直接正向影响。沈鹏熠（2012）通过实证研究探讨了旅游体验对旅游消费者忠诚的重要作用，构建了包括旅游体验、感知价值、旅游消费者信任和旅游消费者忠诚的概念模型，发现：旅游体验主要通过旅游消费者感知价值和信任对旅游消费者行为倾向产生间接影响；在旅游体验中，感官体验、情感体验、思考体验、行动体验、关联体验对旅游消费者感知价值均有直接正向影响，除感官体验之外的四种体验均对旅游消费者信任有直接正向影响，进而，对旅游消费者行为倾向有直接正向影响。

（4）影响情感评价的因素。在旅游体验研究中，一些有关情感的研究涉及旅游消费者的具体情感，如怀旧、后悔、幸福等。怀旧是较早受到学者们关注的一种社会性情感，已有研究主要集中在旅游怀旧的内在结构、影响因素及作用效果方面，黎耀奇和关巧玉（2018）对旅游怀旧的已有研究进行了全面的综述。关于旅游者的后悔心理，主要有对影响因素的研究和对后续行为意向的研究。白凯和孙天宇（2008）在对旅游消费者后悔心理进行界定的基础上，使用菲什宾模型对旅游后悔心理形成的影响因素进行初步分析后发现，旅游价格过高、景区商业氛围太浓、旅游前准备工作不充分、旅游地服务质量差等一系列因素将导致旅游者产生后悔心理。此外，幸福感受到越来越多的关注，研究者们通过定性和定量方法探讨了旅游消费者和旅游地居民的幸福感，以及居民幸福感对出游意向的影响，强调旅游对于提升幸福感发挥着重要作用。

（5）情感的测量。Hosany（2012）以情感的认知评价理论为基础，探讨了哪些因素影响旅游消费者对目的地的情感反应。研究发现，愉快、目标一致性和内部的自我兼容性是愉快、爱和积极情绪的主要决定因素。Ma 等（2013）以认知评价理论为基础，在主题公园情境下探讨了欣喜这一情感的前因变量。研究发现，目标一致性、目标重要性、目标兴趣和超出预期四个主要的评价维度是欣喜这一情感的前因变量，对这四个评价维度的不同评价为欣喜的产生提供了多种路径。

（6）其他相关研究，如利用大数据进行旅游消费者情感体验研究，了解旅游消费者的情感特征。近年来，随着互联网的发展，用户创造的内容逐渐增多。一些学者认为互联网中用户创造内容构成了旅游大数据的主要来源，主张利用大数据进行旅游消费者情感体验研究，通过大数据进行情感计算，建立情感分析模型，进而理解旅游消费者的情感。刘逸等（2017）借助网络大数据，以澳大利亚为例，从旅游消费者情感的角度分析了中国出境游群体的情感特征，并将其与国际旅游消费者进行比较以寻找差异。

旅游消费者的情感体验不仅是其旅游体验与经历的重要组成部分，同时还对满意度、忠诚度、行为意愿等产生重要影响。现有研究主要探讨了旅游消费者情感包含的模式、影响因素、影响效应、动态变化过程等，如旅游消费者情感包括高兴、负面、平和、复杂和激情五种模式。情感可以用“愉悦度”来表达，并形成“快乐—痛苦”两极情感模型。此外，社会情境也会塑造涉入其中的参与者的积极情感。

二、旅游情感与旅游消费者体验质量

（一）满意度、态度与情感

从满意度的定义中可以观察到，满意度与态度、情感之间的关系存在模糊之处。不同的学者对这些概念有着不同的理解。一些研究认为满意度与态度、情感是同义的，因为这三个概念都涉及情感。然而，也有研究强调满意度在概念上与态度有所区别：①满意度更具情境导向，是暂时的、具体体验的情感；相比之下，态度是更一般的评价、更持久的情感，超越了所有之前的体验。②满意度是表现与标准相比较的结果，与不一致有关；而态度不涉及类似的比较。此外，Hunt（1977）认为，态度是情感（如愉悦），满意度是对情感的评价。例如，一次消费体验是否和期待的一样愉快。因此，一个人可能对产品或服务有着愉快的体验（如积极的态度），但是如果表现没有达到期望的话，仍然感到不满意。Alba 和 Williams（2013）强调满意与愉悦、幸福之间的区别，认为满意与产品表现、期望被满足的程度有关，而不是体验本身的愉悦；幸福通常是积极心理学研究的主题。

（二）旅游消费者体验质量

谢彦君等（2010）在《旅游体验研究——走向实证科学》一书中，从以下四个方面大致回顾了国内有关旅游体验质量的定义，包括：①将旅游体验质量定义为旅游消费者的满意度水平；②将旅游体验质量定义为旅游消费者心理利益的满足程度；③重视旅游消费者的情感表现，因此将旅游体验质量定义为情感表现契合于情感巅峰状态的程度，契合度越高，意味着体验质量的水平越高；④从更加综合、整体的水平上定义旅游体验质量，既包括上述三种定义，也涉及旅游体验对旅游消费者意义的大小。杨甜丽（2011）将旅游体验质量称为旅游体验品质，以与服务质量进行区别。她坚持从旅游消费者的角度来评价旅游体验质量，使用 Csikszentmihalyi 和 LeFevre（1989）、Cronin 和 Taylor（1992）的体验质量定义，她认为旅游体验质量是旅游消费者参与旅游活动所形成的内在心理感受的优越程度。

综上所述，旅游体验是旅游消费者与刺激互动所产生的情感反应，可能是畅爽、愉快、无聊、焦虑等情感。不同于旅游体验，旅游体验质量是旅游消费者对旅游体验优劣程度的评价。当评价旅游体验质量时，旅游消费者利用两种类型的信息：一种是在旅游的大部分时间里他们感觉怎么样，即旅游体验这一情感反应；另一种是这些体验在多大程度上满足了他们的需求、欲望等。

（三）旅游体验的维度

通过对国外旅游和休闲领域的已有研究进行回顾，许多研究者已经识别出不同情境下旅游或休闲体验质量的维度，包括涉入、享乐、幸福、愉悦、放松、刺激、精力恢复、社会互动、自发性、富有意义、知识、挑战、分离感、永恒、冒险、个人相关、新奇、逃避压力、人才培养、不利的情感、价值评价、期待的事件、参与、内心宁静、承认、教育体验、有趣、惊奇、地方文化。谢彦君（2005a）认为愉悦度是旅游体验质量的最高维度，主张使用愉悦度或满意度来测量旅游体验质量。与此同时，对于旅游体验这种涉及旅游消费者主观判断的心理学范畴的测量，他认为可以在最概括的层面上使用满足感、淡漠感和失望感这三个主观指标进行衡量。龙江智（2010）认为旅游体验质量优劣的判定标准有两个：一个是愉悦度，另一个是意识深度。他强调由于意识深度不同，旅游体验所带来的愉悦性质也存在根本差别。一些旅游体验在愉悦程度上可能不如其他旅游体验，但却可能是高品质的体验，具有长久的留存意义。杨甜丽（2011）在回顾了国内外既有的旅游体验质量研究的基础上，认为旅游体验质量由认知、情感和意识三方面构成，并且强调从深刻度、愉悦度和沉浸度三个维度对其进行测量。

旅游体验质量的三个维度为吸引性、趣味性和享受性（马天，2020）。吸引性是指目的地或其中的某个具体设施/项目作为外部刺激对旅游消费者的吸引程度，吸引性维度下包括五种性质，分别是涉入度、感知时间长短、情感唤起程度、情景交融程度和行为反应，每种性质有不同的面向范围。随着涉入度的由浅到深，消费者在旅游涉入的性质上可能会出现从游离到沉浸的变化；在感知时间长短这一连续系统的两端分别是感知时间短和感知时间长；情感唤起程度包括效价、强度两方面的差异；情景交融程度存在着强弱之分；行为反应体现在是否选择再次尝试或者是通过拍照等行为来表达。趣味性是指旅游消费者是否认为旅游目的地或其中的某个具体项目/设施是有趣的，包括效价和程度两个性质。享受性是指旅游消费者是否享受旅游目的地的游览过程，由效价、程度以及意识深度三种性质构成。

旅游消费者可能经常理性地选择给自己带来旅游体验最大化的产品，他们也经常受情感驱使。消费者的购买行为不只是理性的，他们也是情感的决策者。Holbrook 和 Hirschman（1982）提出，消费者可能通过理性的、逻辑的思考做出购买决定，但是消费者的决定可能也受情感驱使。例如，消费者经常怀有幻想、感受和愉悦的情感，追求兴奋感和感官上的愉悦体验。体验视角把消费看作是主观的意识状态，有许多符号意义、享乐反应和审美标准。旅游消费者想要获得的不只是实用价值，还包括享乐价值。因此，对于营销者而言，需要满足旅游消费者的享乐需求，而不只是关注产品物理属性和旅游体验质量的提高。

第三节　旅游消费者时空行为

一、旅游消费者时空行为的提出与发展

旅游消费者时空行为描述了旅游消费者在从出发地到目的地、在旅游目的地内部活动以及返回出发地的过程中所展现的空间移动行为和时间分配行为。这一概念与旅游消费者空间行为的主要区别在于加入了“时间”这一要素。在休闲行为研究中，时间要素更为关键，而在旅游研究领域，则更侧重于旅游消费者的空间移动。旅游体验不仅是心理过程，也是物理过程；既是时间现象，也是空间现象；既是个人行为，也是社会行为。旅游体验过程是一个具有一定自组织能力的连续系统，由一系列具有特色和专门意义的情境串联而成（谢彦君，2005a）。旅游体验的质量，实际上是旅游体验的核心问题。而旅游行为则是实现旅游需求的具体方式或手段（谢彦君，2005a）。可以说，旅游时空行为是旅游消费者获得旅游体验重要的过程和手段。

21 世纪初期，基于时间地理学的旅游消费者行为研究多由时间地理学和信息工程领域的学者以旅游景区为案例完成。例如，Asakura 和 Hato（2004）以日本大阪城堡会议中心为案例地，分析了前来观看相扑表演的 100 名被访者的游憩行为的时空特征。随后，Asakura（2007）以神户北野旅游街区为案例地，再次尝试利用移动通信工具作为采集被访者时空行为数据的手段，并采用聚类分析将旅游路径分为两大类。O'Connor 等（2005）

则尝试使用赛跑计时设备作为获取时空数据的手段，在澳大利亚维多利亚坎贝尔港国家公园中的“十二使徒岩”景区进行了实证研究。这些研究在追踪被访者时空信息数据的设备手段和技术层面上做出了重要的探索，追求时空数据本身的精确度，但在景区内部旅游消费者时空行为模式的研究方向上并未深入探讨。

与之相比，Shoval 和 Isaacsen（2007）采用全球定位系统（global positioning system，GPS）作为时空数据获取手段，对以色列阿克古城旅游消费者的案例研究具有更显著的理论意义。他们尝试借鉴生物化学中的序列比对方法对景区内旅游消费者的行为模式进行聚类。2009 年，黄潇婷（2009）以北京颐和园为案例，研究景区旅游消费者时空行为模式，首次提出了“旅游消费者时空行为”的概念。随后，相继发表了关于旅游时空行为评价、旅游情感路径、景区旅游者时空行为模式等系列研究（黄潇婷，2015；黄潇婷等，2016）。旅游者的移动很早就引起了研究者的关注，至今关于旅游者时空行为的研究积累了丰硕的成果。目前，基于时间地理学理论与方法的旅游消费者时空行为研究相对集中于微观空间尺度的旅游景区或旅游街区之中，对于中观空间（旅游目的地内部空间）和宏观空间（旅游消费者全程覆盖旅游消费者源地和多个旅游目的地空间）中的旅游消费者时空行为研究关注较少。

二、旅游消费者时空行为的影响因素

关于旅游消费者时空行为影响要素的研究，有不少学者在旅游者行为、寻路行为（Passini，1984；Rovine and Weisman，1989）和路线选择行为方面的研究成果值得借鉴。大量研究表明，旅游消费者的行为轨迹模式的选择是在内外部因素的综合作用下所形成的，它既会受到旅游消费者自身属性特征的制约，也会受到旅游目的地旅游发展水平的影响。旅游消费者的行为受到旅游动机、偏好、受教育水平、职业等方面的影响而表现出行为路径与线路组织的多元化。此外，旅游消费者的空间行为呈现特定的群体规律性及模式化特征，这在很大程度上与旅游热区资源禀赋、交通通达性、空间区位的邻近性、旅游地经济发展水平、旅游服务接待能力等因素有关。下文将从旅游者社会人口要素、旅游者旅游要素和时空环境要素三个方面进行归纳和综述。

（一）旅游者社会人口要素

社会人口要素，是一些不随着旅游目的地或者旅游活动变化而变化的旅游者个人属性，一般包括年龄、性别、国籍（常住地）、职业、学历和收入等。吴必虎等（1996）根据对上海、西安、黄山和华山等地的国内旅游者的调查，分析了旅游者的人口学特征，分别讨论了性别、年龄、收入、职业、学历和家庭结构等因素与旅游者出游力、目的地选择和购物活动等旅游行为的关系，证实了旅游者社会人口要素确实会对旅游者行为产生显著的影响。

1）年龄

不同年龄的旅游者由于生命周期处于不同的阶段，在旅游动机、旅游经历以至具体的旅游行为方面都会产生相应的差异，因此按照年龄对旅游者群体进行划分是很多旅游研究者经常采用的方法。

2）性别

性别差异，首先是生理意义上的差异，比如男性旅游者一般比女性旅游者拥有更好的体力；其次是社会意义上的差异，比如女性旅游者对于目的地的治安可能有更高的要求。大量研究表明，性别确实与旅游者行为之间存在显著的相关关系（Frew and Shaw，1999），男女两性在旅游行为上的差异主要表现在旅游感知、旅游动机和旅游决策等方面。

3）国籍（常住地）

国籍不同，实际是表明旅游者的民族文化、价值观念以及生活习惯等方面的差异，因此国籍的不同往往会产生旅游者行为上的差异。

4）职业

职业，从某种程度上反映了旅游者的社会角色和社会属性。不同职业的旅游者受到的时间、财力和社会权利的限制具有相应的差异。以闲暇时间的限制为例，离退休旅游者不受上班时间的限制，每天都是休闲假日；学生和教师除了享受国家法定假期之外，还额外拥有寒暑假期；而其他职业，一般按照国家法定假期休假。不同旅游者往往对旅游产品具有不同的要求，并可能具有特殊的旅游者行为规律。

5）学历

学历反映了旅游者受教育的程度，相应地，旅游者对于时空环境认知的能力也会有所差异，从而最终影响旅游者的时空行为。

6）收入

收入的差异，往往被作为划分不同层次客源市场的指标（Morrison，1996）。在旅游者时空行为研究中，收入可以被看作是旅游者获取社会供给能力的差异。不同收入的群体，在进行旅游活动时其总的旅游消费预算上限不同，对于产品价格的敏感度也不相同，而购买不同类型、不同价位的旅游产品必然会影响旅游者完成旅游活动时的时空行为。

（二）旅游者旅游要素

旅游者社会人口要素通常是旅游者基本的个人情况，不仅对旅游者的旅游行为产生影响，同样也对个体的其他社会行为产生影响；在旅游研究中，有一些被研究者识别并认可的要素直接与旅游行为相关，被称为“旅游要素”，包括旅游动机、旅游经验、出游时间、旅游消费、旅游同伴等要素（Hu and Morrison，2002；Pearce，2005）。本书将旅游要素归纳为人们作为旅游者具有的要素，既包括在过去旅游活动中获取的知识、技能和经验等，也包括在该次旅游活动中所做的选择和决策等要素。因而，旅游者旅游要素对于旅游者的时空行为具有更加直接的影响作用。

1）旅游动机

人类时空行为往往被假定为时间或者距离最短为最优，但事实上还有很多其他要素比如出行习惯、动机和目的也对人类的时空行为产生重要影响；时空环境的客观属性如安全性、噪声水平、自然环境等都会对人类时空行为产生影响，但是究竟哪些要素影响具有决定作用，取决于人们的出行动机（Hoogendoorn and Bovy，2004）。

2）旅游经验

获得环境的空间知识，有助于人们更加有效地作出基于空间的决策，比如路线计划等；空间知识的学习，可以通过直接的经验来获得，比如多次到访某个时空环境（Adler，2001）。旅游经验，既包括以往旅游累积的旅游知识和技能，也包括针对本次旅游目的地的经验，即到访次数。对某个环境的熟悉程度，意味着该个体相对于不熟悉该环境的人对于客观对象拥有更多的知识（Thorndyke and Hayes-Roth，1982）。

3）出游时间

旅游者的时空行为包括旅游者在目的地的空间位移和时间预算及分配等行为。出游时间的确定，实际上已经是旅游者出游计划的部分体现。可以说，出游时间对旅游者时空行为具有直接的决定作用。

4）旅游消费

旅游消费的概念包括旅游者在旅游过程中的所有消费，包括景区景点的门票、交通、餐饮、住宿和购买旅游纪念品等消费项目。可以认为，收入水平是通过影响旅游者的消费能力从而影响旅游者获取社会供给的能力的，最终通过影响社会供给影响旅游者时空行为。

5）旅游同伴

同伴对于旅游者时空行为的影响，不仅表现为时间和地点决策行为上受到的相关限制，而且在各种决策环节上都会受到旅游同伴的影响。多数情况下，同一队伍旅游者完成的旅游者时空行为路径是一致的，但是这个结果却是不同旅游者之间通过沟通协商的结果。在决策中，不同的旅游者扮演着不同的角色，在决策过程中拥有不同的地位和影响力，最终在一致的旅游者行为结束后也会获得不同的旅游体验和满意度。

（三）时空环境要素

旅游者社会人口要素和旅游要素都是旅游者个人属性，而旅游者时空行为不仅受到旅游者内在个人属性的影响，还会受到外部时空环境属性的影响。时空环境，是旅游者时空行为发生的物质环境，是决定旅游者时空行为的外部客观条件。借鉴时间地理学、环境心理学和旅游者行为研究等领域的研究成果，本书将影响旅游者时空行为的时空环境要素总结为旅游吸引物、地块面积、旅游设施、活动机会和开放时间等。

1）旅游吸引物

旅游吸引物（attractions）是吸引旅游者前往一个旅游目的地进行旅游活动的诱发因素。Leiper（1979）将其吸引物系统置于“旅游作为商品”的框架之下展开阐述。旅游吸引物的吸引力越大，则对于旅游者而言选择该旅游吸引物作为目的地的可能性也越大，在该旅游目的地停留的时间可能越长，这将从根本上决定旅游者时空行为。旅游者一般情况下倾向于不选择重复游览，但是在某些吸引力强大的旅游吸引物的作用下，“重复到访”也是旅游研究者关注的旅游现象之一。

2）地块面积

面积作为影响旅游景区环境容量的重要因素已经得到了研究者的普遍认可（Lindberg and Johnson，1997）。旅游景区的面积可能从两个方面对旅游者的时空行为产生影响。一方面，由于景区面积的大小可能影响旅游者的空间决策；另一方面，旅游景区的面积可能通过影响环境容量来影响旅游者的旅游体验质量，从而影响旅游者停留时间。

3）旅游设施

旅游设施的数量和质量会对旅游者的旅游体验质量产生影响。一般来说，旅游者不会因为旅游设施的高质量而到访某个旅游目的地，但是却会因为旅游设施的不足对某个旅游目的地产生不满或者被迫提前离开。

4）活动机会

根据认知供给理论，旅游者通过认知能够从时空环境中获得什么样的活动机会，一方面取决于时空环境本身的物理结构，另一方面则取决于旅游者的认知能力。无论如何，旅游者到访旅游景区，必然要在一定的空间、一定的时间内完成一定的旅游活动。因而，旅游空间能够提供何种活动机会，将成为影响旅游者到访决策的重要因素之一。

5）开放时间

从时间地理学的角度来看，开放时间是影响人类时空行为的权力限制要素之一。同样，旅游者的时空行为也将受到活动空间营业时间的权威制约。

三、旅游消费者时空行为研究的理论框架

传统旅游者空间行为研究和时间行为研究，更加偏重容易观察和获取统计数据的旅游流研究，并提出了借鉴物理学的重力模型，用以描述旅游流在客源地与目的地之间以及多目的地之间流动的规律。由于原理易于理解、计算操作相对简单，且采用流量、流向等集合数据，重力模型自20世纪60年代以来一直是消费者行为研究中盛行的重要理论基础和方法之一。但是，随着行为研究理论的发展和技术的进步，对于源自物理学的重力模型的批判逐渐增多。流量和流向等，都是个体行为时空行为的集合，是一个表面现象。Øvernes等（1985）则直接将这种从表面来理解行为的做法称为“黑箱”（Black box），认为此类研究仅仅关注行为产生的结果，而没有深入到行为决策机制的黑箱内部去进行探究。

基于此，黄潇婷（2011）以旅游者行为研究、时间地理学和认知供给理论为理论基础，以旅游者个人属性、旅游属性和时空环境为影响要素，构建了“旅游者时空行为研究理论框架”。如图9-2所示，“旅游者时空行为研究理论框架”以旅游者行为研究为主线，按照旅游者行为过程对旅游者动机行为、旅游者决策行为、旅游者时空行为和旅游者评价行为进行了研究框架的构建；以时间地理学理论中的权威制约、能力制约和组合制约对时空环境和旅游者要素进行了梳理和分类；以认知供给理论中的物理供给、社会供给和智力供给作为媒介，将限制要素转化为供给要素，加入旅游者（认知能力）和旅游者（旅游动机），共同构成智力供给，为旅游者决策行为提供影响要素；通过信息处理，得到旅游决策结果，这就是旅游者决策行为的过程；执行旅游决策结果就产生了旅游者外显的时空行为；旅游者时空行为又反过来对时空行为和旅游者自身产生反馈作用，表现为对时空环境的评价行为和旅游者自身的成长发展。

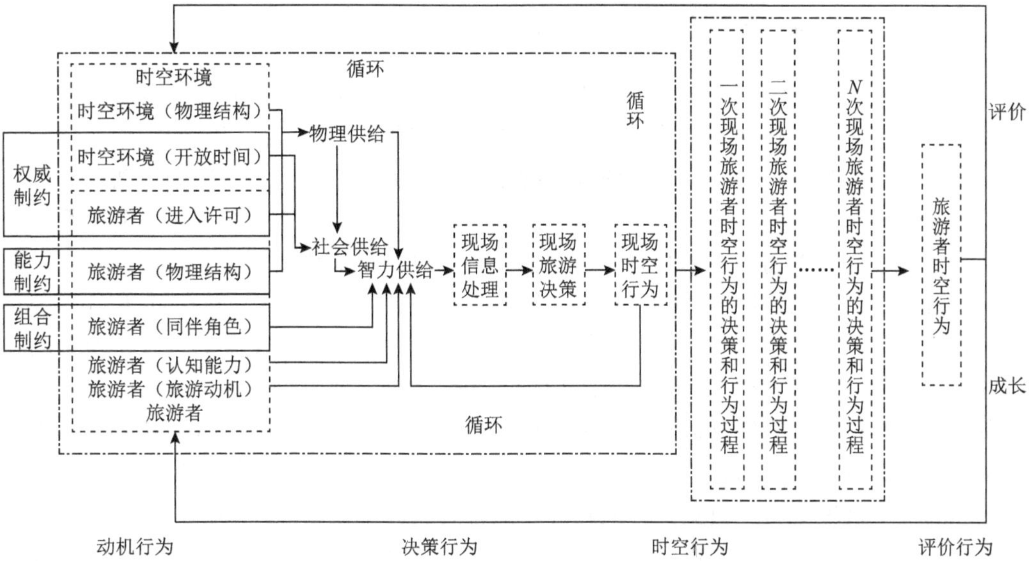

图 9-2 旅游者时空行为研究理论框架

资料来源：黄潇婷（2011）

基于时间地理学的旅游者时空行为研究理论框架，理论上可以用于宏观、中观、微观空间和长期、中期、短期时间各种尺度，能够得出旅游者群体的集合行为结果，但是研究所采用的数据却是旅游者个人行为的时空数据，研究理论框架本身体现了由个人行为到集体行为的集合过程。并且从权威制约、能力制约和组合制约三个方面考量旅游者个体行为受到的约束和限制，探究旅游者行为形成的过程，试图解释旅游者行为产生的原因，从而打开旅游者行为研究中的“黑箱”。“旅游者时空行为研究理论框架”对于旅游者行为研究理论的贡献在于，将旅游者行为研究引向精细化、过程化和个体化的方向。

1）精细化

与传统旅游者行为研究相比，“旅游者时空行为研究理论框架”能够更加精细形象地刻画旅游者行为，有利于研究者更好地理解旅游者行为。

2）过程化

传统旅游者行为研究往往关注旅游动机、旅游决策、空间行为或满意评价中的某一种行为，并将某种行为单独作为研究对象；而“旅游者时空行为研究理论框架”则研究旅游者的行为过程。换句话说，传统旅游者行为往往以某个节点的数据为分析对象，而“旅游者时空行为研究理论框架”则要对旅游者行为过程的数据链条进行分析。

3）个体化

传统旅游者行为研究更多关注旅游者群体的行为特征，在旅游空间行为研究中大量关于旅游流流量、流向和流源的研究已经相对成熟；而“旅游者时空行为研究理论框架”则更加关注旅游者个体的行为模式和决策过程。从研究要求的数据来说，传统旅游者行为研究更多使用统计调查的宏观数据，而“旅游者时空行为研究理论框架”则要求使用旅游者个体行为的微观数据。

四、旅游消费者时空行为的评价与测量

为了深入研究旅游消费者的行为模式、行为偏好和决策机制，并建立客观科学的理论框架，必须开发能够对旅游消费者的行为进行精细化测量和实证研究的方法。目前，针对旅游消费者时空行为的研究，依据数据来源主要分为三类：一是根据活动日志的调查。Thornton 等（1997）通过时空活动日志调查的方法研究了旅游消费者决策过程与选择。黄潇婷（2009）通过问卷和时间地理学的方法对北京颐和园的旅游消费者时空行为模式进行了探讨。二是通过 GPS 来获取旅游消费者空间动态信息。Shoval 和 Isaacson（2007）采用行为序列技术分析人类活动，2008 年使用 GPS 追踪旅游消费者在阿克拉古城的流动过程。黄潇婷和马修军（2011）依据 GPS 数据对北京颐和园、香港海洋公园的旅游消费者时空路径等外显行为进行了解析。根据其对比研究，与 GPS 方法相比，通过传统的日志调查法获取的旅游消费者时空行为数据质量更高（黄潇婷，2015）。同样时间获取的样本规模更大、更真实，但两种方法各有利弊（黄潇婷，2014）。三是利用日益发达的网络社交媒体和手机自媒体等平台，获取旅游消费者的日志、照片信息。Girardin 等（2008）通过在 Flickr 社区上收集的 4280 名拍摄者在佛罗伦萨拍摄并公开分享的带有地理信息的照片，利用地理可视化的方法揭示了旅游消费者的集中区域和时空流向。

随着各类基于位置服务（location based services，LBS）网络平台的产生和发展，旅游消费者分享的带有地理信息的照片、文本日益增多，通过该方法所获取的旅游消费者数据，综合了日志调查和 GPS 调查的高质量、大数据的优点，因而越来越多的学者开始尝试借助这些相对公开的数据来研究旅游消费者的时空行为。其中，GPS 轨迹数据包含旅游消费者的时间行为信息和空间行为信息，能够精确刻画旅游消费者在什么时间到达了什么地点。旅游消费者一般采用手持 GPS 设备能够做到 1 分钟两次定位，定位的经纬度坐标精确至小数点后 7 位，即空间误差在 10 米以内。

课后思考题

1. 什么是旅游体验？关于旅游体验存在哪些争论？请结合实例进行分析。

2. 旅游情感体验有哪些类型与表现？如何评估旅游消费者的体验质量？请提出具体的评估方法和指标。

3. 如何测量旅游消费者的时空行为？如何评价旅游消费者时空行为研究的理论框架？请结合实际数据或案例进行说明。

第十章

旅游消费者评价与反馈

【本章学习要点】

1. 了解旅游消费者满意度的定义和影响因素。
2. 掌握旅游消费者满意度的评价模型。
3. 掌握旅游消费者忠诚度管理的工作内容。
4. 了解旅游消费者评价的动机、行为影响和管理启示。

第一节 旅游消费者满意度

顾客满意度是企业营销战略的一个重要工具，是现代企业管理中衡量企业经营绩效水平的关键指标。对顾客满意度的研究始于20世纪60年代，美国学者Cardozo（1965）首次将顾客满意度这个概念引入市场营销学，研究了顾客满意度对再购买行为的影响，随后引起了学者和业界对顾客满意度的重视。

一、旅游消费者满意度的定义

对顾客满意度问题的研究自20世纪60年代末兴起以来，一直在营销学研究中占据重要地位。学者们从不同研究角度对“顾客满意度”定义做出了界定。对于满意度的理解大致分为两类。一类观点认为顾客满意度是顾客对于预期与实际进行比较后所产生的感受。另一种观点如Oliver（2006）认为“顾客满意是一种包含不同强度的情感，它发生在购买前后的各个时间里”，强调顾客对购买行为的累积感受，顾客满意度“受消费前、消费时、消费后三个步骤所涉及因素的影响”。

在顾客满意度的基础上，学者们对旅游目的地的游客满意度进行了研究。Pizam等（1978）指出游客满意度是游客对目的地的期望和在目的地的体验相互比较的结果，若比较结果使游客感觉满意，则游客是满意的。Oliver（1980）认为游客满意度是一种心理状态，是旅游消费者对旅游体验实际感知的综合评价，可从总体满意度和属性满意度两个方面来衡量。游客满意度和营销领域满意度极为相似，也是游客感知旅游活动后的一种心理反应和评价。

综上所述，围绕游客满意度内涵的定义主要形成于20世纪80—90年代，研究中从期望角度定义游客满意度的理论占主要地位，这一理论强调游客经过长期的信息收集和对目的地形象的认知会形成一定的期望，与实地体验对比形成满意度。因此本书对旅游消费者满意度（tourist satisfaction）的定义是旅游消费者对旅游产品或服务的实际体验效果与期望值比较后所形成的一种正差异或负差异的心理状态。当实际体验效果大于期望值，则旅游消费者满意；当实际体验效果小于期望值，则旅游消费者不满意。

二、旅游消费者满意度的影响因素

（一）旅游动机

旅游动机是促使人们外出旅游的一种内在驱动力，激励消费者产生旅游期望。满意度是旅游消费者期望与实际体验进行比较后所产生的满足程度。Ross和Iso-Ahola（1991）最早以实证研究方法证明旅游动机对满意度有影响。Dann（1977）将旅游动机分为推（push）和拉（pull）两类动机，并通过实例验证旅游推、拉动机对满意度产生影响。其中，推动机与游客愿望及内在、情绪有关，拉动机与目的地属性有关，属于外部环境和认知方面的动机。

（二）旅游期望

期望是顾客对产品可能展现出的绩效的信念。Oliver（1980）认为游客的满意度建立在对产品和服务的期望之上，预期期望能够在很大程度上影响游客的满意度，是衡量满意度最重要的标准之一。若所提供的服务使顾客感到超过了事前期待，为高水平服务质量，则顾客满意度高，顾客可能会再度光顾；如果实际评价与事前期待相似，顾客认为所接受的服务普通，不会留下特别的印象；若实际评价低于事前期待时，该顾客必定不再光临。旅游期望使得旅游消费者对出游目标拥有一种心理预期。虽然旅游期望是在旅游消费者的旅游行为发生之前产生的，但它将会对旅游消费者的旅游过程及满意度产生重要的影响。

（三）旅游产品和服务质量

旅游产品和服务质量是旅游消费者满意的首要条件，直接影响到旅游消费者满意度的评价。产品和服务质量被认为是以一种积极的方式来影响服务表现和消费者满意度。普普通通毫无特色的目的地和低劣的旅游产品不可能让旅游消费者感到满意。优质的旅游产品和服务，能大大降低旅游消费者期望与实际感受之间的差异，从而提升旅游消费者满意度。总体而言，对于旅游企业和旅游目的地而言，努力提升旅游产品和服务质量，是提升消费者满意度的前提。

（四）旅游者感知价值

感知价值是指消费者在对产品或服务的获得与付出进行比较之后得到的一种心理上的价值判断。如果顾客觉得在消费时所获得的价值超过了他的付出，他便会感到满意并有可能再次光顾。影响旅游者感知价值的因素有很多，比如旅游目的地形象、主客互动、体验的真实性以及服务补救措施等。

1. 旅游目的地形象

旅游目的地形象就是旅游者、潜在旅游者对旅游地的总体认知、评价，是对目的地社会、政治、经济、生活、文化、旅游业发展等各方面的认识和观念的综合，是游客对旅游目的地认识、感觉和整体印象的心理表征。目的地形象是旅游者评价某一旅游目的地时的一个重要因素，其好坏直接影响着旅游者对于该旅游目的地的感知质量，也会影响旅游者的满意度。Bigné 等（2001）在研究中也证实旅游目的地形象是影响旅游者满意度和行为意愿的前提变量。

2. 主客互动

追新求异是大部分旅游者前往目的地的主要目的，尤其是跨文化旅游的旅游者，他们希望感受不一样的文化，旅游消费者与东道主之间的互动性越强，旅游消费者对旅游目的地的感知价值越高，旅游消费者在停留和体验时的满意度越高。积极的跨文化主客互动，会使旅游消费者产生良好的目的地形象感知，而良好的目的地形象又会提升旅游消费者满意度。相反，如在主客交往中，旅游消费者遭受到不友好的对待，其感知价值会降低，则会对旅游目的地产生不良印象，进而降低满意度。

3. 体验的真实性

Hede 等（2014）通过实证检验发现旅游消费者的体验真实性对满意度有着显著的正向影响。旅游消费者体验真实性作为满意度的前因变量的研究主要集中在文化遗产、历史街区以及民族地区，其体验的真实性是旅游消费者满意度的重要影响因素。

4. 服务补救措施

由于旅游服务的无形性和游客的复杂性，旅游服务在提供过程中难免会出现失误，这时良好的服务补救措施、诚恳积极的沟通态度、高效解决问题的方式，都会降低旅游消费者的不满意感。

（五）地方依恋

地方依恋是指某一地方的人们对该地的特殊情感，包含地方依赖和地方认同两个方面。当旅游地的服务设施等功能满足了旅游消费者的需求时，旅游消费者会对旅游地产生地方依赖，同时对旅游地的场所设施产生较高的满意度。当旅游消费者对旅游地形成地方认同后，旅游地与旅游消费者之间建立了强烈的情感联系，旅游消费者会倾向产生正向的价值感知，对旅游地也会产生较高的满意度。

综上所述，旅游消费者期望、旅游动机、产品和服务质量、旅游消费者感知价值以及地方依恋都会对旅游消费者满意度产生重要影响。但由于旅游消费者的多样性和人类心理的复杂性，旅游消费者满意度影响因素绝不仅限于此，旅游消费者的个人偏好、主观情绪、生活方式、价值观念、过去的经历以及对公平的感知和地方情感等主观因素也起到至关重要的作用。

三、顾客满意度理论

顾客满意度理论主要是用来理解那些让消费者形成满意抑或是不满意的情况。广泛使用的顾客满意度理论主要有以下几个。

（一）期望不一致理论

期望不一致理论（expectancy disconfirmation theory）源自组织行为学和社会心理学，消费者在购买前已然形成了“期望”，当期望与实际绩效进行对比之后，形成了“不一致”的情况。不一致是和期望与绩效高度相关的。亦即当绩效等于期望时，不会有不一致产生。基于此理论，学者们陆续提出了以下满意度理论：对比理论、同化理论、同化对比理论、一般否定理论、公平理论、归因理论、补偿过程理论。

（二）对比理论

对比理论（contrast theory）由 Hovland 在 1957 年提出。若消费者的期望与产品的效用表现产生差距，消费者通过调整感知，来扩大这一差距。当产品的客观效用低于消费者期望，消费者感受到的产品效用会比实际情况更低；相反地，当产品的客观效用高于期望，那么消费者感受到的产品效用会比实际情况更高。这就是说，差距的程度会被人为地加深。del Bosque 和 Martín（2008）发现更高的正向期望差异（实际效用高于期望）会产生更高的满意度，而更高的期望会产生更少的正向期望差异。

（三）同化理论

同化理论（assimilation theory）由Festinger的认知失调理论（cognitive dissonance theory）发展而得。认知失调产生的原因是顾客的决策与此前的评价之间有差距。同化理论是指当顾客期望和消费体验产生差异，会产生心理矛盾，顾客会调整他们的体验判断，改变或调整其对于产品绩效表现的感受，从而与期望一致，以减轻心理紧张感。del Bosque和Martín（2008）在研究游客对旅行社满意度的过程中根据同化理论验证游客对旅行社的期望与游客满意度正相关。

（四）同化对比理论

同化对比理论（assimilation contrast theory）认为人们对某一刺激的反应会受到他们已有认知框架的影响。当他们接收到新的信息时，如果这个信息与已有的认知框架相似，就会发生“同化”现象，即接受并认为该信息是合理的。如果信息与已有认知差异较大，则发生“对比”现象，即拒绝或扭曲信息来与现有框架一致（Meyers-Levy and Sternthal，1993）。因此，基于该理论，满意程度划分为接受区和拒绝区。具体来说，当期望和产品的实际绩效差异不大的时候，其就落在其接受区域里，消费者心中会主动缩小这两者的差异，使期望和实际绩效尽可能趋于一致，进而感到满意；相反地，如果两者差距过大，导致落在消费者的拒绝区，那消费者就会扩大这两者间的差距。简单来说，当差异落在消费者的接受区域里，产生的就是类化效果；当落在拒绝区域里，产生的就是对比效果。

（五）一般否定理论

一般否定理论（generalized negativity theory）的提出者是 Aronson 等（1963），其观点是：当且仅当消费者的期望和实际绩效相等的时候，满意才会发生。一旦消费者的期望与实际绩效产生差距，不管差距的大小和方向的正负，消费者都会产生否定的态度，其满意度也相应降低。

（六）公平理论

公平理论（equity theory）由 Oliver 和 DeSarbo（1988）提出，其认为消费者会衡量与比较其投入（input）和产出（outcome）的公平性。在双方的交易过程中，若都感到公平，就会产生满意度。如一方觉得投入大于对方的投入，即相比而言，己方的产出更小，则会感到不满意。

（七）归因理论

归因理论（attribution theory）首先由 Weiner（1985）提出。内部归因会将成功与否的原因归结于努力或能力等内部因素；外部归因会将其归结于机遇或客观环境等外部因素。内部归因的满意程度通常更高。

（八）补偿过程理论

通常而言，研究满意度的理论，重点都落在探讨满意度的作用因素上。但补偿过程理论（redress process theory）的重点，是讨论当不满意的情况发生的时候，是否会采取行动以便获得补偿（Richins，1983）。

四、旅游消费者满意度的评价模型

对顾客满意度的测评一开始大多采取定性方法，主要原因是研究方法和工具的限制。20 世纪 80 年代，随着数量经济学的发展，学者开始将计量经济模型引入顾客满意度的分析和计算中，采用定量研究方法研究顾客满意度，其中具有代表性的模型有如下几种。

（一）重要性-绩效分析模型

重要性-绩效分析（importance-performance analysis，IPA）模型最早由马提拉（Martilla）和詹姆斯（James）于 1977 年提出，用于分析消费者对于产品/服务各属性的重要性和表现程度的感知，从而得到消费者的满意程度。该模型通常被用来调查研究企业所提供的产品/服务的表现程度和消费者的满意程度等。IPA 模型把消费者认知的产品属性重要性和绩效（即满意度）作为坐标轴，划分四个象限，即继续保持区、供给过度区、优先顺序较低区和加强改善重点区（图 10-1），用以确定产品属性改善的优先级。

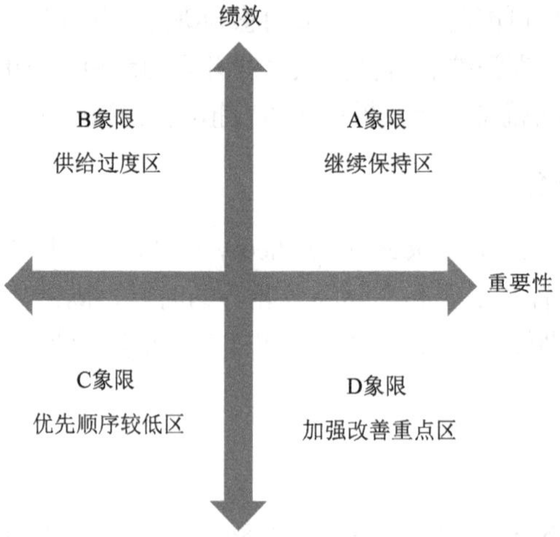

图 10-1 重要性-绩效分析矩阵图

资料来源：Martilla 和 James（1977）

A 象限：继续保持区，消费者非常重视产品/服务属性，并对产品/服务的表现感到满意，企业需要继续保持对产品/服务的投入力度。

B 象限：供给过度区，消费者不重视产品/服务属性，但对产品/服务的表现感到满意，企业需要削减对产品/服务的投入力度。

C 象限：优先顺序较低区，消费者不太重视产品/服务属性，对产品/服务的表现也感到不满意，企业需要在保证其他方面不受影响的前提下稍微加大对产品/服务的投入力度。

D 象限：加强改善重点区，消费者非常重视产品/服务属性，并对产品/服务的表现感到不满意，企业需要马上加大对产品/服务的投入力度。

在运用 IPA 模型分析顾客满意度时，首先确定需要测量的影响因子、评分标准以及分值范围，接着让顾客对影响因子分别给予评分，以重要性为 X 轴，以满意度为 Y 轴，将空间分成四个象限，最后根据相关评分结果进行分析并解决问题。

自 20 世纪 90 年代初开始，IPA 模型被运用到各行各业的研究中，包括旅游行业，主要集中在对旅游服务质量、旅游目的地形象和游客满意度等方面的研究。Evans 和 Chon 在 1989 年首次将 IPA 模型运用到旅游行业中，目的是探讨其是否适用于旅游目的地政策制定和评价，并重点描述如何运用该模型解决不一样旅游目的地中的旅游政策问题。董楠和张春晖（2019）先应用因子分析法考察游客满意度问卷数据的维度构成，确立游客满意度评价指标体系，再利用 IPA 模型考察各具体指标的重要性与满意度的分布特征，以深入了解旅游目的地发展的具体优劣势所在，并提出相应的改进建议。

（二）“期望-实绩”模型

“期望-实绩”模型是由美国学者 Oliver（1980）提出的，该模型主要说明顾客的期望与实绩是衡量顾客满意程度的标准，可用等式表示为：满意度（CS）=实绩（P）-期望（E）。顾客在体验之前产生的期望与实际体验绩效相比的差距形成了满意度。当实际体验绩效大于顾客期望，顾客满意度为正值，表示顾客是满意的，反之亦然，如图 10-2 所示。“期望-实绩”模型奠定了顾客满意理论研究的基础，得到了很多学者的支持，在旅游领域也得到了广泛应用。

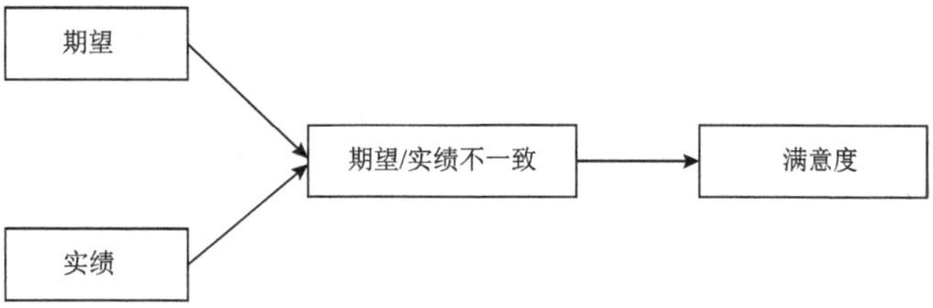

图 10-2　“期望-实绩”模型

资料来源：Oliver（1980）

（三）服务质量评价模型

美国市场营销学家 Parasuraman、Zeithaml 和 Berry（简称 PZB）在期望差距理论的基础上，于1988年构建了服务质量评价模型（service quality模型，简称SERVQUAL模型）。SERVQUAL模型将服务质量分成五个维度，分别是服务的有形性、可靠性、响应性、移情性、保证性，一共包含22个题项，详见表10-1。需要特别说明的是，SERVQUAL模型测量的不是实际服务水平的高低，而是消费者在实际体验后对这五个维度的感知。

表10-1　服务质量的五个维度

维度	编号	题项
有形性	1	有现代化的服务设施
	2	服务设施具有吸引力
	3	员工有整洁的服装和外表
	4	企业的设施与他们所提供的服务相匹配
可靠性	5	企业对客户承诺的事情，均能及时完成
	6	顾客遭遇困难时，能表现出关心并提供帮助
	7	企业是可靠的
	8	能准时提供所承诺的服务
	9	正确记录相关的服务
响应性	10	不能告知顾客提供服务的准确时间
	11	不能期望他们提供及时的服务
	12	员工并不总是愿意帮助顾客
	13	员工因为太忙而无法立即满足顾客需求
移情性	14	企业不会针对不同的顾客提供个别服务
	15	员工不会给予顾客个别的关怀
	16	不能够期望员工会了解顾客需求
	17	企业没有优先考虑顾客的利益
	18	企业提供服务的时间无法满足所有顾客的需求
保证性	19	员工是值得信任的
	20	在从事交易时顾客会感到放心
	21	员工是有礼貌的
	22	员工可以从企业得到适当的支持，便于提供更好的服务

资料来源：Parasuraman等（1988）

对顾客期望与实际感知进行比较，最终形成的差距就是服务质量的量化结果。该模型被广泛地应用在酒店、航空和国家森林公园等领域，用以测量游客的满意度，如图10-3所示。

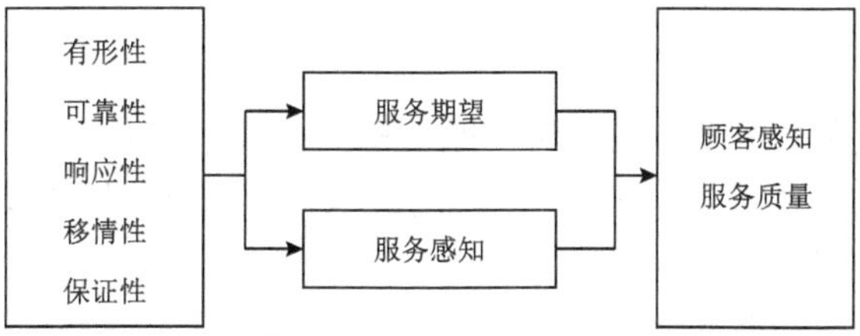

图 10-3 SERVQUAL 模型
资料来源：Parasuraman 等（1988）

（四）服务质量差距模型

服务质量差距模型同样是由 PZB 提出的。该模型专门用于分析服务质量，并从中寻找出差距，解决服务质量问题，从而提高顾客满意度。该模型阐述了服务质量所包含的 5 个层面的差距，如图 10-4 所示。实线和虚线代表了不同的概念和流程。实线表示实际的服务传递过程和管理者的认知过程，虚线表示顾客的心理预期和服务质量感知之间的差距。在这 5 个差距中，差距 5 是差距 1—4 的函数，受前 4 个差距的影响。要减少或消除顾客服务期望和服务感知之间的差距（差距 5），可以通过减少或者消除前 4 个差距来实现。

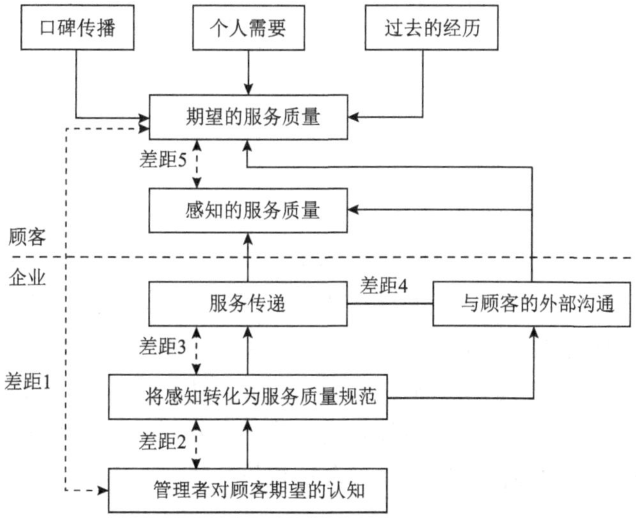

图 10-4 服务质量差距模型
资料来源：Parasuraman 等（1988）

差距 1：认知差距——顾客期望服务和管理层认知间的差距。
差距 2：标准差距——管理层认知和服务质量规范间的差距。
差距 3：交付差距——服务质量规范和服务传递间的差距。
差距 4：沟通差距——服务传递和与顾客沟通间的差距。
差距 5：感知差距——顾客期望服务与感知服务间的差距。

（五）卡诺模型

卡诺（KANO）模型由日本的狩野纪昭（Kano）于 1984 年提出。KANO 模型评价满意度的关键指标是顾客需求，包含基本需求、期望需求和兴奋需求三个层次。需求与满意度的关系如图 10-5 所示。

基本需求是产品或服务必有的属性。基本需求满足后，满意度不一定受影响，可若是没达到基本需求，顾客就会非常不满意，可能产生抱怨。

期望需求不是必需的需求。有的期望需求甚至顾客都无法清楚表达，但是期待能够被满足。顾客随着期望需求满足程度的提高而更满意；反之，就不满意。

兴奋需求是给予顾客意料之外的服务或产品的需求，能产生惊喜效果。当兴奋需求被满足时，顾客的满意度也会非常高。

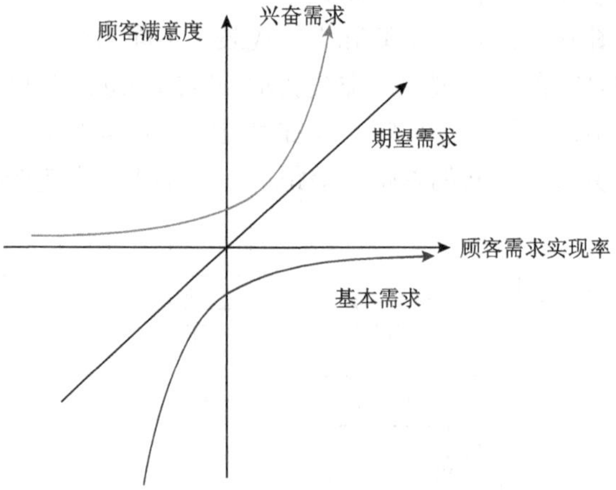

图 10-5　KANO 模型

资料来源：Kano（1984）

旅游企业首先要认真对待顾客提出的所有问题，处理这些问题，并重视客户的需求，为顾客提供尽可能多的便利，满足游客的基本需求。其次，尽力达到期望需求，甚至是兴奋需求，提供顾客喜欢的、额外的服务或产品，充分利用差异化竞争，领先于竞争对手，不断推陈出新，使游客保持持续性兴奋感和新鲜感。

（六）顾客满意度指数模型

1. 瑞典顾客满意度指数模型

1989 年，美国学者 Fornell 博士将顾客购买前的期望、购买之后的感知、对价值和价格的判断等多方面因素引入顾客满意研究中，建立了顾客满意度的计量经济学模型。在此基础上，瑞典最早建立了瑞典顾客满意度指数模型，简称 SCSB 模型。瑞典是第一个在全国范围内进行顾客满意度指数调查的国家。该模型认为顾客满意度取决于顾客期望质量和顾客感知价值，而顾客的满意度又会借助于顾客抱怨影响顾客的忠诚。SCSB 模型在推出之后在实际运作中也受到了一定质疑。模型中仅考虑了顾客感知价值对顾客满意度的影响，忽略了顾客感知质量的影响作用（图 10-6）。

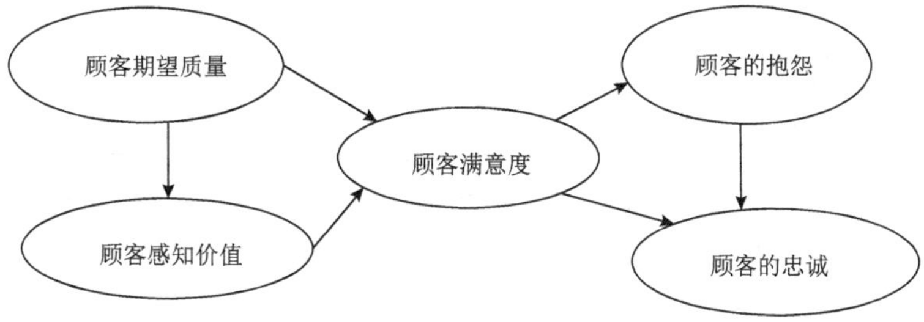

图 10-6　SCSB 模型

2. 美国顾客满意度指数模型

美国顾客满意度指数（ACSI）模型是由设在密歇根大学商学院的国家质量研究中心和美国质量协会共同发起并研究提出的。该模型中，以感知质量、感知价值、顾客期望、顾客满意度、顾客忠诚、顾客抱怨为框架，顾客满意度是最终所求的目标变量，顾客期望、感知质量、感知价值等 3 个作为顾客总体满意度的原因变量，以顾客抱怨、顾客忠诚作为总体满意度的结果变量（图 10-7）。

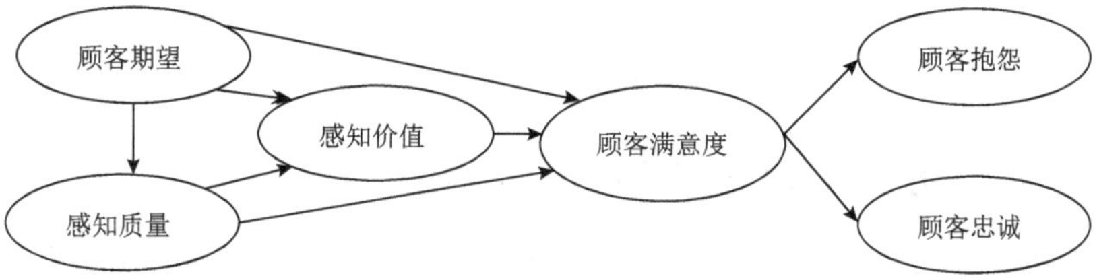

图 10-7　ACSI 模型
资料来源：Fornell 等（1996）

3. 欧洲顾客满意度指数模型

欧洲顾客满意度指数（ECSI）模型是在欧洲质量组织和欧洲质量管理基金会等机构的共同资助下完成的。欧洲顾客满意度指数模型在 SCSB 模型和 ACSI 模型的基础上又有了突破性的发展。该模型删掉了 ACSI 模型中顾客抱怨这个潜在变量，并增加企业形象作为潜在变量。企业形象是指顾客记忆中和组织有关的联想，这些联想会影响人们的期望值以及满意度的判别（图 10-8）。

4. 中国顾客满意度指数模型

中国顾客满意度指数（CCSI）模型以 ACSI 模型为基础，吸收了 ECSI 模型中的企业形象变量，并根据中国国情对模型结构和测评指标体系进行了改进，将变量“企业形象”具体化为“品牌形象”，建立起了适用于我国行业的满意度测评体系（图 10-9）。

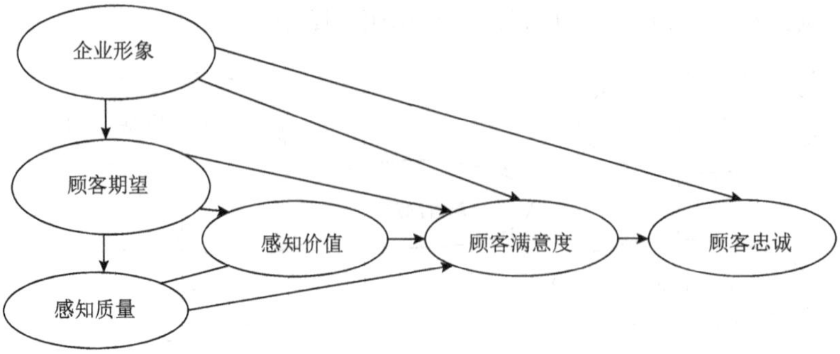

图 10-8 ECSI 模型

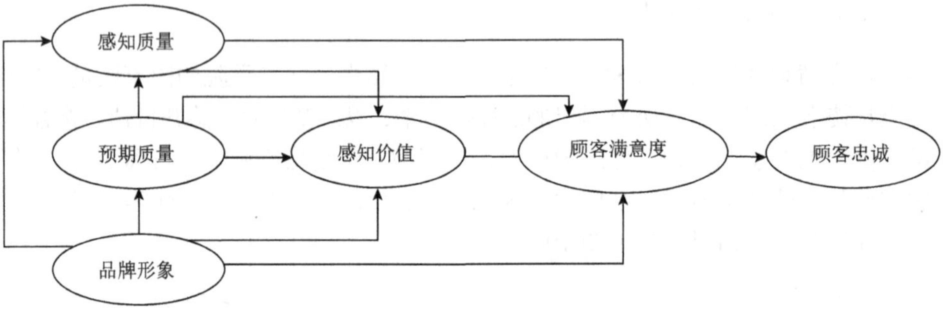

图 10-9 CCSI 模型

五、我国旅游消费者满意度测评指标体系

2009 年我国国家旅游局委托中国旅游研究院开展关于“全国游客满意度调查”的研究。中国旅游研究院系统地纳入了现场问卷、网络评论和旅游投诉与质监三种数据，建立旅游消费者满意度模型，并经过严格模型验证，最终构建了中国旅游消费者满意度测评指标体系。该体系获得了联合国世界旅游组织的尤利西斯奖。旅游消费者满意度测评指标体系由现场问卷调查、网络评论调查、旅游投诉与质监调查三个一级指标构成，并分别将每个一级指标进一步细化为二级和三级指标（表 10-2）。三项一级指标的权重系数根据德尔菲专家评分法和层次分析法综合确定，最终得到的三项一级指标权重系数依次为 0.68、0.20 和 0.12。

表 10-2 旅游消费者满意度测评指标体系

一级指标	二级指标	三级指标
现场问卷调查指数	城市旅游形象	目的地旅游业形象、目的地整体服务水平
	游客预期	旅游质量的总体预期、旅游过程服务质量预期
	游客感知质量	总体服务质量、旅游交通、旅游餐饮、旅游住宿、旅游购物、旅游娱乐、旅游景点、旅行社服务、旅游公共服务
	游客感知价值	旅游价格是否合理、与旅游定位相比旅游消费者实际感受到的旅游质量

续表

一级指标	二级指标	三级指标
现场问卷调查指数	游客满意度	总体满意程度、实际感受与需求相比满意程度、实际感受与理想中相比满意程度
	游客忠诚	未来重游可能性、未来继续选择该旅行社的可能性、向亲友推荐该地旅游的可能性
网络评论调查指数	目的地旅游形象	—
	当地居民态度	—
	交通	性价比、质量、服务、总体评价
	餐饮	性价比、质量、服务、特色、总体评价
	住宿	性价比、质量、服务、总体评价
	景点	性价比、质量、服务、特色、总体评价
	购物	性价比、质量、服务、特色、总体评价
	休闲娱乐	性价比、服务、特色、总体评价
	旅行社	性价比、服务、总体评价
	预订网络	性价比、服务、总体评价
	旅游公共服务	市场秩序、信息服务、投诉机制
	整体性价比	—
	综合评价	—
	回头率/推荐度	—
旅游投诉与质监调查指数	投诉程序	搜索便捷程度、政务网便捷程度、实际体验
	投诉制度	质监所网站建设、制度与新闻的数量
	投诉结果公示	公示频度、详细程度、投诉处理效果
	投诉数量	重要平台投诉数量及现场调查的投诉比例

资料来源："游客满意度指数"课题组（2012）

除了中国旅游研究院所设计的旅游消费者满意度测评指标体系之外，部分地方政府还会委托第三方机构测评地方或景区的旅游消费者满意度，定期发布相应的调研报告，其测评指标也不尽相同。例如，江苏省文化和旅游厅在测评 2020 年各景区的旅游消费者满意度时，除了"旅游大环境""旅游景区服务""旅游要素""游客忠诚度"等指标之外，又新增"文旅融合""智慧旅游""安全保障""疫情防控""文明旅游"等方面的内容，形成 9 项主要指标考评体系，更加客观全面地反映了全省文化和旅游市场发展与旅游服务质量水平。广东省发布的《广东省旅游景区游客满意度大数据调查报告》则参考了原国家旅游局《旅游景区游客意见调查表》列举的 17 项评价内容，综合旅游大数据满意度评价研究文献，设置了旅游景观、餐饮、交通、住宿、娱乐、购物、景区形象、设施和管理与服务九大评价指标。

总之，国内外学者对各类型的旅游消费者满意度进行了大量的研究，对不同模型进行对比与实证研究，已获得丰硕成果。旅游消费者满意度测评，不但可以为消费者购买产品提供参考，为企业改进产品和服务质量提供依据，也可以为政府制定政策提供科学依据。但是，由于旅游目的地的多样性和旅游消费者的复杂性，旅游消费者满意度测评也具有多维性、动态性等特点，旅游消费者满意度的评价体系尚未形成较为一致的评价指标体系，目前依然处于探索阶段，今后还需要对游客满意度评价模型开展进一步的探索性和验证性研究。

第二节 旅游消费者忠诚度

一、旅游消费者忠诚度的定义

忠诚度研究开始于20世纪50年代，最初由Brown（1952）和Cunningham（1956）对顾客忠诚度进行了实证研究，之后引起了学界对忠诚度的广泛关注。大量学者从不同角度对忠诚的定义进行了界定。学者们对旅游消费者忠诚度的界定可划分为三类，分别是基于行为论、基于态度论以及基于行为、态度的综合理论的旅游消费者忠诚度。

行为科学家认为，忠诚源自通过满意强化的最初的产品尝试，从而导致重复的购买行为。Alexandris 等（2006）在对滑雪度假地的研究中，将顾客忠诚定义为对服务的持续购买。Gursoy（2001）基于态度论指出受旅游消费者追新求异的影响，旅游消费者很难重复多次前往同一旅游目的地，故以重游意愿和行为测量游客忠诚存在偏差，但推荐意愿可以作为衡量游客是否忠诚的理想指标。顾客对一个品牌的重复购买只是顾客忠诚的表现形式，而顾客对品牌的积极态度是确保顾客购买行为持续的前提。Olive（1999）提出态度忠诚先于行为忠诚产生，顾客态度忠诚的产生需经历三个阶段，即第一阶段为对品牌属性产生偏好（认知），第二阶段为对产品产生情感偏好（态度），第三阶段为产生购买意向（意动），最后重购意向转化为行为忠诚。

总体来看，基于行为论强调旅游消费者重复游览和重复购买的行为；基于态度论更关注旅游消费者对产品和服务的依赖和偏好；基于行为和态度的综合理论研究是旅游消费者外在行为和内在心理态度研究的延伸，是旅游消费者忠诚度研究的成熟阶段。许多学者基于此对旅游消费者忠诚度做大量研究。大多数学者认同最初由Day（1969）提出的“忠诚”是一个包含“行为忠诚”和“态度忠诚”成分的“二维构念”，即“品牌忠诚不仅仅是对同一品牌的连续购买，还应包括态度上的偏好”。

综上，旅游消费者忠诚度是指旅游消费者对某一旅游地或旅游产品、服务具有较高的信任感和认同感，以及产生愿意再次游览、重复购买和积极推荐的行为。

二、旅游消费者忠诚度的类型

（一）Dick 和 Basu 的分类

Dick 和 Basu 于 1994 年提出了一个基于顾客重复购买意向和重复购买行为的理论框架，根据顾客在态度和行为上的一致与否将顾客忠诚分为不忠诚（no loyalty）、虚假忠诚（spurious loyalty）、潜在忠诚（latent loyalty）和持续忠诚（loyalty）四种类型。每一种类型的顾客忠诚的特征如表 10-3 所示。

表 10-3 Dick 和 Basu 对顾客忠诚的分类

项目	不忠诚	虚假忠诚	潜在忠诚	持续忠诚
情感忠诚度	低	低	高	高
购买行为	低频率的重复购买或不购买	高频率的重复购买	低频率的重复购买或不购买	高频率的重复购买
综合表现	很少或从不回顾，也不想回顾	经常回顾购买企业产品，但情感忠诚度低	希望回顾并购买企业的产品，但实际条件不允许	对企业和产品有很高的情感忠诚度，同时不断重复购买

资料来源：Dick 和 Basu（1994）

需要说明的是虚假忠诚的表现可能受优惠条件、购买便利性、缺乏可供选择的替代品及环境等因素的影响。因此，虚假忠诚的顾客很容易受外部条件和环境变化的影响而转变为不忠诚的顾客。同时，引起顾客潜在忠诚的原因也很多，可能是由于企业店铺较少、某产品脱销等，一旦条件具备，他们就能转变为忠诚顾客。显然，对于旅游业来说，持续忠诚的顾客价值最高。因此，旅游业应尽可能采取关系管理策略，将不忠诚、虚假忠诚和潜在忠诚的顾客转变为持续忠诚的顾客，以推动旅游业的可持续发展。

（二）Jones、Mothersbaugh 和 Beatty 的分类

Jones、Mothersbaugh 和 Beatty 于 2002 年从顾客满意度和顾客忠诚度两个维度将顾客忠诚划分为忠诚者、背叛者、唯利是图者和人质顾客四种类型。该分类也揭示了顾客满意与顾客忠诚之间的内在联系，如表 10-4 所示。忠诚的顾客不一定满意，满意的顾客不一定忠诚。在这种矩阵下，旅游业可以根据顾客满意度和顾客忠诚度的实际高低状况，制定与实施相应的关系营销策略来管理旅游消费者忠诚。

表 10-4 Jones、Mothersbaugh 和 Beatty 对顾客忠诚的分类

类型		顾客满意度	
		高	低
顾客忠诚度	高	忠诚者	人质顾客
	低	唯利是图者	背叛者

资料来源：Jones 等（2002）

（三）Gremler 和 Brown 的分类

Gremler 和 Brown 于 1996 年将顾客忠诚划分为行为忠诚、意向忠诚和情感忠诚三种类型。行为忠诚是顾客实际表现出来的消费行为，比如连续购买。意向忠诚是顾客在未来购买的可能性。情感忠诚则是顾客对产品和服务的态度，体现在口碑宣传和购买首选上。由行为、意向和情感三方面组成的顾客忠诚，着重于对顾客行为趋向的评价。

（四）Oliver 的分类

Oliver（1999）在 Gremler 和 Brown 分类的基础上，进一步将顾客忠诚依据先后顺序分为认知忠诚、情感忠诚、意向忠诚和行为忠诚四个阶段。认知忠诚是顾客在获得产品或服务的各方面信息后所形成的，是处于最底层的忠诚。情感忠诚是顾客获得持续性满意后而形成对企业所提供产品或服务的偏爱，是认知忠诚的后一阶段。意向忠诚是顾客还未付诸行动的再购意向。行为忠诚是顾客将已形成的购买意向转变成实际的购买行为。

（五）辛德尔的分类

凯瑟琳·辛德尔（2001）根据情感来源的不同，将顾客忠诚分为垄断忠诚、惰性忠诚、潜在忠诚、方便忠诚、价格忠诚、激励忠诚、超值忠诚。每一类顾客忠诚的特征如表 10-5 所示。

表 10-5 辛德尔对顾客忠诚的分类

忠诚类型	特征描述
垄断忠诚	因为市场只有一个供应商，这类顾客别无选择，是低依恋、高重复的购买者
惰性忠诚	由于惰性而不愿意寻找其他供应商，这类顾客是低依恋、高重复的购买者
潜在忠诚	顾客希望不断购买产品和服务，但是企业的一些内部规定或其他环境因素限制了他们的购买行为，这类顾客是低依恋、高重复的购买者
方便忠诚	顾客希望基于方便购买产品和服务，类似于惰性忠诚，是低依恋、高重复的购买者
价格忠诚	对价格十分敏感，倾向于选择最低价格的产品和服务，是低依恋、高重复的购买者
激励忠诚	顾客因享受企业的奖励而经常惠顾，是低依恋、高重复的购买者
超值忠诚	这类顾客是企业的传道者，具有典型的情感或品牌忠诚，是高依恋、高重复的购买者

资料来源：辛德尔（2001）

三、旅游消费者忠诚度的测量指标

研究学者们对旅游消费者忠诚度测量也做了大量研究。学者们从不同角度构建了对旅游消费者忠诚度的测量指标。其中比较典型的指标包括游览或购买次数、正面宣传次数、重游意愿、推荐意愿、未来首选意愿、价格容忍度和风险容忍度等方面。

1. 游览或购买次数

游览或购买次数是指旅游消费者在一段时间内前往某一旅游目的地或购买某一产品的总次数。游览或购买次数是旅游消费者忠诚度测量中最易观测的指标，是旅游消费者忠诚度的直接体现。

2. 正面宣传次数

旅游消费者对旅游目的地或产品有很强的好感，愿意积极地向周围人推荐，或者通过正面网络评论讲述自己的旅游体验，这是对旅游消费者忠诚度更高程度的体现。因此，正面宣传次数也是评价旅游消费者忠诚的重要指标。

3. 重游意愿

由于旅游消费者追新求异的需求，加之较高的旅行费用，旅游消费者很难在短时间内多次重复游览同一个旅游目的地，但是他们对忠诚度高的旅游目的地，虽然无法成行，但会心生向往，具有较强的重游意愿。重游意愿作为测评旅游消费者忠诚的指标更具有实践性。

4. 推荐意愿

当旅游消费者对一个产品或旅游目的地产生强烈好感时，通常会积极向他人分享自己的旅游体验，乐于将其推荐给周围的人。旅游消费者推荐意愿也是忠诚的一种体现。

5. 未来首选意愿

未来首选意愿是当时机成熟时，旅游消费者会第一个选择去忠诚度高的旅游目的地。首选意味着该旅游产品或目的地在旅游消费者心目中处于较高的地位。未来首选意愿也是衡量旅游消费者忠诚度的指标之一。

6. 价格容忍度

消费者一般对价格比较敏感，当产品价格上升时，旅游消费者可能会选择其他具有可替代性的产品。但如果价格上升，旅游消费者还是会一如既往地选择购买该产品，对价格表现出较高的容忍度，在一定程度上说明旅游消费者和该产品建立了较强的情感联结，忠诚度也会更高。价格容忍度也被用来衡量旅游消费者的忠诚度。

7. 风险容忍度

根据马斯洛需求层次论，消费者在满足基本的生理安全需求的基础上，才会选择更高层次的需求。一旦旅游目的地存在一定风险，旅游消费者可能会降低出行的可能性。但是，如果旅游消费者明知有风险，还愿意前往，对风险表现出较高的容忍度，在一定程度上说明旅游消费者和该产品建立了较强的情感联结，忠诚度也会更高。较高的风险容忍度也是旅游消费者忠诚度的一种表现。

四、旅游消费者忠诚度在管理中的应用

（一）把握旅游需求，激发旅游者动机

旅游需求是激发旅游动机的基础，动机则是促使人们外出旅游的一种内在驱动力，

激励消费者产生旅游期望。旅游者需求也不是静态不变的，会由于外界环境、流行趋势等因素而发生变化。旅游企业要想在激烈竞争中发展，就必须对旅游者进行调研和分析，及时准确把握旅游者需求，细分市场，有针对性地进行营销宣传，激发旅游动机。旅游企业可以通过增强旅游产品的吸引力、加大旅游宣传的力度、倡导现代旅游观念、鼓励旅游消费等方式激发旅游动机。

（二）提供高品质产品和服务，提升感知价值

对于旅游业而言，核心产品是服务。目的地提供的旅游服务越周到，越贴心，旅游者对其整体感知质量就越高，而感知质量的高低决定了旅游者对此目的地满意度的高低，满意度又是忠诚度产生的前提。所以为了培养忠诚的旅游者，旅游目的地必须提高旅游产品和服务的质量，提高服务人员的服务水平，增加对服务人员的培训，以优质服务吸引更多旅游者。目的地各部门之间的协调与配合能够为旅游产品质量提供保障，为旅游者提供优质的服务体验。

（三）树立良好形象，增强口碑效应

旅游目的地是一个集食、住、行、游、购、娱于一体的复合产品。旅游目的地形象是人们对所有有关旅游目的地的信息进行加工、甄别、整理所形成的总体印象。在区域营销当中，旅游目的地形象是旅游目的地市场宣传的内容，将代表该地区所有旅游企业参与到旅游目的地的营销和竞争当中。树立良好的形象，有助于旅游目的地在旅游者脑海中形成好的印象，愿意推荐给他人，形成口碑效应。口碑效应对旅游决策行为产生的影响较大，激发潜在旅游者的出游动机，影响旅游者的满意度，从而为旅游地培育忠实旅游者。

（四）建立顾客情感，重视关系营销

旅游者通过对目的地产品和服务的感知，产生满意情感，进而对目的地产生认同和归属感，并多次造访目的地或进行积极的推荐。这种情感还有可能带来旅游者对旅游目的地的地方依恋，这种情感具有较高的稳定性和持久性，可以为旅游目的地培养忠诚旅游者。旅游目的地应重视关系营销，建立与旅游者的信任，有意识地培育旅游者的地方依恋性，努力建立和发展与这些旅游者的良好关系。

（五）提升旅游者满意度，培育忠诚旅游者

较高的满意度不仅会给旅游者带来较高的推荐意愿，也有助于重游意愿的提升。满意的旅游者会表达对目的地的好评，可能会重新访问目的地，或者将其推荐给其他人，成为忠诚旅游者。忠诚旅游者具有积极的行为意向，如积极的口碑意向、回访意向和推荐意愿，这对于旅游目的地的可持续发展具有重要意义。因此，旅游地应该高度重视旅游者的满意度，做好满意度调查和监控工作，针对不满意旅游者，及时采取补救措施。旅游者较高的满意度有助于培育忠诚旅游者，忠诚旅游者对于旅游地的可持续发展具有重要意义。

第三节　旅游消费者的网络评论与分享

近年来，随着互联网的飞速发展，人们借助网络随时随地获得信息、了解品牌、联系彼此，信息技术的进步重塑了人们交往的方式。通过网络分享经验是现代社会重要的交流方式。对于潜在游客来讲，网络评论也被认为是真实、可靠和具有参考价值的，这使得网络评论越来越重要，给旅游管理者提供了一种为顾客创造价值、吸引顾客参与并建立顾客关系的全新方式。网络评论已经成为一种新的战略工具，在旅游管理中扮演着重要的角色。如何利用网络评论来进行旅游营销是旅游消费者行为研究和旅游管理的重点。

一、旅游消费者网络评论的类型

随着互联网技术的不断发展和创新，网络评论发布的种类也越来越多。针对网络评论发布的平台，将其分为基于社交媒体的网络评论和基于在线旅游平台的网络评论。

（一）基于社交媒体的网络评论

社交媒体在人们的日常生活中扮演着十分重要的角色，很多用户通过社交媒体进行信息交流与分享、社会交往、消磨时间甚至情感发泄等。社交媒体为人们社会交往提供了一个虚拟平台，几乎重塑了人们社会交往的方式。微信、微博等社交媒体也成了旅游消费者分享旅行经历和心情，发布与自身购买产品或服务消费相关的体验等信息的方式之一，是潜在旅游消费者获取信息的重要来源。在社交媒体中，发布评论的旅游消费者会考虑他人看法，不会轻易发表虚假网络评论，因为虚假信息可能会导致他人对自己的感知可信度降低，进而会影响到个人声誉。

（二）基于在线旅游平台的网络评论

随着互联网的发展，在线旅游平台也呈现飞速发展的态势，短短几年时间，旅游综合网站的数量已经从最初的几家龙头在线旅行社（online travel agency，OTA，如携程和艺龙），发展为大大小小的几千家。这些在线旅游平台涵盖数量众多的旅游供应商与旅游消费者，如去哪儿、马蜂窝等综合性旅游平台，不仅为旅游消费者提供综合性的旅游服务，还为旅游消费者提供了分享经验的在线平台。旅游消费者可以通过在线旅游平台发布产品和服务的信息及其评价，以及旅游消费者的体验和经验。潜在旅游消费者可以更加直观便捷地浏览关于旅游产品服务的网络评论，获取所需信息，从而做出旅游决策。但是，与社交媒体的网络评论不同的是，旅游消费者在在线旅游平台中所使用的身份是匿名的，这常常导致潜在旅游消费者无法根据网络评论的来源判断信息的可靠性。旅游消费者通常会花更多的时间来检查评论的可信度。此外，在线旅游平台的负面评论被认为更有价值，因为负面评论可以帮助消费者避免潜在的损失，但这同时也为旅游在线平台的营销管理带来新的挑战。

二、旅游消费者网络评论的特征

由于互联网的传播速度快、范围广、效应和影响力度大，与传统旅游消费者评论相比，网络评论主要呈现出以下几个特点。

（一）体量大和传播广

随着互联网的广泛使用及其影响力的持续增强，在线交易飞速发展，网络评论也得到了前所未有的飞速发展。根据中国互联网络信息中心的数据，截至 2024 年 6 月，我国互联网普及率达 78.0%，网民规模达 11 亿人，网络购物用户规模达 9.05 亿人，在线旅行预订用户规模达 4.97 亿人。消费者通过各种在线旅游平台（去哪儿、马蜂窝和携程等）与他人分享自己的旅行经验，不仅利用网络进行评论和交流等活动，还通过阅读网络评论来指导自己的决策。相比传统评论方式，网络评论更容易保存，网络评论已经形成了一个巨大的信息空间。由于互联网的高传播性，网络评论传播的范围也更为广泛，传播速度更加快捷。

（二）真实性和可靠性

旅游网络评论主要包含旅游消费者对产品和服务体验的评论以及旅游消费者的旅游经历，这些评论一般包含了积极评论、中性评论和消极评论，反映了旅游消费者对使用的商品或服务的真实感受，能够更好地反映商品或服务的真实价值。在网络背景下，信任表现为个体消费者对所传播信息的质量和接受意愿的信念（Toufaily et al.，2013）。网络评论的信息丰富度、交互环境以及用户之间的联系等因素，使得消费者更倾向于信任类似他人发布的网络评论，以及包含详细具体解释的评论（Wu et al.，2017a），尤其是网络负面评价。潜在旅游消费者对产品的购买意愿也会随着其他用户对该产品的正面评论数目增多而增强（Cox et al.，2009）。因此，网络评论具有较高的真实性和可靠性。

（三）易访问性和易用性

互联网的开放性使得消费者能够更加容易和便捷地访问各大旅游网络平台，轻松便捷地获得所需信息，并精确地选择符合他们喜好的产品和服务。网络评论生成的在线内容已成为旅游消费者规划和决策的重要组成部分。旅游供给企业也可以通过网络评论，掌握消费者旅游需求，进行精准营销，还可以发现服务和产品中存在的缺陷，并随后将这些信息反馈到产品开发和质量控制过程中。

（四）参与性和互动性

随着互联网技术的不断发展和普及，旅游社区发展极为迅速，网络评论中存在大量的人与人之间的互动，较强的参与性和互动性也是网络评论的典型特点。许多旅游消费者热衷于在各种网络平台上“晒”出自己的所观所感，通过发布评论分享旅游体验，进行自我表达，向潜在旅游消费者推荐产品和服务。潜在旅游消费者也不甘于仅仅作为“吃瓜群众”而默默围观，他们也主动参与到网络评论的互动中，与评论者一起交流经验，获取更多可靠信息。这一网络评论互动不仅仅是旅游网站与现实旅游消费者之间的回馈与反馈，还是现实旅游消费者与潜在旅游消费者分享信息的重要平台，同时也促进了潜在旅游消费者向现实旅游消费者转向的可能性（吕洋洋和白凯，2014），互动关系如图 10-10 所示。实线表示直接的信息流动或交互过程，虚线表示信息的间接流动或反馈过程。这种区分有助于理解不同参与者之间的主要和次要信息流动路径，以及它们如何相互影响和作用。

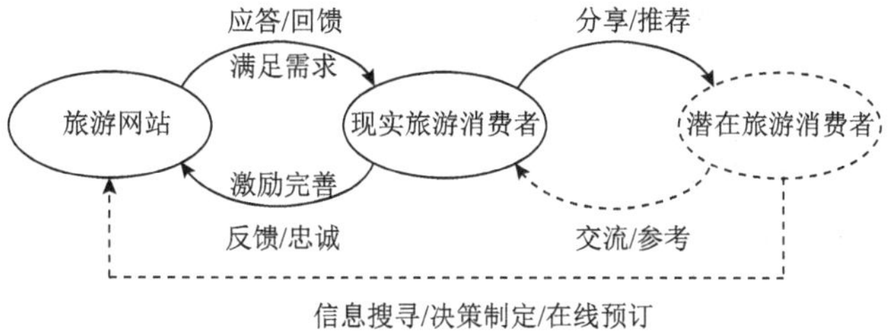

图 10-10　旅游网站现实旅游消费者与潜在旅游消费者之间的互动模式

资料来源：吕洋洋和白凯（2014）

（五）不确定性和风险性

网络评论的用户，尤其是基于在线平台的用户大都选择匿名的方式，因此很难确认是否每一个评论都是真实的，是否反映了事实。网络的虚拟性进一步加大了信息的不对称性，也使旅游网络评论具有更大的不确定性和风险性。另外，评论也会因人而异，一些评论者即使有一段不愉快的经历，也倾向于给出一个好的评论，以避免麻烦。有时较好的评论并不代表较高的产品质量的满意度。消费者需要谨慎选择，以降低决策的风险，因为虚假评论也使得网络评论具有一定的不确定性和风险性。

三、网络口碑

口碑是消费者在购买产品或服务后所形成的一种反馈。这种反馈包括正面表达消费者对商品或服务的满意程度以及负面表达消费者对商品或服务等的抱怨情绪。口碑直接表现了产品和服务的形象。随着互联网的普及，越来越多的旅游者通过网络发布自己对产品或服务的评价，逐渐形成网络口碑。较之传统口碑，基于互联网传播的优越性，网络口碑的传播跨越了时空限制，并且能够长时间保存，其传播速度更快、范围更广，对消费者信息搜寻和购买决策行为的影响也更为持久。很多旅游者认为网络口碑来自现实旅游者的真实体验，代表着大多数旅游者的认可和赞同，参照网络评论选择和购买大众认可的产品，可以有效降低购买风险，大大提升产品的满意度。好的网络口碑不但可以塑造良好的产品形象，影响旅游者对产品和服务的选择，还可以促进企业产品的销售，培育持续忠诚的顾客。

网络评论中还包含了许多负面评论，负面评论通常会持续很长一段时间，逐渐形成产品或目的地的负面口碑。这些负面口碑也由于其储存时间长、传播速度快，对旅游企业和目的地的声誉会造成持久的不良影响。负面口碑可能会把一个公司置于一个不利的地位，公司可能在未来失去许多客户的业务。对于旅游企业来讲，如何管理负面评论、改善负面口碑是面临的最广泛的挑战之一。有研究表明，管理者对负面口碑的反应会显著影响消费者对公司的信任（Sparks and Browning，2011）。企业对网上负面口碑做出回应是明智的，且回应要及时（七天或更短时间内），在一个月之后进行回应几乎没有什么价值。企业在线回应最好能够采用真人对话的方式，以一种开放、直接和友好的对话、语气去沟通，并且要对这些回应的有效性进行跟踪调查。因此，旅游企业和旅游目的地在面对负面口碑时，要及时有效地予以解释和回复，建立或恢复与旅游消费者之间的信任。

四、旅游评论的分享

（一）旅游网络评论的动机

1. 自我表达

网络评论旅游者借助互联网表达对产品的满意或不满、赞赏或抱怨。旅游是典型的体验活动，这种体验不仅会被存留在旅游者的记忆中，旅游者也会以点评的方式将其发布于网络，以此来记录生活，表达自己的所观所感。当旅游者对产品或服务满意的时候，他们会通过网络评论分享自己愉快和兴奋的情绪。当旅游者产生不满或者抱怨的情绪，对产品的感知和期望存在差异时，评论动机会更强。尤其是当旅游者经历糟糕体验时，抱怨会极大地促使旅游者进行网络评论。此外，较高的评级和较低的价格也会增加消费者发表评论的倾向。消费者希望可以通过网络传播负面口碑，来表达自己抱怨的情绪，甚至是报复或警告，同时希望获得商家关注，让商家改善服务或者采取补救措施。

2. 社会交往

在购买旅游产品或服务后，旅游者的评论能给潜在旅游者提供更多可供参考的信息，帮助潜在旅游者做出旅游决策。评论者希望通过帮助他人，结交更多志同道合的朋友，或是在网络社区中获得积极的声誉，比如被评为乐于助人的人，赢得他人的赞赏，在旅游社区中获得社会认同，或者希望得到旅游经营者的在线回应，以此获得关注，提升名誉，树立自我良好形象，这是消费者进行网络评论的外在动机。这种社会交往的动机促使旅游者寻求更多的社会认同感和评论的乐趣，也帮助潜在旅游者在寻求信息时获得更多的帮助。

3. 利他和互惠

网络评论的旅游者会对商品或服务进行评价，分享他们的旅行体验。这种顾客自愿的行为一方面可以为其他旅游者的决策过程提供免费的信息，为他人提供帮助。另一方面，也敦促旅游供给企业和旅游目的地努力提高他们的产品或服务质量。研究证实，消费者基于利他和互惠的动机在网上发布评论，试图帮助潜在的旅游者做出更好的决策，并帮助旅游目的地改善他们的服务运营。利他和互惠是旅游者进行网络评论的动机之一。

4. 经济效益

旅游者进行网络评论也有可能出于经济效益。消费者可以通过网络评论获得奖励（Hennig-Thurau et al.，2004）。经济激励是旅游者进行网络评论的驱动因素之一。消费者通过分享自身的使用经验，可以获得他人的点赞、流量的增加以及诸如论坛会员级别的提升等益处，进而获得经济利益。此外，评论者由于受到商业活动、广告或者明星的推介活动等的影响，对商品进行评论，以增加商品的宣传效果，从而获得相应的经济收益。经济动机也是旅游者进行网络评论的动机之一。

（二）旅游网络评论的影响

1. 网络评论对旅游者行为的影响

在不熟悉旅游目的地的情况下，我们通常会怎样做出决策呢？例如，询问朋友，找旅行社咨询，或者在网上搜索。所有这些策略的共同之处在于，人们经常在做决定时寻求他人的建议。当人们在无法确定要如何做出决定时，通常会通过参照他人的行为来进行决策。消费者会因参考群体对于产品和服务的评价、意见、购买行为而改变自己对于产品和服务的想法及购买行为。网络评论为旅游者提供了不同以往的信息搜寻途径，包含了极其丰富的产品和服务体验性信息。旅游者可以便捷且匿名地浏览网络评论，通过查阅网络评论，潜在旅游者可以轻松获得现实旅游者关于产品购买和旅游决策等方面的信息，间接对旅游产品产生感知，并由此作为重要参考，制订自己的旅游计划。

由于用户信息生成的网络评论大都具有非商业性，在缺乏第一手经验的情况下，潜在消费者更倾向于相信他人的评论并做出未来购买决策的可靠基础。网络评论为潜在旅游者提供了一种快速方便的方式来评估和比较旅游产品和服务，从而降低了潜在购买风险。网络评论已经成为消费者获取旅游信息的重要来源，对潜在旅游者具有重要的参考价值。此外，网络评论发布时间与消费时间的接近程度以及消费者对权力的感知也可以显著影响旅游者的购买意愿（Wu et al.，2017b）。网络评论的外围因素，如评论发布人的专业知识、权力和身份也会影响消费者的决策过程。总之，网络评论对消费者获取信息、做出评价以及做出旅游决策都产生了较大影响。

2. 网络评论对旅游企业的影响

网络评论不仅仅包含了对产品和服务的正面评价，也有很多负面评价，对旅游企业的正负效应也不同。正面评价可能是愉悦、生动或新奇的体验描述，而负面评价可能包括抱怨、不满或诋毁产品的描述。研究表明，无论酒店的位置和级别如何，旅游消费者较高的满意度会增加购买意愿，积极的网络评论对酒店预订量的增加有显著贡献（Ye et al.，2009）。网络评论的数量和良好评论的比例，特别是评分，可以对酒店价格和餐厅价格以及相关的在线销售产生很大的影响。高评级和积极的口碑可以为酒店带来溢价。较高的客户评级能显著增加酒店的在线销售额，在线客户评级每增加 1%，每间客房的销售额就会增加约 2.6%（Öğüt and Onur Taş，2012）。网络评论可以为旅游公司和酒店产生各种有益的回报，如在线销售数量的增加（Ye et al.，2009）、客户忠诚度的提高

（Loureiro and Kastenholz，2011），以及价格溢价（Yacouel and Fleischer，2012）。但是，负面信息往往被过度强调，在形成印象方面更有影响力（Fiske，1993）。对旅游企业和目的地来说，服务失败将为其带来损失，并从消费者那里获得更多的负面权重（Smith et al.，1999），随着负面评价比例的增加，消费者的负面态度也会增加，会导致产品销售量和口碑的下降、客户流失等损失。

在当代旅游行业，社交媒体正成为越来越重要的信息来源，管理在线声誉，即管理旅游者发布的内容和其他旅游者看到的评论，成为许多企业管理的重点和生存的关键。网络评论对酒店和旅游公司的绩效、口碑和游客满意度等有很大的影响。对网络评论的有效管理可以使一个不满意的客户变成一个忠诚的客户。成功的网络口碑管理可以为企业创造和增加未来的收入。

五、网络评论与旅游者满意度评价

目前，国内外关于旅游者满意度评价的研究众多，其研究大致可以概括为两类。一类是构建旅游者满意度模型，设计指标体系，通过现场发放调查问卷或进行深度访谈的方法来获取旅游者满意度的数据，进而对样本数据进行旅游者满意度分析。近年来，随着互联网的飞速发展，大数据已经渗透到社会经济的各个领域，为旅游研究带来新的机遇。大数据自身具有的规模性、多样性、高速性、价值性等特征，能够揭示社会经济现象的复杂性，逐渐成为旅游研究中重要的数据来源。周永广等爬取携程平台关于黄山旅游风景区的旅游者评论数据，在旅游者满意度的双因素理论基础上，分析了黄山的旅游者满意度。这无疑是对传统旅游者满意度研究方法的拓展。

基于此，另一类旅游者满意度评价就是利用大数据信息中的网络评论，借助相关语义分析工具对网络评论进行内容分析，从而反映旅游者满意度情况。内容分析法是一种将不系统的、定性的符号性内容，如文字、图像等转化成系统的、定量的数据资料的研究方法，由于该方法能够将文本资料转化为客观、系统的量化数据，而经常应用于基于网络评论的旅游者满意度评价当中。何琼峰（2014）基于大众点评网上北京 7 家 5A 景区 15 000 余条旅游者评论数据，利用扎根理论方法，研究文化遗产景区旅游者满意度的影响因素。总之，网络评论为旅游者满意度的调查带来新的方式，在保持传统调查问卷研究的基础上，为进一步探索满意度研究提供了新渠道和新方式。

六、旅游网络评论在管理中的应用

数字时代从根本上改变了顾客对于便利、速度、价格、产品信息、服务和品牌互动的看法，也给市场营销者提供了一种为顾客创造价值、吸引顾客参与并建立顾客关系的全新方式。人们借助网络评论随时随地获得信息、了解品牌。网络评论已经成为一种新的战略工具，在旅游管理中扮演着重要的角色。

（一）瞄准旅游者需求，实施精准营销

旅游网络评论不仅包含了非结构化数据，还存在打分、好评率等多种方式的结构化

数据。通过对网络评论中的非结构化数据的挖掘和内容分析，结合旅游者个人资料，旅游企业能够准确掌握消费者期望与需求，根据这些信息为旅游者定制个性化的旅游产品，从而实施精准营销。网络评论在营销的精准性上非常具有优势，它有助于营销主体用大数据进行精准的人群划分，发掘潜在旅游目标人群，实时监控旅游者的需求，从而实现目的地形象推广，提升营销效率，达到精准营销。网络评论中的打分、好评率等多种方式的结构化数据，较易进行量化。通过结构化数据的分析，旅游企业和目的地能够更直观地了解自身的产品和服务、旅游者的旅游偏好、出游习惯及旅游者行为等，特别是评分较低的负面评论，其更有可能反映实际问题。

对于旅游供应商和管理者来说，网络评论是评估服务和产品质量以及获取客户需求等信息的最佳渠道。因此，检索和分析这些有价值的信息可以极大地帮助管理者进行自我完善。在市场高度碎片化的形势下，旅游地举办任何活动都要针对特定消费者群体，这样才能有针对性地提供服务。基于旅游网络评论，瞄准旅游者需求，实施精准营销，对许多旅游公司和旅游目的地在寻求获得更多市场份额时具有重要意义。

（二）营造良好网络环境，增强顾客互动

网络评论的互动会影响品牌认知和客户关系。积极的在线反馈，可以以相对较低的成本获得和保留新客户。几乎所有的大型旅游网络运营商都提供了互动功能，因为这被认为是消费者忠诚度的关键驱动因素。但是网络评论的不确定性和风险性无疑阻碍了旅游者之间的互动。网络评论的互动性主要受到共享信息的质量和多样性、交互频率、网络平台环境以及技术便利性的影响（Shen et al.，2020）。为了推动旅游者参与旅游评论的互动，在线旅游社区应加强其社区内信息交流的质量和规模，可以通过促进公众号、订阅号、小程序等应用的发展，为顾客提供更丰富的咨询，提升平台的信息丰富度和趣味性，增强顾客黏性，有效地吸引潜在旅游者的参与。

旅游经营者也要致力于建立一个值得信任的网络环境。此前的研究表明，消费者更倾向于信任他人发布的评论，尤其是包含详细具体解释的评论。通过杜绝评论造假，鼓励消费者进行图文并茂的详细评论，以及保护消费者隐私等措施来提高信息可信度，建立网络人际信任。随着消费者对在线旅游社区的信任越来越强，他们会更愿意分享信息、参与讨论，甚至与其他用户发展社会关系。在线旅游社区应特别构建在线环境，为消费者提供体验认知和情感沉浸感、个性化体验以及人际联系和依赖的机会。通过在线旅游社区营造一个安全、温馨、和谐的社会环境，可以促进信任的发展。网络信任有助于提高消费者参与积极性，加强与其他用户的情感联系，促使消费者与企业建立情感联系。

（三）移动营销，随时随地吸引顾客

随着智能手机和平板电脑的使用数量激增，大多数人和手机形影不离，特别是被数字驱动的年轻消费者，甚至严重依赖手机。拥有一部智能手机，旅游者随时可以获得最新的产品信息、价格对比、电子优惠券以及来自其他旅游者的意见和评论。旅游管理者首先利用海量网络评论，精准掌握旅游者需求，接下来利用移动营销，随时随地吸引旅游者，为潜在旅游者提供更多的信息、选择和激励。企业通过移动营销来刺激旅游者的

当前购买行为，简化购买过程，并强化品牌互动，创造一种“无缝隙”的购买体验。

除了使购买过程变得更加便利，移动营销还可以使促销个性化，并将品牌融入顾客重要的日常经历之中。例如，在恰当的时机向顾客提供恰当的奖励。许多潜在消费者一开始可能对移动营销存在疑虑，但是如果移动营销推送了其正在需要的产品和购物信息、有趣的内容、及时的优惠券以及折扣价格，人们常常会改变看法。在日益拥挤的移动营销空间，除非看到真正的价值，否则顾客不会心甘情愿地接受移动营销。因此，对营销者而言，要开发对消费者真正有价值的产品和广告，让顾客放下戒备之心。

（四）建立网络口碑，培育忠诚顾客

消费者可以方便地访问互联网，网络评论已经成为一种新的口口相传形式。网络评论主要通过产生的口碑传播来发挥作用，包括影响未来客户的购买意愿和信任、客户需求和酒店的财务业绩（Sparks and Browning，2011）。传统的口碑传播受到社交网络规模的限制，而网络口碑可以包括一个跨越全球的社交网络。潜在消费者可以在购买前搜索现实消费者的评价，获取产品信息。对于潜在消费者来说，这些评论有可能提升或削弱一个品牌，从而影响公司的声誉。

网络口碑会极大地影响消费者对品牌的认知和客户关系。正面评价的传播可以成就一个企业的品牌，对产品宣传及客户推广起到积极的推动作用；而负面评价则很可能会造成客户的流失，甚至带来品牌危机。因此，对于旅游企业来说，一方面通过积极的在线反馈，以相对较低的成本获得和保留新客户；另一方面更应该关注负面口碑，从根源上发现问题所在，并积极地回应旅游消费者，适当时候做出一定补偿措施，以树立良好的网络口碑，维持良好的客户关系。网络评论是关于消费者态度实时信息的一个有价值的来源，可以为企业提供纠正措施以提高服务质量的指标。因此，旅游企业应该监控网络口碑，及时发现和纠正缺点，创造更多积极体验，从而扭转评论，树立良好的网络口碑。此外，企业也要充分利用网络评价，从中找出忠诚消费者，建立客户管理信息系统，定期维护与更新，对这些旅游消费者实施优惠政策或给予适当奖励，从而实现旅游品牌与消费者之间的良性互动，为企业培育更多忠实顾客。

复习思考题

1. 哪些因素会影响旅游者的满意度，如何进一步提升旅游者满意度？
2. 找一个旅游企业的顾客忠诚计划，了解其构成、管理和实施效果。
3. 利用网络评论分析某一旅游产品或服务的顾客需求，并为其制订精准的营销计划。

第三篇　旅游消费者群体行为

第十一章

旅游市场细分与定位

【本章学习要点】

1. 理解市场细分的概念，掌握进行市场细分的原因，以及市场细分的评判标准。
2. 了解市场细分标准的选择方法，并掌握不同市场细分标准的适用情况。
3. 熟悉市场细分与定位策略的关系，掌握如何根据市场细分结果制定有效的定位策略。
4. 掌握分析市场细分与定位策略的定性和定量研究方法，以及它们的适用范围。

市场细分和定位是消费者行为研究和市场营销中最重要的两个概念。企业通过市场细分和定位可以精准了解不同的消费者需求、评估每个细分市场的营销潜力以确定目标市场，从而有助于企业为特定目标市场提供产品和服务、实现营销目标并确立市场地位。当今，消费者不仅有越来越多的产品类别可以选择，在这些类别中也有众多的品牌选择。因此，营销人员需要充分做好消费者研究，以确定市场细分的基础、选择适当的目标市场并制定有效的定位和营销组合策略。

第一节 市场细分的概念

一、市场细分的定义

在营销理念诞生之前，企业普遍采用的经营方式是大众化营销，即向所有消费者提供相同的产品和营销组合。与大众化营销相反，市场细分需要执行系统的事项和流程。具体来说，企业通过市场细分将庞大而多样的大众市场划分为具有共同需求、特征或行为的消费者子集，然后以一个或多个细分市场为目标制定相应的营销组合（包括产品、价格、地点、促销等）策略。

市场细分有两个关键前提。首先，消费者的偏好是多样化的。例如，一些消费者偏好动力强劲的汽车，而另一些消费者则更关注车辆的空间和驾驶性能；有些旅游消费者偏好自然风光类旅游目的地，而有些则偏好人文历史类旅游目的地。尽管消费者之间的差异性明显，但如果所有消费者都有类似的偏好，那么市场细分的必要性就不大。其次，企业必须有能力为目标细分市场提供有吸引力的产品或服务。通常，企业需要为细分市场以及满足目标细分市场的特殊需求投入额外的人力成本和资金。与此同时，市场细分后企业所面对的消费者规模也会相应缩小。因此，企业为某一细分市场定制产品或服务需具备显著的吸引力，从而使得该细分市场的消费者愿意为其支付高于大众化产品的价格，以弥补企业的成本并实现盈利。

二、市场细分的重要性

如前所述，如果所有消费者都是一样的，即他们拥有相同的经济条件、教育背景和经历，以及相同的需求、愿望和欲望，那么市场细分的重要性就不足以凸显，而大众化（无差别）营销将是合理的策略。简单来说，大众化营销是基于统一的营销策略，为消费者提供单一的标准化产品，其主要优点是成本低。例如，生产农产品（如大米、牛奶）或基本日用品（如纸巾、洗手液）的企业采取大众化营销策略会比较合适。然而，大多数企业不能采用无差别的营销方式。当试图通过单一的营销活动向潜在客户销售相同的产品时，即其产品描述为可以满足共同或通用需求，很容易导致最终几乎没有人愿意购买。例如，冰箱为家庭提供很好的食物保鲜空间，但一个标准尺寸的冰箱对于独自居住的人来说可能太大，而对于一个核心家庭又可能太小。如果企业向独自居住的个人和核心家庭提供同一型号的冰箱，而竞争对手根据差异化为两类消费群体提供产品以满足这两类消费者的具体需求，那么后者在竞争激烈的市场中将会赢得消费者的青睐。因此，任何不进行市场细分而为所有类型消费者提供单一类型产品的公司都很难生存，除非所提供产品的专业和技术壁垒很高（如芯片），或是专门针对利基市场设计（如洞穴探险旅游、极地冰川游）。毋庸置疑，市场细分对于企业来说十分重要。这种重要性主要体现在以下几个方面。

第一，帮助企业确定所面对的消费群体从而提升市场竞争力。通过市场细分，企业可以锁定具体的消费市场，促使经营者和营销人员更有针对性、更有效地制定决策以提升在特定市场的品牌知名度和品牌价值，从而提升企业竞争力。第二，进行市场细分有助于企业的市场扩张。具体来说，企业可在现有的基于地理分布的细分市场基础上，实现区域市场扩张。例如，锦江国际集团近年来成功实现向海外市场的扩张，由专注国内市场转型为迎合世界需求的全球化企业。因此，企业也可以将市场扩张至具有其他人口统计学特征的群体。例如，喜达屋国际酒店旗下的 W Hotels 和 Aloft 分别面向高端年轻市场和中端年轻市场；“携程旅行”在休闲游板块以中等收入的大众旅游消费者为主要目标市场，其于 2012 年推出的“鸿鹄逸游”则专门针对高净值人群的高端定制旅游需求。第三，市场细分有助于企业与目标市场更有效地沟通以及维护客户关系，以深入了解顾客希望从产品中获取的价值、愿意支付的价格，以及希望获得服务的地点等。第四，避免不必要的竞争，实现利润最大化。鉴于当今消费者的不同偏好以及无数的产品和服务，大多数公司很难做到面面俱到。此外，企业在通过细分过程对市场进行评估时，能够确定那些已被强大而有力的竞争者所占有的饱和细分市场，以及发掘那些服务提供不足的细分市场。具体来说，细分、确定目标和定位使营销人员能够基于价格、造型、包装、分销方式和服务水平等特征来区分产品，从而避免在市场上正面竞争。营销人员发现，提供差异化产品虽然在细分和战略定位时需要投入的研究、生产、广告和分销成本更高，但可以有效地满足消费者的不同需求，这比无差异、大规模营销的利润高得多。第五，市场细分有助于营销人员进一步确定最合适的营销侧重点和广告投放媒介，强化宣传效果。简单来说，不同的细分市场客群在信息接收渠道、营销内容偏好等方面必然存在差异，因此，企业需要有针对性地开展营销活动。

相对企业，消费者和社会从市场细分中获取的好处并不是特别显著。但总的来说，细分市场对消费者的重要性也不容忽视。首先，市场细分所带来的精准营销有助于消费者节约其花在产品搜索、评估、购买上的时间。随着企业有效地进行市场细分，消费者将不再需要接收和评估自己不感兴趣或不需要的营销信息，取而代之的是企业锚定用户实际需求的营销信息投放。例如，一位家住郊区的家庭主妇不需要也不希望收到关于城市中心单身公寓的营销邮件；年轻的、住在城市公寓的单身女性不需要也不希望被推销草坪修理服务。同样，向工薪阶层推销豪华度假酒店或者高端定制旅游毫无意义，但是推销和需求不对称的营销也会时常发生（例如，人们经常会接到房屋中介公司推荐别墅的营销电话）。总的来说，市场细分会提高企业营销的精准性和高效性，消费者也会因此不用再接收铺天盖地的营销信息。

此外，市场细分提供的专门的产品和服务有助于满足消费者的具体需求和愿望，从而提高其生活品质。显然，如果企业不进行市场细分，那么消费者对于产品和服务的体验感很有可能大打折扣。例如，在线旅行社只提供一种旅游线路产品显然不能满足消费者需求，因为人们普遍对于景点类型、游玩时间、预算等的偏好不尽相同。而因为市场细分是基于消费者的需求、特征和行为而进行的，所以，几乎所有消费者都可以在市场上找到可以满足自己需求的产品。例如，居住在寒带的消费者可以买到防冻和冷启动效果好的汽车，寒带地区的消费者可以买到防冻性能好、空调制热佳的汽车；大众旅客可以乘坐价格实惠的经济舱，而商务旅客可以乘坐环境舒适的商务舱。

三、市场细分的评判标准

需要明确的是，并非所有的细分市场都具有可行性和盈利潜力。对于企业和营销人员而言，他们需要决定如何划分市场、选择一个或多个细分市场作为目标客群，以及如何确定适合目标市场的营销组合。在细分市场成为企业的目标客群之前，应满足以下五个标准。

第一是可识别性。可识别性指的是细分市场的依据以及市场细分后是否可以界定和衡量。如前所述，消费者在需求和行为方面的共同特征是市场细分的参考依据，这些特征类型众多（具体将在下一节“细分标准的选择”中详细讨论）。简单来说，一些细分变量，比如人口统计学特征（如年龄、性别、种族）很容易被识别，而其他特征如消费者的教育背景、收入水平、职业、婚姻状况等则可以通过调查来确定。至于消费者对产品或服务的价值期待及其生活方式等特征，则较难识别和衡量。但总体而言，无论企业采取哪几种特征来确定细分市场，前提都是要采用可识别的特征作为细分标准，以确保细分市场的差异性和可识别性。因为如果企业无法描述细分后市场的特征，并为之开发相应的产品和服务、制定有针对性的营销策略，那么细分也就失去了意义。

第二是规模性。对企业来说，只有具备盈利性的细分市场才值得对产品开发和营销活动进行持续投入。一个细分市场必须有足够多的消费者来支撑其实现盈利，即具备一定的规模。为了衡量一个细分市场的规模和盈利能力，营销人员需要利用二手数据（如人口普查数字、政府统计公报等）和开展消费者调查以估算特定消费者群体的规模、消费能力和购买倾向。

第三是稳定性。大多数企业倾向于瞄准那些在生活方式和消费模式上相对稳定的消费者群体（并且在未来有可能成长为规模更大、消费力更强的市场），而避免那些不可预测的“善变”群体。例如，青少年是一个容易识别、规模庞大的市场群体，因为大部分青少年愿意尝试新事物、消费欲望和购买力很强，而且营销可达性强。然而，他们跟随流行趋势的特征也很显著，当企业为青少年生产满足当下流行趋势的商品时，这一群体可能已经开始追随新的流行趋势了。

第四是可进入性。要成为目标市场，一个细分市场必须是可进入的，即营销人员能够以高效的方式接触到该细分市场并为之提供产品和服务。随着网络技术、社交媒体（如通过微博进行产品推广）以及营销方式（如直播带货）的发展，营销人员有了更多的渠道来接触独特的细分市场，并为其定制产品和营销信息。

第五是匹配性。并非每家企业都有兴趣或有渠道接触并进入到每一个细分市场，即便该细分市场符合上述四个标准。例如，一些实力雄厚的国际航空公司（如新加坡航空、卡塔尔航空）除了提供传统的“经济舱”、“商务舱”和“头等舱”之外，还提供“豪华套房”和“超级经济舱”等舱位以满足不同的出行需求。然而，春秋航空只提供无差别的、廉价的航空专线服务，因为该企业的商业目标就是成为一家低成本航空公司。甚至为了压缩票价、提高载客率，春秋航空还计划推出站票服务（后因安全因素暂停该计划）。再如一些规模较大的旅行社（如北京凯撒国际旅行社）会建立丰富的产品线，为市场提供团队旅游、自由行、海岛游、邮轮游等服务，而一些小规模的旅行社则可能只针对本地消费者，提供跨省游甚至是本地游产品。

第二节　细分标准的选择

消费者在许多方面（如人口统计学特征、生活方式、产品使用习惯等）存在差异，而每个方面都为企业进行市场细分提供了一个潜在的、有用的参考。大体上，在进行市场细分时，企业首先基于特定的消费者特征将市场划分为具有共同特征的人群，然后挑选出其能够提供最优价值的细分市场。虽然本小节对每种细分标准进行单独讨论，但在实际情况中，企业会结合多种标准来划分和组合消费者。

一、人口统计学特征

企业最常利用人口统计学特征进行市场细分，因为这些特征易于获取和统计，并且与消费者的需求密切相关。显然，消费者的偏好、购买习惯和行为因多种不同的人口统计学特征而有显著差异。例如，男性消费者注重产品性能，而女性消费者更关注产品的颜色、款式等。此外，大多数营销活动所需的二手数据，如人口普查数据，都是以人口统计学特征来描述的。人口统计学特征包括年龄、家庭规模、生命周期阶段、性别、收入、职业、教育等。其中，消费者的年龄与生命周期阶段、性别、收入、世代及社会阶层是最常用的细分依据。

年龄与生命周期阶段——消费者的消费能力和需求会随着年龄而变化。生命周期阶段决定了这一时期消费者主要关心的问题。然而，心理特征上的差异可能导致基于年龄和生命周期阶段的市场营销分析失效。

性别——根据基因和社交的影响，男女之间有着不同的态度和行为（González et al., 2021）。基于性别的产品或服务差异化在服装、理发、化妆品和杂志等行业已有悠久的应用历史。性别差异在住宿方面的表现也很明显，女性商务客人一般把房间的温馨氛围、人性化、细节性的服务以及价格因素作为衡量酒店的标准。客房内是否有熨斗、熨衣板、送餐服务以及浴袍等也是她们重要的考虑因素。但男性住店客人则一般考虑更多的是服务质量以及配套商务设施。然而，单纯地将产品定位为男性使用或女性使用已经不足以满足市场的需求。男性和女性个人用品市场都出现了市场融合的趋势，即女性使用较多的产品同样也可能吸引男性使用者。社交媒体能够帮助市场营销人员更容易地接触目标性别市场。

收入——基于收入进行市场细分在汽车、服装、化妆品、理财服务和旅游行业有着悠久的历史。在某些情况下，一些企业专注于低收入细分市场，因为这些市场的竞争压力较小或消费者忠诚度更高。而另一些企业则在溢价商品和服务市场中取得成功。此外，企业发现所在市场逐渐变成“沙漏型”，即中等收入群体中的消费者同时对溢价和低价商品都存在需求（Byron，2011）。

世代——不同世代的消费者受到所处成长时代的深刻影响，他们有着相同的大众文化、政治和经济体验，以及相似的观点和价值观。市场营销人员经常在广告中利用目标世代群体中突出的偶像或形象进行营销。不同世代群体之间存在明显的差异，但同时也会相互影响。

社会阶层——市场营销人员可以通过部分宏观标准来对社会阶层进行分类，如职业、教育、家庭收入和财产价值。每个社会阶层在阶层内部都有一套明显影响购买决策的价值观。

二、地理特征

地理细分将市场分为不同的地理单元进行分析，如国籍、地区或城市。企业可以选择在其中一个或几个区域运营，也可以进入所有区域市场，但企业需要注意不同地区之间的差异。基于地理特征进行市场细分的一个假设是，地理位置上相近的消费者对产品和服务有着相似的需求和偏好。例如，喜力公司为禁止酒精的中东国家开发无酒精的啤酒；宝洁公司根据地区水质和常用的洗衣机类型，在世界各地销售不同配方的汰渍洗涤剂。地理细分还会考虑一个地区的气候或地形特征。例如，雪地靴在气候寒冷的地区销售，而冷气机则销往炎热的地区。

地区营销是地理细分市场中最为常用的营销方式，在地区营销中，许多企业会利用地图软件来识别客人的地理位置来源。一些地区营销研究会将地理分布数据和人口统计数据结合起来，对消费者及其区域进行更为详细的分析。这种分析被称为地理人口细分，即通过人们的生活地区对消费者进行分析（Sleight，2004）。最早将地理人口细分策略应用到市场营销中的是尼尔森，并由此创造出细分系统——PRIZM®（最初由 Claritas 公司开发）。该系统以美国为范本，综合了其社区和家庭层面的地理数据、人口普查数据，以及消费偏好和媒体使用信息，进而将全美归纳为 14 大社会群体，划分为 66 个不同的细分市场。每个细分市场都配有相应的插图来描述该群体的整体特征和消费偏好。因此，美国几乎所有家庭或社区的用户画像都能通过该系统被清晰展现。以下是 66 个细分市场中的若干样本特征。

#3 权势人物（movers and shakers）：向上层社会流动的精英人士群体，主要由受过高等教育、富足、居住在郊区的双收入家庭构成。这个群体的成员可能会经营一家小企业或拥有家族企业。

#4 网络精英（young digerati）：该群体富裕、受过良好教育、种族多元化、在高科

技时代如鱼得水并颇有成就，通常是居住在市中心高端公寓的单身人士和情侣。

#13 跨越阶层者（upward bound）：这一细分市场由拥有大学学历和白领工作的双收入家庭组成，通常收入较高、居住在较新的郊区。家庭基本会围绕孩子的需求来进行消费决策。

#39 退休空巢家庭（domestic duos）：指由中等收入群体中的退休老人组成的细分市场。通常来说，这一群体居住在郊区、已还清房屋抵押贷款、有固定的养老金收入、生活不算奢侈但稳定而舒适。

#51 追逐自由的青年夫妻（shotguns and pickups）：指拥有大家庭的年轻工薪阶层夫妇、群体，他们向往无拘无束的奔放生活，其中有三分之一的人居无定所。

对于企业来说，可以借助 PRIZM®系统来确定其市场中的集群，挖掘潜在用户并定制相应的营销活动、选择合适的营销信息传播渠道，从而提高销售额和市场渗透率。

从地理的角度，旅游包含三个主体：目的地、客源地、两地之间的路线（Leiper，1979）。旅游消费的异地性使得目的地和客源地之间的距离、路线、交通等成为消费者在选择目的地时的重要考虑因素。Cai 和 Li（2009）研究发现距离是一种简单而有效的市场细分方法，旅游距离不同的旅游消费者在人口统计变量、旅游动机，以及旅游行为方面均存在显著差异。鉴于此，旅游规划当中通常使用地理要素作为依据，将市场细分为入境市场和国内市场，国内市场又分为周边市场、区域市场、远程市场。

三、心理统计学特征

心理统计学特征在市场细分中的应用同样常见，其重点在于揭示消费者的心理、性格特点、生活方式、信仰、价值观等，从而将消费者划分为不同的组别。这种细分方式不同于人口统计学分析，后者主要关注消费者的身份，而心理统计学特征则提供了更为深入的用户画像，尽管它们无法直接解释消费者的购买动机。营销研究人员通常通过活动（A）、兴趣（I）和观点（O）这三个主要因素来描述个人的生活方式和所属心理特征群体，简称 AIO。活动涉及人们愿意投入时间的活动，如旅游相关活动；兴趣涉及人们认为生活中重要或有价值的事物，如家庭、娱乐、度假；观点涉及人们对周围事物的感受和评论，如对主题旅游事件的看法、解释、期望及评价。通过 AIO 进行市场细分有助于深入洞察消费群体的特征，如时间或价格敏感度、冒险精神或自信心等。

米歇尔在 20 世纪 80 年代初期通过对约 1600 户美国家庭的调查研究，设计出了基于人口统计、价格观念、倾向和生活方式等变量的 VALS（values and lifestyles）综合型消费者分类系统，该系统随后在商业领域得到应用，并被 200 多家国外公司和广告代理商用于营销实践（吴垠，2005）。VALS 系统基于自我导向（self-orientation）和可用资源（resources）两个维度，将美国具有不同生活态度和消费行为及决策形式的成年消费者分为 8 个消费群体，包括创新者、思考者等（Morganosky，1986），见图 11-1。自我导向意识指的是消费者的态度和购买行为，包括原则导向型（基于个人信念）、地位导向型（参照同辈观点）和行动导向型（影响周围人）；可用资源是心理、生理和物质形态方面的资源的全面综合，包括教育、收入、自信、健康、购买愿望、智力和能力水平（Morganosky，1986），会影响消费者对动机的执行能力。

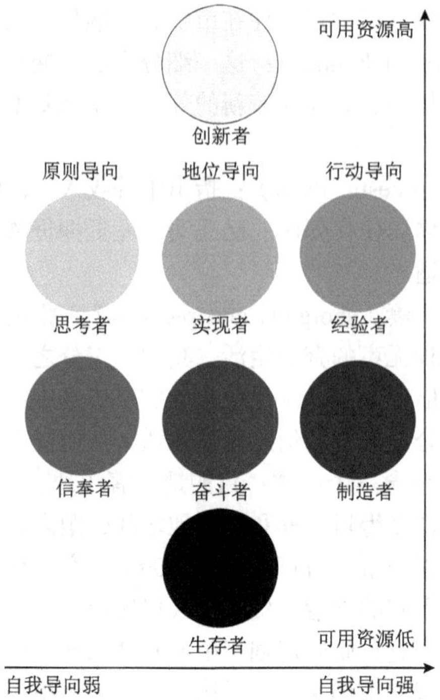

图 11-1　基于 VALS 系统的消费细分市场

资料来源：Morganosky（1986）

截至目前，VALS 系统不仅在欧美国家得到广泛应用，日本、英国、委内瑞拉、多米尼加、尼日利亚和中国等国家也有应用。总体而言，三种自我导向意识的分类适用于各种文化背景；然而，由于细分市场规模因国家而异，资源特征的差异也会影响群体对自我导向意识的表达。

四、行为特征

基于行为特征的细分是根据消费者对产品特定属性偏好、使用场合、使用方式、产品使用率和忠诚度等来进行划分目标市场等。重要的产品属性（如口味、颜色）是有价值的细分参照，因为它们很容易识别。例如，企业会依靠诸如分辨率等的产品属性对数码相机市场细分并开发合适的产品。不过，用来细分消费者的最常见的产品属性还是价格。企业可以基于价格对市场采用多种方式的细分并形成价格细分模型（price segmentation model）。图 11-2 是基于痛苦感知（perceived pain）和价值感知（perceived value）两个维度构建的，包括四个细分市场的价格细分模型。其中，痛苦感知是指消费者在为产品支付其认为的高价时，所经历的焦虑和负面情绪；价值感知是指消费者感知到的产品之间的差异化程度，或是消费者根据价格将某类产品的品牌视作独一无二的程度。简单来说，消费者对产品（或品牌）的价值感知高时，则倾向于认为该产品与同类产品在质量及其他产品属性方面有很大的差异；反之，消费者倾向于将其视作普通消费品，认为没有什么差异性。

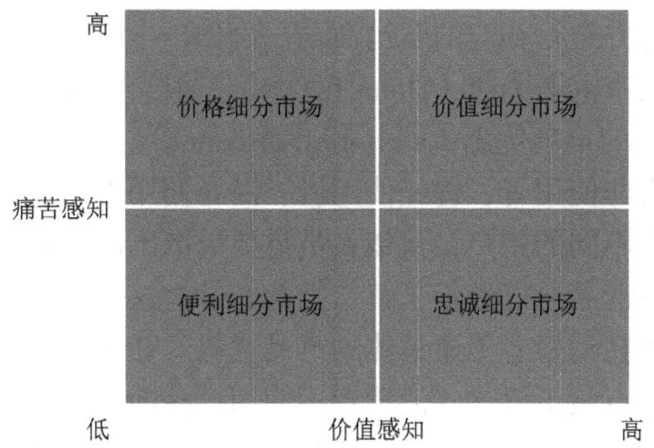

图 11-2 价格细分模型

这一模型中的四个细分市场差异显著。具体来说，痛苦感知高和价值感知低的消费者属于价格细分市场（图 11-2 的左上角），一般来说，这个细分市场的消费者觉得大多数品牌都差不多，不想为某一特定品牌的产品支付高价。而因为对价格高度敏感，为了以最低价购入商品，价格细分市场的消费者可能会牺牲额外的利益和服务。经营临期或瑕疵产品的商店因此非常受这一群体的欢迎。此外，大众品牌和开架式产品也将这一细分市场作为目标客群。

痛苦感知和价值感知都处于低水平的消费者则属于便利细分市场(图 11-2 左下角)。虽然便利细分市场的消费者也认为品牌的差异性不大，但这一市场对价格的敏感性不如价格细分市场。相对而言，便利细分市场的消费者对购物时间很敏感，希望尽量减少搜索和评估时间，因此，他们愿意支付高于市场的价格以换取便利性。例如，线上购物对这些消费者具有吸引力。尽管在网上购买产生的相关运输费用（如外卖）可能会推高产品价格，但消费者可以在家方便又迅速地选购和比较几个品牌。

痛苦感知低和价值感知高相结合会形成忠诚细分市场（图 11-2 右下角）。这一群体对那些已经成功建立品牌并提供优质产品的企业来说是非常理想的营销目标。通常来说，忠诚细分市场的消费者通常会非常"挑剔"，他们会因为产品品质、口味等属性执着于购买某一特定品牌（无论是否有折扣或者优惠）而不接受替代品。

最后是同时表现出高痛苦感知和高价值感知的价值细分市场（图 11-2 右上角）。这一细分市场虽然认同品牌是高度差异化的，但也不愿意为这种差异化付费，即他们希望以最低的价格买到最好的品牌。销售高档品牌存货（如 Coach 包、Calvin Klein 服装和 Wedgwood 瓷器）的奥特莱斯因此非常受价值细分市场的欢迎；企业的优惠券营销活动也非常适用于这一群体，因为优惠券可以让他们觉得在购买优质品牌时得到了特别的、独家的优惠。

使用场合细分则基于人们在一天中的不同时段、一年中的不同时间，以及在不同的事件或不同的场合中产品消费的差异。例如，人们在早餐时喜欢吃油条和喝豆浆，但在午餐时喜欢吃米饭。此外，不同的季节需要不同类型的产品，例如，冬天需要穿厚外套和羊毛衫，而夏天则需要穿 T 恤和短裤。当然，产品可能是生活必需品，也会是特定事件或特殊场合使用的产品，如万圣节的南瓜和中秋节的月饼。旅游和酒店行业也会通过节事对消费者进行细分并进行相应的营销活动。例如，中国旅游消费者倾向在春节期间外出旅游，中国香港的唯港荟酒店（Hotel ICON）一般会在春节前1个月，特别针对内地旅游消费者提供15%的早鸟优惠（early-bird discount）。

所有的产品都会有非使用者、曾经使用者、潜在使用者以及轻度、中度、重度使用者。对于产品使用程度不同的用户，营销人员需要采取不同的营销策略。例如，潜在使用者可能对产品类别或产品的好处不了解。因此，针对这一群体的营销工作应该努力提高产品知名度，并向潜在消费者传递具体的产品优势。在吸引曾经使用者，甚至是非使用者方面，最重要的一点是了解这些消费者不使用产品的原因。而重度用户已经知道并喜欢该产品，因此，针对这一群体的营销工作重点是引导他们继续购买并保持其忠诚度。例如，许多类型的企业（如电影院、书店、餐厅）会推行客户忠诚度计划。大体上，顾客消费越多，可以获得的奖励和福利就越多。这一营销策略的核心目的是提高用户留存率。在旅游业中，航空公司和酒店会为旅客提供特殊的奖励计划。例如，航空公司的常客可以获得免费机票、舱位升级和便捷登机等服务；而酒店则为常客提供免费房间或房间升级服务。

第三节　市场细分与定位策略

一、市场细分的策略

企业在进行市场细分时，可以根据不同的战略目标选择不同的市场细分策略，以扩大市场份额、提高收入等。这些市场细分策略包括：单一细分市场、选择性专业化、产品专业化、市场专业化、全市场覆盖。

通过在单一市场进行集中性营销，企业能够获得大量关于此细分市场需求的知识，同时实现品牌的市场拓展。此外，企业可以通过产品、分销渠道和推广的专业化在细分市场中获得经济效益。当企业在细分市场中成为领导者时，可以获得高额的投资回报。然而，单一细分市场存在明显风险，例如，细分市场衰退或竞争对手进入细分市场。因此，许多企业偏好将风险分散，将业务拓展至多个细分市场。如果企业选择在多个细分市场发展业务，管理层需要留意细分市场之间对成本、业绩表现和技术的影响。此外，企业可以选择在特级细分市场开展业务，而非专注于孤立的细分市场。特级细分市场是一组具有可开发相似性的细分市场。例如，许多交响乐音乐会的目标顾客是有广泛文化兴趣的消费者，而非经常出席音乐会的人。

选择性专业化是指企业选择进入数个具有吸引力且合适的细分市场。这些细分市场相比其他细分市场没有或很少有协调性，但每个细分市场都有足够的盈利能力。这种多元化细分市场战略能够有利于企业分散风险。例如，以医药大健康（细分为健康险、医疗器械、母婴用品等多个市场）以及地产业（包括高端写字楼、中高端住宅等细分市场）为核心的复星集团在2011年正式进入旅游领域，并细分出在线旅行社（托迈酷客）、高端度假酒店（三亚·亚特兰蒂斯）、精品度假酒店（Cook's Club）、休闲度假旅游目的地（复游城）等多个针对不同目标客群的市场。

产品专业化是指企业制造特定一种产品并向不同的细分市场销售产品。根据不同市场的需求，企业可以提供不同型号或不同功能的同款产品，并在此产品市场中建立品牌声望。许多企业采用这一策略并取得了成功。例如，茅台集团只销售茅台酒（贵州茅台）这一产品，但是根据消费者的口感偏好、消费水平等，该企业又将贵州茅台分为传统款（飞天茅台、五星茅台）、特别款（年份酒、纪念酒）、系列酒（王子酒、迎宾酒）等多种度数、香型、价格等不同的细分产品。其他产品专业化的典型案例还包括半导体公司台积电（专注芯片制造，但会根据客户需要提供不同尺寸的芯片）、可口可乐（向全球销售可口可乐这一种产品，不过也有针对减肥人士推出的无糖可口可乐）等。然而，产品专业化的风险也很明显——企业所提供的产品容易被全新的技术所取代。例如，曾连续霸占全球手机市场 14 年之久的手机制造商——诺基亚，在面对采用最新通信技术的智能手机时，手机业务迅速萎靡，并曾于 2014 年正式退出过手机市场。诺基亚随后转型为以技术研发支持、网络基础设施服务等为主要业务的公司。

市场专业化是指企业专注于满足一个特定消费者群体的多种需求，并在此消费者群体中建立品牌声望。例如，汽车制造商宝马、奔驰。凭借在消费者群体中的声誉，企业可以制造其他产品进入消费者市场的渠道。市场专业化的风险在于消费者群体规模的缩小或预算缩减。例如，近年来，随着纯电动汽车消费需求的旺盛，传统燃油车市场规模已相应萎缩。这也使得大众、比亚迪等众多燃油车企业将业务拓展至电动车领域。

只有非常大型的企业才拥有实施全市场覆盖的能力，如微软、通用汽车和可口可乐。在全市场覆盖战略中，企业面向所有消费者群体提供他们需要的所有产品。这些大型企业有两种方式覆盖所有市场：标准化营销和差异化营销。标准化营销是指企业忽略所有细分市场的差异，并向所有细分市场提供同一种产品。企业设计产品，制定营销计划赋予产品一个优质的形象，以吸引尽可能多的消费者。标准化营销依赖于大众分销和大众广告。由于产品种类单一，企业能够在研发、生产、库存、运输、营销研究、广告、管理等方面降低成本。因此，企业能够将低成本转化为低价格，赢得价格敏感市场。差异化营销则是企业为不同的细分市场提供不同的产品。一般而言，差异化营销相对于标准化营销能够获得更高的销售收入。同时，差异化营销的成本也高于标准化营销。企业需要注意是否将市场过于细分，如果出现此情况，企业需要考虑进行反向细分（counter segmentation）以扩大消费者规模。例如，强生将婴儿洗发露的目标市场扩展至成年人（Kotler et al.，2009）。

二、影响市场细分策略的因素

在确定采用何种市场细分策略后，企业还需明确何时实施以及如何确定目标市场。以下四个因素应被重点考虑：消费者偏好的异质性（consumer preference heterogeneity）、多数谬误（the majority fallacy）、营收与成本的权衡（the sales-cost trade-off）以及自相蚕食的可能性（the potential for cannibalization）。

消费者偏好的异质性是与市场细分密切相关的主要考虑因素。它指的是消费者对产品或服务偏好程度的不同。例如，一些人偏爱辛辣食物，而另一些人则偏好清淡食物。随着消费者偏好异质性的提高，市场细分的必要性和复杂性也随之增加。异质性越强，单个细分市场提供的潜在利润也越大。当消费者的偏好不同时，分析这些偏好的分布情况变得尤为重要。例如，在食品的辛辣程度上，大多数消费者偏好适中口味，但也有一部分消费者偏好极辣或极淡的口味。

多数谬误是指企业往往倾向于只关注规模较大的一般细分市场，而忽视较小、不太典型的细分市场。这种倾向可能导致企业忽略了一些潜在的高利润细分市场。由于规模较大的细分市场竞争往往更为激烈，企业可能需要采取低价策略或增加营销成本，从而降低利润率。相反，规模较小的细分市场由于竞争较小，可能更具盈利潜力。例如，尽管经济型酒店市场需求庞大，但由于竞争激烈，利润率可能不高；而一些细分市场，如珠宝定制，尽管规模较小，但由于竞争不大，利润可能相当可观。

营收与成本的权衡是影响细分市场策略的另一个重要因素。随着市场细分数量的增加，企业销售额可能增加，因为产品更贴近更多消费者的偏好。然而，采用多产品策略的企业比单一产品策略的企业需要承担更高的运营成本。随着产品线的扩展，企业需要在生产设备、技术、营销活动等方面投入更多成本。此外，隐性营销成本也会增加，例如需要额外的时间调整广告内容、重新研究竞争对手等。因此，企业在确定目标市场数量时需要谨慎权衡，确保细分市场产生的营收大于投入的成本。

自相蚕食的可能性也可能影响市场细分的决策。当同一家公司提供的多种产品非常相似，以至于它们之间相互竞争时，就会发生自相蚕食的现象，从而导致过度细分。例如，可口可乐的消费者也可能购买健怡可口可乐，这导致可口可乐在消费者的饮料消费中与自己竞争。当自相蚕食是潜在问题时，企业的总体营收可能保持不变，而由过度细分导致的经营成本增加时，利润率反而可能下降。因此，企业必须在有效的市场覆盖和过多的产品之间找到平衡。

三、市场定位战略

在前面的章节中，我们已经详细介绍了市场细分的概念、意义、标准、策略等。借助这些标准和策略，企业可以对消费者进行划分和定位。对企业来说，识别目标客户群体至关重要，但定位的重要性也不言而喻。简单来说，定位在目标市场的沟通过程中表达了产品的价值主张，详细说明了产品或服务的特性，帮助消费者将某个品牌的产品与其他产品区分开来，并了解该产品如何具体满足他们的需求和愿望。产品的“定位”是指产品在顾客心目中相对于竞争对手产品所占据的位置。企业必须始终以竞争为导向进行定位，定位不是营销人员对产品所做的具体工作，而是消费者基于营销人员所提供的品牌和产品信息在心中形成的产品形象。因此，营销人员难以对产品进行明确的定位，他们所能做的就是将营销组合传达给目标市场，让消费者在自己的头脑中构建产品形象。

所有的营销活动都会影响定位，反之亦然。例如，奢侈品牌不会在沃尔玛销售其产品，因为沃尔玛作为低成本零售商会破坏奢侈品的高端定位战略；同样，沃尔玛也不愿销售奢侈品牌的产品，因为这与其作为低成本零售商的形象不一致。简而言之，定位不匹配的决策可能会让客户感到困惑。总的来说，产品的特点、市场细分准则的采用、竞争环境和企业的目标等因素将决定企业使用哪几种策略来定位他们的产品。目前较多采用的定位策略包括领导者定位、跟随者定位、基于市场细分标准的定位和再定位。

有些品牌会率先进入并占领市场，这类品牌被称为先锋品牌（pioneering brands）。研究表明，先锋品牌在市场上具有优势。首先，先锋品牌新颖有趣，能够吸引消费者的注意，从而增加消费者选择的机会（Kardes and Kalyanaram，1992）。其次，先锋品牌为新品类设定了参照标准，消费者对其他跟随品牌的产品属性、功能和特征会根据这些标准来判断（Carpenter and Nakamoto，1989）。同时，这些标准也会成为其他企业的参考。

在对品牌进行市场定位时，跟随者品牌可以采取多种策略来区分自己与领导者品牌。其中之一是创造一个在顾客看来是新的产品类别，从而将品牌与领导者区分开来。例如，百事可乐通过将自己定位为面向年轻消费者的更时尚、更潮流的品牌，在与可口可乐的竞争中取得了一定的成功。跟随者品牌有时也会采取"反其道而行之"的定位策略，即一个品牌将自己定位在领导者的对立面。以奔驰和宝马之间的竞争为例，一直以来，奔驰都自称是世界上最著名的豪华汽车品牌，而其竞争者宝马则采取了相反的策略——奔驰以舒适和豪华的空间著称，而宝马则专注于灵活的性能。如今，宝马在全球许多市场上的销量超过了奔驰。另一个反其道而行之的经典例子是20世纪60年代著名的七喜"非可乐"（uncola）广告（可乐是深色的、甜的、回味强烈的，而可乐的反面就是非可乐）。该广告使用了一个非常成功的比较主题，将干瘪的可乐果（实际上是可可豆）与多汁、多彩、活泼的"非可乐果"（新鲜柠檬和酸橙）进行比较。此外，该公司还推出了非可乐饮料杯，设置了倒置的可口可乐沙漏。20世纪60年代末，七喜的年销售额增长高达20%。而在这场营销活动之前，七喜在市场中的存在感非常低。化劣势为优势是跟随者品牌的有效策略。例如，安飞士租车公司（一个明显的跟随者品牌）在其非常经典且成功的广告中表示："我们更努力。"通常情况下，较小的公司也会使用"不是最大的，只是最好的"这句话来表明，较小的公司可能意味着更高的质量和更个性化的服务。

除了相对宽泛的领导者和跟随者定位策略外，一些具体的策略可以适用于所有类型的品牌。这些策略与本章前面讨论的市场细分的选择标准紧密相关。首先是核心优势定位。基于核心优势定位是市场定位中的常见策略，即企业依赖于单一的属性或优势，将品牌与竞争对手的产品区分开来。在利用核心优势定位时，品牌的识别符号应该简短易记，并且应该使产品与竞争品牌有明显的区别。换句话说，该优势应该是与该品牌完全相关的，并在消费者心目中占有很高的地位（Ries，2005）。例如，沃尔沃（汽车）以安全著称，微软的操作系统以稳定性著称，顺丰快递以隔天即达著称，得宝纸巾以不易破著称，拼多多以低价著称，海底捞以服务态度好著称。

然而，企业有时候很难只集中在一个核心优势上。这是因为也许已经有竞争者因一项关键优势在市场脱颖而出，或是产品的核心优势很复杂，很难向消费者传达。而价格则可以替代优势来宣传产品属性。价格会通过数字简单直观地传递给消费者，并且价格对大多数消费者来说都很重要，因为他们习惯用价格来衡量质量，认为"一分钱一分货"。这就是所谓的价格-质量联想（price-quality heuristic）。简单来说，将品牌之间的价格差异传达给消费者，就会转化为感知到的质量差异。价格定位通常有两种形式：溢价定价或低于竞争对手的定价。溢价定价有时也被称为声望定价，是将品牌定价到其所属产品类别的价格范围的高位，以高价获取高利润。这种定价策略适用于任何类型的产品，如10万元一块的伯爵手表、5万元一个的都彭打火机。产品定价低于竞争对手是大众品牌经常使用的策略，意在通过低价格迅速扩大产品的销售量，以维持和提高市场占有率。例如，沃尔玛通过低价策略，即对其所销售的大部分产品类别的定价比竞争对手低10%，发展成为世界零售业巨头。早期的小米手机通过自建销售渠道等实现最大程度的低价销售，最终在竞争激烈的手机市场抢得一席之地。

基于产品使用场景定位也是常用的定位策略，这一策略关注的是产品何时或如何被购买和消费。通常来说，在某一特定品牌和某一特定使用场景之间建立强有力联系的促销活动会使消费者在出现这种场景时想到该品牌。例如，Linkedin 被定位为供商务人士求职和社交使用，佳得乐被定位为适合于剧烈运动时帮助补充能量。企业有时也会按产品用户进行定位。按照产品用户定位时，企业需要明确锁定其核心用户群体，将产品和品牌与用户联系起来。例如，耐克公司下属的运动鞋品牌乔丹（Air Jordan）是针对篮球爱好者（尤其是迈克尔·乔丹的粉丝）这一群体而设立的，并将篮球鞋作为产品主线；露露乐蒙（Lululemon）以追求现代时尚和专业的精英女性为核心用户，将自己定位为高端运动（瑜伽）品牌。

通常情况下，当企业希望改变现有的品牌形象或解决经营困境时，会采取再定位策略。这种品牌变革的原因多种多样，包括企业目标客群价值取向和习惯的转变、原有定位不恰当或不符合市场需求、企业需要扩张等。例如，为了在竞争激烈的护肤品市场中重新确立地位，国货化妆品品牌百雀羚近年来重新定位为“科技新草本”的品牌形象，并将营销目标从妈妈辈的女性转向年轻女性。为此，该品牌相应地调整了营销策略，例如，邀请广受年轻女性欢迎的偶像作为代言人；对产品包装设计加入更多时尚元素；冠名综艺节目、推广 H5 页面宣传、建立微博互动等。通过这些举措，百雀羚成功地改变了大众对其陈旧过时形象的认知，并赢得了消费者的认可。此外，再定位策略还包括企业通过自己的定位来重构消费者对其竞争品牌的认知。例如，飞鹤奶粉的“更适合中国宝宝体质”的品牌定位试图向消费者传达其竞争对手的奶粉不适合中国宝宝。

总而言之，企业可采用的定位策略多种多样。具体策略的选择取决于产品的特点、市场竞争环境以及企业希望消费者对其品牌形成的心理联想等因素。例如，如果一个品牌是市场领导者，企业在营销中就应该强调这一点，即突出抢占市场先机的能力；如果一个品牌与其竞争对手在产品特性上有明显的差异性，且这种产品特征容易向市场传递，那么采用单一的核心优势定位策略就基本能获得成功；如果一个品牌与竞争对手的产品高度相似或难以区分，企业就可以采用价格、使用场景或用户定位策略；最后，如果竞争品牌有一个可利用的弱点，重新定位则是可行的策略。

评估消费者对品牌的感知是企业定位的一个重要部分。随着图形技术的发展，感知图谱已成为帮助企业或营销人员了解消费者、进行产品或品牌定位的重要工具。简单来说，感知图谱可以将消费者如何设想一个品牌直观地描绘为可视化图像。感知图谱对营销人员来说意义重大，因为其显示的图像可以作为一个研究工具，用以评估一个类别中的多种产品是如何定位的、消费者是如何看待与产品有关的属性的，以及市场上是否存在任何产品“空白”。

在创建感知图谱时，营销人员首先要对目标市场的成员进行调查；其次，邀请调查对象对产品的多个属性进行评价。例如，如果旅行社试图创建用户对主题公园的感知图谱，那么分析中可能使用的属性将包括：门票价格、项目类型、区位、设施安全性、区内餐饮、主题活动等。随后，各个属性评级将被置于各种统计技术之下，并提取出相应的感知图谱。相似的和不相似的品牌（如迪士尼、方特、欢乐谷、环球影城等）将各自位于不同的图谱范畴。因此，营销人员可以通过构建的感知图谱明确直接竞争对手（那些图上位置相近的品牌）和间接竞争对手。感知图上的空白处通常表明，市场上可能存在其他机会，营销人员可以借助新技术或加强创新来开发新的属性组合（如线上参会）。不过，这种空白也很有可能表明，消费者不需要或者不想要此类属性的产品。

图 11-3 为酒店品牌感知图谱示例。该图谱基于两个维度：①客房单价感知；②度假性感知（可以有两个以上的维度，但会稍难解释）。简单来说，通过该图谱可以推断：①锦江最直接的竞争对手是宝格丽；②安缦被认为是顶级度假酒店品牌；③右下角的空白区域表明，酒店行业似乎存在低单价的度假型酒店市场缺口（当然需要进行更多的研究来确定这个缺口是否有市场价值）。

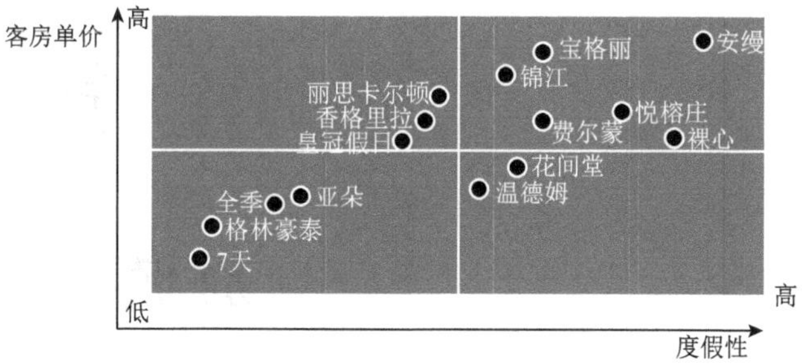

图 11-3　酒店品牌感知图谱

课后思考题

1. 什么是市场细分？为什么要进行市场细分？市场细分的评判标准是什么？请举例说明市场细分的重要性及其在商业实践中的应用。

2. 在进行市场细分时，应如何选择合适的细分标准？请列举并分析不同的市场细分标准，并讨论它们各自的优缺点。

3. 市场细分与定位策略之间存在怎样的关系？请解释如何根据市场细分的结果制定有效的市场定位策略，并举例说明市场定位策略在实践中的具体应用。

第十二章

旅游流时空特征

【本章学习要点】

1. 理解旅游流的概念，掌握旅游流的类型及其定义。
2. 掌握旅游流的空间特征，了解旅游流的空间模式及其表现形式。
3. 了解旅游流的时间特征，熟悉旅游流的时序预测方法及其应用。
4. 熟悉分析旅游流的定性和定量研究方法，以及这些方法在旅游流研究中的适用范围。

全球流动自 19 世纪以来极大增强，并在互联网时代加速，成为贯穿当代社会现实的时代精神（孙九霞等，2016）。资本、物体、人和信息与日俱增的移动特性正在将一个“社会性的社会”建构成“流动性的社会”（Urry，2000）。全球化、城市化和现代化的深入发展，以及交通设施和信息通信技术的提升，共同推动着个体与社会流动性的增加，“流动的生活”可能才是当今时代的本质写照，并对人们的旅游休闲消费观念产生了深远影响。

同时，高度互联的网络世界为受众构建了一个视听感知、共同在场和赋予意义的认同过程，为旅游消费者和潜在旅游消费者提供了极具真实感的“流动”消费体验。近年来，文旅业开始尝试“云旅游”抑或畅想“元宇宙”，在“沉浸式实景体验”的技术快速迭代的背景下，有必要加强对旅游的丰富需求和新的消费行为的理解与认识。

旅游流，一般是指旅游消费者的各类行为表现在空间里的迁移、集聚和扩散的现象。旅游流在狭义上是指旅游客流，广义上则包括与此相关或伴生的信息流、资本流、技术流、货物流等。旅游消费的生产与消费分离特性必然带来流动，而各种类型的旅游要素流动与旅游季节性、旅游消费过程和区域社会经济文化生态差异叠加，让个体的旅游消费者消费行为必然表现为在时间和空间上广泛而复杂的大众旅游流动。这种由旅游消费过程引发，由旅游流联结的旅游地与客源地的社会、经济、文化、环境等复合的网络系统，不断塑造和形成了纷繁多样的旅游流空间。

旅游消费行为是一个多维度且富有层次的决策过程，它根植于消费者对消费环境的感知以及与之相互作用的心理状态。在这一过程中，消费者不仅基于对旅游环境的认知来形成自己的消费倾向，而且实际上也在塑造着旅游消费的模式和趋势。其中，行为地理学关注了个体行为与宏观社会经济结构之间的相互作用，探讨如何将个体的日常活动模式与更广泛的制度转型和空间重构相结合，以解释人类行为与地理环境之间的复杂关系（柴彦威和塔娜，2013）。

从移动中获得乐趣一直是旅游体验的重要因素，“流动性是吸引力的一部分”（Zakrisson and Zillinger，2012）。旅游流动性和具身体验是理解现代旅游消费现象的关键概念。流动性新范式不再局限于传统的时空物理位移，强调流动过程中的实践、体验以及社会文化意义（黎镇霆和刘晨，2022）。而从宏观层面来看，根据由“旅游消费者二元行为理论”划分的常居地情境（惯常）和异地情境（短暂），旅游消费行为大多发生在围绕“非惯常环境”的流动过程中，与日常消费行为形成鲜明对比（张凌云，2019）。综合消费者行为学、行为经济学、行为地理学和后现代主义的视角，可以探寻旅游消费者在异地情境下的行为相对于其在常居地情境是否发生了变化，发生了怎样的变化，以及变化的原因是什么，从而探索有别于普通消费者行为的旅游消费者行为规律并做出理论解释。

第一节 旅游流的概念与类型

一、旅游流概念与构成要素

旅游流研究是从空间结构的角度对旅游行为主体进行考察，是指在旅游消费者源地（origin）和旅游目的地（destination）之间的相互作用，也称为旅游 O-D 系统研究（吴晋峰和包浩生，2002；Pearce，1981；闫闪闪等，2017）。旅游流的概念有广义和狭义之分。狭义的旅游流主要指旅游目的地的旅游消费者流，具体主要指发生旅游的行为主体从客源地向目的地流动的方式以及流动人群数量。后来对于旅游流的广义概念方面，马耀峰等（1999）较早提出旅游流是客源地与目的地之间单向与双向的旅游消费者流、旅游信息流、旅游能量流、旅游资金流、旅游物质流以及旅游文化流等的集合。在广义的旅游流和狭义的旅游流的定义中，旅游流的基础都是旅游消费者流，随着消费行为发生的旅游消费者空间位移，而其携带的各种能量信息流也随之变动，旅游消费者流的特征与机制也就成为旅游流研究的核心问题。

旅游流的构成要素包括旅游主体、旅游节点和旅游通道。旅游主体即旅游消费者，也可包含与其相伴而生的物质、资金、文化等；旅游节点即旅游消费者出发和流经的旅游消费者源地、目的地；旅游通道即连接旅游节点之间的旅游路线。完整的旅游流即旅游消费者从客源地节点开始，沿着旅游通道，流经一个或多个旅游目的地节点，最终流回客源地节点，该流动轨迹是一个闭环。

二、旅游流类型及其关联

根据不同的分类标准，可将旅游流分成不同类别。通过不同的细分，旅游规划者和管理者能够更精准地把握市场动态，设计符合各类旅游目的的产品和服务。我国国内旅游抽样调查问卷对旅游目的的划分为：休闲（度假）、观光（游览）、探亲访友、商务、会议、健康（疗养）、宗教（朝拜）、文化（体育、科技交流）、公务、购物等 10 类。而按照出游方式可以分为旅游出发地参团、目的地参团、小规模有限定制旅游（“私家团”）和自由行等类型。

（1）根据旅游流主要属性特征（流向、流量、时间及长度）的划分，可以按旅游流来源地划分为国内旅游流、入境旅游流、出境旅游流。根据国界和国内行政区划，分为出入境、国内、省内和具体城市的旅游流，这是最为常见的划分方法。如果考虑到目的地或旅游范围的空间尺度，可以分为大尺度、中尺度和小尺度旅游流，虽然城市群或城市的流动往往被看作中尺度旅游流，但尺度往往根据研究目的做适当调整，在一个城市、一个景区或景观建筑等较小地区的旅游流，均可能被称为小尺度旅游流。

根据旅游流与被研究目的地的空间关系划分，可分为集聚旅游流和扩散旅游流两类。集聚旅游流是客源地或其他目的地的旅游流流向所研究的目的地，在空间上呈现出集聚状态；扩散旅游流是旅游流从被研究的目的地流向其他旅游目的地或返回客源地，在空间上呈现出扩散状态。简单来说，集聚旅游流的方向都是指向被研究目的地，扩散旅游流的方向可以指向客源地，也可以指向下一个目的地。

（2）根据旅游出游消费过程，旅游消费行为包括需要识别阶段、旅游信息搜寻阶段、旅游购买方案选择阶段、旅游经历和旅游后阶段，一般也简化为游前、游中、游后三阶段，并对应不同的旅游流。出游前，旅游消费者会接收各种旅游信息，确定需求和目的后需要开展广泛的信息搜寻，继而产生门票预订、酒店预订、美食预订等行为，已然产生了多样的旅游信息流。

在移动互联网的浪潮中，旅游者得以实现即时决策的自由行，即“说走就走”的旅行。这种旅行方式使得原本需在行程前后完成的准备工作和后续任务，都能在旅途中通过网络平台高效处理。此外，在大数据时代背景下，旅游者的行为和需求以时间与位置的形式在数字世界中留下了清晰的印记。这些数据经过合法合规的脱敏处理，通过多源整合，形成了宝贵的信息资源。它们不仅丰富了理论研究的数据库，也为旅游管理实践提供了精准的决策支持。这些数据通过各种方式集成为多源大数据应用框架（图 12-1），使得旅游数据的收集和分析变得更加高效和精准，有助于旅游研究者和从业者深入理解消费者行为，优化服务流程，从而提升旅游者旅游体验，并充分发挥数据在旅游规划和管理中的价值。

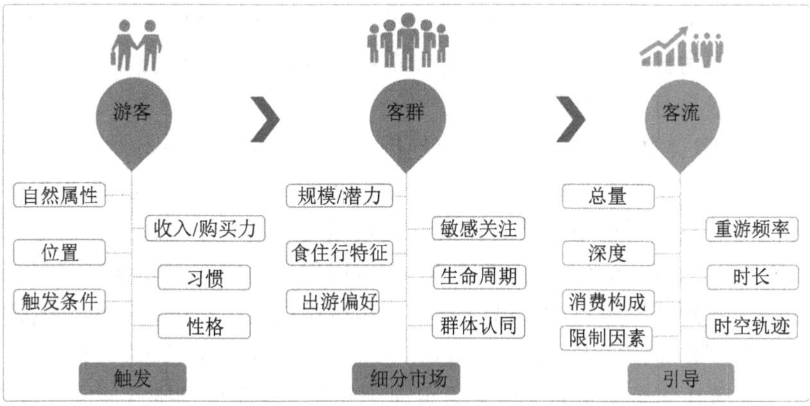

图 12-1 旅游消费行为多源大数据应用框架

（3）旅游信息流与客流的关联。信息技术的发展给旅游消费者行为尤其是消费行为带来了显著的变化，旅游消费者通过网络来搜索信息、规划旅行和旅游消费。由于旅游产品和服务具有网络销售的理想特质，旅游与信息交流技术将会完美融合。如今，网络对旅游消费产生巨大影响的预测已经得到验证。学术界从 20 世纪 90 年代开始关注旅游消费者在线消费行为研究。图 12-2 为旅游信息流的空间集聚与扩散图示。

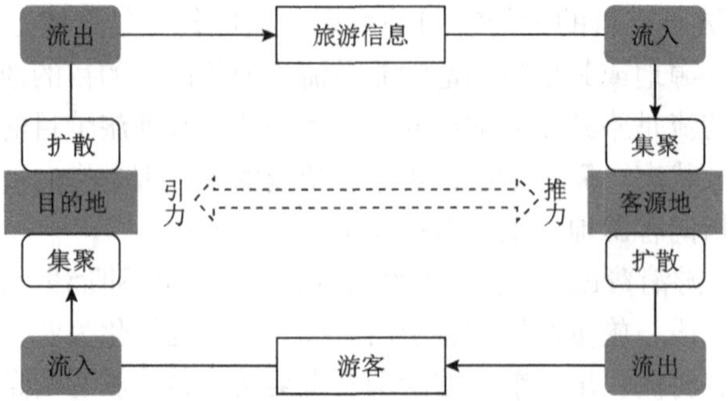

图 12-2 旅游信息流的空间集聚与扩散图示
资料来源：阮文奇（2019）

旅游数字足迹是旅游消费者旅游活动过程中的信息处理痕迹，包括搜索记录、预订记录、购买记录、通话记录、手机短信、导航记录、导览记录、评论记录、交流记录等（Girardin et al.，2008）。具体来说，旅游前，旅游消费者会通过网络进行旅游信息检索、预订客房机票；旅游中，旅游消费者使用智能手机卫星导航，使用各类 APP 查找旅游景点，通过网络媒体查阅景区导游知识，通过智能手机查找饭店和交通线路；旅游后，旅游消费者会通过网络在公共媒体或自媒体上借助文字、图片和视频发表旅游体验感受。

这些数字足迹不仅为理解消费者的旅游行为提供了丰富的数据资源，也为研究旅游网络关注"流量"与旅游消费者"流动"之间的关系提供了新的视角。旅游网站访问、网络搜索引擎数据在时间维度上与旅游消费者流的关系即网络信息流的引导作用或前兆效应（Davidson and Yu，2005；路紫等，2007）。李山等（2008）发现旅游景区网络空间关注度周内表现为日前兆、年内表现为旬前兆。这种关系的研究对于把握旅游市场动态、预测旅游趋势具有重要意义。

运用基于 VAR 模型的脉冲响应函数分析不同客源城市的溧阳天目湖景区客流与网络搜索信息流间的时空动态关系，结果显示网络搜索信息流是景区近距离客源城市 1—2 天后旅游客流的前兆，而且距离越近，人均搜索强度越高；距离越远，响应峰值出现的滞后期越长，累计的响应值越小（图 12-3）。可以发现网络搜索是各城市居民根据出游计划（特别是周六到访）进行的，搜索指数（与网站访问、目的地的网络营销内容关注量不同）指示的不是城市所有居民接受的信息流，而是大量实际旅游消费者（已预订相关旅游产品）和潜在旅游消费者（搜索后可能因距离、花费、安排等原因而放弃或推迟）制订游前计划这一阶段的旅游行为。这是由旅游异地消费和体验的特性决定的，游前信息搜索是游前行为的一部分，到达目的地的旅游消费者数量正是这一系列搜索行为的最终结果，也就是"前—后"关系——就像"流"所代表的一样，有上游才有下游。

各类旅游流的相关应用和研究构成了一个多维度的领域，它们集中于解析旅游活动对经济、社会、文化和环境的深远影响。这些研究致力于理解旅游流如何塑造目的地的发展轨迹，以及如何通过旅游活动促进不同地区之间的文化交流和经济互动。学者们通过分析旅游消费者的空间流动和时间动态，探究旅游信息流如何影响消费者的决策过程，以及旅游资金流如何为目的地带来经济上的益处。

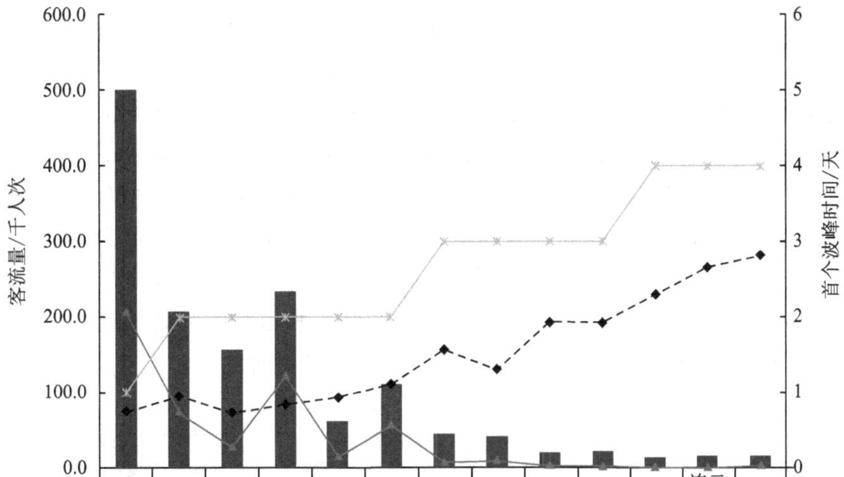

	常州	无锡	镇江	南京	扬州	苏州	泰州	南通	盐城	淮安	宿迁	连云港	徐州
客流量/千人次	500.8	206.1	156.7	233.6	62.2	111.3	45.1	42.0	22.2	22.7	14.2	16.5	16.8
最短公路时间/分钟	75	96	74	85	94	112	158	131	194	193	230	266	282
首个波峰值/千人次	207.7	76.5	28.8	123.9	16.2	58.4	8.2	10.5	3.9	3.2	1.9	2.1	4.3
首个波峰时间/天	1	2	2	2	2	2	3	3	3	3	4	4	4

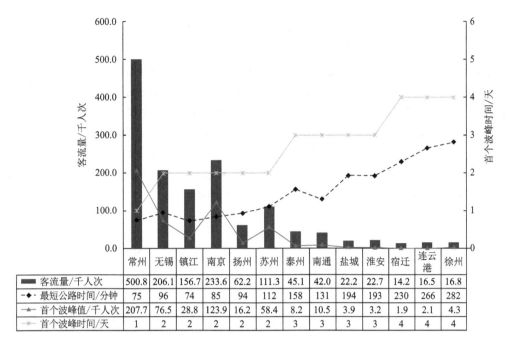

图 12-3 旅游消费者流受搜索流冲击的响应峰值与累积值随客源地距离变化

资料来源：Liu 等（2019）

三、旅游流动消费的趋势

局限于物理时空“移动”的理性分析并不足以全面解释旅游消费者的流动性，因为这背后隐藏着一个更为复杂的决策过程。在旅游目的地的选择上，决策往往更加自发，容易受到情绪波动的影响。旅游者出于对未知环境的探索乐趣，使得移动不再仅仅是寻找从一个地方到另一个地方最短或最轻松的路径。这种流动性的本质是一种对新鲜体验的追求，一种对探索和发现的渴望。从旅游产品视角来看旅游流动，就是不局限于交通基础设施功能，而在旅游消费行为中的再认识。除了高效快速的旅行，人们对快速生活的厌倦还导致了慢旅行这一富有个体体验性质的旅游形式的出现。慢旅游在很大程度上依赖于交通方式。Lumsdon 和 McGrath（2011）探讨了慢旅行这一社会文化现象并试图明确这一概念，发现慢旅行应被看作是一组相关的想法而非一个严格的定义，是一种旅游的心态而非有形的产品，应专注于速度的缺失而非本身的缓慢。

基于旅游消费者属性或者流动的属性的分类往往容易忽略流动本身也是旅游消费的对象。旅游产品是旅游消费者在享受各种服务的过程中得到的一种复杂性消费性体验，这些服务包括信息、交通、住宿和游憩。其实，旅游交通产品就是流动性旅游体验的典型形式。不仅不同的交通方式因其各自的效率和特点，影响着旅游消费者的消费偏好和时间、空间行为选择，而且是一种独特的旅游体验（徐一帆等，2020）。在高速交通网络和互联网的共同催化下，旅游消费者的需求日益呈现出动态性和流动性。在这种移动互联网环境下，消费者更倾向于在旅途中根据即时的喜好和需求进行冲动性消费，寻求新鲜和独特的旅游体验。因此，旅游服务提供商需要敏锐地捕捉这些流动性的需求和期待，以确保在各个环节都能提供令人难忘的服务，满足消费者对个性化和即时性的追求。

无论何种旅游目的地，旅游消费者对服务设施特别是交通和住宿设施都很敏感。旅游行业及旅游管理部门均将交通（以及交通基础设施）作为旅游消费者互动的旅游产品的组成部分之一。而且，特定的交通方式越来越多地成为旅游吸引物，如观光巴士、邮轮、自行车等。自驾旅游已然成为主流，房车、自行车旅游等小众特色产品逐渐成为旅游业中的利基市场。比如骑行入藏的旅游消费者的旅游体验由行为情境、氛围情境和情感情境三维结构组成（张朝枝和张鑫，2017）。骑行者以慢速全景式亲近环境，通过与周边的人、景、物的互动，加强了与当地的联系和自我的社会认同，沿途线性的流动行为过程与氛围互动的情感载体紧密相关，如图 12-4 所示。

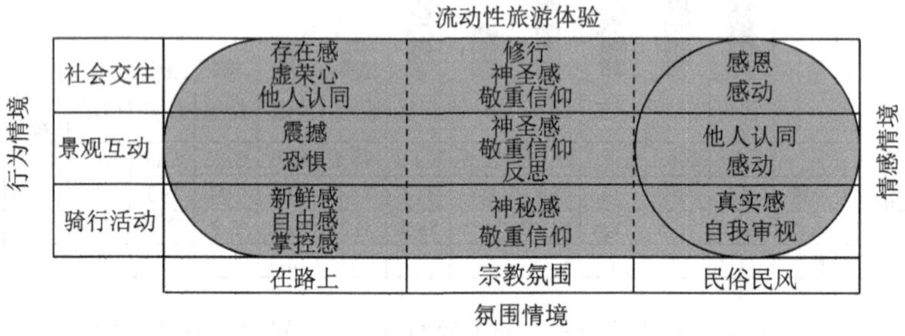

图 12-4　骑行入藏流动性旅游体验模型示意图

资料来源：张朝枝和张鑫（2017）

随着技术进步、社会变革和环境意识的共同推动，旅游流动消费的趋势正在向数字化、个性化和可持续化方向迅速发展。技术的应用，尤其是人工智能（artificial intelligence，AI）和虚拟现实，正成为推动这一趋势的关键力量。未来的旅游流动消费将形成一个高度个性化、智能化、可持续化和网络化的生态系统。对于旅游流动的各环节来说，旅游节点将变得更加综合化和智能化，不再仅是观光点，而是成为集休闲、娱乐、教育和文化体验于一体的综合性节点。智能技术的应用，如智能导游、虚拟现实体验和移动支付，将极大提升旅游节点的服务效率和便捷性。旅游通道也将变得更加便捷和多样化，随着交通基础设施的改善和交通技术的进步，旅游通道将提供更加快速和舒适的旅行体验。同时，共享经济和绿色出行理念的兴起将促进更多环保和经济旅游通道的选择，如共享单车、电动滑板车和高速铁路，这些都将为旅游流动消费带来新的变革。

第二节　旅游流的空间特征

从许多旅游消费者市场调查可以发现，不同文化背景或不同客源地的群体在旅游消费行为方面的差异明显。分区域和跨文化地认识旅游消费者消费行为的差异有助于促进旅游目的地生态和文化的保护与发展，有助于制定更加合理的市场细分方案和具有针对性的市场策略。

一、旅游消费行为的空间特征

旅游流的空间尺度与旅游消费者闲暇时间的长短有关，一日游旅游带、周末游旅游带和长期假日度假带在空间上的扩展范围明显不同。分析旅游消费者流动以及影响目的地与旅游消费者时空活动和行为之间关系的因素，可以更好地了解旅游业对景点和目的地管理的影响，并有效应用于目的地营销策略的实施。而对目的地内部行为的研究也已经从分析时空流动或流动模式，提取特征并可视化，发展到开始关注时空行为与景点互动体验研究的新阶段。通过识别和比较不同旅游者群体（如首次访问者和重复访问者）的行为差异，可以揭示群体行为的一般趋势和模式。这种从个体到群体行为的过渡，有助于揭示不同旅游群体如何共同塑造旅游流的空间尺度，以及这些行为如何在不同时间尺度上影响目的地的动态。

在最为常见的城市尺度内，旅游消费者的空间行为可以根据目的地内移动和多目的地两种模式分解为六个子维度（Caldeira and Kastenholz，2018）。目的地内移动模式可以分为地域性（territoriality）、线性（linearity）、流动（locomotion）和寻路（wayfinding），多目的地模式可以分为强度（intensity）和特异性（specificity）。“地域性”指的是旅游消费者运动的空间部署或幅度，反映了旅游消费者对距离的影响和感知；“线性”是指所展示的移动模式或移动的方向，移动的线性变化主要来自目的地的空间配置，以及旅游消费者的空间参与、探索行为和所进行的活动（例如城市游览）等因素。“流动”关注旅游消费者从一个地点到另一个地点的行为能力，其中交通工具的选择成为衡量流动的关键指标；“寻路”指人们在物理空间中定位自己并导航至目的地的过程。这一过程包括定位、路线决策、路线监控和目的地识别四个基本阶段。“寻路”不仅关系到旅游消费者的行动模式和效率，还与他们的安全感和满意度密切相关。当消费者在不熟悉的环境中迷路时，可能会产生不安全感，这种感受在远离习惯环境时尤为显著。

在多目的地旅游方面，参观的景点数量是最常用的指标之一。“强度”是指一天内访问的中途停留点或景点节点的数量。在此背景下特指旅游消费者在单日内所访问的景点或停留点的数量。这一指标不仅揭示了旅游消费者与目的地接触的频繁程度，也反映了他们与目的地互动的质量和深度。值得注意的是，访问的时长并不总是与体验的深度成正比；一些短暂而深刻的体验同样能够给旅游消费者留下难忘的印象。而“特异性”指的是对访问过的站点或景点的识别及其特定特征。事实上，一些研究使用特定的景点或访问区域来描述空间访问模式。此外，景点之间的特定转换、游览顺序以及景点或活动的类型是旅游消费者时空活动的有用描述（Caldeira and Kastenholz，2018）。

当我们将分析的视角扩展到国际层面，可以观察到出入境旅游流也存在独特的空间特征。中国出境旅游流位序规模关系符合幂函数规律，并且向高位序目的地聚集的程度不断增强，长期以来绝对领先与绝对落后型的目的地占比均超过45%，亚太地区在接待中国旅游消费者方面普遍处于领先地位（蒋依依等，2018）。这种聚集趋势不仅揭示了旅游市场的竞争格局，也揭示了旅游者对于旅游目的地选择的层次性和动态变化。出入境旅游流的各种空间格局也与多种因素有关，如目的地的市场推广策略、签证政策的便利性、国际航线的覆盖范围以及与中国文化和消费习惯的契合度等。

二、旅游距离决策规律

旅游旅程是旅游消费者根据理性和非理性的多种因素，在特定条件下做出的决定，最重要的条件是时间、费用和舒适度。

如果时间限定，特别是以周末和节假日为主的旅行，在不同的主要交通方式的影响下，其距离往往也是限定的。除旅游计划的时间因素外，旅游距离还会受旅程费用和旅途疲劳程度的影响。在旅游经济学中，无差异曲线是用来描述旅游消费者偏好的一种工具，它展示了消费者认为具有相同满意度的不同旅游方式组合。这些曲线通常基于旅游消费者对旅游活动的不同属性（如成本、舒适度、时间等）的偏好。在这些无差异曲线的基础上，旅游消费曲线进一步展示了在特定的旅游费用和交通价格条件下，消费者愿意接受的费用和不适（如旅途疲劳、不便等）的组合。消费者在选择旅游目的地时，会考虑旅游的总成本，包括交通费用、住宿费用以及其他相关费用。旅游距离的增加可能会增加这些成本，从而影响消费者的旅游决策。早期的研究发现，中国城市居民出游市场随距离增加而衰减，80%出游市场集中在距城市 500 km 以内的范围，如图 12-5 所示（吴必虎等，1997）。

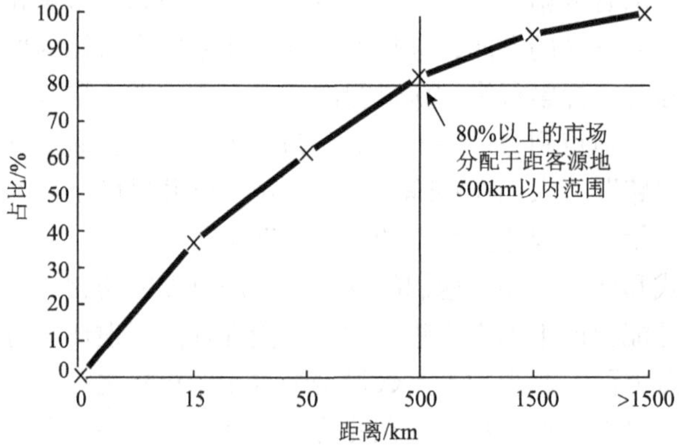

图 12-5　中国城市居民到访率在空间上的分割示意图

后续的研究考虑到时间与距离的共同影响，发现 1 小时和 3 小时车程的距离是影响旅游消费者决策的重要因素，同时也是划分大多数目的地一级客源市场和二级客源市场的重要依据。仅考虑市场因素，距离目的地 300 km 以内的近程市场需求是旅游地发展的基础性力量；而 300 km 以外的市场需求则驱动了旅游圈的形成和扩张，且其规模的增长具有收敛性，其适度旅径在 600 km 以内，如图 12-6 所示。

高铁是近十年来对旅游出行有深刻影响的主要交通方式。高铁的网络化发展，促进了资源要素的快速流动与重新整合，对城市关系和旅游行为均产生了显著的影响，高铁流逐渐成为探索城市和区域旅游空间结构的重要视角（孙娜和张梅青，2020）。高铁网络的建设降低了旅游行为的空间阻尼，使得旅游者在选择目的地时，对地理距离的考虑减少，更多地考虑旅游体验和目的地的吸引力。这种变化导致了旅游流的集聚和扩散功能在交通节点上的显著变化，高铁站等交通枢纽成为旅游流的重要集散地。同时，资源流动的不平衡性也随之增加，一些地区因交通优势而吸引了更多的旅游流，而其他地区则可能因交通不便而旅游流较少。

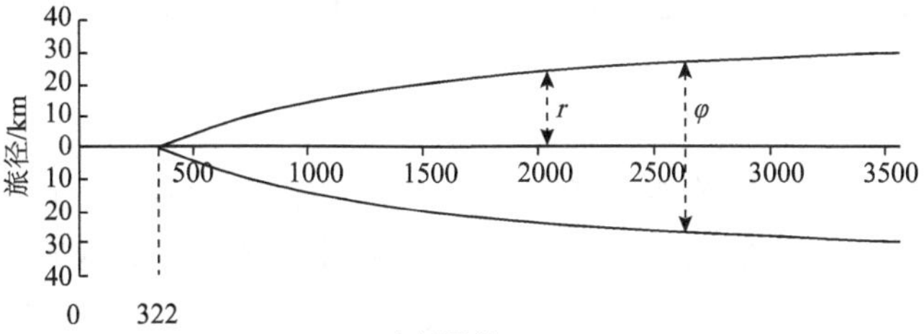

图 12-6　适度旅游圈空间规模的 Y 型模式

资料来源：李山等（2012）

注：图中 r 代表旅游圈半径，φ 代表旅游圈直径

从相关研究的旅游地空间使用曲线看，对于济南，高铁开通前，60%的市场份额空间距离大约为 419 km，而高铁开通后，这一距离扩展到了约 640 km，向外推移了 221 km。对于 80%的市场份额，高铁前后的空间距离分别约为 761 km 和 912 km，界限向外推移了 151 km。对于泰山，高铁开通前，60%的市场份额空间距离约为 441 km，高铁后则扩展至 575 km，界限向外推移了 134 km。80%的市场份额在高铁开通前后的空间距离分别为 558 km 和 860 km，界限向外推移了 302 km，如图 12-7 所示。而以武汉和衡山为中心的 60%和 80%客源市场份额界限分别向外推移了 123 km 和 30 km、68 km 和 14 km（汪德根，2013）。随着时空收敛效应的显现，旅游目的地的可达性得到了极大的提升，旅游者能够更快捷地到达更远的地方，这改变了旅游网络的连通性和旅游流的分布模式。

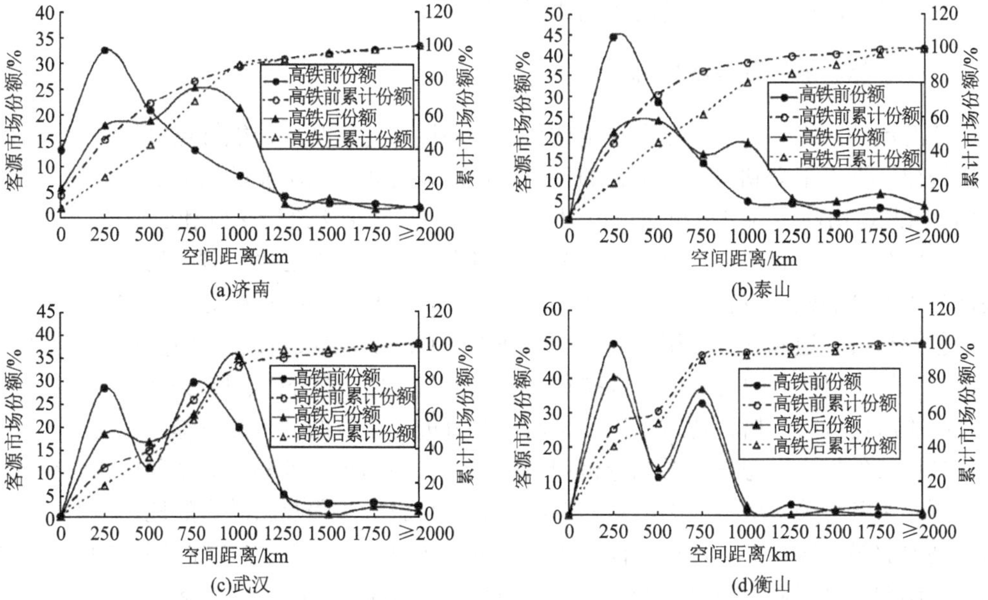

图 12-7　高铁前后旅游地空间使用曲线变化

资料来源：汪德根等（2015）

高铁的发展不仅改变了旅游者对近距离目的地的关注，也增加了对长距离旅游目的地的兴趣。这种影响不仅体现在旅游者的实际移动上，也反映在旅游信息流和关注度的分布上，虚拟旅游流的格局也同样显示出对高铁的路径依赖性（邵海雁等，2024）。

三、旅游流的空间模式

旅游消费者流动包括旅游消费者离开客源地前往特定目的地并在各目的地内活动的行为。人们常用流动模式来描述旅游活动，包括旅游消费者的构成信息、旅游消费者的时空规律。了解旅游消费者流动模式对于旅游管理者进行更好的目的地管理决策至关重要，这些研究有助于旅游消费者选择决策时明晰一个目的地在区域中的地位或角色，对缓解旅游拥挤和了解目标市场都有不同程度的贡献（Vu et al.，2015）。

旅游流在区域范围内的旅游目的地、旅游消费者源地、旅游通道之间的往复运动，自然会使区域旅游系统内部发生各种相互作用，在各种互相联系又牵制的作用过程中，地区之间会相互排斥和吸引、相互竞争和协同，系统结构会呈现特定的规律特征，系统内外部的变化又会使各地区（要素）的旅游结构不断演化。学者们持续关注揭示旅游区位与旅游行为关系的模式，如 Lundgren 等的核心-缘理论模式、Miossec 和 Gormsen 的旅游地演变模式等。国内关于旅游流模式的研究主要有：楚义芳（1992）将大尺度旅游分为周游型和逗留型；吴必虎（2001）提出以城市为中心的区域垂直旅游行为空间模式——“环城游憩带”（ReBAM）等；杨新军等（2004）提出以城市为中心的区域旅游行为空间模式。除了以距离等因素为主形成的圈层模式，比如旅游地的开发以城市为核心向外扩散，还存在较为明显的分层结构，形成大城市之间水平的旅游流动和由大城市向一般非城市型旅游地扩散的垂直流动。旅游空间结构是区域旅游发展研究的重要内容，对区域旅游的发展有显著的制约或促进作用。

（一）旅游流的网络结构模式

旅游流的网络结构模式更适合全球化和流动世界的新视角，能够更好地揭示旅游流系统规律，近年来受到国内外学者的关注。目的地之间的旅游流的流向被看作是连线的方向，因此运用社会网络分析法可以对区域旅游的空间结构进行刻画和研究。一般而言，对复杂网络的分析有“中心度”和“核心-外围”模块。“中心度”刻画的是单个行动者在网络中所处的核心位置，包括度数中心性、中间中心性和接近中心性。“核心-外围”模块包括核心、边缘和分层聚类。目前国外学者对旅游现象的社会网络分析体现在两个层面：一是运用社会网络中的分析技术（中心度、凝聚子群分析、核心-边缘分析）对区域内的旅游流进行分析，通过结构模型对旅游流进行相应的分析和解释。二是基于社会网络分析法的核心思想——派系分析和角色分析，即真正以各种“关系”作为研究的基点，探讨由各种关系所构成的网络的形成、演化与旅游过程及旅游目的地发展的内在联系（刘宏盈等，2012）。现代的社会网络分析法还包括但不限于 QAP 假设检验、指数随机图模型、社区检测算法以及利用地理信息系统（geographical information system，GIS）和空间分析技术来可视化和量化旅游流动的网络结构（刘培学，2022）。这些方法的应用，使得研究者能够更加精确地捕捉旅游流动的复杂性，从而为旅游规划和管理提供更深刻的洞见。

角色分析是一种根据节点在网络中的功能和地位，将它们分类到具有相似作用的不同角色类别中的方法，有助于识别景点与其他目的地的竞合关系。对上海迪士尼乐园开业前后旅游流网络进行角色分析，将所有景区按照旅游流网络中的位置分为多个角色，如图 12-8 所示。上海迪士尼乐园开业后，上海市旅游网络凝聚成 3 个较为活跃的角色。角色 2 是枢纽角色，包括东方明珠和上海野生动物园，在旅游流中起到了集散旅游消费者的作用，其内部联系紧密，向外辐射客流的能力也较强。角色 1 景区，如上海迪士尼乐园、杜莎夫人蜡像馆和朱家角古镇等，与角色 2 景区有着紧密的客流联系，但角色 1 内部各景区之间的联系并不强。主要是因为角色 1 景区是地区性景区，它们具有良好的客流吸引力，但是旅游消费者在这类地区性景区之间的移动会经过角色 2 的东方明珠、上海野生动物园等枢纽节点，从而形成了一种以枢纽节点为中心的客流流动模式。这种模式强调了枢纽节点在城市旅游网络中的核心作用，以及地区性景区在吸引游客和促进客流流动方面的局限性。角色 3 是非核心热门景区，主要通过角色 1 与角色 2 获取少量客流。

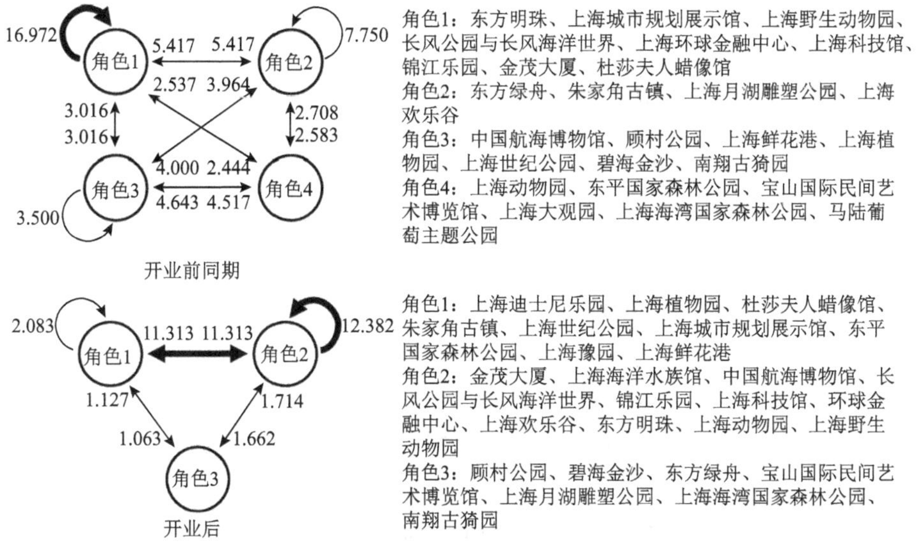

图 12-8 上海迪士尼乐园开业前后上海旅游流网络角色间关系变化简化图

注：图中箭头上数字表示从一个角色指向另一个角色的连线密度，该数值越大，表示角色之间联系越紧密

资料来源：蔚海燕等（2018）

（二）目的地区域视角的旅游消费者行为

旅游消费者通过比较对各个旅游目的地的感知形象，先从现实机会组合中选出考虑的机会组合，再从考虑机会组合中选出若干旅游目的地，最后在这些旅游目的地中决定实际出游的旅游目的地。在这个决策过程中，交通适游范围或者地域文化相近区域内，景区景点和其他旅游设施往往是被统筹在一起考虑的，因而在研究中也逐渐强化从区域视角分析研究旅游消费者行为。从旅游消费者方面看，旅游目的地区域（tourist destination district）是其为了度过闲暇时间所选择进行旅游活动的区域；从旅游系统看，是旅游要

素在空间上的聚合（图 12-9）。既可以根据地理分布或行政边界进行划分，也包括源于长三角、珠三角等经济区域的旅游区域，还包括那些围绕单一城市或著名旅游目的地形成的区域旅游系统。旅游目的地区域包括旅游区、旅游节点和旅游路径等核心空间要素，交通条件对目的地区域的影响巨大。

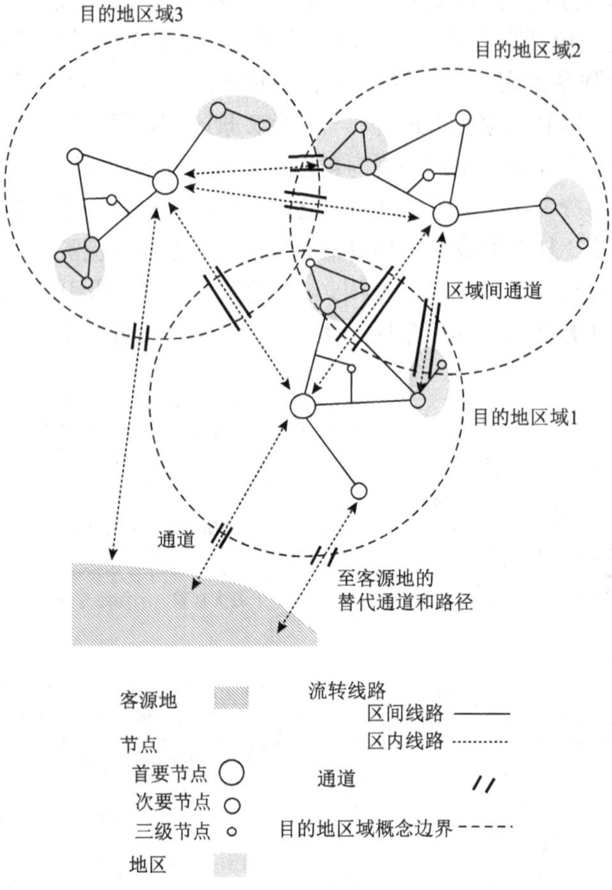

图 12-9　目的地区域空间结构链系模型

资料来源：刘培学（2022），转引自 Dredge（1999）

在一个大的目的地区域内，旅游消费者旅游线路和目的地选择十分多样，旅游线路模式实质上是旅游消费者在目的地区域对停留空间和消费空间的理性选择与线性组合。线路与节点的不同不仅制约着外来旅游消费者在区内的消费规模和消费水平，还直接关系到目的地区域的资源开发、线路产品的创新、旅游产业集群的发展、目的地的营销以及目的地的区域经济。目的地与过境地具有不同和地位，通过统计和分析旅游线路，可以重新审视旅游目的地的定位。枢纽和门户型目的地在旅游模式各节点中获益更多，旅游线路模式导致的旅游经济影响的空间差异可能要大于旅游消费者活动分布的空间差异（Oppermann，1994）。学者对黄山市旅游目的地区域的研究发现，京福高铁开通后空间发展模式发生改变，旅游目的地区域节点数量改变，空间范围扩展，目的地区域整体空间结构由“单核-外围”向“双核-外围”变化，由凝聚趋向扩展（穆成林和陆林，2016）。

（三）旅游需求溢出与近邻效应

旅游业广泛的关联性导致区域之间的旅游溢出效应（tourism spillover effects）以多种形式普遍存在。这些效应从供给和需求两个维度进行分析，可以揭示城市间旅游互动的复杂性。

从需求角度来看，旅游消费者在规划旅行时，往往会选择访问多个目的地，这种多目的地组合行为是产生旅游溢出效应的关键因素。游客的这种选择不仅反映了他们对多样化旅游体验的追求，也体现了不同旅游目的地之间的互补性和吸引力。例如，一位游客可能会因为某个区域的文化特色而选择访问，同时也可能因为邻近地区的自然景观或购物设施而延长他们的旅游计划。从供给角度来看，旅游目的地之间的相互作用也是旅游溢出效应的重要来源。这包括了生产力的溢出，即一个地区的旅游发展可能带动周边地区的旅游产业成长；市场共享，即不同地区通过合作推广共同的旅游品牌或主题，吸引更多游客；联合营销，通过跨区域的营销策略来提升整体吸引力；以及负面事件的影响，如自然灾害或社会动荡可能对邻近地区的旅游业产生不利影响。

此外，旅游业的溢出效应还表现在对当地社区的影响上，包括提升当地居民的生活质量、促进文化遗产的保护和传承，以及对环境的潜在影响。这些效应的正面和负面作用都需要通过精心的规划和管理来实现平衡，以确保旅游业的可持续发展。

旅游资源或产品的独特性和共性也会导致相邻地区一起对远方游客的吸引力产生相互影响，这种现象被称为近邻效应。近邻效应可分为正效应和负效应。属于不同类型的资源个体在同一地区出现有助于延长旅游消费者在该地区的游玩时间，使该地区资源对远处居民的吸引力增强。即资源个体的吸引力因其他个体在其附近出现而加强，这就是正的近邻效应；反之属于同一类型的观光型资源个体在同一地区出现时，它们个体之间产生空间竞争，分流旅游消费者，从而使各自吸引力相互抑制，这就是负的近邻效应，并通常表现为吸引力大的资源个体抑制吸引力小的资源个体。

旅游消费者的多目的地旅行直接导致了旅游需求溢出的产生，而多目的地旅行的原因习惯上被归纳（假设）为四个方面：①满足多样性偏好；②减少不满意风险；③多人参与决策；④降低单位成本（Hong et al.，2015）。多个目的地的组合实际上增加（而非降低）了整个行程的不满意风险概率。因此将“减少不满意风险”作为多目的地旅行的原因之一在理论上是值得商榷和尚须论证的。

有研究从旅游需求角度出发，将催生多目的地旅行的原因总结为多样性偏好、高等级偏好和低单位成本等“三假设”，如图 12-10 所示；将区域间旅游需求溢出的影响因素提炼为“六因子”，即两地间的旅游类型差异、旅游等级差异、空间距离等 3 个缺口因子，以及溢出接收方的旅游吸引力与旅游承接力、溢出产生方的旅游流规模等 3 个存量因子，改进了区域间旅游需求溢出测度的缺口模型，并分析了这 6 个溢出因子对溢出效应的作用机理（唐晓莉和李山，2016）。

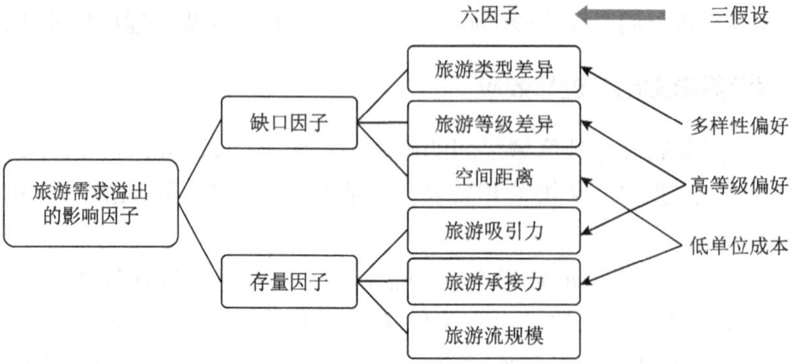

图 12-10 旅游需求溢出的“三假设”与“六因子”

资料来源：唐晓莉和李山（2016）

第三节 旅游流的时间特征

一、旅游消费行为的时间特征

旅游的定义总是伴随着时间特征的界定。联合国世界旅游组织 1991 年从统计角度对“旅游”的界定是：旅游（tourism）指人们由于休闲、商务和其他目的而到惯常环境之外的地方旅行，其连续停留时间不超过 12 个月的活动。对国际访客（international visitor）的界定是：到一个不是自己惯常居住的国家去旅行，连续停留时间不超过 12 个月，主要目的不是为了从访问地获取经济效益的人。这两种定义，一种指旅游活动，一种指旅游消费者，表述的方式略有不同，但用以刻画两个概念属性特征的要素是一样的，即空间、时间、目的，可以看出时间特征是旅游与旅游消费者定义的固有属性。

《地方接待国内游客抽样调查实施方案（2013）》对“国内旅游消费者”的界定方式做出了调整：指不以谋求职业、获取报酬为目的，离开惯常居住环境，到国内其他地方从事参观、游览、度假等旅游活动（包括外出探亲、疗养、考察、参加会议和从事商务、科技、文化、教育、宗教活动过程中的旅游活动），出行距离超过 10 km，出游时间超过 6 小时，但不超过 12 个月的中国（不包括台湾地区）居民。不同国家对于国内旅游消费者的定义也不尽相同，但必不可少都包含着时间尺度上的界定。如美国和加拿大界定为到距离社区 50 mi①（单程）之外访问的人；法国界定为在外停留 24 小时以上、4 个月以内的人，出行目的包括消遣、保健、出差、游学；英国界定为出行在外过夜一次的人（徐菊凤，2016）。

不同的旅游类型也反映着旅游活动的不同时间特征，更有以时间特征为特色的旅游活动，“夜旅游”就是其中之一。夜旅游，作为一种新兴且充满活力的旅游形态，近年来在学术界和业界均获得了广泛关注。它不仅代表着对传统日间旅游的延伸，更是对旅游资源深度开发和利用的一种创新尝试。夜旅游以其独特的时间维度，为旅游者提供了不

---

① 1 mi≈1.6 km。

同于白昼的体验视角，从而丰富了旅游产品的多样性，提升了旅游目的地的整体吸引力。

夜旅游的兴起体现了旅游活动与目的地夜间经济的深度融合。夜间经济是一个涵盖商业、餐饮、交通、娱乐等多行业的综合概念。随着政策导向的推动和市场发展的驱动，夜旅游正逐渐成为衡量一个城市或地区旅游竞争力和生活质量的重要指标之一。文化和旅游部等部门联合发布指导意见，鼓励发展夜间文化和旅游消费集聚区，提升夜间旅游产品的供给质量，优化夜间旅游的公共服务体系。与此同时，数字化技术的应用为夜旅游带来了新的可能性。VR、增强现实（augmented reality，AR）、光影艺术等创新手段被融入夜旅游项目中，创造出沉浸式的夜间旅游体验，满足了当代旅游消费者追求个性化和体验式旅游的需求。

二、旅游流的季节性、波动性与周期性

（一）旅游流量的研究

旅游流量的研究主要集中在统计分析与预测方面。从研究案例涉及的区域尺度来看，在大尺度区域旅游方面的研究相对较多。国内学者在游客流量研究方面涉及的区域比较丰富，不仅包括洲际、跨国以及特定国家的大尺度游客流量分析，同时还包括中、小尺度的游客流量分析。其中，学者分析的重点主要集中在旅游流量的现状分析与预测，关于大尺度旅游流量的研究较多，中、小尺度的研究相对较少。旅游流量的研究不再止步于统计分析和预测，近年来也开始有学者关注即时预测方法和大数据监测技术应用于解决旅游流量的调控问题，为市场营销及景区可持续发展提供基础，涉及的区域尺度也相对较全。

（二）旅游流的周期性与季节性

周期波动是一种客观存在的经济现象，主要表现为经济现象周而复始地由扩张到紧缩的不断循环运动，旅游业是宏观经济的一部分，其发展也存在着一定的周期性特征和波动性特征。旅游地客流量属于非线性、非平稳的时序数据，峰谷交错的客流波动形态一直是困扰景区管理者的经营难题（余向洋和汪丽，2014）。实际上，波动性是旅游发展最为显著的特征之一，从空间层面来看，大到国际旅游，小到旅游景点，其旅游发展动态就是一个波动增长的过程；从时间尺度来看，不同时间单位的旅游消费者流同样呈现出波动的状态。

旅游季节性是旅游业和旅游流的基本特征之一，主要表现在季节分布上（主要是年内）的不均衡性。季节性是指由旅游消费者闲暇时间的不均衡和旅游目的地国家或地区自然条件、气候条件的差异而造成的突出的季节性特点。旅游季节性研究多为针对某一具体旅游城市或景区的时间特征进行案例分析，针对不同客源的季节性差异，运用多个时间尺度分析季节性，对目的地内部的季节性差异和聚类，可以总结出不同的季节性模式。近年来，细时间尺度数据与多样方法细致地定量描述旅游需求和行为随时间的变化的特征（余向洋等，2019）。

旅游季节性是指旅游资源由于受自然力和社会因素的作用，往往在时间上呈现出一定的节律性，反映为周期变化和随机变化两方面。旅游季节性通常是以年为周期重复发生的现象，不同旅游地由于其旅游资源、地理位置、气候条件、交通通达性等的差异，

旅游季节性的表现形式也各不相同，主要体现在以下三个方面：①旅游资源的季节性；②旅游活动的季节性；③旅游业经营的季节性。季节性是旅游产业最重要的特征之一，对旅游业发展具有至关重要的影响作用，最显著的表现是在较短的特定时间内集中了大规模的客流，由此产生了所谓的旅游旺季、淡季以及介于两者之间的平季之分。这些不同时间尺度的旅游季节在形态上被巴特勒（Butler）等人分为三种类型：单峰型、双（多）峰型和无峰型。

（1）单峰型：单峰型指的是旅游消费者资源地的季节性需求类型与目的地季节性的吸引力类型相吻合，从而导致极端的季节性现象。

（2）双（多）峰型：双（多）峰型季节性指一年中会出现两（多）个峰值，说明旅游目的地的吸引力存在两（多）个季节。另外，客源地的旅游需求如果存在两个季节的话，也会产生双（多）峰型季节性。

（3）无峰型：无峰型季节性通常见于都市型旅游区，这类区域由于其多样化的旅游资源和活动，以及较为均衡的旅游服务供给，能够吸引游客全年无间断地访问。这种类型的旅游区往往具有稳定的客流，季节性波动不明显，这可能与城市的商务活动、会议、展览以及丰富的文化娱乐设施有关。

旅游业的特点如周期性、季节性和波动性，是由旅游消费者的行为共同塑造的，其影响着旅游流的模式。早期（1994—2000 年）的研究往往认为旅游季节性是自然因素和社会因素共同作用的结果。现在更有关于旅游季节性的多因素说，如巴特勒认可的其他因素：社会压力和时尚、体育活动季节及传统和惯性。社会压力和时尚是指人们在一年的某些时段要到某一旅游目的地从事特定的旅游活动，主要针对社会上层阶级。体育活动季节包括冬季滑雪和夏季冲浪等。传统和惯性则是指许多人每年会在旅游旺季选择度假，只是因为他们已经成了习惯，而这种惯性很难消失。又如 Lundtorp（2001）认为季节性的影响因素包括环境气候因素、社会习惯、行业习惯、日历效应、供应限制（劳动力可获得性、设施的替代性使用）等五类。

日历效应被认为是另一个重要的影响旅游季节性的因素，包括一个月内天数的变化、法定节假与调休、每月包含周末的数量等等。季节性的形成是旅游生产与消费时空分离这一不均衡性的集中体现。国内外学者研究旅游季节性特征常用的测度指标主要使用 R_{sd} 表示季节性强度指数，G 表示基尼系数，T 表示泰尔系数，R_{sr} 和 R_{si} 分别表示季节性比率和季节性指标，R_{hl} 和 R_{lh} 分别表示不均匀系数和淡旺比，如表 12-1 所示。

表 12-1　旅游季节性测度指标特征

指标	计算公式	范围	指标含义
R_{sd}	$R_{sd}=\sqrt{\dfrac{\sum_{i=1}^{n}(v_i-\bar{v})^2}{n}}\Big/\sum_{i=1}^{n}v_i$ $=\sqrt{\dfrac{\sum_{i=1}^{n}\left(f_i-\frac{1}{n}\right)^2}{n}}$	$\left[0,\dfrac{\sqrt{n-1}}{n}\right]$	R_{sd} 越小，则旅游客流时间分布越均衡，反之则越不均衡

续表

指标	计算公式	范围	指标含义
G	$G=\frac{2}{n}\left(\sum_{i=1}^{n} ix_i-\frac{n+1}{2}\right)$	$\left[0,\frac{n-1}{n}\right]$	G越小，则旅游客流时间分布越均衡，反之则越不均衡
	$G=\frac{\sum_{i=1}^{n}\sum_{j=1}^{n}\lvert f_i-f_j\rvert}{2n^2}$	$\left[0,\frac{n-1}{n}\right]$	G越小，则旅游客流时间分布越均衡，反之则越不均衡
T	$T=\sum_{i=1}^{n}(f_i\times\log nf_i)$	$[0,\log n]$	T越小，则旅游客流时间分布越均衡，反之则越不均衡
R_{sr}	$R_{sr}=\frac{v_{max}}{\overline{v}}=nf_{max}$	$[1,n]$	R_{sr}越小，则旅游客流时间分布越均衡，反之则越不均衡
R_{st}	$R_{st}=\frac{\overline{v}}{v_{max}}=\frac{1}{nf_{max}}$	$\left[\frac{1}{n},1\right]$	R_{st}越小，则旅游客流时间分布越不均衡，反之则越均衡
R_{hl}	$R_{hl}=\frac{v_{max}}{v_{min}}$	$[1,+\infty]$	R_{hl}越小，则旅游客流时间分布越均衡，反之则越不均衡
R_{lh}	$R_{lh}=\frac{v_{min}}{v_{max}}$	$(0,1]$	R_{lh}越小，则旅游客流时间分布越不均衡，反之则越均衡

注：n为时段的数量；v_i为第i个时段客流量；$\overline{v}$为客流量平均值；v_{max}为客流量最大值；v_{min}为客流量最小值；f_i为第i个时段客流量占全部客流量的比例；f_{max}为客流量最大值占全部客流量的比例；f_{min}为客流量最小值占全部客流量的比例；x_i为对各时段客流量从小到大排序后第i个时段客流量占全部客流量的比例。

（三）旅游流量的波动性

波动性是旅游业一个显著的特点，主要由需求驱动，而需求受多种因素的综合影响，导致旅游市场呈现出显著的波动性。任何单一因素的变化，如经济状况、气候条件、政治稳定性或市场推广活动，都可能引起旅游市场的波动。波动性的表现形式多样，可以是瞬时的，如旅游高峰期的拥挤现象；也可以是周期性的，反映出经济活动的周期性变化。旅游业的波动性不仅限于季节性变化，还包括由宏观经济因素、政策调整、市场需求变化等因素引起的长期或短期波动。因此，旅游业的参与者，包括目的地管理者、旅游服务提供者和政策制定者，都需要对这些波动保持高度敏感，并采取相应的策略来应对市场的不确定性，以实现旅游业的稳定和可持续发展。

旅游需求波动的测量与分析是旅游需求研究的一个重要方面。国内大众旅游愈加普及，黄金周、寒暑假等节假日产生的短期、集中、高强度的出行对旅游目的地生态和服务系统造成了巨大的冲击。而学界对旅游消费者流的季节性关注较多，对波动性的关注较少，且集中于国家层面、月度尺度的入境客流波动，对国内旅游消费者在中、小尺度目的地和细粒度时间内的波动特征还有待探索。

在辨识时间序列数据的波动性特征方面，时间序列分析和计量经济学方法已被证实为研究旅游客流的有效手段。除了利用变异系数和基尼系数等传统的描述性统计工具外，广义自回归条件异方差模型（GARCH 模型）及其衍生的组合模型，在旅游需求波动性的建模分析中得到了广泛的应用（刘培学等，2021）。广义自回归条件异方差模型因其能够捕捉和描述金融时间序列数据的波动聚集现象而著称，同样，该模型也被应用于旅游研究领域，以量化和分析旅游需求的波动特性。通过这些模型方法处理更复杂的波动性动态，包括波动性的非对称效应和长期记忆效应，研究者能够更深入地理解旅游需求变化的不确定性和风险，进而为旅游市场分析和预测提供更为精确的数学工具。

其实，旅游波动性的研究非常广泛，如对旅游地生命周期规律的研究就是针对其呈现出的长期波动趋势。旅游地生命周期理论是阐释旅游地演化的基本理论之一。Butler（1980）将旅游地的发展演化划分为探索、起步、发展、稳定、停滞、衰落或复兴 6 个阶段，并以 S 形曲线形式对其进行了直观的表达（余向洋等，2012）。旅游地生命周期理论与旅游地发展过程中的影响要素及其作用机制的变化密切相关，旅游地生命周期理论可为有效判定旅游地所处的发展阶段及历史演进过程，描述和分析影响旅游地发展的各类要素，以及旅游地的未来发展预测和相关决策的制定提供指导。生命周期理论在多年实证和理论研究中逐渐丰富，Lundtorp 和 Wanhill（2001）运用长时间序列数据，提出了旅游地生命周期的三种循环模式，即成长—衰落—稳定模式、主循环—再循环模式和波浪式成长的扇贝模式，Garay 和 Cànoves（2011）进一步提出了多阶段演化曲线。

三、旅游流时序预测

旅游流的时间特征使得精准预测旅游流、把握旅游需求成为旅游业和酒店业从业者进行决策的重要任务。准确的需求预测可以帮助旅游从业者做出商业决策，例如有关日程安排、人员配备和定价的决策。此外，旅游目的地的政策制定者需依赖精确的预测来制定旅游发展政策，例如旅游基础设施投资等。作为一个较为成熟的研究领域，旅游流的预测方法主要有以下三种：时序预测法、计量经济模型和基于 AI 的方法。

传统的旅游预测研究经常使用历史数据和宏观经济数据进行预测，然而如 GDP（国内生产总值）和 CPI（消费价格指数）这类宏观经济数据通常具有时间上的递延性，可能需要数周或数月才能发布。在这种情况下，信息技术和互联网的快速发展产生的大量的用户数据成了新的数据使用选择。这些大数据往往反映了用户的意图，可以作为研究各种旅游行为的指标。例如，搜索查询已用于各种预测目的，例如失业人数、流感流行趋势以及房价。

（一）时序预测法（时间序列模型）

传统的时间序列模型包括 Naïve 模型、指数平滑模型和简单的 AR 模型，它们经常被用作旅游预测研究的基准。差分自回归移动平均模型和季节性差分自回归移动平均模型是最常用的模型，具体取决于时间序列的频率（Wen et al.，2021）。在近年来，为提高预测性能，引入了如结构时间序列（structural time series）模型、广义自回归条件异方差模型、奇异谱分析（singular spectrum analysis，SSA）模型和时变参数结构时间序列模型（time-varying parameter structural time series models）等更先进的方法。分解方法如 SSA 和经验模态分解（empirical mode decomposition）在单变量和因果时间序列预测中也显示出良好的性能。

（二）计量经济模型

在深入分析旅游流的时间特征及其对旅游业和酒店业决策者的重要性时，我们发现除了传统的时间序列模型，计量经济模型提供了一个更为全面的分析框架。这些模型能够揭示旅游需求与关键经济指标之间的动态关系，诸如游客收入、目的地与客源地的价格比、竞争目的地的价格以及实际汇率等因素（Wu et al.，2017b）。现代计量经济模型如自回归分布滞后模型（ADL model）、误差修正模型（ECM）、向量自回归模型（VAR model）等，已经在旅游需求预测中发挥了重要作用。还可以通过空间计量经济方法来优化预测或估计旅游需求的空间溢出效应，Kim 等（2022）采用面板空间自回归模型研究目的地内部旅游需求，收入和搜索查询是景点需求的重要决定因素，而市中心的距离仅在全局模型中显著，来自邻近景点的游客流量溢出对景点需求有显著影响，且两个景点之间游客流量存在不对称溢出效应。

（三）德尔菲法

德尔菲法（Delphi method）在旅游需求预测领域中提供了一种定性与定量相结合的补充方法。这种方法通过专家的直观判断，有效地将那些难以量化的因素纳入预测模型中。在预测旅游业发展前景时，利用德尔菲法可以考虑旅游活动趋势、技术进步、国际旅游环境、区域合作、行业培训、政治前景和旅游障碍等多个方面的影响因素。这些因素通常无法通过传统的回归模型来量化，但它们对旅游业的影响却是深远和复杂的。

德尔菲法的优势在于它允许预测结果的使用者积极参与到预测过程中。这与一般的定量分析方法不同，后者往往因为技术复杂性而使得使用者难以理解预测过程。德尔菲法使得旅游专业人士能够基于他们的经验和见解，对预测结果进行科学合理的判断。德尔菲法还为综合使用多种预测方法提供了机会，其能够结合不同方法的优势，以获得更全面的预测结果。这种综合性的方法有助于提高预测的准确性和可靠性，尤其是在面对旅游业这类多变和复杂的行业时。

（四）基于 AI 的方法

传统计量方法在处理高度非线性关系和动态预测需求时会显示出自身的缺陷，非线性回归在变量众多时可能会遇到方程选择困难、参数估计不精确和伪回归等问题，因而旅游预测研究中还引入了多种基于 AI 的方法（杨立勋和殷书炉，2008）。人工神经网络模型因其非参数和数据驱动的特性，被认为是旅游需求预测研究中较为常用的 AI 方法。支持向量机和模糊系统模型能够处理高维数据并捕捉复杂的模式，粗糙集模型和灰色理论则在处理不完全或不确定信息时表现出色。然而，AI 方法在解释性方面存在一定的局限性，它们往往被视为“黑盒”，在揭示因素之间的经济含义方面不如传统计量方法直观。

AI 方法在许多方面表现出了更好的适应能力和包容性，它们能够处理大规模数据集，适应动态变化的旅游市场，并提供更为灵活和准确的预测。随着机器学习算法的不断进步，如随机森林、梯度提升机和深度学习模型，AI 在旅游需求预测中的应用也在不断扩展。深度学习技术，特别是长短期记忆网络和卷积神经网络（convolutional neural network，CNN），在处理时间序列数据方面表现出色，成为预测旅游需求的重要工具。长短期记忆网络因其强大的时间依赖性建模能力，在预测澳门每月游客人数等任务中，已经被证明优于传统的支持向量回归和人工神经网络模型（Law et al., 2019）。

（五）方法适用性与特征

国外学者在定量方法的预测精确度方面做了大量研究，较为一致的观点是：在现有的预测方法中并无最优的适用于所有情况的模型或方法，但在对旅游客流的预测上，时间序列法优于回归模型法；而由于诸多影响因素对旅游消费者开支的影响远大于对目的地抉择的影响，所以回归模型在预测旅游消费者开支时会更有效，如表 12-2 所示。在定性方法方面，尽管德尔菲法争议较大，但在不能使用其他方法的情况下，该方法在帮助旅游规划者和政策分析者预测可能的未来发展方向时颇有价值。综上所述，在对具体目的地进行需求预测时，应充分考虑到各种预测方法的特点、预测问题本身的特点以及时间、人员、费用、相关数据充分程度等制约因素，选择出最合适的方法。

表 12-2　常用旅游流预测模型

定量方法			定性方法
计量经济模型（因果/回归模型）	时间序列模型	基于人工智能的方法	
普通最小二乘法	Naïve 模型	粗糙集	德尔菲法
多元回归	移动平均模型	模糊时间序列模型	
线性回归	指数平滑模型	遗传算法	专家意见法
滞后线性模型	经典分解法	支持向量回归模型	
引力模型	自回归模型	灰色预测模型	主观概率评估法
误差修正模型	差分自回归移动平均模型	机器学习	
时变参数模型	向量自回归模型	卷积神经网络	消费者意向调查
接近理想需求方法	贝叶斯向量自回归模型	图卷积网络	
自回归分布滞后模型	自回归条件异方差模型	长短期记忆网络	决策支持系统
	广义自回归条件异方差模型	循环神经网络	
	状态空间模型	时空融合图卷积网络	
	时变参数结构时间序列模型		

资料来源：陶伟和倪明（2010）

研究表明，没有一种模型能够在所有情况下始终优于其他模型。预测模型的选择应基于数据特征、研究特点和预测目的，需求度量的方法、数据收集的频率以及客源地与目的地的特定属性都会影响预测的准确性（Peng et al., 2014）。因此，在进行旅游需求预测时，应综合考虑各种方法的优势和局限性，并根据具体情况选择合适的模型。这不仅需要对数据进行深入分析，还需要对预测目的和应用场景有清晰的认识。通过这种方法，旅游业和酒店业的决策者可以更准确地预测旅游流，从而做出更有效的商业和政策决策。

课后思考题

1. 什么是旅游流？旅游流有哪些不同的类型？请定义旅游流并分类讨论其特点。

2. 旅游流的空间特征包括哪些方面？旅游流的空间模式有哪些典型的表现形式？请结合实际案例进行分析。

3. 旅游流的时间特征有哪些？常用的时序预测方法有哪些？

第十三章

旅游消费者行为大数据

【本章学习要点】

1. 理解大数据的概念，掌握大数据的主要特征。
2. 了解旅游大数据的概念，掌握旅游大数据的常见类型、特征及其在旅游业中的应用。
3. 掌握旅游大数据的获取方法，了解旅游大数据的分析技术和工具。
4. 熟悉分析旅游大数据的方法，以及这些方法在旅游大数据研究中的适用范围。

第一节　旅游行为大数据的概念

一、旅游大数据的形成背景

（一）大数据的概念与特征

1. 从数据到大数据

数据（data）是对客观事物的性质、状态及其相互关系进行记录并可鉴别的物理符号或符号组合，它是基于事实或观察结果的逻辑归纳，并具有可识别性和抽象性。在狭义上，数据通常指具体的数字或数值，但当前的讨论往往从广义角度出发，包括多种符号形式。数据可以是离散的，如符号、文字、名称等，被称为数字数据；也可以是连续的值，如声音、图像、视频等，被称为模拟数据。经过加工处理的数据，成为可利用的知识内容，即信息。随着计算机科学和互联网技术的快速发展，结构化和非结构化的大规模数据被生成、记录、存储和积累，形成了海量的数据资源（Kambatla et al.，2014）；社交网络、物联网、云计算等技术的广泛应用，使得个人可以更准确、更快速地发布和获取数据（马建光和姜巍，2013）。“数据，已经渗透到当今每一个行业和业务领域，成为重要的生产因素。人们对于海量数据的挖掘和运用，预示着新一波生产率增长和消费者盈余浪潮的到来。”这标志着我们进入了“大数据时代”（MGI，2011）。

大数据（big data）的名称来自未来学家阿尔文·托夫勒所著的《第三次浪潮》（*The Third Wave*），该书指出人类社会自 17 世纪末进入信息化（或者服务业）阶段，引起社会强烈反响。当前，在大数据的概念界定上，尚未形成统一的定义。维基百科对大数据的定义为：大数据是指利用常用软件工具来获取、管理和处理数据所耗时间超过可容忍时间的数据集。百度百科的定义为：大数据，或称巨量资料，指的是所涉及的资料量规模巨大到无法透过主流软件工具，在合理时间内达到撷取、管理、处理并整理成为帮助企业经营决策更积极目的的资讯。麦肯锡全球研究院（McKinsey Global Institute，MGI）将大数据定义为“一种规模大到在获取、存储、管理、分析方面大大超出了传统数据库软件工具能力范围的数据集合”（MGI，2011）。

在学术界，学者们也尝试对大数据进行定义与解释。Mayer-Schönberger 和 Kenneth（2013）在著作《大数据时代：生活、工作与思维的大变革》（*Big Data: A Revolution That Will Transform How We Live, Work, and Think*）中指出：“大数据是指不用随机抽样等分析方法，而采用对所有原始资料进行分析处理的方法。”从这个概念上讲，“大数据”是相对于“小数据”概念而提出的，通常而言，具有目的性的小样本调查资料被称为“小数据”，而“大数据”则趋向于获取尽可能全的信息以形成样本集。此外，李国杰和程学旗（2012）对大数据做出如下定义：“大数据是指无法在可容忍的时间内用传统 IT 技术和软硬件工具对其进行感知、获取、管理、处理和服务的数据集合。”

总的来说，尽管在定义上存在争议，但大数据为科学研究作出了巨大贡献是不可否认的。在信息与通信技术（information and communications technology，ICT）的迭代升级与不断催化下，数据已经成为国家基础性战略资源与新型生产要素（陆保一等，2022）。

2. 大数据的特征

在研究初期，Laney（2001）提出的大数据三大特征——规模性（volume）、多样性（variety）和高速性（velocity）——较为著名。随后，MGI（2011）提出了大数据的四大特征：海量的数据规模、快速的数据流转、多样的数据类型以及价值密度。这一定义与 Gantz 和 David（2011）将 3V 拓展为 4V 的概念相契合，即增加了价值性（value）来强调大数据的有效性和有用性。

Mayer-Schönberger 和 Kenneth（2013）曾提出“大数据的核心就是预测”的观点，并明确指出了大数据时代下分析信息的三个转变：首先，在大数据时代，我们能够分析更多的数据，有时甚至可以处理与某个特定现象相关的所有数据，不再依赖于随机采样；其次，由于数据量巨大，我们不再追求绝对的精确度；最后，我们更加关注相关关系，而不是因果关系。然而，随着大数据的不断应用与发展，数据处理与分析的精确性变得越来越重要。因此，Marr（2015）在 4V 的基础上增加了真实性（veracity）的要求，形成了大数据的 5V 特点，具体内容如下。

规模性：大数据的规模和体量巨大，数据量的大小决定了其潜在价值和信息量。数据的存储单位从 bit 开始，依次为 Byte、KB、MB、GB、TB、PB、EB……大数据的计量单位通常是 TB（1024 GB）、PB（1024 TB）、EB（100 万个 TB）或 Z（10 亿个 TB）。

多样性：数据的种类和来源多样化，包括结构化、半结构化和非结构化数据，如网络日志、音频、视频、图片、地理位置信息等，这对数据处理能力提出了更高的要求。

高速性：大数据的增长速度快，分析所需处理速度也快，时效性要求高。2013 年互联网数据中心（Internet Data Center，IDC）的“数字宇宙报告”指出，到 2020 年全球数据使用量将达到 40 ZB。面对海量数据的高效处理能力，是大数据区别于传统数据挖掘的显著特征。

价值性：大数据的价值密度低。价值密度与数据总量成反比，数据总量越大，无效冗余的数据就越多，因此，在分析时应强调合理运用计算机算法，对大数据进行“提纯或降噪”，以低成本创造高价值。

真实性：数据应具备准确性和可信赖度，即数据的质量。面对海量数据，在处理速度以外，如何保障数据处理与分析的精确度和精准度也是当前大数据背景下各领域正在探索的难题。

（二）地理大数据与人类行为

1. 地理大数据的概念与分类

在旅游大数据与旅游行为大数据的概念内涵形成之前，地理学者首先提出了“地理大数据”概念。大数据的本质被认为是针对研究对象的样本“超”覆盖，这种信息覆盖突破了目的性和局部性的传统采样的局限，必然带来思维方式和认识上的变革。由此推及地理学领域，地理大数据就是针对地理现象的“超”覆盖样本集，此处的“超”覆盖涉及时间、空间与属性维度（裴韬等，2019）。同样，地理大数据也具备5V特征，但也因地理学科的特殊性而具有自己的独特特征，这将在后面的内容中进一步论述。总体而言，地理大数据的辨识度集中体现在两点：第一，地理大数据与其他大数据之间的差别在于是否具有时空属性；第二，地理大数据与小数据的区别在于样本的覆盖度。

基于获取信息的模式和基于信息采集的手段，地理大数据具有其特定内涵和外延性。根据所使用的传感器类型以及数据所记录对象的不同，可将地理大数据分为对地观测大数据和人类行为大数据两类（裴韬等，2019）。其中，对地观测大数据记录地表要素的特征，获取信息的传感器类型主要包括航天、航空以及地表监测传感器等，以主动的获取方式为主，对应的数据包括：卫星遥感、无人机影像以及各类监测台站（网）的数据等。人类行为大数据记录人类移动、社交、消费等各种行为的信息，信息获取的传感器种类繁多，包括：手机终端、智能卡、社交媒体应用、导航系统等。以被动的获取方式居多，可视为人类活动的足迹（footprint），产生的数据包括：手机信令数据、出租车轨迹数据、物联网数据以及社交媒体数据等。两类大数据直接关注的主要对象分别为“地”和“人”。人类发展与地理环境之间的关系一直是地理学的核心论题，而地理大数据的爆发，使得对地观测大数据与人类行为大数据的全面结合成为可能，从而为地理学中人地关系的研究提供了新资源、新动力和新视角。两类数据关注的角度各异，数据结构、粒度和表达方式又不尽相同，继而为地理大数据的分析与处理提出了新命题。

2. 地理大数据的特征

作为具有特定内涵与外延的地理大数据，是否包含一般大数据共性之外的特征对于地理大数据的分析处理至关重要。一方面，相对于小数据，地理大数据样本的“超”覆盖主要体现在三个方面：粒度更细、密度更高、范围更大。另一方面，地理大数据，尤其是人类行为大数据的获取大多属于非目的性，从而导致有偏性和不确定性。因此，地理大数据的特征可以总结为时空粒度、时空广度、时空密度、时空偏度和时空精度等“5度”（裴韬等，2019）。

1）时空粒度

如果将地理信息承载单元的大小称为粒度，那么地理大数据的出现，则让地理信息的承载粒度由大变小。由于不同类型大数据的获取方式不同，因此粒度对于不同数据的含义也不一样。在对地观测大数据中，粒度是指数据所代表的（地表）范围大小，粒度的变化体现在由对地观测大数据反演得到的地物单元不断地细化。例如，城市影像分辨率的提升使得由其反演得到的地物单元从粗粒度的地块细化到具体的建筑。而在人类行为大数据中，粒度是指记录和统计单元的大小（刘瑜，2016），粒度的变细表现为用以记录和统计的单元的缩小。地理大数据粒度的精细化可以使我们从微观的角度观察地理现象，为研究其细部特征和机理提供了新的可能性。

2）时空广度

传统的地理小数据因受到信息获取手段和成本的限制，往往只能集中于局部的区域，或者需要在研究粒度与范围之间进行权衡，即在选择较大范围的同时不得不采用较粗的粒度。而在大数据时代，部分 IT 公司借助互联网的优势，可获取较大范围，甚至全国直至全球范围内的数据及其衍生的产品，同时又保持较小的时空粒度，从而使其研究范围在“豁然开朗”的同时又保持着“高清晰度”。对地观测大数据中全球性的数据产品已涉及多个研究领域，如全球夜光遥感数据产品、全球土地利用数据等。而在人类行为大数据中，数据覆盖范围之广也是前所未有：百度地图等平台的应用程序编程接口（application programming interface，API）数据，出租车平台的交通运行/运营数据、社交共享平台（如 Facebook、携程、马蜂窝等）用户上传的开放性共享信息等。地理大数据提供了观察大尺度下地理现象和规律的可能性，为研究全球变化、宏观社会行为提供了宝贵的素材。

3）时空密度

由于成本的原因，传统的地理学研究对于地理现象的观测除了受限于范围的局部性，样本的密度也相对稀疏。因此，在有限样本的基础上进行地理现象的刻画通常需要借助空间估计和推断的方法，如克里格插值、地理加权回归、环境因子模型等。由空间统计方法获得的分布特征，虽然可通过空间相关性在一定程度上弥补样本稀疏的缺憾，但估计的结果毕竟无法取代属性的真实分布。与此相反，地理大数据的基本特征之一就是面向地理对象的高密度样本。在对地观测大数据中，数据的密度是随着粒度的变细而不断增加的。随着传感器分辨率的提升以及无人机等技术的广泛应用，影像像素分辨率不断提高，使得像素密度相应增加，混合像元信息不断裂解细化，导致像元所代表的信息更加精细；相比于人类行为大数据，以问卷调查得到的传统“小数据”虽然粒度也小，但密度很低，而以手机通话和信令为代表的大数据，用户已覆盖了城市的大部分人口，与此类似的还有腾讯的 QQ 及微信用户。随着智能卡和互联网应用的普及，人类行为大数据中样本的密度也越来越高。地理大数据样本密度的提升使得对地理现象的观测更加细致与逼真。

4）时空偏度

虽然地理大数据在粒度、广度以及密度等方面较传统小数据具有明显的优势，但同时也普遍存在着缺陷，而使其饱受诟病。需特别说明的是，人类行为大数据普遍存在有偏现象，集中体现为数据载体在时间、空间和属性等几个方面的有偏性。以微博数据为例，很多研究使用微博打卡数据、图片数据、文字评价数据等进行城市功能和人群行为的研究。而实际上，微博的使用者，在年龄属性上主要集中在 18—30 岁的年龄段；在性别上，女性用户的比例更大（Yuan et al.，2018）；而在空间上，沿海地区较中西部使用率更高；不仅如此，微博所含的内容更加偏重娱乐、教育、财经等方面的热点事件（新浪微博数据中心，2017，2019）。针对地理大数据有偏性对统计结果的影响，以手机数据为例，通常由部分抽样的手机数据得到的移动距离、回旋半径、移动熵的数值与全样本之间存在差异（Zhao et al.，2016）。由此可见，将有偏度的大数据的规律推断为全体性质存在风险。偏度的普遍性的存在导致其所得到的规律往往表现出一定程度的“偏见”，故在使用地理大数据时需要谨慎甄别。

5）时空精度

地理大数据另一个不容忽视的缺陷是其精度问题。精度问题在空间数据中普遍存在，而地理大数据的精度问题尤为突出，有时甚至会影响到计算结果的可信度。对地观测数据中的精度问题已经为众多研究所揭示。对于人类行为大数据，由于其在获取过程中的被动性（例如，用于估计城市精细人口的手机信令数据并非为估计人口而设计收集）和自发性（例如，用于度量城市公众情绪的微博数据由用户自发上传），数据中往往充斥着各种类型的误差，这种误差同样会存在于空间、时间以及属性中（Liu et al.，2016）。以手机信令数据为例，由于城市建筑物的遮挡以及基站容量的限制，手机在通话时并不一定与其最近的基站发生通信，此时若将用户位置归于最近基站的小区内，则会产生空间误差。同样，在社交媒体数据中，用户所上传的事件位置、时间和文本内容，往往并不能代表事件发生的真实状况。因此，与目的性采样的小数据不同，地理大数据中的误差除了技术原因之外，还源于数据产生主体的不可控因素，有时甚至包括主观故意造成的时空位置信息的改变（Zhao and Zhang，2019）。

地理大数据所具有的冲击力源于其粒度细、广度宽和密度大，这些都是传统小数据所不具备的；然而，地理大数据的偏度重和精度差同样也是小数据所力求避免的，传统的采样理论和误差理论就是针对偏度和精度而产生的模型体系，可以有效地限制偏度和控制精度。由此可见，地理大数据与小数据之间各有优劣，在现有条件下，一方不能完全取代另外一方，二者的结合可扬长避短，而在地理大数据的应用中，应注重其局限性，避免错误的产生与滥用。

（三）旅游信息化与大数据

旅游业是一个信息密集型行业，涉及多种类型的数据，其数量庞大且复杂。旅游管理、服务与营销在很大程度上依赖于信息资源（王龙杰等，2019）。旅游消费者流及其相关要素流的时空交换，也使旅游数据的规模与生产速度迅猛增长。旅游大数据（tourism big data）成为大数据的重要组成部分，并引起了学界和业界的广泛关注（吴开军，2019）。有关旅游大数据的技术探索与实证研究成为热点话题，对于拓展旅游研究数据源、完善旅游研究方法、创新旅游研究内容具有重要意义。

旅游业的产业特性决定了其对信息和信息技术的高度依赖，因此新环境下旅游业的竞争与旅游信息化程度有着密不可分的关系。旅游信息化是指应用计算机技术、信息技术、数据库技术和网络技术，整合各类旅游信息资源，使之成为旅游业发展的生产力，成为推动旅游业发展、提高旅游业管理水平的重要手段（谌利和杨丹卉，2008）。旅游信息化通过对信息技术的运用来改变传统的旅游生产、分配和消费机制，以信息化的发展来优化旅游经济的运作，从而实现旅游经济的快速增长。

旅游行业的信息化起步于改革开放初期，经过数十年的发展，直到《“十三五”全国旅游信息化规划》正式提出2020年旅游信息化发展目标，即信息服务集成化、市场营销精准化、产业运行数据化、行业管理智能化，进一步推动了信息技术在旅游各领域的创新应用。此外，在旅游信息化的不断发展进程中，智慧旅游业成为我国各地旅游信息化建设的重点和理论研究的前沿问题（张凌云等，2012）。

在上述背景下，旅游大数据逐渐兴起。旅游业的快速发展需要大数据的支撑，旅游业也因此成为大数据应用前景最为广阔的行业之一。智慧旅游时代的到来促进了云计算、移动智能终端等信息通信技术在旅游业的发展，同时也迎合了大数据在旅游业的发展（梁昌勇等，2015）。大数据在旅游中的应用范围广泛、应用方式多样，有助于旅游业更贴近消费者、深刻理解需求、高效分析信息并作出预判。

二、旅游大数据的概念与发展

（一）旅游大数据的概念

基于大数据与地理大数据的发展，旅游信息化与智慧旅游的发展背景，旅游大数据的概念逐渐形成。目前，学界对旅游大数据的概念内涵尚未达成一致，陆保一等（2022）结合地理大数据的本质，认为旅游大数据是指面向旅游行业及相关行业的涉旅主体，超出目的性采样（也称为“小数据”）范畴且趋向于全集信息获取的“超”覆盖（包含时间、空间与属性维度）样本集。结合大数据的特性，旅游大数据是对多源异构数据进行整合以后的数据集，同样包括结构化、半结构化与非结构化数据，具有大数据的规模性、多样性、高速性、价值性与真实性特征。根植于旅游现象自身的规律，以及社会与技术发展的阶段性特征，黎巎（2018）将旅游大数据定义为：旅游大数据既指旅游领域中那些“样本=总体”的全数据集，又指那些利用常用软件工具获取、管理和处理数据所耗时间超过可容忍时间的数据集；同时指出，在该定义下，旅游大数据的范畴既包括旅游行业企业、部门、单位运行直接产生的数据，也包括旅游相关行业和领域的数据、旅游消费者行为数据，以及来自媒体、公共媒体与社交媒体的旅游舆情数据等。

（二）旅游大数据的特征

1. 一般特征

旅游大数据首先符合大数据的 5V 特征，这些特征有助于区分旅游大数据与其他旅游数据，因此也被称为旅游大数据的一般特征（黎巎，2018）。

规模性：现代旅游业综合性强、关联度高、产业链长，已经明显超越了传统旅游业的范畴，广泛涉及并交叉渗透到 29 个相关经济部门，直接和间接影响了 110 多个细分行业。这些相关数据的融合使得旅游大数据具有跨行业的较大规模。同时，信息技术与互联网对旅游消费者旅行过程的渗透，导致旅游消费者在游前、游中及游后产生了巨量数据，例如游前的搜索数据、游中的轨迹数据、游后的评论与分享数据等。

多样性：多样性指的是旅游大数据包含不同格式及不同类型的数据，如反映旅游活动运动、变化、发展状况的自然环境大数据、社会大数据和经济大数据，同时还包含旅游目的地大数据、旅游企业大数据、旅游消费者大数据等。随着技术的发展和人类活动范围及创造力的拓展，涉旅数据将更加多样，既包含传统数据，又包含结构化、半结构化和非结构化的非传统数据。

高速性：高速性指的是数据产生的速度之快。以旅游消费者移动数据为例，由于旅游消费者在旅游或旅行活动中的位置是移动变化的，随着旅游消费者人次的逐年增加，特别是在旅游出行高峰时期，旅游消费者群的庞大及位置的采样频率决定了旅游消费者的位置数据不仅数量巨大，而且数据产生的速率很高。

真实性：大数据集包含大量的噪声，信噪比越高的数据真实性越高。从可控的行为中获取的数据，通常比通过不可控行为发布获取的数据拥有更少的噪声。例如，在旅游大数据中，旅游消费者关于互联网生成内容的数据占很大比重，这部分数据是由不可控的互联网行为产生的，这部分数据的信噪比较高。

价值性：旅游大数据的价值性与真实性关联，真实性越高，价值越高，如旅游消费者的网络评论、博客等；同时，价值也依赖于数据处理的时间，因为旅游分析的相关结果具有时效性（埃尔等，2017）。以黄金周客流量为例，数据转变为有意义的信息的时间越长，这份信息的价值就越小。

2. 旅游大数据的独有特征

旅游大数据还具有旅游领域所独有的特征，被称为旅游大数据的独有特征。

时空性：旅游活动的开展离不开空间区域的依托，而且旅游活动又有历时性的时间特征，因而时空性是旅游活动的基本形式。旅游大数据中反映旅游活动的数据具有时空性。在时间尺度上，可以短到对一些节事活动或涉旅事件的追踪，也可以长到目的地或景区的变迁。

多尺度性：描述旅游活动的旅游大数据除了具有时间和空间属性外，还具有地理尺度。旅游活动通常跨越多个地理空间，地理尺度可以小到街道、景区、单体建筑，也可以大到城市、区域、国家尺度。

多粒度性：旅游大数据还具有粒度属性。在空间上，数据采集粒度既可以精确到米级，也可以宽泛到千米级。时间粒度可以精细到秒级，也可以宽泛到日、月、年级。

节律性/季节性：由于旅游活动存在明显的节律性或季节性，如自然或户外娱乐景点对季节依赖性较强，旅游消费者的休憩活动依赖假期时间等，因此所产生的数据量也具有相应变化，因此旅游大数据也同样呈现此类特征。

（三）旅游大数据的类型

旅游行业是一个高度综合性的产业，它不仅涉及交通、房地产、餐饮等多个交叉领域，而且信息密集度极高。行业内的旅游消费者、管理者、运营者等参与者都处于一种持续产生数据的状态。学者们根据不同的标准和视角，对旅游大数据提出了多种分类体系。

例如，邓宁和牛宇（2019）将旅游大数据分为四类：用户生成内容（user-generated content，UGC）数据（包括旅游图片和旅游文本）、基于设备产生的数据（如 GPS 定位数据、基站定位数据、蓝牙定位数据、Wi-Fi 定位数据）、事务数据（包括搜索数据、订单数据、网页浏览行为数据）以及其他数据（如本地数据和第三方数据）。

黎巎（2018）则从多个角度对旅游大数据进行了分类：①按产生数据的主体，分为旅游 UGC 数据（如旅游网络评论、旅游博客、旅游微博、旅游攻略、旅游图片、旅游视频）、涉旅政府与企事业单位的自有数据（如政府数据、旅游企事业数据、其他行业旅游相关数据）、机器生成的数据（如应用服务器日志数据、各类传感器数据、图像和视频监控数据、二维码和条形码扫描数据）；②按数据来源的行业，分为互联网公司数据（如搜索引擎涉旅数据、涉旅电商数据、涉旅社交媒体数据）、电信–金融–保险系统数据（如电信行业数据、金融与保险数据）、交通数据、气象-地理-政务数据、其他传统行业数据；③按数据的结构类型，分为结构化数据、非结构化数据和半结构化数据；④按数据产生和变化的频率，分为基础数据、历史数据和实时数据。黎巎等（2021）进一步将这些纷繁复杂的数据类型总结为外部数据和内部数据（表 13-1）。

表 13-1　数据类型

	数据类别	说明	主要应用
外部数据	互联网内容数据	互联网爬取	旅游情绪分析
	广播电视数据	各地广播电视局	旅游情绪分析
	运营商位置数据	电信运营商、APP 运营商	旅游消费者行为分析
	交通卡口数据	交通局、高速公路公司	旅游消费者行为分析
	消费数据	银联、网联、收单机构	旅游消费者消费分析
	搜索数据	百度等搜索平台、OTA	旅游意向度分析
	投诉数据	互联网、国家旅游服务热线、地方投诉热线等	投诉应对与处置
	预订数据	各大 OTA 平台	旅游消费者预订分析
	资源数据	各类资源的名称、位置、规模等	旅游资源管理
内部数据	旅游消费者入园数据	园区门票闸机系统	旅游消费者入园分析
	停车数据	园区停车系统	自驾、团队游分析
	其他管理信息系统数据	GIS 系统、OA 系统等	各类内部分析

资料来源：黎巎等（2021）

Li 等（2018）通过对旅游研究中大数据应用的文献梳理与回顾，总结了旅游大数据的三种数据类型，如图 13-1 所示。杨敏等（2020）也在参考 Girardin 等（2008）研究的基础上，从旅游消费者时空行为视角出发，对旅游消费者时空行为的数据源进行了划分，总结了各自的优劣势、主要应用方向和主要应用尺度，如表 13-2 所示。

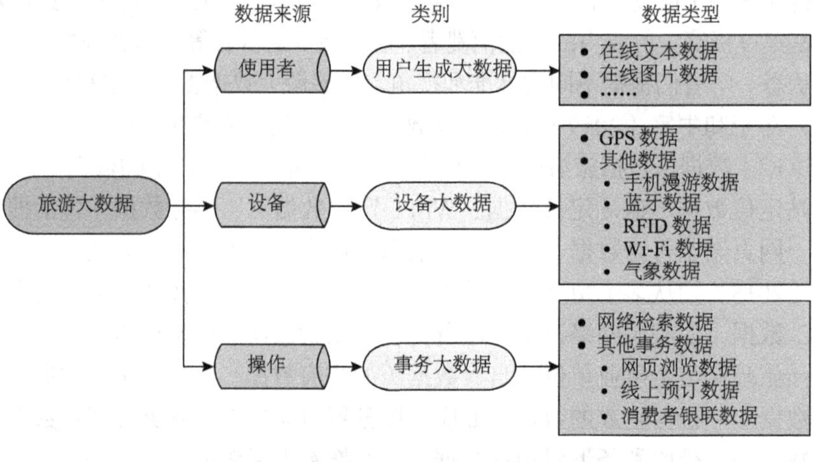

图 13-1　旅游研究中的大数据类型

资料来源：改绘自 Li 等（2018）

表 13-2　旅游消费者时空行为研究数据源分析

数据源		优势	劣势	主要应用方向	主要应用尺度
手机信令数据		即时的数据获取，海量数据，能够覆盖不同尺度的研究	数据量大，分析需要的技术和设备要求高，不能进行原因分析	旅游消费者热点和客流分析、预测	城市和大型景区尺度
用户自生成内容数据	微博数据	数据量大，获取容易，能够覆盖不同尺度，可以进行原因分析	数据有偏（只能反映发微博用户的特征），数据缺乏连续性	旅游热点、旅游流和原因分析	全球到景区尺度均可
	照片分享数据	数据量大，获取容易，能够覆盖不同尺度，偏好分析有优势	数据量大，对分析技术要求高，原因分析弱	旅游热点、旅游消费者轨迹探测、偏好分析	全球到景区尺度均可
	网络游记数据	数据量大，数据记录详细，可以分析不同尺度的空间和机制	非结构化数据，挖掘技术要求高	旅游消费者时空轨迹、旅游线路和旅游消费者体验分析	全球到城市尺度均可
	视频分享数据	数据量大，数据记录详细	非结构化数据，数据分析的专业和技术要求高	兴趣点、偏好和景观分析	主要为景区和城市街区尺度
传统数据	GPS 数据	数据精度高	时间和空间限制大，样本量有限	客流监测与旅游消费者行为研究	主要应用于城市和景区
	问卷数据	数据质量好，不仅能够进行失控分析，还可以分析驱动因素	调查受到时空限制，所获数据的实践范围较小	旅游消费者特征、时空行为和驱动机制分析	全球到景区尺度均可

资料来源：杨敏等（2020）

三、旅游大数据的应用

当前，有关旅游大数据研究的国际文献综述成果已有不少，对其研究动态的把握较为清晰（Li et al.，2018；吴开军，2019；曾忠禄和王兴，2020；Li and Law，2020）；也有部分学者对中国旅游大数据的应用研究进行综述、反思与评论（陆保一等，2022；钟栎娜，2017；杨旸，刘法建，2017）。旅游大数据作为多学科交叉研究领域，其相关成果总是基于一定的数据类型，依赖一定的数据挖掘、分析技术和研究方法，并聚焦于特定主题展开，并指出在多学科交叉的理论基础上，数据类型、研究方法和研究内容构成旅游大数据应用研究的三要素，如图 13-2 所示（陆保一等，2022）。

在旅游研究层面，近年来呈爆发式增长的旅游大数据，不仅在旅游研究方法与研究内容的创新发展方面发挥了显著优势，同时也使旅游研究的数据源得到极大拓展，主要体现在以下四个方面：①旅游消费者时空行为、旅游体验及需求分析；②旅游流时空特征、网络结构及流动方式；③旅游目的地旅游形象、热点识别及要素格局；④数据模型构建、质量分析及应用实践。根据旅游大数据中丰富的语义及时空标记等信息，研究者能够突破空间（space）和场所（place）的界限，以更多元的视角解析中国情境下旅游研究的科学问题（旅游消费者、旅游活动、空间及其关系），为完善旅游研究方法、创新旅游研究内容提供重要机遇。

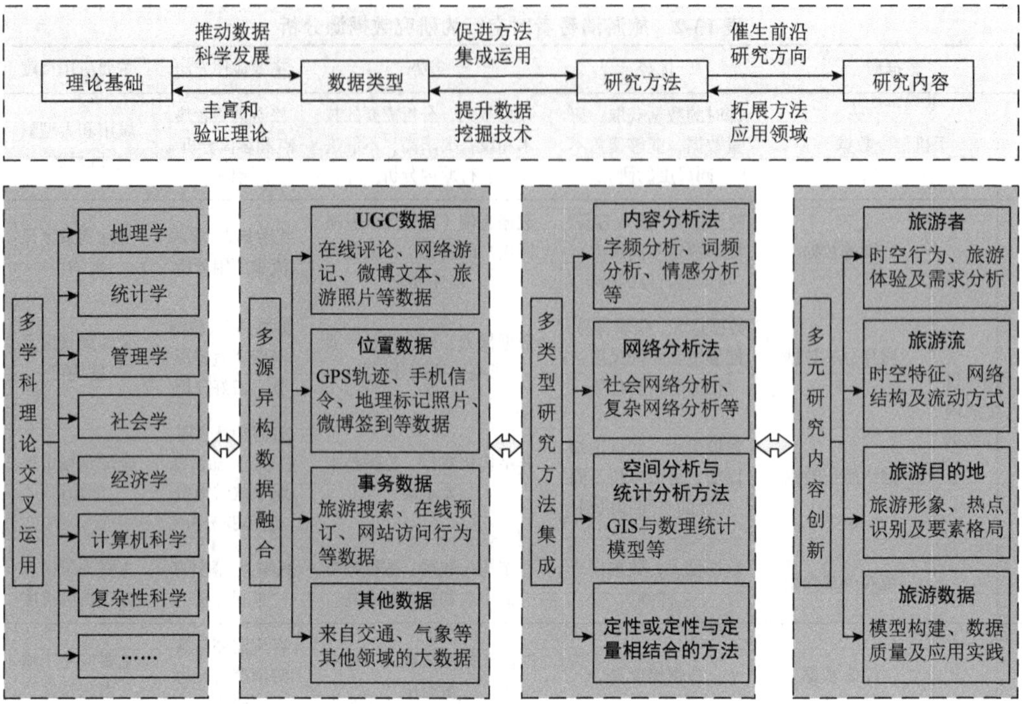

图 13-2 旅游大数据的应用研究框架

资料来源：陆保一等（2022）

在旅游应用实践层面，得益于信息传播技术（ICTs）革新创造的新技术环境驱动，中国大数据产业及在线旅游市场发展态势迅猛，这使旅游大数据在旅游管理、服务及营销等领域的应用持续拓展，也使其在把握旅游市场规律、促进旅游业务和服务模式创新等方面的应用优势进一步显现。同时，在当前中国旅游业转型升级、提质增效的背景下，旅游大数据的广泛应用也为构建现代旅游产业体系、实现旅游业高质量发展提供了重要动能。

总的来说，旅游大数据作为一种新的研究视角与分析手段，具有明显的学科交叉属性，涉及地理学、统计学、计算机科学等学科，因而相关成果呈现出分散化与多元化趋势。广泛应用不同结构、类型与来源的旅游大数据，综合使用定量与定性研究方法，不断拓展研究内容，有利于支撑旅游大数据的相关研究向纵深推进。

第二节 旅游行为数据的获取与分析方法

一、旅游图片大数据的获取与分析

（一）旅游图片大数据的获取

1. 网络爬取法

网络爬取技术，亦称为网络爬虫或网页蜘蛛，是一种按照特定规则自动抓取网络信息的程序或脚本。这些程序通常被称为网络机器人，它们通过模仿浏览器访问网页的URL地址的方式来自动获取所需数据，无须用户手动操作。搜索引擎依赖于爬虫技术来收集网络信息，例如百度的搜索引擎爬虫被称为百度蜘蛛。百度蜘蛛每天从海量的互联网信息中爬取并收录优质信息，当用户在百度搜索引擎上搜索关键词时，百度会从已收录的网页中找出相关页面，并按照一定的排名规则排序后展示给用户。

网络爬虫一般分为以下几种类型：通用网络爬虫（General Purpose Web Crawler）、聚焦网络爬虫（Focused Web Crawler）、增量式网络爬虫（Incremental Web Crawler）、深层网络爬虫（Deep Web Crawler）。对图片的爬取通常属于聚焦网络爬虫。聚焦网络爬虫，顾名思义，是一个自动下载网页的程序，它根据既定的抓取目标，有选择地访问万维网上的网页与相关的链接，获取所需要的信息。与通用网络爬虫不同，聚焦网络爬虫并不追求大的覆盖，而将目标定为抓取与某一特定主题内容相关的网页，为面向主题的用户查询准备数据资源。

一般使用Python语言编写爬虫程序，进行互联网信息自动化检索。它的优点主要有两点：一是相较于Java、C/C++等其他静态编程语言，Python对于网页文档接口的抓取更简单；相比于Perl、PHP这类的动态脚本语言而言，Python拥有Urllib2包，其包含大量可以访问网页文档的API。二是网页抓取后通过Python的BeautifulSoup库，可以用十分简短的代码来完成大量文档的处理。

2. 开源数据集

开源数据集，即为开放源代码的数据集合。大型的商家、企业或是研究机构会定期开放一些内部的非商业性数据供大众参考、使用，广泛受到大众的好评。开源数据库受到用户欢迎的原因有两点：一是本身“开源”的特性，开源数据库产品的底层代码可以被所有企业用户任意查看、修改并重新分发；二是相对于主流商业数据库，成本更加低廉。

开源数据集的内容包括生物识别、自然成像、深度学习图像/视频集、地理空间集、人脸数据集、语音数据集等。下面介绍几个大型的图像领域应用的数据集。

ImageNet数据集是目前深度学习图像领域应用得非常多的一个数据集，关于图像分类、定位、检测等研究工作大多基于此数据集展开。它有1400多万幅图片，涵盖2万多个类别；其中有超过百万的图片有明确的类别标注和图像中物体位置的标注。并且数据集文档详细，有专门的团队维护，使用非常方便，在计算机视觉领域研究论文中应用非常广，几乎成为目前深度学习图像领域算法性能检验的“标准”数据集。

COCO（Common Objects in Context）是一个新的图像识别、分割和图像语义数据集。COCO数据集由微软赞助，其对于图像的标注信息不仅有类别、位置信息，还有对图像的语义文本描述，COCO数据集的开源使得近两三年来图像分割语义理解取得了巨大的进展，也几乎成为图像语义理解算法性能评价的“标准”数据集。

Flickr是目前主流的图片分享平台，其中图片包含很多与旅游研究密切相关的信息：①图片标题/标签/描述：其中标签分为两种，一种是由用户在上传照片时定义的，一种是由相机、应用根据拍摄内容自动生成的对于图片内容的描述信息。②拍摄时间（taken time）：其中大部分的照片都附有拍摄时间信息。③地理位置（coordinates）：多数图片和视频可以还原图片拍摄地点的坐标。

（二）旅游图片大数据的分析

针对旅游图片研究的方法多样，但大多采用内容分析（content analysis，CA）和符号分析（semiotic analysis，SA），其都是通过人工分析的方式对图片内容元素进行解构。随着互联网的发展，大量图片的涌现使得人工分析的方式显得力不从心，技术的更迭使机器自动分析法成为时代的宠儿。下面将主要从手动编码分析、元数据自动化分析和图片内容的机器识别三个方面进行详细说明。

1. 手动编码分析

1）内容分析法

内容分析法是一种对传播内容进行客观、系统和量化描述的研究方法，旨在通过表征有意义的词句推断出准确的含义，是对研究对象的一种非介入性研究（Krippendorff，2018）。研究中通常运用统计学方法对类目进行计量，分析结果以图表的形式表现。在旅游研究中，对于照片的处理大多采用人工识别的方式进行照片的分类及编码，多见于对图片显性内容进行分析，将图片中的主体事物依照一定规则和维度进行分类，例如，“历史”“文化”“人物”“建筑”等都是面向目的地的图片研究中的常见维度。基于图片内容的分析方法准确度较高，但是局限于已经记录下来的内容，较难取得较好的信度和效度，同时受限于人工分析，时间成本过高，分析的图片数量十分有限。

2）符号分析法

符号分析法原是符号学的一种分析方法，是将现实事物进行符号化并解析其背后意义的过程。在旅游图片研究中，我们先将旅游图片看作现实旅游元素符号化的结果，再将其背后携带的数据看作一种符号，因而，符号分析法主要是根据旅游图片的数字足迹进行分析，侧重于图片隐性内容的获取（Stepchenkova and Zhan，2013）。从国内外研究成果来看，基于图片 GPS 的数据可分析出旅游消费者的时空特征、行为特有旅游目的地 POI 的识别和分布情况等，可为目的地营销、交通规划以及区域旅游管理等提供参考。与传统研究方法比较，旅游数字足迹作为分析工具具有客观性、时效性、成本低等特点，随着旅游行为的不断大众化和网络化，利用旅游数字足迹进行旅游空间行为研究对于旅游研究和实践创新将具有重要意义。

2. 元数据自动化分析

1）图片元数据

社交网络上的旅游图片通常包含两个重要信息：①元数据（metadata），或描述照片的其他细节，包括标题、标签和描述；②评论（comments），其中通常包含明确的情绪，被认为是一种表达发布者对图片的感受的途径。数码图片的元数据主要是描述图片的属性数据。例如，旅游消费者在发布图片时留下的拍摄时间及拍摄地点 GPS 数据，以及元数据记录中所包含的“标签/标题/描述”数据等（邓宁，2017）。旅游数码图片中的评论则可视为旅游消费者对于图片内容所表达的情感，亦可视为情感形象的体现。其中往往包含了旅游消费者对旅游目的地优缺点的个人评估以及对待目的地的情感态度，如“有趣的”“美丽的”“惊奇的”等。

2）格式及字段

一张图片的元数据主要包括以下字段：0——照片 ID；1——使用者的 ID；2——使用者昵称；3——拍照日期；4——更新日期；5——拍照设备；6——标题；7——描述；8——使用者标签；9——机器自动识别标签；10——经度；11——纬度；12——精确度；13——照片网络版网址；14——照片下载地址；15——许可证名称；16——许可证网址；17——照片服务器地址；18——图片标识；19——照片密码；20——照片原始密码；21——扩展名；22——编码等。通过这些数据，我们可以基本掌握旅游消费者拍摄的客观条件和时空信息。

3. 图片内容的机器识别

除了可以利用机器分析图片元数据，一种更为直接的方法是利用机器学习技术分析识别图片内容。

1）CNN 深度学习

传统的图像分类算法在性能、效率、智能等方面都很难满足图像大数据的要求。近年来，图像对象分类的深度学习方法研究受到广泛关注，并出现了很多高识别率的算法。CNN 就是其中一种。CNN 即 Convolutional Neural Network，也叫卷积神经网络，是深度学习中的一种算法，目前主要应用于图像识别和图像分类，如图 13-3 所示。

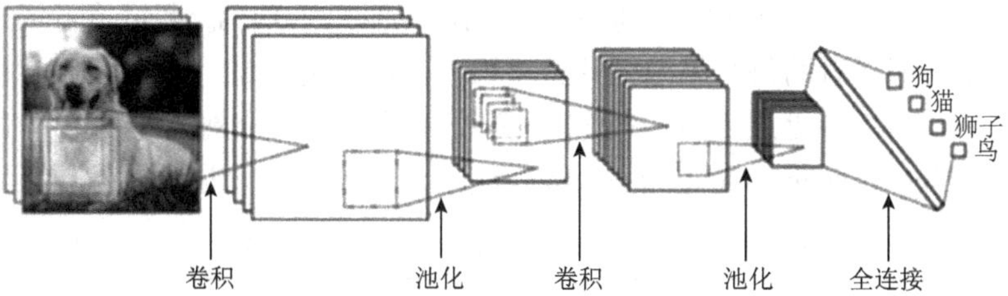

图 13-3　CNN 图片识别原理示意图

资料来源：邓宁等（2019）

CNN 的基本结构由输入层、卷积层（convolutional layer）、池化层（pooling layer）、全连接层（full connection layer）和输出层组成（邓宁等，2019）。一个典型的 CNN 网络结构为：输入→卷积→ReLU→池化→ReLU→卷积→ReLU→池化→全连接。其中 ReLU（rectified linear unit）是线性纠正单元，作为激活函数控制卷积层的输出映射，形式为：$f(x)=\max\{0, x\}$。CNN 中一个卷积层与一个池化层相连接，即数据输入后先进行卷积操作，再进行池化操作。卷积层和池化层一般会取若干个，并交替设置。最后在输出之前经过全连接层，对学习到的特征进行整合后输出。

2）DeepSentiBank 情感认知

DeepSentiBank 是一种基于深层 CNN 的视觉情感概念分类方法。视觉情感概念是指从网络照片的标签中自动发现的形容词名词组（adjective noun pairs，ANPs），这些词组可以被用来作为检测图片中所描绘的情感的有效统计线索。例如，“快乐的狗”“美丽的天空”等结合形容词的感情力量和名词的可检测性的词组，尽管这些词组并没有直接表达情感和情绪，它们仍然可以被图片情感标签的强共现关系所发现。

有研究人员通过性能评估发现，与其主要使用二进制支持向量机分类模型的前身相比，新训练的深度 CNN 模型 SentiBank 2.0（或称为 DeepSentiBank，如图 13-4）在对基于 Web 的大型图像数据集（如 ImageNet）进行分类方面表现出了极大的性能提升，并在注释准确性和检索性能方面均得到显著改善（Chen et al.，2014）。在未来，概念本地化将被纳入深度 CNN 模型，并通过利用概念改善网络结构关系。同时，高性能提升也有助于改进基于 SentiBank 的应用程序，例如辅助评论机器人和 Twitter 情绪预测，以及其他应用程序，如情感感知、图像编辑等。

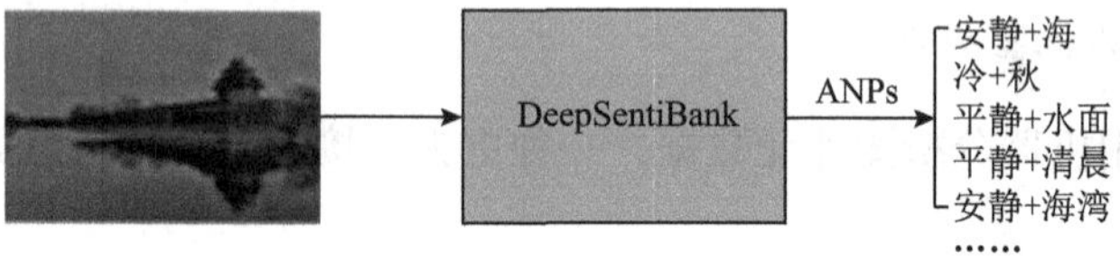

图 13-4　基于 DeepSentiBank 的图片内容分析

资料来源：邓宁等（2019）

3）场景识别模型

场景识别模型来源于 He 等（2016）提出的残差神经网络（ResNet），场景识别模型的概念如图 13-5 所示。场景识别模型较其他深度学习模型而言，具有强大的表征能力，具有高召回率与高精度，召回率达到 90%，错误识别率为 0.1%。通过执行场景识别深度学习模型，旅游消费者的每张旅游图片将获得一个场景特征的标签。在旅游视觉感知研究中，Yao 等（2019）也提出了一个较为高效的场景语义分割全卷积网络算法（Fully Convolutional Networks for Semantic Segmentation，FCNSS）以进行图像语义识别。

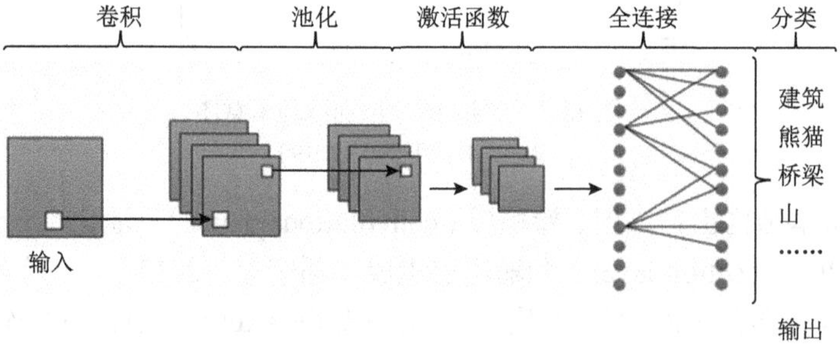

图 13-5　场景识别模型的概念图

资料来源：张坤等（2020）

总体而言，旅游目的地形象感知数据的丰富促使研究方法不断演进，基本遵循了先进行开放式的问题感知，形成大体的形象，再运用定量分析的方法进行量化与分析。传统基于图片内容的人工分析方法在样本量较小的情况下效果较好，而面对海量的 UGC 图片时，传统研究方法的局限性越发明显：首先，现有人工方法进行图片内容识别和分类，所分析的图片数量有限，覆盖的研究范围具有局限性；其次，归类方法大多采用人工编码分类，主观性较大。利用计算机辅助技术处理和分析图片内容，可以弥补传统图片研究方法的不足，极大提高 UGC 图片分析的效率，是基于 UGC 图片元数据进行目的地形象感知研究的有益尝试。

二、旅游文本大数据的获取与分析

（一）旅游文本大数据的获取与预处理

为了抽取并使用在线文本数据中隐含的有用信息，在旅游研究领域，各种文本挖掘技术被广泛使用。它们主要分为两个典型步骤：数据收集和数据挖掘（包括数据预处理和模式发现两个子步骤）。

1. 旅游文本大数据的获取

数据收集是利用互联网搜索引擎，实现有针对性、行业性、精准性的数据抓取，并按照一定规则和筛选标准进行数据归类，最后形成数据库文件的一个过程。互联网本身提供海量的旅游文本资源，这些旅游文本资源，尤其是用户生成内容，大多是公开可获取的。在旅游研究领域，已有许多基于互联网旅游文本的研究采用人工获取的方式。这些人工获取的互联网旅游文本数据集规模有限，采用 Web 爬虫程序或网站公开的 API 方式来获取数据已成为趋势。

目前，数据收集基本上是利用垂直搜索引擎技术和网络爬虫技术等完成的。通用网络爬虫的结构大致可以分为页面爬行模块、页面分析模块、链接过滤模块、页面数据库、URL 队列、初始 URL 集合几个部分。为提高工作效率，通用网络爬虫会采取一定的爬行策略。常用的爬行策略有深度优先策略和广度优先策略。这些收集到的信息可以反映旅游消费者的足迹、旅游消费者的情感倾向、对景点的偏好、旅游消费者满意度调查等，对旅游景区、酒店等的提升具有很大的帮助。

在开展旅游文本大数据研究的过程中，还需大量“文本”作为通用的数据来训练各种分类、机器学习等算法，这些通用的文本数据称为语料库。英文语料库自 20 世纪五六十年代以来，已经形成了丰富的语料库资源，如包含美式英语文章的布朗语料库（Brown Corpus）、英式英语的兰开斯特-奥斯陆-卑尔根语料库（The Lancaster-Oslo/Bergen Corpus）、宾夕法尼亚大学文理学院的语言数据联盟（Linguistic Data Consortium）、路透社语料库（Reuters Corpora）等。

2. 旅游文本大数据的预处理

数据预处理是数据挖掘前的数据准备工作，一方面保证数据挖掘的正确性和准确性，另一方面通过对数据格式和内容的调整，使数据更符合挖掘的需要。其目的在于把一些与数据分析、挖掘无关的项清除掉，给挖掘算法提供高质量的数据。数据预处理主要包括数据清理、数据集成、数据变换以及数据归约这几个部分。在旅游领域中，其预处理的大致步骤分为数据清理、分词、词干提取、词性标注等，并且不同的语言面临的预处理步骤会有所不同。

1）数据清理

数据清理（data cleaning）就是发现数据、模式的不一致、不兼容，并加以消除，从而提高数据的质量。数据清理主要解决的是数据质量问题。为了提高数据质量，要去掉一些拼写上的错误、分隔符（separator）、非目标词语、低频词，留下有价值的相关词汇。在旅游消费者的网络评论中，可以利用数据清理删除评论中的无用记录，留下有价值的旅游相关信息。

2）分词

分词（tokenization），又称断词或词语切分，是把统一整体的长文本分割成为较小的、可以独立处理的词或者短语的单元（称为 tokens）。相较于字母型语言中天然用空格分隔的单词，字符型语言（如中文、韩文、日文等）文本中没有明显的词的界限，因此在进行此类文本处理时，分词功能的要求更高。通过分词这个过程，将从大量句子中过滤出关于旅游景点、旅游情感等与旅游相关的关键词，而分词效果优劣将直接影响后续文本分析、数据分析的效果。

现行的分词方法主要分为两大类：基于词典的分词算法和基于统计的机器学习算法。前者将待匹配的字符串和一个作者事先建立好的“足够大的”词典中的词进行匹配，这个过程中若是可以找到某个词条，则说明匹配成功，程序便识别了该词；后者常用隐马尔可夫模型（hidden Markov model，HMM）、条件随机场（conditional random field，CRF）、支持向量机等算法，可以兼顾文本中词语出现的频率及上下文语义，同时具备一定的学习能力，因此对歧义词和未登录词的识别都具有不错的效果。

3）词干提取

词干提取（word stemming），是指去除词缀得到词根的过程，也就是抽取词的词干或者词根的形式。词干提取是将从同一类别演化出来的文字归为一类，简化数据。例如单词 cats、catlike 和 catty 是基于词根 cat 派生而来的，如果做词干提取，这三个单词提取出来之后都是 cat。

4）词性标注

词性标注［part-of-speech（POS） tagging］是指给不同的文字加上不同的标签，如形容词、名词、副词等。旅游消费者的旅游评论基本是由名词、形容词和否定副词组成的，用加标签的方法可以删除其他标签中不重要的单词。

（二）旅游文本大数据的分析

1. 文档主题生成模型

文档主题生成模型，如潜在狄利克雷分配（latent Dirichlet allocation，LDA），采用无监督机器学习，认为每个词是以一定概率选择了某个主题，这个主题以一定概率选择了某个词语。LDA 主题模型实质上是一种语言模型，是对自然语言进行建模，自动挖掘分析出文档中的主题文档分布和词汇主题分布，用于在大量数据中寻找主题。主题模型是一种无监督的机器学习方法，该模型更倾向于发现高频的特征词和情感词，而忽略低频的特征词和情感词。LDA 模型适用于发现全局特征词和情感词，难以满足细粒度情感信息的提取。随着 LDA 的运用，学者们也提出了系列 LDA 的改进模型。例如，结合约束的 LDA 模型（constrained-LDA）、用于特征提取的 MC-LDA 条件模型（LDA with M-set and C-set）、无监督的主题情感混合模型（unsupervised topic and sentiment unification，UTSU）以及用于特征提取、识别特征和极性的 ASUM 模型（aspect and sentiment unification model）。

2. 文本情感分析

情感分析（sentiment analysis），也称观点挖掘（opinion mining）、情感挖掘（sentiment mining）、主观分析（subjectivity analysis），是对主观性文本进行分析、处理、归纳和推理，以便分析出人们对于某些对象所表达的观点、情感、评价、态度和情绪的过程。

情感分类是情感分析中最被广泛研究的问题，其目的是基于一篇文档对给定观点是正面还是负面的，来对该文档进行分类。正面或负面又称情感的倾向性或积极性。如果情感极性的“分数”为类别型，如正面或负面、褒义或贬义，则情感分类是一个分类问题；如果“分数”为数值型或给定区间上的有序值（如 1—5 分、1—5 星），则情感分类问题成为一个回归问题。情感分类的粒度包含文档级情感分类、句子级情感分类和属性级情感分类。

情感分类可以通过对大量评论进行正负情感分类而全面、高效地挖掘评论信息，直观地揭示旅游消费者关于旅游产品和服务的褒贬态度和情感倾向。对于旅游消费者而言，能够辅助旅行决策；对于旅游产品或服务的供应商而言，能够帮助他们更好地优化其产品和服务。目前，有关旅游消费者评论的相关研究，主要集中在旅游消费者评论对酒店预订、酒店业绩、消费者决策行为的影响等方面。

在情绪测量上，正性负性情绪量表（positive and negative affect scale，PANAS）是目前学术界广泛使用的情绪量表，其信度和效度稳定性很好，该量表提供了 20 种基本情绪（Watson et al.，1988）。Servidio 等通过研究旅游消费者情感事件的时间演变和难忘经历发现，六种基本情绪指标中只有五种（即厌恶、愉悦、害怕、惊奇、悲伤）支持旅游体验的回忆，旅游消费者在旅游体验中往往是积极、消极情绪混合共存（Servidio and Ruffolo，2016）。此外，国内学者也做了一些基于旅游情境的量表构建工作，如旅游消费者情绪量表介绍了情绪的四个维度——愉悦之情、人际之情、惊喜之情和消极情绪（佘升翔等，2019）。

3. 文本聚类分析

聚类分析（cluster analysis），类就是按照某个特定标准（如距离准则），把一个数据集分割成不同的类或簇，使得同一个簇内的数据对象的相似性尽可能地大，同时不在同一簇中的数据对象的差异性也尽可能地大。聚类后同一类的数据尽可能聚集到一起，不同数据尽量分离。例如，通过参考人口统计信息、用户画像等，聚类可以做旅游消费者类型分类（可以大致划分出商务型、经济型等），可以对旅游消费者路径进行聚类，分析商圈热点，也可以对热点地形进行聚类。常见的聚类方法有 LDA 模型与 K-means 文本聚类算法等。

4. 文本总结/摘要分析

文本总结/摘要（text summarization/abstract）也是文本挖掘的一个重要内容，它抽取关键信息，用简洁的形式对文本内容进行摘要和解释，也就是从原始文本数据中提取出具备有用信息的文本。如 Hu 等（2017）提出了一项多文本总结技术来识别酒店评论中最具信息性的句子。

5. 统计分析与相关性建模

在统计分析中，描述性统计是用来概括和描述事物整体或者个体之间情况的，主要包括数据的频数分析、集中趋势分析（常用指标有均值、中位数等）、离散程度分析（常用的指标有方差等）、分布以及一些基本的统计图形。T 检验是用 T 分布理论来推断差异发生的概率，从而比较两个平均数的差异是否显著的比较方法，可以用来检验景区之间旅游消费者的分类，比如可以比较两个景区之间英语旅游消费者和非英语旅游消费者之间的比例等。

相关性建模（dependency modeling）用于发现文本数据（尤其网络评论数据）和旅游要素之间的关系。相关性建模中最常用各种回归方法，例如贝叶斯有序多元回归、线性回归、逻辑回归、离散选择概率模型等。其中，线性回归模型是用来确定两个或两个以上变量间相互依赖的定量关系的。

（三）旅游文本大数据的挖掘工具与软件包

除去上述介绍的各种典型文本分析算法外，引人注目的是，当前已有很多数据分析系统工具被开发用于文本分类和数据收集。常见的多功能工具包有 WEKA、LingPipe 和 TextBlob；专门用于机器学习的工具有 Python 中的 Scikit-learn；数据采集工具有基于 Google Chrome 浏览器的 Web Scraper 插件、八爪鱼、火车头等半商用工具。此外，还有一些基于某些具体功能的专业工具，如中国科学院计算技术研究所开发的中文词法分析系统（ICTCLAS），支持 Python 的 Jieba 包针对中文文本中的分词、词性标注有很好的性能；英文词性标注中斯坦福大学开发的 Log-linear POS Tagger 表现出色。以上这些工具通过数据挖掘提取的信息可以转变成有用的知识，可以进一步为旅游研究服务，为旅游管理提供非常有益的帮助。

三、旅游移动大数据的获取与分析

旅游移动大数据是旅游消费者移动轨迹的集合。移动轨迹是移动位置记录的有序序列。移动位置记录是指移动对象在某一时刻的经纬度，通常由三元组（经度、纬度、时刻）表示。移动位置记录可以记录诸如移动信令或 GPS 设备等的连续采样数据，也可以记录移动社交网络中签到的离散事件数据。

旅游移动大数据主要用于旅游消费者移动空间解析。基于旅游移动大数据，可以对旅游消费者活动与空间环境间的复杂关系做全面与精细的描述与解析。例如：①研究旅游目的地、吸引物、设施及服务等的使用情况，包含使用强度、使用功能、使用效率、使用密度等；②研究旅游消费者移动空间的流动性与相互作用机制，包含旅游消费者旅行时间与时耗、旅行方式、旅行时空距离、旅行空间联系、旅行路径、停留时长等；③研究特定时间（工作日、周末、节假日、高峰、节事活动、突发事件）、目的地（或吸引物），以及旅游设施（服务）的旅游消费者行为空间特征、空间影响范围等。可将基于旅游移动大数据的研究成果应用于旅游公共管理、服务与规划方面，为管理、服务、评价、监测监管、决策、方案优化、需求预测提供支持。

（一）旅游移动大数据获取

1. GPS 位置数据

随着我国北斗卫星的发射与卫星系统建设，所使用的数据定位系统逐步转变为全球导航卫星系统（global navigation satellite system，GNSS），GNSS 是能在地球表面或近地空间的任何地点为用户提供全天候的三维坐标和速度以及时间信息的空基无线电导航定位系统。GNSS 当中包含 GPS、全球卫星导航系统、伽利略导航卫星系统和北斗卫星导航系统。

在现有的旅游研究中，让参与者在访问期间携带 GPS 记录器是收集 GPS 数据的一种典型方法。GPS 跟踪单元是一种导航设备，通常由移动的车辆或个人携带，使用 GPS 跟踪设备的移动并确定其位置。其位置可以在地图背景下实时显示，或者在以后使用 GPS 跟踪软件分析轨迹时显示。这些 GPS 数据的属性包括经度、纬度、时间戳、速度、方向等。GPS 记录器可以潜在地避免其他跟踪方法的许多问题（比如精度不高）。然而，招募志愿者携带 GPS 记录器需要很高的研究成本（包括设备和人工成本），而且这种数据收集方法带有一些样本偏差和目标导向。

相比之下，使用基于 GPS 的移动应用程序来获取旅游消费者的时空行为显得更加经济与灵活。GPS 功能已经成为手机的标准配置，通过对手机软件所记录的 GPS 数据进行抽取可以更加全面地对各个人群进行信息收集，同时成本较低，操作也更加简单。移动应用程序的 GPS 数据比较适合普遍性的调查，在数据抽取时很难将旅游消费者进行分类，面向的往往是全体旅游消费者。

2. 手机基站定位数据

采用手机信令数据中与设备连接的基站进行定位的方法被称为 COO 定位，它是一种单基站定位，即根据设备当前连接的蜂窝基站的位置来确定设备的位置。之所以可以通过单基站定位，是因为可以获取确定的基站地理位置信息，终端通过获取当前设备接入的基站位置信息和当前基站周围完整的 GIS，就可以实现移动终端的定位。COO 定位的精度取决于蜂窝小区的半径，在基站密集的城市中心地区，通常会采用多层小区方式，这时定位精度可以达到 50 m 以内；而在其他地区，可能基站分布相对分散，也就意味着定位精度只能粗略估计。尽管 COO 定位精度不太确定，但它是全球移动通信系统网络中移动设备最快捷、最方便的定位方法，因为网络端及其设备端都不需要任何额外的计算及硬件投入。目前 COO 定位被应用于各种基于手机信令定位数据的用户移动行为研究中。

TOA 和 TDOA 定位是基于电波传播时间的定位方法。采用移动电话测量不同基站的下行导频信号，得到不同基站下行导频的到达时刻（time of arrival，TOA）或到达时间差（time difference of arrival，TDOA）。一般而言，移动设备测量的基站数目越多，测量精度越高，定位性能改善就越明显。尽管 TOA 和 TDOA 定位时信号很容易受到干扰，但相比 COO，在有 GPS 而没有 Wi-Fi 的情况下，能快速大体了解移动设备的位置；如果移动设备中没有基站位置数据包，还需要联网才行。目前，在基于手机信令数据的旅游消费者行为分析中，由于开启 TOA 和 TDOA 定位对于移动的信令平台来说计算资源开销及负荷较大，且 COO 就能满足对旅游消费者位置及轨迹分析的需求，所以一般较少使用到 TOA 和 TDOA 定位。

3. 蓝牙定位数据

蓝牙是一种无线技术标准，通过无线电波，建立个人区域网络，可实现固定设备、移动设备和楼宇个人区域网之间的短距离数据交换。通信功能的设备使用低消耗蓝牙技术向周围发送自己特有的 ID，接收到该 ID 的应用软件会根据该 ID 采取一些行动。在定位时，iBeacon 基站能透过智能手机对于自身发出信号的反应，判断出智能手机与基站的相对位置，从而判断出对象的位置。蓝牙与 GPS 相比，跟踪具有高性价比和便捷性，既不需要雇用参与者携带记录器，也不需要事先注册。但同时蓝牙接近传感器只是让我们知道节点之间各个转移的时间戳序列，而不是 GPS 提供的设备的所有移动。

此外，蓝牙的使用习惯并不普遍。尽管蓝牙技术在手机上的普遍率已经达到 96%以上，但由于大量手机用户日常对于蓝牙的使用并不频繁，以及对于电池电量的消耗，大部分人在更多时间选择关闭蓝牙。最后，由于大众对于蓝牙这一功能的弱视，蓝牙给用户带来的福利，还不足以让大众产生依赖。

4. Wi-Fi 定位数据

与蓝牙相似，Wi-Fi 定位也是通过计算接入设备与 Wi-Fi 热点的相对距离，最终获得接入点的绝对位置，其主要分为三步：数据采集与制备、确定移动设备与热点的距离、通过算法推断出移动设备的位置。想要手机通过 Wi-Fi 定位，一定要先知道 Wi-Fi 热点的位置。不管手机有没有连接某一个 Wi-Fi，其都会扫描附近存在的 Wi-Fi 信号，如果扫描出某个 Wi-Fi 信号，那么手机系统就可以知道发出 Wi-Fi 信号的热点的 BSSID（MAC 地址），这个地址也就是该 Wi-Fi 在地球上唯一的名字。当多个装备有 GPS 并开启定位功能的手机扫描到同一个热点时，这些不同手机的定位就能绘制出具体的该热点的位置。

Wi-Fi 可以作为蓝牙的一种替代方案，对旅游消费者行为进行跟踪。虽然类似于蓝牙允许未经宣布的跟踪，Wi-Fi 有更方便和成本更低的优点。Wi-Fi 在现代智能手机上是默认启用的，同时 Wi-Fi 定位并不依赖于智能手机进入可发现模式，也不要求智能手机连接无线网络。缺点是 Wi-Fi 数据覆盖范围小，其与蓝牙数据类似，也存在较敏感的隐私问题。

综上，各类旅游移动大数据即各类定位数据均有其优势与劣势，对各类数据进行综合对比，结果如表 13-3 所示。

表 13-3 各类定位数据对比

项目	GNSS	手机基站	蓝牙	Wi-Fi
基础	卫星	信号塔	iBeacon 基站	Wi-Fi 热点
精度	10 m	50 m	1 m 以内	1 m 以内
适用场景	大范围室外	特大范围	小范围室内	小范围室内
约束	室内 GPS 信号弱，无法准确定位	整体精度较差，运营商信号弱的地方，几乎无法定位	只能在设置好的小范围内使用，需要使用者打开手机蓝牙功能	只能在有 Wi-Fi 热点覆盖的地方使用，定位精度极依赖于热点数量

（二）旅游移动大数据的处理与分析

1. GPS 数据处理与分析

1）GPS 数据处理流程

首先获取旅游消费者 GPS 轨迹，然后对 GPS 数据进行预处理，导入到 GIS 中，与地图相结合，用网格将地图全覆盖，然后根据算法算出旅游消费者的停留时间和停留地点，并将对应栅格提取出来。根据景区的主要道路、社区边界等划分单元，将提取出的栅格与景区单元相对应，从而得到旅游消费者的行为链，实现旅游消费者时空行为的可视化处理，如图 13-6 所示。

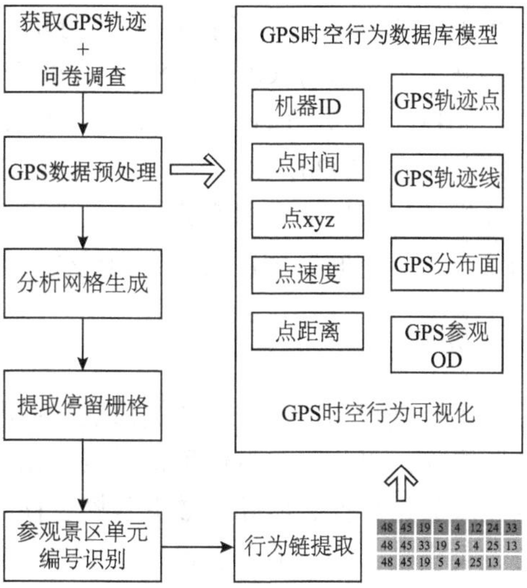

图 13-6 GPS 数据处理流程

资料来源：李渊（2016）

2）GPS 原始数据降噪

首先，根据时间间隔的合理性来确定时间噪点，比如，GPS 设置的时间间隔为 10 s，那么可以通过计算前后 GPS 点的时间差来判断是否存在时间噪点。其次，根据前后 GPS

累计距离的差来判断空间噪点率，由于大多数空间噪点都是由时间噪点引起的，可以根据综合时空误差识别时空噪点。最后，可以根据研究区域的空间界限，进一步筛选出研究范围内的 GPS 点，以作为后续分析的数据源。

3）行为链与 OD 对的可视化

提取全部样本的行为链，将每一条行为链的出发景区和到达景区筛选出来。统计每一个景区停留单元被选择的频次，并将景区停留单元进行可视化。同时统计每条 OD 对（起始点-终止点）被选择的频次（图 13-7）。通过 GIS 进行可视化表达，即可得到 OD 对的可视化图。

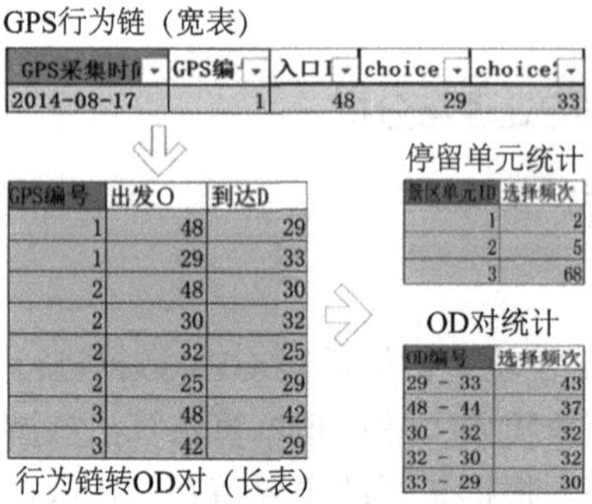

图 13-7　行为链与 OD 对的可视化

资料来源：李渊（2016）

基于上述基础处理，可以实现旅游消费者行为的密度分析、停留分析、轨迹分析等，并可依托 GIS 技术实现可视化。当前，基于 GPS/GNSS 定位的研究已经取得系列成果（李渊，2016；李渊等，2017，2018，2019；Li et al.，2016，2017，2019，2021；黄潇婷，2014；黄潇婷等，2016；梁嘉祺等，2020，2021），例如基于 GPS 的景区旅游消费者空间行为分析、人流承载力分析、步行环境满意度分析、旅游设施（如景区公厕）优化配置、GPS 与回忆日志的精度对比、空间行为冲突与空间优化、景点选择预测等。

2. 手机信令数据处理与分析

手机信令数据采集后首先要进行初步清洗，数据清洗过程需要对电信运营商原始信令数据进行必要的“脱敏”操作，以隐去与具体手机号码等相关的敏感个人隐私数据。其次，对接入上来的数据完成数据转换、压缩、数据建模、存储等工作。其中，重点基于海量信令数据建立人群分类模型、旅游消费者识别模型、团散客识别模型、同轨用户识别模型、室内外判定模型、业务识别及分析模型、消费行为聚类分析模型等，为下一阶段数据分析做好准备。手机信令数据是持续产生的，利用时间序列的手机数据及移动网络覆盖与不同覆盖场景区域的匹配关系，判断移动用户在各个区域的进、出、驻留情况，能够直接分析得到各个移动用户的出行链信息，将数据连接起来即得到旅游消费者的行为轨迹。

与 GPS 数据分析类似，基于手机信令数据也能够开展景区热度分析和旅游消费者行为轨迹分析。利用所有手机用户的时间序列手机数据的出行时空轨迹分析结果，判断每位手机用户在各个统计时间段分别所处的空间位置区域，进而统计在不同时间段各个空间位置区域内手机用户的数量，并逐级扩展至群体；统计当前时间各个空间位置区域内的人员数量，并计算当前时间段内各个空间位置区域内对应的人员密度，即可实现景区热度分析。类似地，基于空间位置与时间间隔数据，可以得到旅游消费者的轨迹分布。

3. 蓝牙数据处理与分析

蓝牙传感器的布置不仅能很好地平衡效率和经济性，而且还能覆盖整个预期区域。在数据清理时，对原始蓝牙数据进行时间和空间滤波处理，去除噪声或纠正错误，留下访问者精确的时空移动。在模式挖掘中，利用关联规则学习、访问模式映射和序列比对等有效的数据挖掘方法，对旅游消费者时空运动和旅游景点的有意义信息进行挖掘。

4. Wi-Fi 数据处理与分析

Wi-Fi 的信号强度会随着传播距离的增加而衰减。当手机连接上某一 Wi-Fi 时，手机的系统会记录手机能够捕获的 Wi-Fi 信号强度。信号强度反过来也就反映了手机设备距离热点的距离，通过运算我们就能得到手机与某一个热点的相对距离。当一部手机扫描到多个带有定位信息的 Wi-Fi 热点时，我们就获得了多个 Wi-Fi 热点的具体位置，同时也可获知这部手机与多个热点的相对距离，最简单的方法就是采用三点定位算法来获取手机的具体定位。

四、旅游事务大数据的获取与分析

（一）旅游事务大数据的获取

与仅仅源自“人”的 UGC 数据以及仅仅源自“机器”设备的数据不同，事务数据是指“人”与“机器”在交互过程中所产生的数据。用户利用搜索引擎搜索想要获得的信息，便会产生搜索行为数据；用户通过 OTA 等平台下单，便会产生订单行为数据；用户在浏览各种网页的过程中则会产生网页浏览行为数据。搜索行为数据、订单行为数据和网页浏览行为数据是典型的几种事务型数据，其在预测、旅游消费者画像、产品偏好等领域具有较高的研究与应用价值。目前事务数据已被企业广泛使用，然而在研究领域其获取难度仍然较大。

1. 旅游搜索行为数据的获取

搜索数据是旅游大数据的重要来源。旅游消费者通过各种搜索引擎来搜寻所需的旅游信息，于是便在他们所浏览的网页上留下了搜索记录；经过一定的处理后，这些搜索记录便可以成为有利用价值的搜索大数据。搜索大数据可以直接反映人们在旅游领域的关注点，因此有助于我们更加直观地了解整个旅游市场。谷歌、百度和必应是目前常见的几大信息搜索工具，是搜索数据的主要来源。

百度指数是国内旅游消费者流量预测研究最为广泛使用的搜索指数。百度指数是以百度海量网民行为数据为基础的数据分享平台，其于2006年正式推出，通过分析用户在过去30天内通过百度搜索过的关键词来反映用户对该关键词的关注度。百度指数能够直观、客观地反映关键词搜索趋势、网民兴趣和需求、舆情动向、受众特征等。基于搜索指数的客流预测方法，主要是引入搜索指数以改进现有定量预测模型、提高预测精度等。

2. 旅游订单行为数据的获取

订单行为数据的获取渠道主要在于提供订单的各个企业。网上预订业务的提供方大致可分为两类：一是专营预订业务的网络平台。在国外有提供机票、酒店和出租车等预订服务的Booking.com（缤客），国内有例如携程、马蜂窝等知名的OTA的线上业务平台，美团、淘宝等综合生活类服务和产品预订平台，餐饮业的外卖配送平台等。二是各类企业、景区等的线上销售渠道或官方网站。如家酒店的线上预订平台、故宫的门票预售系统、国家大剧院官网等都属于此类，著名的酒店管理企业如万豪集团等也有自己的线上预订体系。

3. 网页浏览行为数据的获取

网页浏览行为数据有助于了解浏览者的网络浏览习惯，例如浏览者通过何种途径找到某个网站、他们与这个网站的互动情况等。通过了解浏览者的网页浏览习惯便可对网页的内容与设计进行改善，从而增强线上营销能力。而在旅游领域，网页浏览行为贯穿旅游消费者的整个旅游过程：游前，旅游消费者会登录目的地官网、景点官网、OTA平台、机酒预订平台、旅游社交平台等网站浏览广告，搜寻各方资料和旅游信息，提前规划好旅游行程；游中，旅游消费者们需要上网查询天气、路线等基本信息，也可能会在美团等平台搜索当地的“吃喝玩乐”；游后，旅游消费者们通过酒店评论网站、旅游社交平台等渠道记录和反映自己旅途的感受和对这趟行程的建议和意见，例如撰写游记、上传旅游照片等。因此，旅游网站行为数据可分为旅游信息查询与保存数据、旅游网站交互数据。

（二）旅游事务大数据的处理与分析

1. 旅游搜索数据的处理与分析

关键词选取（keywords selection）与预测因子采集（predictors introduction）是分析旅游搜索大数据的两大主要步骤，这是将大数据应用于旅游预测前的基础工程。

1）关键词选取

首先需要仔细选取关键词，凭借这些关键词可以从搜索引擎中获取所需的搜索数据。旅游研究领域中得到广泛运用的主要有三种方法：经验或实验性选取法、局部选取法和技术选取法。

经验或实验性选取法：仅仅基于研究者的知识背景和经验来决定选取哪些关键词。因此，在三个关键词选取方法中这种方法是最简单的，在旅游研究中被广泛运用于检索搜索数据。然而，虽然该方法简单易用，但它毕竟有着主观性较强的劣势，很容易将重要的关键词忽视，甚至选取到不正确的关键词。

局部选取法：是经验或实验性选取法的拓展延伸，首先用经验或实验性选取法决定选用哪些基本关键词，而后再加入与基本关键词和搜索引擎的关键词推荐功能所提供的关键词都相关的其他关键词。显然，局部选取法获取数据的全面程度远远超过经验或实验性选取法，不过由于所选的关键词范围较广，局部选取法很容易遇到大量的干扰甚至会选到不相干的关键词。

技术选取法：基于预测能力，依据预测变量同关键词的相关度，从一个可选范围中选取关键词。事实上，局部选取法与技术选取法各有优势，若结合起来，则可成为一种相对系统完整的选取关键词的方法。局部选取法能够获取较为全面的众多关键词，提供充足的“粗加工产品”；而技术选取法则能够从中选出最具预测性的关键词，用以更精准地搜集搜索数据。

2）预测因子采集

预测因子采集，即将第一步中用所选的关键词获得的搜索数据采集进入预测系统中进行未来趋势预测的过程。其中，因子就是所获得的搜索数据。大多数做旅游预测的研究采用的是原始数据，直接把它们当作预测因子放入预测模型。但是，一些最近的研究开始偏好于应用索引构造，即将一系列的原始数据组合到一个或者多个混合索引中。当关键词的数量较为庞大时，构造索引法的优势便体现出来了，它可以有效避免回归共线性。

3）BP 神经网络与 ELM 模型

逆向传播（back propagation，BP）神经网络于 1986 年由以 Rumelhart 和 McClelland 为首的科学家提出，是一种按照误差逆向传播算法训练的多层前馈神经网络，是目前应用最广泛的神经网络方法之一。单隐含层前向神经网络（single-hidden layer feed-forward neural network，SLFN），即超限学习机（extreme learning machine，ELM）是一种泛化的神经网络。用 ELM 模型或 BP 神经网络并结合来自百度搜索指数的旅游目的地搜索关键词可以对旅游消费者量进行预测。

2. 旅游订单数据的处理与分析

目前学界对订单数据的研究数量尚少，但旅游业的多个行业内部都有涉及，例如航空业、酒店业、零售业等，这些研究成果表明订单数据的分析利用对于行业发展有着巨大的推动作用。在订单数据的分析中，付丽洋（2018）通过分析高维订单数据，提出一种基于信息增益与序列前向浮动搜索（sequential forward floating search，SFFS）的混合特征选择算法、基于代价-复杂度剪枝算法（cost-complexity pruning，CCP）的可疑订单识别模型构建方法，建立了有较高可疑订单识别率的单决策树识别模型及其规则集，为民航减少收益损失提供了有效帮助。

3. 网页浏览行为数据的处理与分析

常见的网页浏览行为分析包括对旅游网站使用频率、时长、重复访问等信息进行分析。此外，Harrigan 等（2017）通过对社交媒体数据的研究，改进其他研究提出的 CETB（customer engagement with tourism brands，顾客与旅游品牌互动）模型，提出了一个用户参与模型，此模型可帮助旅游业的管理者更好地理解客户参与度的特征。

五、其他行为大数据的获取与分析

（一）其他行为大数据的获取

1. 本地行为大数据的获取

本地行为大数据指与旅游相关的、可被旅游活动利用的任何数据，通常可再分为旅游交通大数据、旅游气象大数据、本地线下大数据、基础性部门大数据等。

旅游交通大数据：涵盖范围十分广泛，既有各类交通票务数据，又包含车辆数据等，广泛的数据主要来源于团队的出游行程数据、导游的团队数据、城市交通管理部门的数据。其中城市交通管理部门的数据精准度最高却不易获取，内容主要涉及高速卡口、摄像头监控数据等。

旅游气象大数据：包括温度、湿度、气压等方面的信息，毋庸置疑，气象部门相当于一个现成的大型数据库。

本地线下大数据：根据传统景区以及智慧景区建设的特点来看，闸机、票务设备等本地线下数据的采集可来自三大类设备：①主要用于分析用户轨迹的景区电子围栏；②主要用于掌握景区状况的闸机、自助取票机等获得票务数据的设备；③主要用于了解景区热门商品的消费设备。

基础性部门大数据：公安、质检、税务及出入境海关数据等基础性部门的数据具有可信度高却不易获取的特点，目前不少景区已经开始通过各种渠道获取并利用这一类数据服务于旅游行业，并取得良好的成效。

2. 第三方行为大数据的获取

第三方行为大数据主要指非旅游类其他平台数据，通常包括以下几种。

移动视频大数据：指在移动端观看视频的过程中，由用户自身价值及用户使用过程中产生的行为数据。

短视频大数据：短视频即短片视频，是一种互联网内容传播方式，一般是在互联网新媒体上传播的时长在 3 分钟以内的视频传播内容。视频和用户构成了对应数据库中的主要数据。

音频类大数据：音频作为移动互联网时代的唯一伴随性媒体，拥有丰富的使用场景。在许多视频、图片、文本不能满足的场景如开车、做饭等场景中，只能依靠音频来满足娱乐或其他需求。因此，音频类平台对大数据技术的运用，主要体现在满足用户在不同场景下的不同收听需求。

银联大数据：银联大数据是金融数据中的一种。旅游与消费行为有着密不可分的关系，因此银联大数据在旅游大数据领域也占据一席之地。相比其他数据，银联大数据能更直观地展现出旅游消费者对于哪些活动的可接受付费程度较高，能够直观呈现旅游行为带来的经济效益。

智能穿戴设备大数据：随着科学技术的进步与人们对便捷生活的需求，可穿戴智能设备越来越受到人们的青睐，如智能手表、智能手环等。

（二）其他旅游行为大数据的分析与应用

1. 本地大数据的分析与应用

1）旅游交通大数据的分析与应用

通过对高速卡口、摄像头等数据的收集和整理，对车辆进行分析，所整合的数据能够实现行业预测。运用旅游交通大数据，将数据进行可视化处理，有效缓解旅游中常见的由交通拥堵、人流密集导致的相关问题。旅游数据可视化的应用是指运用计算机、图形学和图像处理技术，将旅游数据转换为直观的图形，通过分析图形为旅游管理提供指导。将数据进行可视化处理是交通大数据应用与旅游行业结合的有益尝试。

2）旅游气象大数据的分析与应用

气象数据分为实况数据和模式数据两类，气象部门中的数据来源于各省的地面、高空、雷达数据、卫星数据等。除了常规天气要素外，许多景区利用温度、气压、湿度等精细化信息为旅游消费者提供了更人性、更合理的服务。未来，气象大数据在旅游行业的应用将会在旅游气象大数据公共服务、智能旅游气象科研、大数据应用创新孵化等方向开展探索。

3）本地线下大数据的分析与应用

景区电子围栏能够将用户轨迹可视化，通过感应系统提醒旅游消费者正确的游览路线，保护旅游消费者安全和保证景区的可持续发展；闸机、票务设备等数据可用于旅游消费者数量统计，通过闸机、票务设备与景区电子商务平台数据的实时对接，可实时控制放票量，将人数控制在景区最大承载量内，同时保证旅游消费者的人身安全。通过与携程、途牛、同程艺龙等一系列线上电商数据的整合，可对旅游消费者进行人数统计、驻店率、跳出率统计，以及新老客户、停留时长的统计，同时也可进行人物画像分析。同时，通过与互联网、运营商等第三方大数据整合，可对未来几天人流量、车流量进行预测。

4）基础性部门大数据的分析与应用

公安部门可与旅游部门共享的数据，主要有旅行、住宿、客流量等基础性数据，旅游部门和公安部门通过将数据接入自身的信息平台，实现当地大数据的共享，发挥数据效益的最大化。质检数据在旅游领域主要起到指导作用，尤其是对于景区景点等地的质检工作数据报告，其可供景区管理者借鉴，用来完善景区措施，并根据质检数据分析行业特征，在旅游领域起到导向作用。税务数据不仅仅是旅游企业，同时是其他企业的核心数据。在旅游领域中景区经营管理者往往能够基于对税务数据的分析，针对不同产品或业务所产生的纳税数据，能够直接地将最新动态呈现给企业管理者，为其进行经营决策提供全面深入的数据参考，从而对旅游消费者行为做出更准确的判断。

2. 第三方行为大数据的分析与应用

用户数据价值的挖掘，有利于视频网站了解用户需求，实现精细化运营。在旅游领域的应用方式主要是：针对不同属性人群的特点进行精细化的服务，其中包括旅游视频产品的推送、旅游广告信息嵌入、适度节点营销等。

与短视频联系十分密切的名词即个性化推荐，是指根据用户的特征和偏好，通过采集、分析和定义用户在端上的历史行为，最终理解和得出符合平台规则的用户特征和偏好。新兴的个性化推荐平台拥有海量数据，获取用户数据并根据相关营销活动进行精准推荐是很有效果的。

音频类平台也可以根据前期内容收集，即用户画像的分析，用户对平台的使用时间、使用频率等的收集，服务于后期的精准化内容投放，形成运营方面的千人千面，增加用户黏性，提升用户对平台的信任。

景区景点能够根据银联商务数据中心提供的用户信息，刻画出用户画像，判定不同类型的景区对哪些旅游消费者群体更具有吸引力。除了目的地的选择外，食、住、行、游、购、娱六个方面都能根据银联数据进行深度分析。例如，根据银联商务数据中心发布的《2017 国庆中秋旅游消费大数据报告》，未来旅游消费趋势将发生变革：①休闲游、品质游趋势凸显，高端酒店需求上升；②民宿消费份额提高，各地以全域旅游理念促进供给侧结构性改革，民宿、民居、乡居、短租等共享住宿业态受到欢迎；③特色餐饮受到追捧，餐饮消费逐年上升，美食成为旅游消费者选择旅游目的地的重要因素之一。

随着科学技术的进步，人们对于智能设备的需求越来越深入而广泛。例如，小米智能硬件生态链模式和数据都能够为旅游业所利用，模仿智能生态链模式，将旅游中的食住、行、游、购、娱相关联，打造智慧化景区，对景区建设起到指导作用。此外，通过智能设备采集到的用户数据亦可成为未来康养旅游、休闲旅游的重要数据资源。

课后思考题

1. 什么是大数据？大数据具有哪些特征？请举例说明大数据在日常生活中的应用。

2. 什么是旅游大数据？旅游大数据有哪些类型和特征？请讨论旅游大数据在旅游业中的应用实例，并分析其对旅游业的影响。

3. 如何获取旅游大数据？请介绍旅游大数据的获取方法，并讨论这些方法的优势和局限性。

4. 旅游大数据的分析方法有哪些？请介绍常用的旅游大数据分析技术和工具，并讨论如何运用这些方法和技术来揭示旅游市场的趋势和消费者行为。

第四篇　旅游消费者行为结果

第十四章

旅游消费者的收益与意义

【本章学习要点】

1. 理解旅游消费者在教育方面的收益，并探讨旅游活动如何促进个人学习和知识增长。
2. 掌握健康对旅游消费者的重要性，了解旅游活动如何为旅游消费者带来健康收益。
3. 了解幸福感与社交机会如何影响旅游消费者的行为和旅游体验。

第一节 教育与发展

一、教育与发展的概述

（一）教育目标分类理论

“教育”这一术语泛指那些影响人们知识、技能、思想品德形成和发展的多种活动。本杰明·布卢姆，是美国芝加哥大学的著名教育心理学家和美国“大专院校考试委员会”的成员，是教育领域的杰出人物。布卢姆及其同事们将教育目标分为三个领域：认知（包括知识的回忆或再认）、情感（涵盖兴趣、态度和价值的变化）以及动作技能或行为/行为意愿（布卢姆，1986）。

首先，认知领域。布卢姆教育目标分类学将认知领域细分为知识、领会、应用、分析、综合和评价六个层次，每一层次又进一步分为若干子类。这些认知目标按照从简单到复杂的顺序排列，反映了学习者从低级到高级认知活动的思维过程，显示出强烈的序列性和累积性。布卢姆教育目标分类学的认知层次呈现为一种塔形结构（黎加厚，2010）。然而，随着时间的推移，学习心理学在20世纪后期取得了创新性发展，世界各国教育改革的推进，以及人们在实践应用中不断遇到新问题，这些都促使研究者对1956年版的教育目标分类学进行了审视和修订。其中，最有影响力的是由参与了1956年版《教育目标分类学》编写的专家D. R. Krathwohl领导的团队。他们早在20世纪后期就意识到对1956年版《教育目标分类学》进行修订和补充的必要性。Anderson等专家团队提出的2001年版《教育目标分类学》，针对1956年版的主要缺陷进行了改进，即将不同类型的知识与对知识起作用的不同智力操作区分开来，也就是区分了行为的宾语和行为本身。他们将教育目标重新划分为两个维度：一个是知识维度，另一个是认知过程维度（Krathwohl，2002）。知识维度帮助教师区分教什么，而认知过程维度则帮助教师明确促进学生掌握和应用知识的阶段历程。知识维度分为四类：事实性知识、概念性知识、程序性知识和元认知知识。认知过程维度分为六类：记忆、理解、应用、分析、评价和创造。

其次，情感领域。情感的定义模糊且难以界定，其测量也极具挑战性。教育目标分类学的研究者一直致力于探索学习者的认知情感与动作技能之间的关系。继布卢姆的《教育目标分类学·第一分册·认知领域》出版后，克拉斯沃尔和布卢姆共同出版了《教育目标分类学·第二分册·情感领域》，详细描述了情感领域分类系统的各个类别，并提供了各个类别的教育目标和实例，这有助于教师更深入地理解教学的情感领域。这些类别按照一定的顺序组织成一个层次结构，包括接收、反应、价值评价、组织和性格化等。教育目标分类学的情感领域主要涉及情感、态度、兴趣和价值观等方面，与我国课程目标中的“情感、态度与价值观”相对应。情感包括道德感、审美感、理智感、爱国主义情感等，态度包括人文主义精神、实事求是的科学态度、坚强与宽容的人生态度等，价值观包括远大抱负和公民意识、多元化和包容性的理念、开放性的意识等。这三者之间在横向上具有相对独立性，共同构成了学生情感目标的整体；在纵向上，它们呈现出层次递进的性质，形成了一个由低级到高级的情感发展连续体。

最后，动作技能领域。教育工作者旨在使学生掌握随意动作或运作形式。动作技能领域分为六个类别，每个类别又由不同的亚类别组成，分别为：反射动作、基本-基础动作、知觉能力、体能、技巧动作、有意沟通。其中，反射动作和基本-基础动作是随身体发育自然形成的，不是通过学习获得的技能（安德森和索斯尼克，1998）。

（二）个人发展

教育学中的个人发展概念涉及个体逐步走向成熟的过程，这包括思维能力、技能掌握、价值观形成以及人生观的塑造（Kauffmann et al.，1992）。在发展心理学中，个体的发展涵盖了生理、认知、社会性和人格等领域的全面发展（费尔德曼，2007）。具体来说，生理发展指的是身体的生物性成长，认知发展涉及智力、语言和思维的进步，社会性发展主要体现在情绪调节、自我认识、对他人的认知等方面，而人格发展则指个体特有的持久特征的形成（Feldman and Orlikowski，2011）。发展心理学认为，人的发展具有多维性和多向性，不同个体在不同时间和场合中呈现出独特的发展轨迹，这一过程是有序的，包括获得与增长，以及丧失与消融（杨丽珠和刘文，2006）。

在马克思的理论中，具有个性的个人被视为个人发展的理想状态，这种具有个性的个人既是全面发展的个人，也是自由的个人。全面发展的个人，亦即完整的个人，意味着人以全面的方式，作为一个完整的存在，拥有自己的全部本质，具体而言，这包括个人能力、品质、需求和社会关系的全面充分发展（张凤莲，2005）。个体在社会建制中，有计划、有选择地推进自己的生命历程，这一过程受到情景定义的影响，同时也受到个体经历和个人性格特征的影响。个体差异与环境之间的互动形成了个体的行为表现，因此，个体的能动作用和自我选择过程对于理解生命历程具有重要的意义（李强等，1999）。

旅游消费者从旅行中获得什么，很大程度上取决于他们在日常生活中是何种人。在旅游研究中，个人发展通常被视为正面和积极的。Pearce 和 Foster（2007）将背包客在旅行中获得的基本技能归纳为八个方面，其中，独立性、应对压力的能力、忍耐力、理解与包容的提升最为显著。Chen 等（2014）认为，旅游消费者感知的变化包括能力、技能、情感、世界观和自我意识五个维度。这表明，旅游活动作为现代人的一种生活方式和社会经历，必然会对不同的人产生不同程度的影响，并最终推动个人成长。

二、旅游消费者的教育收益

自古以来，无论是东方还是西方，都普遍认同旅游具有重要的教育功能。如西方的大游学、东方的孔子周游列国、徐霞客的地理游记等，都证明了旅游对个人发展的重要影响。在学术领域，旅游的教育功能，即旅游对个体经验的积累、对个体成长和发展的意义，也为众多学者所认可。旅游消费者进行旅游活动的目的在于寻求个人成长和经验积累，而这种个人成长与发展实际上是个体社会认知和情感成熟的进程，是个人感知到的一系列变化。由此可见，社会认知和旅游教育功能之间存在密切的联系，前者的理论为后者提供了解释框架，后者的实践则是前者具体内容的体现。随着旅游生活的展开，不同于惯常环境的旅游情境触发了社会认知的冲突、同化、顺应和平衡这一认知发展变化过程（向慧容，2018）。旅游消费者的动机具有内隐性、指向性、复杂多重性、学习性和动态性（孙九霞和陈钢华，2015），这表明在旅游消费中，人们有着获取知识、开阔视野、学习技能和陶冶情操的愿望和需求。旅游也是一种学习方式，尤其是人文类景点，如博物馆、历史遗迹、古建筑等，它们深厚的文化底蕴、悠久的历史传统和精湛的建筑技术，都为旅游消费者提供了全新的体验，从而将学习融入旅游的全过程。

从历史角度来看，“收益”概念最早出现在经济学中。旅游消费者的收益，即旅游消费者从实地存在的核心旅游吸引物本身所获得的精神收益，是关于客观世界的一种心智积累，包括视觉美、相关知识、审美体验、情感体验等。与旅游消费者的需求层次相对应，旅游消费者的收益具有由低到高的层次性。最基本的收益包括美感体验、见闻阅历等感性心理认知的提升，进一步则是理性心理过程的收获，如知识收获、自然认知、内在美体验等，当体验进一步深化，便上升到情感、理念层次，触及人的灵魂深处，诸如陶冶情操、人生理念、思想教育等。旅游消费者收益的层次越高，表明其受到的影响越大（彭永祥，2010）。

在此将旅游消费的教育收益划分为知识性收益、能力性收益、情感性收益、价值观收益四个维度。

（一）知识性收益

人类的消费需求呈现出由低到高的层级，依次为“生存”、“享乐”和“发展”。旅游业起源于满足人类的“生存”需求，如游猎、游牧、游医、行商、行艺、行乞、流浪、迁徙等活动。随着时代的变迁，近现代旅游逐渐转向以满足“享乐”需求为主，如游玩、观光、度假、休闲等。然而，当代及未来的旅游趋势更加强调满足人们的“发展”需求。传统旅游包含发展功能和求知因素，但知识经济时代的旅游消费者的需求也在不断发生变化，以至于旅游的概念需要调整、充实甚至重新定义。新时代的旅游消费者不再仅仅满足于生理刺激和低层次的愉悦，而是追求更深层次的知识、美感和发展，包括求知者、希望增加创造力的人等。新时代的旅游倡导“学习型旅游”，即通过游乐学习化和学习游乐化的方式，实现发展与享乐、求知与休闲、学习与旅游的融合，从而最大化旅游服务的价值。从效果来看，具有知识收获的旅游体验通常更为深刻和持久，因为旅游消费者投入的注意力更多，心理过程更复杂，且情感体验更容易上升到情感理念美的层次。

旅游是一种跨文化学习和积累人生经验的重要方式。通过旅游实现认知升级，能够推动个人的成熟与成长。长期的旅游是一种跨文化学习的过程，旅游消费者需要用新的视角审视世界，随着新视角解决新问题，往往会产生新的经验，促进学习的发生（Taylor，1994）。例如，通过旅游，旅游消费者可以了解中华文明的根源与历史脉络，接受全方位的文化教育，对旅游资源承载的文化内涵有更深刻的理解，保持好奇心与创造力，这对于文化传承和发展至关重要。从教育内容来说，书本教育的内容是有限的，特别是以升学为导向的考核机制，使得一部分学生只重视考试成绩，而忽视了自身的文化修养。

旅游能够弥补这一缺失，其涉及天文、地理、文学、历史等领域的知识，可以全面重塑学生的知识体系，提升综合素质。

（二）能力性收益

旅游是增强社会技能的非教育路径。旅游能促进知识、技能的增加，影响思想、意识和观念，因此旅游对社会生活具有教育功能。随着社会进步，旅游的教育功能体现在德、智、体、美以及环境教育等多个方面（李先锋，2008）。一是自我更新，旅居对于自我效能感的提升有显著影响（Milstein，2005），旅游行为和体验能培养独立自主、坚毅自信的品质，增加自我认同（薛熙明，2014）；二是推动社会知识和规则的获得（刘录护和左冰，2010），旅游能提高交际能力，进而影响旅游消费者对社会生活的满意度（胡乐意，2013），旅游活动形成的社会网络推动旅游消费者不断地进行自我和世界认知（王文龙，2016）。

（三）情感性收益

旅游后，旅游消费者的情绪和情感也会发生变化。情绪情感根据社会内容可以分为三种：道德感、理智感和美感。在旅游体验中，与智力活动相关联的要素较少；并且，旅游体验对旅游消费者的理智感的影响也不太显著。因此，下面主要讨论旅游消费者的美感和道德感两类情感。

旅游是丰富情感体验的特色方式。一是道德感和家国意识的培育。旅游是一种学习方式。从教育方式来说，传统的课堂学习让学生感到“纸上得来终觉浅，绝知此事要躬行”。而通过旅游这种方式，特别是研学旅游科学的课程设置，人民群众特别是学生群体可以了解国家的历史文化、地理形态和发展进程，从小树立起国家意识和文化自信，产生根植于内心的民族自豪感。二是美感的培育，审美体验是旅游中最为珍贵的体验和核心价值。旅游审美体验不同于艺术审美中的静思性，彰显了旅游消费者内心与外物契合的审美能动性，旅游消费者不仅是审美体验的感受者，更是创造者（吴恒，2022）。美的转移则是审美体验的反思与内化，在积累不同的审美经验后，实现审美能力的提高，促使深度旅游审美体验的实现。

（四）价值观收益

旅游是拓宽视野、塑造人格的重要途径。首先，旅游活动有助于旅游消费者休闲放松，同时更有助于自我提升，帮助个体突破原有的自我限制，构建新的自我形象。例如，海外留学体验作为一种旅游教育形式，通过语言学习、专业学习和广泛的知识涉猎，可以丰富个人的文化体系。同时，学生对东道国文化、自身文化和全球理解的看法也会发生变化，这有助于培养国际视野，改变原有的狭隘心理定势，促进成熟，增强忍受能力和理解力（Kauffmann et al.，1992）。其次，旅游有助于习得良好的价值观。例如，野生动物旅游体验可能对旅游消费者关于特定野生动物和环境的认识、欣赏和行动产生积极影响，促进对环境可持续性的学习，以及对生态旅游消费者关于熟知物种和整体生态环境的意识、审美和行为产生积极影响（Ballantyne et al.，2011）。最后，旅游有助于培育优秀的精神品质。例如，参与红色旅游，这种体验不同于传统的理论灌输教育方式，它通过寓教于游、寓学于乐的方式，使人们在参观中自觉主动地学习红色文化，弘扬和传承红色传统，感受红色精神，从而在潜移默化中接受思想政治教育。

三、旅游活动教育效果的影响因素

（一）主观因素

旅游活动是一种综合性的社会活动，对旅游个体的教育影响受到多种主观和客观因素的影响。主观因素主要包括旅游期望、旅游消费者的个人因素等。

一是旅游期望。旅游期望在整体的旅游经历中起着先导作用。旅游体验是旅游活动的主体内容，旅游活动的效果即旅游体验的质量，是旅游期望与旅游感受交互影响的结果。旅游期望在旅游动机驱动下，通过前期准备形成的旅游计划目标，深刻影响旅游活动的教育效果，甚至是度量旅游活动教育效果的标尺（谢彦君和吴凯，2000）。

二是旅游消费者的个人因素。旅游后旅游消费者的个人成长与其个人主观因素有关。以陈伟（2015）的研究为例，研究者通过调研赴大湄公河次区域的中国旅游消费者发现，在旅游活动效果维度上，显著影响的因素包括旅游消费者的学历、人格、能力、预期、参与性及旅游的时间、情感体验和审美体验等。

除此之外，也有学者将旅游体验的影响因素分为先在因子、干涉变量、行为和结果几个方面。这些因素相互影响，共同影响旅游消费者的旅游体验。先在因子包括个性、社会阶层、生活方式、生命周期、动机、期望、以往经验和知识以及目的地营销和形象定位等。干涉变量包括旅行经验、目的地性质、目的地的可进入性、目的地种族性质等。其中，旅行经验包括延误、舒适、便利和目的地的可进入性强弱等方面。目的地性质则包括住宿质量、景点数量及可进行的活动，如遇到突发事件或发生事故等。行为和结果包括在旅游过程中，期望与感受之间的差距，期望是否能够达到将最终影响旅游体验的质量，旅游消费者与目的地居民以及结伴同游的旅游消费者之间互动的程度也最终影响旅游体验的质量。

（二）客观因素

旅游教育效果和旅游时长、旅游中的人际互动、旅游目的地的本真性等外在客观因素相关。

一是旅游时长。Hampton（2007）认为，短期旅游不具备文化教育功能，而长期旅游则能使旅游消费者调整自身的文化价值观念，具备文化沟通和自我修正的功能，因此，旅游活动的时间长短差异会影响旅游后的教育效果。

二是旅游中的人际互动。旅游消费者与同行其他旅游消费者、旅游工作人员及旅游目的地居民等的人际交往与互动在旅游过程中具有重要作用（Ryan，2002）。旅游活动离不开与他人互动，正是旅游消费者与旅游中他人，包括当地居民、旅游同伴、普通旅游消费者等的互动，形成了“人与人”关系的社会网络，从而推动旅游消费者对自我，对世界的认知和反思。例如，“我”能做什么、“我”想做什么以及世界的文化和经济形态等（王文龙，2016）。例如，旅游同伴是旅游消费者信息交流的主要对象，并对旅游消费者的智力供给产生影响，从而整体影响旅游消费者的行为和旅游体验效果（黄潇婷和刘春，2016）。

三是旅游目的地的本真性。桑特洛克（2009）指出，与当地社区、自然环境的持久互动是旅游消费者从中受益的条件。Bruner（1991）强调了旅游目的地的本真性影响旅游消费者的变化，其认为过度商业化制约旅游消费者的收获。

第二节　健康价值

2017年，全球健康经济产业规模为4.3万亿美元，而到2019年，增长至4.9万亿美元，年均增速达到6.6%，这一增长率高于同期全球GDP 4.0%的增长率。然而，2020年新冠疫情的暴发导致全球健康经济产业规模下降至4.4万亿美元，降幅达到11.0%，这一降幅显著高于同期全球GDP 2.8%的降速。在GWI细分的11个健康产业领域中，个人护理和美容、健康饮食营养及减重行业规模位居前两位，两者合计占全球健康经济产业规模的四成以上。体育活动、健康旅游、传统及辅助医药行业紧随其后。报告指出，2019年，全球体育活动、健康旅游两大健康产业领域的规模分别达到8738亿美元和7204亿美元，2017—2019年的平均增长率分别为5.2%和8.1%。大多数健康产业领域在2019年达到市场规模峰值，并在2020年因疫情影响而出现下降，尤其是健康旅游行业，降幅达到39.5%。

在第三章第二节中，笔者引用了美国学者罗伯特·麦金托什对旅游动机的分类，其中，恢复体力和保健的身体健康动机是四类动机之一。这类动机包括度假休息、参加体育活动、海滩消遣、娱乐活动，以及遵医嘱或建议进行的异地治疗、医疗检查、泡温泉等直接与保健相关的活动。通过这些活动，旅游消费者旨在缓解紧张情绪。此外，依据“方式-目的链理论”（Means-End Chain Theory），旅游消费者的行为源于内在需求，这种需求通过外在的消费行为表现出来。旅游消费者通过所购买的产品及其属性、特征来体现消费行为获得的利益和个人价值，从而建立了旅游产品或服务属性、旅游消费者行为结果、旅游消费者价值从属性到结果再从结果到价值判断的有机联结。健康既是旅游消费者的内部需求和动机，也是旅游消费行为的结果，同时也是旅游消费者的收益与价值评判。

一、国际和国内对于健康的认识

（一）健康的界定

1. 世界卫生组织

1948年，世界卫生组织（The World Health Organization，WHO）在《基本文件》（第

四十八版）[①]序言中采纳的健康定义为：健康是一种身体、精神和社会的完全健康状态，而不仅仅是疾病或羸弱之消除。（Health is a state of complete physical，mental and social well-being and not merely the absence of disease or infirmity.）20 世纪八九十年代，国外一些学者对健康的三维度感到不足，通过 WHO 专家委员会提出加入道德健康、心灵健康等维度的建议，但相关的提议最终未被采纳。20 世纪 90 年代末，国内也有学者和期刊书籍、报纸网络等假托 WHO 或联合国教科文组织之名提出“道德健康”的健康新概念，但经与 WHO、国外学者核实，WHO 关于健康的界定自 1948 年以来从未作过改动。

WHO 所定义的健康是一种人的生理躯体、心理精神、社会适应三个维度均处于健康状态的整体健康。对身体健康（physical health）的理解是显而易见的，即身体无疾病、无羸弱，而精神健康（mental health）却在改善健康的努力中长期被忽视。自 1975 年第 28 届世界卫生大会通过“精神健康促进”决议以来，WHO 和联合国敦促成员国重视精神障碍这一全球性的重大公共健康问题，提高公众和专业人士对精神障碍的真正负担及其在人类、社会和经济方面的严重代价的认识，号召成员国积极做出行动回应，并在 2013 年和 2019 年分别发起《2013—2020 年精神健康综合行动计划》和《世界卫生组织精神健康特别倡议（2019—2023）：精神健康全民健康覆盖》。在两份计划中，WHO 将精神健康概念化为“一种健康幸福的状态，处在精神健康状态的个人实现自身能力，能够应对生活中的正常压力，能高效且富有成果地工作，能够为所在的社区做出一定的贡献”，精神健康状况包括精神神经病学药物使用方面的障碍、自杀风险以及伴随的心理社会、认知和智力方面的残疾，如抑郁症、焦虑症、儿童孤独症、阿尔茨海默病等。

2. 全球健康研究院

作为非营利组织，GWI 在 2015 年发布的《2013 和 2014 年全球健康旅游经济报告》（“The Global Wellness Tourism Economy Report 2013 & 2014”）中，与 WHO 保持一致，采纳了相同的健康定义，强调健康不仅在于避免疾病和虚弱，而是包括对健康的追求，即积极维护和改善健康与幸福（GWI，2015）。在 2018 年和 2021 年发布的全球大健康经济产业监测报告中，GWI 对健康进行了统一界定，将其定义为：对促进整体健康状态的活动、选择和生活方式的积极追求，强调了健康产业消费者的主动性和积极性（GWI，2018）。GWI 同样界定了健康旅游，将其定义为“追求保持或提高个人健康的旅游”。

GWI 的健康定义体现了三个核心意义。首先，健康是一种整体状态，不仅包括身体健康，还涵盖心理、精神、社会、环境等多个方面。其次，健康不是一种被动或静态的状态，而是一种与主观意图、选择和行动紧密相关的主动追求。最后，健康应成为一种生活方式，消费者应积极地将健康旅游、体育运动等活动形式融入日常生活。

（二）中外不同学术语境下的健康观

1. 西方生物医学科学中的健康观念

早在古希腊时期，希波克拉底提出了“体液学说”，认为疾病是由血液、黏液、黑

① 参见网址：https://apps.who.int/gb/bd/PDF/bd48/basic-documents-48th-edition-ch.pdf#page=7。

胆汁和黄胆汁四种体液失衡引起的。文艺复兴时期以后，西方对健康的理解开始受到人体机械论的影响，Andreas Vesalius 等人通过人体解剖学等医学科学的发展，为许多疾病的治疗找到了有效的方法。在很长的一段历史时期内，人们将健康简单地定义为“没有疾病”，将健康视为疾病的反义词。

2. 社会医学中的健康观念

19—20 世纪初期，德国、英国、法国、苏联、美国等地的社会医学，以 Neumann 和 Virchow 等人为代表，提出了“医学是一门社会科学”的观点，强调疾病是一种社会现象，而非纯粹的生物问题。美国约翰斯·霍普金斯大学医学史学家 Sigerist 认为，健康不仅仅是没有疾病，而是指对生活持有正面、快乐的态度，并乐于承担生活赋予的责任。他认为，只有当身体和精神处于平衡状态，对躯体和社会环境具有良好的适应性时，才能称为健康的人。健康不仅是个人权利，也是社会权利（Sigerist，1941）。

3. 心理健康

20 世纪 90 年代后期，中国学者刘艳（1996）总结了国内近半个世纪对心理健康概念的争论，指出虽然没有一个公认的心理健康定义，但事实上已达成共识，即心理健康是个体内部协调与外部适应相统一的良好状态。根据社会文化历史学派活动理论的基本思想，中国学者石文山和陈家麟（2004）重新诠释了心理健康的内涵，指出心理健康包括三个基本方面：首先，心理健康的基本内容是现实的个体与环境相互作用的良性功能关系；其次，心理健康的本质特征是个体主导其生命活动的有效性；最后，心理健康的现实表现是一种生活方式的健康。

4. 健康新定义

针对 WHO 健康定义中的“无疾病”和“完全健康状态”的限制，中国学者范振英（2014）指出，这种定义是现实中几乎不存在的理想状态或目标。他提出一个新的健康定义，即“健康”是“健康状态”的简称，指的是在不同的健康活力和伤害因素的共同作用下，人呈现出的各种状态的统称。其中，健康活力指人抵御对躯体和心理的伤害以及适应社会、适应自然等方面的能力，而伤害因素包括遗传缺陷、自然界有害物质、社会环境等可能伤害人的生理、心理、适应社会、适应自然的因素。这个新定义具有生理、心理、适应社会、适应自然等方面的内涵，体现了健康状态因人而异、健康状态动态变化、中医宏观整体信息与现代医学微观信息并重的特点。

二、旅游消费者的健康收益

（一）历史性地看待旅游与健康的关系

自古以来，无论在东方还是西方，旅游与健康之间都存在着紧密的联系。早期的健康旅游活动主要围绕河流和温泉，即与水相关的活动。以 SPA 和温泉为例，可以清楚地看到这一点。关于 SPA 的词源和起源，有学者指出该词源自拉丁文 solus por aqua，意为

“用水达到健康”（health by water）。另有一说认为，SPA 这个词起源于欧洲比利时的一个名为 SPA 的小镇，该镇以温泉著称，居民通过饮用或泡浴温泉来美容和治疗疾病，吸引了众多王公贵族前来，于是该镇修建了游憩建筑设施。从此，SPA 一词被用来指代温泉和提供水疗的疗养胜地（薛群慧等，2014）。

在古代，例如埃及的尼罗河和印度的恒河，河流流域的居民会到河中沐浴，以此净化和放松身心。《论语》中就有“莫春者，春服既成，冠者五六人，童子六七人，浴乎沂，风乎舞雩，咏而归”的记载。约公元前 54 年至公元 450 年间，罗马人在欧洲、北非、中东等地建造了许多豪华的浴场和温泉设施，如英国的巴斯等，中世纪欧洲的许多城镇都是在温泉附近发展起来的。在中国古代，温泉被称为“汤”，早在先秦两汉时期，温泉就被用于治疗疾病、保健和旅游休闲。宋代以前，许多著名的温泉已被辟为游览之地，从秦汉至唐宋，温泉旅游已成为一种时尚，封建帝王到汤泉处游玩疗养（龚胜生，1996）。明清时期，温泉与地方代表性名胜共同构成了“八景、十景、十二景”等地域名胜组景，分布大江南北（何小芊和龚胜生，2013），如北京昌平地区的居庸八景中就有“汤泉瑞霭”等。

19 世纪中期，随着欧洲国家和美国完成工业革命，城市中产阶级兴起，为了减少工业化带来的污染和环境问题对健康的不利影响，他们开始寻求到海滨或山区放松身心，追求真正的生活。美国作家梭罗及其作品《瓦尔登湖》正是这一时期的写照。时至今日，随着工业化和城镇化进程加快、全球环境问题持续引发关注、全世界人口老龄化进程加剧、生活节奏加快和工作压力增大，各年龄段人群的健康意识和健康需求持续提升，人们更加渴望和追求健康的生活方式，日常体检、健康饮食、森林康养、温泉疗养、医疗旅游等康养保健形式进入大众视野，使得以健康为动机、以健康收益为追求的旅游活动成为当前和未来旅游发展的新趋势（刘海汀，2020；周功梅等，2021）。

从历史的纵向回顾来看，旅游与健康之间的关系密切。通过体验或消费健康旅游产品和服务，旅游消费者或旅游消费者的身心健康需求和动机与健康收益实现了“目的-方式”“过程-结果”的逻辑关联。

（二）不同内容的专项旅游活动的健康收益

1. SPA 旅游及其健康功效

早期的 SPA 主要是一种水疗，且专为贵族群体享受，真正接触、认识 SPA 的人群相对有限。随着经济社会的发展进步、人均可支配收入的增加、可支配闲暇时间的增多，加之城市病、环境问题、人的生存生活健康问题的日益突出，SPA 以其健康天然的特点被更多人关注并接受，这一趋势反过来促进了 SPA 的发展。很多人开始研究和开发 SPA 市场，其内涵和内容也发生了变化，形成了全新的现代 SPA 产品和服务。例如，芳香 SPA 通过按摩的方式将植物精油作用于人体，结合水疗，达到舒缓减压、放松身心的保健功效。芳香 SPA 融合植物精油功效和各种按摩手法，结合舒适的环境，使人身心灵全面放松，满足现代社会快节奏人群对减压释负的需求。现代 SPA 已成为自然、舒适、健康、时尚的代名词，蓬勃发展并成为旅游目的地的形象标签。2010 年 5 月，全球 SPA

峰会委托斯坦福国际研究院（SRI International）开展全世界 SPA 和健康产业市场深度调查分析，GWI 独家赞助并经授权认可发布《Spas 和全球健康市场：协同与机遇》报告，报告对全球 SPA 市场规模的估计值达 603 亿美元（Global Spa Summit，2010）。根据 GWI 的相关监测报告，2017 年和 2019 年全球 SPA 经济规模分别为 936 亿美元、1107 亿美元。

SPA 的种类多样，可以依据 SPA 的目的、SPA 水疗的形式、SPA 的场所地点等参考标准对其进行类型划分。根据 SRI International 开发的“健康产业连续图谱”（一端为传统的旨在解决疾病问题的医学取向的被动反应方式，一端为整合的旨在提高生命质量的健康取向的积极主动形式），SPA 产业集群也可映射在该图谱上，包括治疗特殊皮肤疾病和其他状况、SPA 治疗护理等提供被动反应服务的 SPA 形式以及 SPA 康养、SPA 教育、SPA 健康促进、SPA 美容等提供积极主动服务的 SPA 形式。现代 SPA 形式多样，每个旅游目的地都开发了特色招牌的 SPA 项目，但无论形式如何变化，SPA 服务产品均离不开水浴、按摩、海底泥、花草萃取物、植物精油等构成元素，SPA 项目内容均围绕构成元素各自的功效和作用展开，如疗养保健、美容美颜、放松舒缓身心、瘦身塑形减肥等。

2. 温泉旅游健康收益

关于温泉的疗疾功能，我国古代的文学、地理、医学典籍中均有记载。例如，东汉张衡在《温泉赋》中写道：“帝育蒸人，懿厥成兮。六气淫错，有疾疠兮。温泉汩焉，以流秽兮。蠲除苛慝，服中正兮。”北魏郦道元在《水经注》中记载：“县（鲁阳县，今河南省鲁山县）有汤水，可以疗疾……汤侧有石铭云：皇女汤，可以疗万疾者也。”明代李时珍在《本草纲目》中记载：“温汤，气味辛、热、微毒，主治诸风筋骨挛缩，及肌皮顽痹，手足不遂，无眉发，疥癣诸疾，在皮肤骨节者，入浴。浴讫，当大虚惫，可随病与药，及饮食补养。”温泉对人体健康的益处主要来源于其水温、静压力、阻力、浮力以及所含对人体有益的微量化学元素。

温泉与旅游的结合，使得温泉不仅具有疗养作用，还具备养生、休闲、度假功能。20 世纪以来，兼具疗养、保健、休闲属性的温泉旅游迎来了新的发展，尤其在欧洲、美国、日本最为著名。在欧洲，许多国家将温泉旅游视为一种维持健康的预防措施，通过到温泉疗养地旅游达到疗养、保养身体的目的。在美国，温泉疗养融合了非医疗的运动、塑身、美容等概念，结合旅馆住宿业，更侧重于温泉的游憩等功能。日本在温泉旅游地建立了大型的温泉馆，融合了本国传统汤浴文化和现代运动生理学，附加了健康促进设施，举办了温泉节等文化活动，集疗疾、保健、休闲、观光、文化于一体。经过不断发展，国内外温泉旅游目的地的生态自然环境普遍优越，体量规模增大，内容和功能丰富，不仅建设了高档次的康体中心，配备了现代化疗养设备设施，提供了专业疗养医师和特色餐饮住宿服务，还增加了多样化的休闲娱乐文化旅游体育项目，发展成为多功能综合性的高等级旅游度假区。2018 年，GWI 发布的《全球健康经济产业监测》报告指出，2017 年全球矿泉/热泉经济规模达到 560 亿美元。2019 年，全球矿泉/热泉经济规模达到 640 亿美元。

3. 医疗旅游健康收益

医疗旅游（medical tourism）是医学治疗与旅游相结合的新型旅游形式（梁湘萍和甘巧林，2008）。近三十年来，医疗旅游发展迅速。放眼世界，亚洲的日本、韩国、新加坡、印度以及欧美的德国、美国等国家凭借高端领先的医疗设施设备、高质量的医疗护理能力和服务、相对低廉且具性价比的医疗服务价格，已成为区域性、全球性的医疗旅游目的地。根据全球市场研究和咨询公司（Future Market Insights，FMI）统计，2016—2018年全球医疗旅游服务规模增长强势，尤以亚洲国家增长最为迅猛，2018 年全球医疗旅游服务市场规模达 480 亿美元，亚洲国家占比约六成。

国外有关文献指出医疗旅游是从健康旅游（health tourism）演化、派生出来的一个细分市场和新分支（高静和刘春济，2010；刘建国和张永敬，2016）。联合国世界旅游组织将医疗旅游界定为以医疗与护理、疾病与健康、康复与休养为主体的新型旅游服务。医疗旅游的独特性在于整个医疗旅游过程中，治疗疾病、康体恢复是旅游消费者的主要目的，旅游作为附加元素和附带动机，被自然或人为地融合其中。对比观光、度假旅游产品，医疗旅游的内涵可从以下几个方面展开：一是以短期或长期治疗疾病、手术或其他形式的专门治疗为目的的纯医疗旅游，如外科侵入性手术、肿瘤癌症等重症治疗、生育辅助等；二是满足提升自身健康需求的特殊的医学治疗护理，如健康体检、医学美容、减肥塑形等；三是以康复疗养、康体休闲为目的的保健型医疗旅游。

医疗旅游的健康收益是直接的、明显的。从医疗旅游消费者个人层面讲，其生理疗愈或心理疗愈的动机、需求、期望得到满足，身心健康状况得到改善和提升，有助于进一步提高生活和生命质量。医疗旅游消费者的个人行为对客源地社会也产生了正向和反向的效应。一方面，医疗旅游消费者海外就医相应地减轻了医疗消费支出，节约了医疗资源，为本地病患就医提供了机会，同时间接反推本地医疗机构向国外先进水平看齐、改善提高医疗技术和服务水平，以挽留和维持本地病患。另一方面，大量的本地病患外流海外医治，影响本地医疗机构的经济效益。国外有研究表明：病人外流导致客源地医疗产品供应商的损失，当外流病患数量达到一定规模后，将导致本国医疗从业人员面临失业威胁；对就医地而言，医疗旅游带来行业竞争加剧、目的地医疗资源承载力加重、就医地本地居民享受的医疗服务质量可能受到下降冲击，可能侵害目的地居民的健康利益（刘建国和张永敬，2016）。

4. 养老旅游健康收益

养老旅游，也称为“老年长居旅游”（elderly long-stay tourism），是指老年人前往常住地之外的地方生活，并在此连续停留一个月至一年的时间，通常跨越省界甚至国界（黄璜，2013）。这种旅游形式在本质上属于老年度假旅游，是将养老和旅游相结合的一种新开发的专项旅游项目，也是一种新型的养老方式（李松柏，2007）。以海南省的“候鸟”养老为例，养老旅游具有以下特点：一是养老旅游的时间一般较长，从一个月到半年不等；二是养老旅游的群体主要是经济条件较好的老年人，他们在目的地通常拥有固定的居所；三是养老旅游消费者对目的地有较高的要求，不仅需要适宜养生的自然环境，还需要具备医疗服务等社会经济条件；四是养老旅游不仅是季节性的、巡回性的迁居过程，还包括在养老地生活，与养老地社会、文化交流互动（孙冬燕，2017）。在发达国家，养老旅游已成为老年人重要的生活方式。例如，美国养老旅游的出游率约为 10%，冬季在佛罗里达过冬的老年人超过 80 万（黄璜，2013）；北欧的老年人会季节性地前往意大利、西班牙、葡萄牙等地中海和欧洲西南部的国家，东南亚的旅游目的地以及中国的海南岛也吸引了大量长期度假的俄罗斯人；日本老年人则选择到马来西亚、泰国等国长期居住，以改善生活环境并享受当地的养老旅游服务。

根据旅游消费者的动机，养老旅游可以划分为观光休闲型养老旅游和保健疗养型养老旅游两种基本类型（薛群慧等，2014）。观光休闲型养老旅游的消费者多为低龄老年人，他们更倾向于观光和休闲度假；而保健疗养型养老旅游的消费者年龄较大，多患有某些慢性疾病，他们的主要目的是避暑避寒和保健疗养。国内外相关研究表明，养老旅游对老年旅游消费者的生理和心理具有积极的康复保健效果。自然生态环境中的空气负离子对人体呼吸系统、神经系统、循环系统、代谢系统和免疫系统具有积极作用，尤其是对患有糖尿病、高血脂等基础代谢疾病的老年人。适当的日光浴能促进体内维生素 D 的合成，有助于缓解老年人的骨质疏松。在自然环境中行走，不仅能愉悦视听，还能活动关节、筋骨，疏通气血，既愉悦老年人精神，又锻炼老年人体魄。同时，养老旅游为老年人的生活方式、社会交往和自我实现提供了机会和活力，缓解了退休等生活转变带来的不适应和负面情绪，减轻了空巢老人的孤独感和失落感，并通过自然风景和人文名胜的观光、民俗风情的体验，提升老年人的文化素养，提高他们的修养水平。

三、新冠疫情等全球传染疾病对旅游消费者健康的影响

（一）21 世纪以来暴发的多次传染性疾病对全球旅游业的消极影响

进入 21 世纪以来，全球范围内频繁暴发了严重急性呼吸综合征（SARS）、甲型 H1N1 流感、中东呼吸综合征（MERS）、埃博拉出血热（EHF）等流行性传染病。特别是 2020 年蔓延全球的新冠疫情，给世界经济，特别是旅游业，带来了前所未有的负面影响。自新冠疫情暴发以来，以空间移动为特征、具有脆弱性特点的旅游业首当其冲，各国纷纷关闭国境或对入境人员施加限制，跨国旅游航运交通陷入停滞，全球国际旅游业遭受了空前的冲击。根据联合国世界旅游组织 2021 年 3 月发布的报告，国际旅游人次数从 2019 年的近 15 亿下降到 2020 年的约 3.8 亿，下降幅度达到 74%，全球国际旅游支出预计损失高达 1.3 万亿美元，这一损失约为 2009 年全球危机损失的 11 倍。我国坚持“动态清零”的疫情防控原则和旅游“熔断”机制，尽管 2020 年以来个别省市出现疫情反复，但我国的疫情防控成果领跑全球，在此期间跨市跨省国内游也阶段性有所恢复。疫情对旅游业的食、住、行、游、购、娱等传统实体空间造成了较大冲击，同时也推动了线上预约、无接触服务、虚拟旅游等科技赋能型旅游场景和服务产品的创新应用。

（二）全球传染性疾病对健康旅游消费者的转向意义

疫情无疑对旅游消费者的行为模式产生了深远的影响。首先是旅游消费观念的变

化。新冠疫情对生命体的伤害不仅体现在物理躯体上，更在于对人的心理和精神方面所造成的消极影响。经历新冠疫情后，旅游消费者将更加感受到健康和自由无拘束行动的重要性。其次是旅游消费体验的变化。经过新冠疫情的冲击和洗礼，旅游消费者更注重沉浸式体验，追求身心全方位的健康疗愈。最后是旅游消费方式的变化。疫情带来健康旅游消费观念和消费体验变化的同时，也会使消费方式发生相应的变化，自驾游、家庭游、乡村游以及高端定制游等将明显增长。

第三节 幸福感与社交机会

伊壁鸠鲁（Epicurus）曾言：幸福是我们生活的开始和目的，我们所有的取舍都由快乐出发，我们的终极目的就是得到快乐。人类社会的发展史，就是对幸福生活的追求史，对幸福存在的体验史。如何获得幸福成为社会和个体的最大奋斗目标，社会经济发展的目的就源于此。

“旅游”与“幸福”往往相伴而生。在旅游领域，如何界定幸福概念尤为重要，幸福作为旅游非经济功能的重要评估要素，最终会影响目的地如何营销推广以及旅游体验中心理效应如何衡量。从社会角度考察，大众旅游的发展需要社会提供可靠的环境保障，这是旅游幸福发生的社会背景；从个体角度思考，旅游活动的开展是旅游消费者生存条件改善、个体美好生活实现的目的与手段。近几十年，随着我国旅游业的持续快速发展，其已成为我国战略性支柱产业，同时旅游活动的参与普遍化也在不断加深其所带来的社会影响。《国民旅游休闲纲要（2013—2020 年）》和《国务院关于促进旅游业改革发展的若干意见》（国发〔2014〕31 号）均明确提出要通过发展旅游业来提升国民生活水平和质量。2016 年底，国务院办公厅印发《关于进一步扩大旅游文化体育健康养老教育培训等领域消费的意见》（国发办〔2016〕85 号），继续将旅游业列为“五大幸福产业”之首。随着旅游业社会功能和影响的进一步扩大，探讨旅游幸福含义及其形成机理，成为当前旅游研究的应有之义，更是实现旅游业良性和可持续发展的根基。

一、认识幸福感与社交机会

（一）幸福感的定义与内容

早在两千多年前，古希腊的道德哲学家就开始了对幸福的探索。这时哲学家们的幸福研究主要围绕着“人应该如何生活”这一问题而展开。梭罗开创了“幸福伦理学”的研究先河。受到当时宗教的影响，西方早期哲学的幸福研究更多弥漫着一种神性色彩的朴素主义，古希腊语的幸福（eudaimonia），意味着神或命运对某人的偏爱。这一时期的幸福观念主要围绕“追求快乐”和“禁欲”两个道德标准进行辩论。“快乐论”的主要代表是昔勒尼学派和伊壁鸠鲁等，伊壁鸠鲁认为人生的目的就是追求快乐、享受幸福，每一种快乐都是善。“实现主义幸福论”的主要代表是苏格拉底和亚里士多德等，他们认为幸福的特征是内省式的精神追求，认为幸福在于人自我潜能的实现，并强调禁欲。亚里士多德的幸福论认为个体机能的最充分发挥就是幸福，人活着就应该有一个远大目标，在同艰难、失败、不幸的抗争中实现自我的人生价值，进而实现完善的自我。幸福并不在于一个人是否感觉到快乐，而是在于他实际是否过上了幸福的生活。幸福是一个人在整个生活上的成功、繁盛和成就，而不仅仅是一种快乐满足感。因此，在“实现主义幸福论”的理论体系中，快乐必须在理性的控制下达到适中的程度才能成为幸福。亚里士多德主义的“实现主义幸福论”为心理学和旅游学中的相关幸福研究开拓了思路。

20 世纪 60 年代发展起来的幸福感（well-being，WB）研究，形成了由快乐论发展而来的主观幸福感（subject well-being，SWB）和由实现论发展而来的心理幸福感（psychology well-being，PWB）。主观幸福感把幸福分为两个维度：基于认知评价的生活满意度和基于情感体验的积极情绪或消极情绪；心理幸福感主要探索人类生存的法则和存在的生命挑战。

早期的主观幸福感认为幸福是人们长期的积极情感或精神状态，见表 14-1。这种情感状态可以用积极情感和消极情感来测量。Bradburn（1969）认为这种情感可理解为积极情感和消极情感之间的平衡，在此基础上编制了“情感平衡量表”（affect balance scale，ABS）。Andrews 和 Mckennell（1980）进一步扩展了主观幸福感的第三维度：认知维度。认知维度指个体建构出一个适合自己的标准，并将生活的各个方面作为一个整体来评定自己的满意程度。以此为基础，主观幸福感研究中出现了颇具代表性的测量量表，例如，Kozma 和 Stones（1980）编订的纽芬兰纪念大学幸福感量表（the Memorial University of Newfoundland scale of happiness，MUNSH）以及 Diener 等（1985）开发的生活满意度量表（the satisfaction with life scale，SWLS）。

表 14-1　主观幸福感主要测量量表

学者	量表名称	测量维度
Bradburn（1969）	情感平衡量表	积极情感、消极情感
Kozma 和 Stones（1980）	纽芬兰纪念大学幸福感量表	个人感受维度、生活整体体验维度
Diener 等（1985）	生活满意度量表	生活整体满意度（将性别、年龄、种族、工作状况、婚姻和家庭状况、健康状况、社会交往和活动、个性和遗传因素等纳入考量）

与快乐论不同，实现主义幸福论认为幸福是人的功能得以蓬勃发展以及自身潜能可以得到充分发挥，在此基础上，才能为社会作出贡献，达到“至善”。在这一观念的基础上，心理幸福感或实现主义幸福感（eudaimonic well-being）的概念被提出。Waterman（1993）认为，实现主义幸福感涉及人们与实现自我的协调一致，是“人格展现”的幸福，而自我实现是理想心理机能发挥的关键所在，并以此为基础制定了“人格展现量表”。Ryff 等（1989）则在区分主观幸福感与实现主义幸福感的基础上提出了实现主义幸福感的多维模型，包含自我接受、个人成长、生活目的、良好关系、情境把握、独立自主六个维度。此外，Ryan 和 Deci（2004）提出的自我决定理论（self-determination theory）

认为人的基本需求有自主需要、能力需要和关系需要这三个方面，是获得实现主义幸福感的关键要素。

积极心理学中真实幸福感（authentic happiness）概念的提出，则在一定程度上对主观幸福感和实现主义幸福感进行了整合，是幸福感研究的一大飞跃。不但如此，积极心理学的发展是实现心理学本体价值回归的重大里程碑，它大大丰富了传统病理心理学的研究内容，并更贴近普通大众。它致力于研究普通人的活力与美德，主张研究人类的积极品质，充分挖掘人固有的潜在的具有建设性的力量，促进个人和社会的发展，使人类走向幸福。PERMA 模型由“积极心理学之父”马丁·塞利格曼（Martin Seligman）在《持续的幸福》一书中提出。PERMA 模型的五个维度分别是：P（positive emotion）指的是积极的情绪，E（engagement）指的是投入，R（relationship）指的是人际关系，M（meaning）代表的是意义，A（accomplishment）指的是一种成就。Seligman（2011）认为，有意义的生活比只顾享乐的生活更容易带来更高的满足感，全面的幸福一定是人在这五个维度上的充分地发挥、蓬勃发展、充分地体验和展示（表 14-2）。

表 14-2 实现主义幸福感主要测量量表

学者	量表名称	测量维度
Waterman（1993）	人格展现量表	个体展现、个人愉悦
Ryff 等（1989）	实现主义幸福感多维模型	自我接受、个人成长、生活目的、良好关系、情境把握、独立自主
塞利格曼（2012）	PERMA 模型	积极的情绪、投入、人际关系、意义、成就

（二）社交机会的定义与内容

“社交机会”这一概念是“社会互动”的延伸，通常与“社会交往”、“人际交往”或“社会接触”等概念相等同，但它们在不同情境下的应用略有差异。

群体活动和社会过程是互为条件和结果的社会行动。当相关双方相互采取社会行动时，就形成了社会互动。社会互动，亦称为社会相互作用或社会交往，是指个体对他人实施的社会行动以及对方对此做出的反应性社会行动的过程。换句话说，我们不断地意识到我们的行动对别人的影响，同时，别人的期望也影响着我们的行为。这种互动过程发生在个体之间、群体之间，以及个体与群体之间。社会互动是动物存在的重要方式，任何个体间的互动都具有意义。互动可以发生在不同物种之间，如人与人之间、人与动物之间。在旅游情境中，人与旅游目的地也会发生互动，这种互动既包括人与人之间的互动，也包括人与风景、人文环境的互动。Pearce（2012）认为，在旅游消费者进行旅行的过程中，通常会经历三种形式的社会互动：旅行者之间的互动、旅行者与当地社区的互动，以及旅行者与旅游从业人员之间的互动。本书所探讨的“社交机会”主要指代个体互动的过程及其结果。

人的成长和发展往往依赖于有效的社会互动。符号互动理论的学者米德在总结前人成果的基础上发现，心智的发展、自我意识的形成以及社会组织与制度的建立，都是社会互动的主要过程和产生的条件。社会互动的起点，是在心智发展基础上形成的“自我互动”。所谓“自我互动”，即是“主我”与“客我”之间的互动。作为一种社会过程，“自我互动”反映了从“主我”到“客我”的反思过程，这是区分动物是否具有社会性的重要标志。从总体上看，“自我”不仅是社会互动的产物，而且是“主我”与“客我”在互动中不断展开的过程。

从根本上讲，没有群体互动，就不会有自我互动。对个体行动者来说，群体互动既是互动的前提，也是不可或缺的环境和情境。互动的实质在于，无论是自我互动还是社会互动，都是主体与客体之间的往返活动，都是主体与客体之间的沟通。这种沟通主要依靠包括暗示和语言在内的“符号”，因此，“符号互动”成为社会互动的主要形式。

（三）幸福感

社会心理的研究者们发现，社会互动常常有助于提升人们的主观幸福感，他们提出人有归属的需要，当人们缺乏与别人的交互时，会感到幸福感降低（Baumeister and Leary，1995）。有意义的交流越多，人们的幸福感越强（Mehl et al.，2010）。同时，学者们也借助“人际关系”这一概念来代表社交的过程与结果，研究显示人际关系的好坏与幸福感密切相关。Sandstrom 等（2014）开展的研究表明，人们与社交圈外围的弱关系成员进行沟通交流有时更能提升主观幸福感。这一研究也为在脱离日常生活和工作的情境（如旅游情境）中社会互动和交往与幸福感的研究提供理论依据。

二、旅游情境下幸福感与社交机会

旅游业在全球的蓬勃发展，是经济、政治和文化进行全球化的积极结果，也是人类探索更高层次幸福的必由之路。旅游是人类对于未知和新奇的探索，是提升生命质量的有益尝试，一次好的旅游体验是旅游消费者提升幸福感的重要方式。当前的中国已经全面进入小康社会，社会主义发展进入新阶段，打造幸福产业是中国旅游业发展的愿景和使命（妥艳媜，2015）。而对于旅游消费者幸福感的深入研究和探索，将为旅游业的良性发展和旅游研究的现实成果转化筑牢根基。

（一）旅游情境下幸福感的定义与内涵

旅游领域的幸福感研究历程则呈现出“主观幸福感概念的直接借用—旅游者主观幸福感的相关关系或因果关系的实证研究—对主观幸福感概念直接借用做法的批判与反思—旅游者实现主义幸福感的探索”几个发展阶段（张晓和白长虹，2018）。早期学者将旅游消费者的幸福直接概念化为旅游消费者的积极情绪或生活满意度，因此在早期的研究中并没有使用 well-being、happiness 等直接表达“幸福”的术语，而是采用生活满意度、积极情感、生活质量等主观幸福感的组成要素来指代幸福。究其原因，主要是因为旅游消费者对幸福的感知主要基于其主观判断，且绝大多数研究在进行测量时往往采用主观幸福感的指标和量表。不同学者对于旅游幸福感的定义也不尽相同，“旅游消费者幸福感”和“旅游幸福感”的概念往往不作区分，如表 14-3 所示。

表 14-3　旅游幸福感定义

学者	年份	定义
亢雄	2012	旅游消费者在旅游活动过程中因体验生发的积极情感，主要表现为主题需求的满足、参与并沉浸于旅游活动中，同时这些活动对于旅游消费者有一定积极的价值与意义
妥艳媜	2015	个体在旅游过程中体验到的，包括情感、体能、智力以及精神达到某个特定水平而产生的美好感觉，以及由此形成的深度认知

到 2010 年左右，随着心理学中实现主义幸福感研究的逐步成熟以及旅游学者对直接借用幸福感概念做法的批判与反思，旅游学者开始转向现实主义视角，探索旅游消费者的幸福感。

（二）幸福感的测量

在探讨旅游消费者主观幸福感时，研究者通常参考社会学、心理学和营销学等领域的相关研究成果。总体上，主观幸福感的测量方法可以分为单一维度测量和多维度测量两种。单一维度测量侧重从整体上评估旅游消费者的总体主观幸福感，通常涉及诸如“你如何评价你的总体生活”等问题。在心理学领域，主观幸福感通常由积极情感和生活满意度两个维度构成。例如，Gilbert 和 Abdullah（2002）在他们的研究中，将旅游消费者的幸福感概念化为积极情感和消极情感的平衡，以及总体生活满意度这两个维度。与生活满意度维度的研究相比，旅游消费者主观幸福感中情感维度的因果关系和相关关系研究更为全面和连贯。情感维度的研究始于 Sirakaya-Turk 等（2011）对 Clawson 和 Knetsch（1966）的经典休闲体验模型的验证，其在研究中发现了旅游活动对旅游消费者积极情感的增加。尽管这一研究并未使用“幸福”这一术语，许多学者并未将其视为旅游消费者幸福方面的研究，但后续研究进一步证实了旅游体验对旅游消费者情感的显著积极影响。研究发现，旅游消费者在度假期间感受到的积极情感比在家庭日常生活中更为强烈，并且在一年中的特定时期进行旅游，人们会体验到更为积极的情感。Farber 和 Hall（2007）对旅游消费者积极情感的具体构成要素进行了深入探索，发现旅游中的积极情感主要包括愉悦、爱、积极惊喜和放松等方面。

在旅游研究中，另一个关注点是旅游消费者积极情感的前因和结果变量。多数研究表明，旅游过程中旅游消费者积极情感的获得得益于人与人的互动。旅游消费者在旅游中所获得的这些积极情感可以提高他们的满意度和重游意向。与积极情感相反，现有研究普遍认为旅游体验中的消极情感并不显著。无论是在日常生活中还是在旅游中，人们的消极情感变化不大。但在与痛苦和死亡相关的黑色旅游中，旅游消费者的消极情感会明显增加。然而，这种消极情感是旅游消费者主动寻求的，并不会对其旅游体验产生消极影响。消极情感并不一定会使假期变得不理想，在特定旅游情境中，消极情绪的产生对旅游消费者未来积极的行为意向有积极的影响，这与旅游消费者的旅游意向和情感追求相关。

随着主观幸福感概念增加了认知维度，旅游活动与旅游消费者生活质量或生活满意度的因果关系或相关关系研究受到了广泛关注。生活满意度领域的学者较早地关注到这一方面，他们的研究更侧重于休闲活动而非旅游活动对人们整体生活满意度的影响。尽管休闲和旅游在本质上有所区别，旅游是休闲的一个组成部分，但随着休闲研究的成熟，旅游活动对旅游消费者生活满意度的影响逐渐成为旅游学者的研究焦点。目前，旅游研究中也开始涉及休闲生活满意度的测量，休闲生活满意度被认为是旅游消费者旅游体验满意度和整体生活满意度之间关系的中介变量。Hoopes 和 Lounsbury（1989）最早将生活质量研究聚焦于旅游活动，他们发现旅游活动能够提高工作满意度和生活满意度。随后，众多学者的研究验证了旅游活动对旅游消费者总体生活满意度的积极影响。研究表明，旅游通过影响旅游消费者在具体生活领域（如健康、社会、家庭、工作等）的满意度，进而影响其总体生活满意度。这一积极作用在多个群体（如老人、社会旅游人群等）的研究中得到了一致性的验证。然而，也有少数研究者对这一结论表示怀疑，他们发现旅游并不能显著提高旅游消费者的总体生活质量。旅游活动对生活满意度的影响还受到一些变量的调节，如旅游频率、停留时间、生活阶段等。例如，Neal 等（1999）的研究发现，旅游频率的增加会逐年提高人们的生活满意度。与短期停留的旅游消费者相比，停留时间较长的旅游消费者拥有更高的总体生活满意度。除了出游频率和逗留时间之外，旅游对生活满意度的提升作用也会因人们所处人生阶段的差异而有所不同。

2000 年之后，许多旅游研究开始同时考虑情感和生活满意度这两个维度，对主观幸福感的概念化和操作化进行因果或相关关系分析。Gilbert 和 Abdullah（2002）在对 355 名旅游消费者旅游前和旅游后的主观幸福感的测量中发现，旅游活动对旅游消费者总体生活满意度、具体领域生活满意度、积极情感均有积极影响。澳大利亚的 Pearce（2012）率先将 PERMA 模型引入旅游学研究领域，其后的各种研究利用该模型探讨了不同类型旅游消费者的积极体验和本真幸福感，如生物海洋学研究的志愿者、慈善公益活动的参与者、澳大利亚赴西班牙旅游的青年旅游消费者、意大利的女性旅游消费者、参与远足活动的游憩者等。

（三）社交机会与幸福感的关系

社会学家们认为，社会互动对于提升人们的主观幸福感具有重要作用。他们指出，人类具有归属感的需求，当人们缺乏与他人的互动交流时，幸福感会相应下降。有意义的社会交流和互动越多，人们的幸福感越强。因此，在旅游情境中，旅游消费者之间的互动成为重要的社会互动方式，这种互动和交往行为对旅游消费者的幸福感具有显著影响。

联合国世界旅游组织指出，旅游参与带来的益处包括促进跨文化交流、目的地经济发展和繁荣，以及个人由此获得的利益提升。在个人收益方面，相关学者指出，旅游为个人提供了暂时逃离工作和休息的机会，拓宽了视野，增加了学习机会，促进了跨文化交流，以及通过结交朋友、探望朋友和亲人所带来的个人成长（Clift and Page，2015；McConkey and Adams，2000；Hazel，2005）。由此可见，旅游消费行为中的“个人成长”与社会交往密切相关，而个人成长则符合实现主义幸福观所倡导的个人全面发展所带来的客观幸福。社会交往既是旅游的动机，也是旅游的目标，是获得幸福感的重要途径。

动机产生于人的需求，人为了满足需求或实现某种需求而产生了行为的动机（王宁等，2008）。旅游动机作为旅游行为产生的原动力，解释了旅游需要的内驱性，并对旅游行为具有直接的作用（谢彦君，2011a）。在大众旅游情境下，旅游动机作为旅游满意度、旅游期望、重游意愿和目的地忠诚等构念的前因变量，是影响旅游消费者感知、旅游消费者行为和旅游消费者幸福感的关键变量。因此，旅游动机是影响旅游消费者行为的主要因素，被视为旅游行为背后的一个关键变量和动力（Crompton，1979；张宏梅和陆林，2005）。

现代旅游动机理论大多建立在马斯洛需求层次论上。马斯洛将人的需求划分为生理、安全、归属与爱、尊重、自我实现五个层次，人的需求满足通常遵循这一层次顺序，但也可能跳过低层次需求而直接寻求满足较高层次的需求（谢彦君，2011a）。皮尔斯依据马斯洛需求层次论提出 TCL 模型和 TCP 模型。TCL 理论将人们的旅行需求由低到高依次划分为放松、安全、关系、自尊与发展、自我实现五个层次，人们会随着旅行经验的丰富而向更高层次的旅游动机迈进（王宁等，2008）；TCP 理论则在实证研究基础上总结出 14 个旅游动机因素，这些旅游动机按重要程度被划分为核心层（基础动机——新奇、逃离和放松、关系强化）、中间层（自我实现、目的地涉入等）和外层（怀旧、隔离和社会认同），进一步阐明了旅游动机的动态演变和多重维度（Pearce，2005）。

根据动机理论，个体某一行为的内驱力往往会影响个体的具体感知（Atkinson，1957）。Iso-Ahola 和 Graefe（1989）提出动机是推动旅游消费者行为的关键力量，旅游动机也会影响旅游消费者的感知和评价。旅游动机体现了旅游消费者自身的需要，当需要被满足时就会带来幸福感的提升。现有研究也已验证了旅游动机与主观幸福感的关系。Kim 等（2015）认为主观幸福感更多地强调了个体的体验性，可以作为旅游动机的结果变量，并证实徒步旅游消费者的旅游动机正向影响主观幸福感进而影响旅游消费者行为意向。而在旅游动机的具体维度上，已有研究发现享受自然环境、逃离日常生活等维度是影响徒步旅游消费者主观幸福感的重要因素，追求亲密关系和健康生活、学习等因素亦对徒步旅游消费者主观幸福感产生影响（Iso-Ahola and Graefe，1989；Kim et al.，2015）。

鉴于旅游消费者的动机是否得到满足成为评价其旅游满意度乃至幸福感的出发点，“社会交往”、“旅行者互动”和“社交机会”往往成为关系到旅游消费者是否获得幸福感的关键所在。因此，无论是从主观主义幸福感，还是实现主义幸福感的评估，“社会交往”、“旅行者互动”和“社交机会”都成为影响旅行消费者是否获得幸福体验的关键因素。

在旅行者互动研究中，有时会引入“旅游消费者间互动”（tourist-to-tourist interaction，TTI）术语，相关学者也对其进行了探究。旅游消费者间互动是顾客间互动在旅游情境下的表现，其本质是一致的，多数旅游消费者间互动的研究都基于顾客间互动的概念和理论，在旅游情境下开展研究（Huang and Hsu，2010；Papathanassis，2012）。

当前的主流研究认为，积极的旅游消费者间互动能够直接促进旅游消费者的主观幸福感；而消极的旅游消费者间互动对旅游消费者的主观幸福感有负向作用。无论是团体旅游消费者还是个人旅游消费者，无论是人文旅游消费者还是自然旅游消费者，他们都在进行旅游参与和旅游消费的过程中，或多或少与他人产生交集。有些互动和交流是出于自身强烈动机，即旅行者旅行的目标便是拓展社交；而有些则是在这一过程中被动卷入人与人的交往中。有些互动是建立在旅游消费者与旅游消费者之间；有些互动则是建立在旅游消费者与其他旅行涉入者（如导游、旅游地居民、旅游服务提供者等）之间。无论哪一种，社交质量和互动结果都对旅行者幸福感产生重要影响，并对其未来旅游消费选择产生影响。

此外，在共享经济背景下，人与人之间的交往方式也在经历变革。越来越多的陌生旅游消费者结成临时旅游群体，如共享酒店房间、共享租车等，都为旅游消费者的互动带来新的机遇，也将成为未来学者研究社会交往与"幸福感"的重要入口。旅游消费者在这一过程中常常会通过有效的情绪管理策略来调节情绪，进而提升整体满意度和幸福感。

课后思考题

1. 旅游消费者如何从旅游活动中获得教育收益？请举例说明旅游活动中的教育元素，并讨论这些教育收益对旅游消费者的意义。

2. 旅游活动如何影响旅游消费者的健康？请列举旅游活动可能带来的健康收益，并分析这些收益如何促进旅游消费者的整体福祉。

3. 幸福感和社交机会在旅游消费者行为中扮演什么角色？请讨论旅游活动如何增进旅游消费者的幸福感，并为其提供社交机会。

第十五章

旅游消费与跨文化交流

【本章学习要点】

1. 理解跨文化交流的概念，掌握其在旅游消费者行为中的作用。
2. 掌握消费文化的特点，了解其对旅游消费者行为的影响。
3. 了解亚文化的定义，掌握亚文化对旅游消费者行为的影响。
4. 理解主客关系的含义，掌握其对旅游消费者行为的影响。
5. 了解Z世代的特征，掌握Z世代旅游消费者行为的特点。

最早在 14 世纪，英语中的 consume 一词开始出现。16 世纪，由于经济发展水平较低，大众对 consume 一词的理解更多地带有贬义色彩，例如将其视为“摧毁”“用光”“浪费”“耗尽”等，这种理解将其视为与生产相对立的人类活动。直到 19 世纪末，该词的贬义含义才逐渐被消解。进入 20 世纪中叶，随着西方发达国家进入所谓的“消费社会”，生产和消费的主从地位发生了颠倒。社会的中心由“生产”转向了“消费”，consume 一词因此获得了更广泛的经济、文化和社会内涵。此时，consume 不再被视为一种可以脱离人及其社会关系而独立存在的纯粹经济行为，而是成为某种社会关系的体现。同时，消费的增长也被视为一种生产。从社会学的角度来看，消费不仅仅是个体行为，还是一种共有行为，具有内在的连贯性和一致性。它不仅包括可观察的行为，还包括不可观察但可以理解的价值、信仰和想象（即文化要素）。因此，消费可以被视为一种多人共同表现出来的文化现象。

进入 21 世纪以来，随着市场经济的快速发展，我国也逐渐步入工业化社会后期，进入了所谓的“消费社会”。在这个阶段，消费不再仅仅是满足人民生活需要的活动，而是涉及对文化、社会制度所赋予意义的消费。因此，突破原有的经济学视角，从文化层面理解消费现象、引导消费行为具有特别重要的意义。本章我们将一起探讨由旅游消费引发的一系列文化议题，以进一步完善旅游消费者消费行为的知识体系。

第一节 消费的文化意义

一、消费概念的嬗变

不同时期对消费的不同看法是由其特定的社会关系所决定的。本小节以近现代资本主义社会经济发展结构的演变为基础，梳理消费概念的演变过程。具体而言，资本主义世界发生了第一次消费革命和第二次消费革命，进而形成所谓后现代的“消费社会”，有学者从中归纳出消费的两个基本内涵——消耗与交流体系：作为消耗的消费，对社会发展而言，它主要通过四个阶段由否定性价值转变为肯定性价值；作为具有社会区分作用的交流体系，消费概念则是消费社会得以产生和发展的内在机制。

（一）消费是一种无意义的消耗

在前工业社会以及工业社会初期，当生产力发展水平相对较低的时候，绝对稀缺制约着社会的发展。社会处于资本的原始积累阶段，如何积累绝对的货币财富成为这一时期的主要问题，消费仅被视为一种无意义的消耗，并试图完全抑制消费的重商主义是这一时期的主导性思潮。

（二）作为消耗的消费开始显示其社会影响力

随着工业社会的发展与成熟，资本主义的生产方式逐渐全面替代封建社会，释放出巨大的生产力。社会逐渐从绝对性稀缺转变为一种相对性稀缺。此时，尽管财富问题仍是社会发展的核心问题，但理论不再局限于狭隘的地域性财富积累，而是转变成如何真正促进总财富量的增长，以劳动价值论的提出为标志的生产性转向突显出来。这一时期中对消费进行的研究从根本上源自对经济危机的关注。在马克思看来，经济危机的突出特征在于其生产相对过剩。“相对”在此所指的是人的购买力与生产力之间的对比关系，在本质上也就是人的消费与生产之间的关系。因此，经济危机的产生根源在于生产与消费的脱节。当消费远远低于生产发展时，就会产生经济危机。显然，直到马克思时代的政治经济学理论，消费仍仅仅被视为一种消耗，但这种消耗对于社会发展所具有的影响力正在显现出来，只是这种显现是以否定性的形态展现的。

（三）大众消费社会的形成

早期资本主义生产方式迫使工人与生产工具相分离，使之成为工资劳动者，却并未彻底改变其消费模式。工人的家庭消费并不完全依赖于商品，他们自己缝纫衣服、种植蔬菜、饲养家禽，用来满足日常生活的需要。但在 19、20 世纪之交，这种情形发生了重大转变，以“大量生产、大量消费”为特征的福特主义流水线生产方式出现并得以推广，与其紧密相连的是泰勒制。至此，资本积累的主要来源从生产资料逐步过渡到生活资料的生产，工人消费的一切都依赖于从市场上购买来的商品，而不再是家庭内部自给自足的劳动产品，其中尤以现代家庭消费的两个最重要的项目——标准化的住宅和汽车为典型。与此同时，电影、电视成为大众消费强有力的催化剂，电子媒体的发展、广告的全面渗透以及分期付款购物方式的传播等社会发明，不仅使得商品的廉价出售成为可能，也让节俭、禁欲的观念受到挑战，推动了大众消费社会的逐渐形成。此时，消费作为一种消耗的基本内涵并没有改变，改变的是它作为一种力量对生产所具有的影响已由反作用转变为主导性作用。

（四）消费社会的形成

到了 20 世纪 60 年代，为了应对福特主义生产方式的固化和僵化，一种新的控制模式——“灵活积累”（flexible accumulation）应运而生。这种模式从生产面向大众市场的标准化产品转向生产面向特定“目标消费群体”的小规模、小批量产品，从而更灵活地满足市场需求。同时，它缩短了生产周期，并采用新兴的信息技术将生产与销售紧密连接，不仅加快了生产的速度，也加速了交换和消费的步伐，更好地适应了后现代社会时尚和趣味的快速变化。这一模式被称为“后福特主义”。在此背景下，绝大多数人的基本生活需求——最低营养、住房和衣食——得到了保障。除了基本需求外，许多曾经被视为奢侈的住房、耐用品、旅行、消遣和娱乐也开始普及，广大民众都参与到享受这些物品和服务的行列中，消费的规模达到了前所未有的水平，标志着一种新的社会形态——后现代的消费社会的兴起。

对此，学者丹尼尔·贝尔（Daniel Bell）提出了“后工业社会”（post-industrial society）的概念，并指出服务行业的兴起是工业社会之后社会经济发展的基本特征。在这个阶段，大多数劳动力不再从事农业或制造业，而是转向服务业，如贸易、金融、运输、保健、娱乐、研究、教育和管理。大卫·哈维（David Harvey）进一步指出，这一时期消费对象的转变实际上已经触及了消费概念本身的变化。消费不再仅限于对具体、实体性物品的消费，而是转变为对即时性事件的消费，对一种景观（spectacles）的消费。这种景观作为一种呈现方式，可以超越被消费物品的实体性存在，被抽象为一种意义。因此，消费越来越由现实的、物质性的满足转向心理性的满足。消费的对象可以转化为某种象征物，象征某种幸福，人们期望这种幸福，并在消费过程中体验这种幸福的象征。由此，意义和象征着这种意义的符号最终成为消费对象的实质性内涵。对于整个社会来说，当消费的对象脱离了实体性的物质形态，并被符号化时，任何东西都可能成为消费的对象。

从现实性来看，作为消耗的消费永远是消费的基本内涵；而作为一种交流体系的消费，则是在消耗的对象发生性质上的转变时（即由原有的实体性转变为即时的符号性）衍生出来的。它是一种语言的同等物，可以作为法定价值（涉及知识、权力、文化等）的社会分类和区分过程，在当代社会中，消费将发挥越来越重要的作用。

二、消费文化

（一）界定消费文化

目前学界关于消费文化（consuming culture）的定义主要有以下三种。

第一，从广义上来理解，消费文化是人们在消费领域所创造的所有财富的总和，既包括物质消费文化，也包括精神、观念形态的消费文化。

第二，从狭义上来理解，消费文化主要是指观念形态的消费文化，主要包括消费理念、消费知识、消费理论、消费传统等。

第三，消费文化是一个特指概念，消费文化就是消费主义文化，是一种消费至上的生活方式与价值观念。西方消费文化研究的著名学者让·鲍德里亚（Jean Baudrillard）、迈克·费瑟斯通（Mike Featherstone）等，对消费文化的理解基本上属于第三种形态。正是基于这种认识，他们把消费文化研究的重点放在了对消费文化即消费主义文化的批判上。

本书认为，消费文化与消费主义文化有着根本区别。消费文化随着人类的产生而产生，随着人类的发展而发展，在人类社会发展的各个历史时期都存在该时代的消费文化。而消费主义是消费至上的文化，代表了一种不断膨胀的欲望和消费激情，极力追求炫耀性、奢侈性消费，追求无节制的物质享受，并以此作为生活的目的和人生的价值所在，不能把二者混为一谈。

基于此，这里给出消费文化的定义：消费文化，是人类在消费领域所创造的文化，深刻反映出一定的社会文化特征、消费者的生活方式与生活习惯，是人们在社会消费领域中所表现出来的消费理念、消费价值观、消费方式、消费行为和消费环境等的总和。

（二）几种消费文化理论

1. 炫耀性消费

1899 年，制度经济学的创始人之一托斯丹·邦德·凡勃伦（Thorstein Bunde Veblen）在其《有闲阶级论》中提出著名的“炫耀性消费”（conspicuous consumption）理论。凡勃伦认为："要获得尊荣并保持尊荣，仅仅保有财富或权力还是远远不够的，有了财富或权力还必须能够提供证明，因为尊荣只是通过这样的证明得来的。"

炫耀性消费就是为财富和权力提供证明以获得并保持尊荣的消费活动，它是典型的"象征系统"（symbolic system），用意是向他者传递某种社会优越感，囊括三种不可逆性：首先，炫耀水准是消费者阶级归属标志之一，人们总想尽量提高夸饰程度，以谋求其他阶级的尊重；其次，炫耀水准是社会竞争形成条件之一，人们通过财产的纯粹性支出争夺各类稀有资源；最后，炫耀水准决定社会需要层次的递进，人们只有满足较低一级需求后才会追求更高阶的消费欲望。应该承认，凡勃伦对于消费文化研究最大的贡献是将消费从经济学家的书斋中摘选出来，发现并再构消费的社会价值。

凡勃伦还特意区别了炫耀性消费的两种动机。一种是歧视性对比（invidious comparison），一种是金钱竞赛（pecuniary emulation）。前者指财富水平较高的阶层通过炫耀性消费来力争区别于财富水平较低的阶层；后者指财富水平较低的阶层力图通过炫耀性消费来效仿财富水平较高的阶层以期被认为是其中一员。正因为这两种动机的存在，产生了所谓的"凡勃伦效应"（Veblen effect）。《新帕尔格雷夫经济学大辞典》把"凡勃伦效应"定义为"当商品的价格下降时，消费者认为这是该商品品质的下降，或者是其'独占性'的丧失，从而停止对该商品的购买。"反过来讲，"凡勃伦效应"表现为出于炫耀财富的需要，愿意为功能相同的商品支付更高的价格。

2. 符号消费

消费和人的需要密切联系在一起，物之所以能被消费，是因为其具有功能价值，也就是具有使用价值。当然消费绝不仅仅限于物质上，也包括精神的抑或文化的方面。鲍德里亚从对汽车、冰箱、洗衣机、电视和家具等日常生活所使用的物品的功能性（实用性）分析入手，着力探究"物"背后的符号性（象征性），揭示"物"向符号的转变，再到人的行为和人际关系系统的过程。基于人具有永无止境的差异化欲望这一伦理前提，鲍德里亚先后吸收了格奥尔格·齐美尔、凡勃伦和大卫·里斯曼（David Riesman）等学者的理论营养，并结合约翰·肯尼斯·加尔布雷思（John Kenneth Galbraith）关于需求的"依存效应"（dependence effect）观点，以及罗兰·巴特（Roland Barthes）的符号学理论，最终构建出著名的"符号消费"（symbol consumption）理论。

鲍德里亚认为，人们的消费不等于需要的满足，消费不是被动的吸收和占有，而是一种建立关系的主动模式，而且这不只是"人"和物品间的关系，也是"人"与集体和世界间的关系，在消费之上建立起人类文化体系的整体。在鲍德里亚看来，商品就像语言文字一样，是一种与他人进行沟通和表达意义的符号，这种符号及其所蕴含的意义是在资本的主宰下生产出来的。在这种消费文化影响下，人们注重的并不是商品本身所具有的使用价值，而是被赋予其中的符号意义。

鲍德里亚还强调，符号消费不仅仅是为了简单的吃饱穿暖而已，它其实是消费者的一种"自我实现"，或是为了体现"自我价值"的消费，也包括"炫耀"因素在内。如此，消费不仅仅是物或商品的消耗或使用，而且是为了"标新立异""与众不同"。按照这一新的消费模式，必然导致一种新的消费文化的形成，在该类新的消费文化中，符号价值构成这一新的消费文化的核心。

3. 社会的麦当劳化

在“符号消费”理论广受关注的背景下，美国学者乔治·瑞泽尔（George Ritzer）重拾韦伯的理性化传统，以麦当劳餐厅为例分析了现代消费正朝着以“高效率”“可计算性”“可预测性”“可控制性”为四个维度的“麦当劳化”（Mcdonaldization）方向迈进，并得出了“理性化的非理性后果”的结论。

在瑞泽尔看来，上述麦当劳化的四个维度的基本内容是：①高效率，就是完成任务的单位用时越来越少；②可计算性，即客观可计算性；③可预测性，就是标准化和均一化的服务；④可控制性，即可标准化、均一化。根据瑞泽尔的观点，如果一件事物满足了以上四个特征，那就意味着它已经被麦当劳化了。显然，这种消费文化追求的是商品的功能性价值。换句话说，消费者消费某一商品可以为其带来某种功能性需求上的满足，比如吃饭能饱肚、穿衣能蔽体和御寒等。同时，麦当劳化的消费文化与主流经济学依据“效用”理论来理解消费者“需求”的做法是一致的。其背后的原因也不难看出，即理性化的高效率能够大大节省时间和开销，给资本家带来丰厚的收益和回报。可以说，麦当劳化的出现和社会的发展是紧密联系的。现在以及未来，麦当劳化的发展趋势也不可避免。

然而，必须认识到，麦当劳化就像一把双刃剑，导致了“发展”和“剥夺”并存的局面。具体而言，以“高效率、可计量性、可预测性和可控制性”为核心维度的理性化趋势渗透至包括消费在内的社会各个角落，这种社会的“麦当劳化”会给我们带来一个由生产者所控制的，社会形式缺少独特的实质内容的“虚无之物”（nothing）和日趋同质化的“祛魅”世界。

4. 消费趣味区隔

法国学者皮埃尔·布迪厄（Pierre Bourdieu）将消费看成一种权力体现，其强弱来自消费者生活风格中所拥有象征资本（symbolic capital）的高低，即经济资本（economic capital）、文化资本（cultural capital）和社会资本（social capital）的全面积累。他解释：“趣味（taste）是对分配的实际控制，统理人们行为习惯，是人们生活中稳定性因素和利益诉求的转化机理，由于具有特定主张和坚持，它充分发挥筛选过滤的功能。”社会中消费风格的千差万别是消费者遵循图式系统，亦即趣味不同导致的结果，其层次性大多来自消费者秉持资本量级的多寡：拥有较多象征资本的消费者无论在经济还是观念上都有能力摆脱物质条件的束缚，相对自由地选择行动以满足个性化的消费需求；反之，资本欠缺者桎梏于现实生活资源匮乏，时常会觉得为基本生活带来实质功效的消费才是值得的。

我们根据布迪厄对待各种资本的态度进一步将消费区隔分为必需品和奢侈品的趣味对立。前者是以物质的“量”为基础，后者则以“质”为标准，它是消费品位在社会阶层垂直向度上的差异。此外，还有学者认为消费者趣味还应当包括一种水平向度的差异，即享乐主义和理性主义的对立，它们是文本样式差异的体现。前者孕育在“经济资本”为优势的消费群体中，强调安逸愉快的感官体验，后者则产生在“文化资本”充分的团体中，注重消费的实用价值，两者隶属于截然不同的资本观。

5. 消费的三相理论

早在20世纪80年代，日本学者山崎正和在对消费社会的理解上就提出了与鲍德里亚完全不同的见解。在他看来，符号消费是在特定社会历史条件下的阶段性现象，并非鲍德里亚所主张的那样是消费所具有的本质特征。山崎正和强调，消费是对充实时间的消耗，消费社会是一个消费者不断思索如何利用时间去悠然自得地享受生活、去不断发现自我和充实人生的美好社会，并非鲍德里亚眼里的那种悲剧性社会。

日本学者间间田孝夫在对以往消费文化理论进行批判性吸收的基础上提出了“第三种消费文化”理论。他论述道，追求商品的文化价值并避免对社会和自然造成负面影响是第三种消费文化的两个原则性特征，这种消费文化应该成为今后消费社会发展的理想目标。间间田孝夫认为，无论是像瑞泽尔的“麦当劳化消费”那样追求消费功能性价值的“第一种消费文化”，还是像鲍德里亚“符号消费”那样追求消费的关系性价值的“第二种消费文化”，都只是看到了现代消费文化中的一个侧面。基于此，间间田孝夫提出“消费的三相理论”。他指出，现代社会中的第一、第二、第三种消费文化如同调色板上的红黄蓝三种颜色，在它们相互渗透和作用下构成了纷繁复杂的、多样化的消费文化。

应该说，目前消费者依然身处以“大量生产、大量消费”为特征的第一种消费文化，以及以“符号消费”为特征的第二种消费文化所主导的大环境之中。但必须意识到，在现代社会，随着物质欲逐渐得到满足，消费者的关注点开始从大量的廉价商品转向满足个性和兴趣的商品。这种倾向将使得消费者的欲望最终指向非物质性消费，从而促进服务业的繁荣发展（如旅游），且体现出上述第一、第二种消费文化所不具有的两个特征：一是消费的脱物质主义倾向，二是这种消费本身就是目的，旨在通过消费来获取文化性价值和充实生活，而非把消费视为一种工具或手段。

三、旅游消费文化

所谓旅游消费文化，可以理解为是旅游消费者在旅游消费过程中所表现出来的特有理念、价值观、行为、方式以及效应，它反映一定社会阶段里由旅游消费所引发的一切文化现象的总和。显然，旅游消费文化属于消费文化中的一种。截至目前，学术界关于旅游消费的文化解释，主要是从社会心理学、人类学、社会学、文化地理学以及文化研究等的学科视角、概念或者理论等展开的，并没有明确给出旅游消费文化的概念，整体性的理论分析框架亦不多见且学界共识有限，更注重从问题入手，倾向于分析各种旅游消费行为的文化意义，进而为相应的旅游产品开发、目的地营销等提供实践指导价值。

基于此，本节只先行介绍两种典型的旅游消费文化，至于在当前社会中活跃的其他旅游消费文化则放到本章第三节“旅游消费亚文化”里去学习。

（一）符号化旅游

鲍德里亚所说的“消费是一种操纵符号的系统行为”，揭示了消费社会里消费是人的社会属性这一重要特征，人们总是在消费中主动建立人与人、人与物、人与社会之间的联系，从商品或服务中寻找“实用”符号背后的象征意义，进而追求某种表现自我存在的价值，提高声望、社会地位以及权力。论及其运作逻辑层面，符号消费就是生产者和传播者对商品进行编码，消费者有意识地进行解码的过程。符号化旅游，就是旅游消费者选择特定的旅游目的地或产品，通过消费其符号象征意义，以实现自我身份认同和群体归属认同。到哪里旅游，如何旅游，成为人们性别、身份、个性以及阶层的表达方式。

1976 年，西方学者 Dean MacCannell 率先提出旅游的符号意义，他在《旅游者：休闲阶层新论》一书中说：“全世界的旅游消费者都在阅读着城市和风景文化，把它们看作符号系统。”1990 年，John Urry 在《游客凝视：现代社会的休闲和旅游》（*The Tourist Gaze: Leisure and Travel in Contemporary Societies*）中写道：“旅游消费者看到的事物都由符号组成，它们都表示着其他事物。在旅游消费者的目光的凝视之下，一切景观都被赋予了符号的意义，一切景观都变成了文化景观。”

以旅游目的地的地方饮食为例。从消费者的角度考虑，旅游情境中的饮食消费具有重要的符号意义：它能够作为一种社会区分的标志，表现消费者的个性、特征和社会地位。如旅游消费者在网红餐厅的“打卡”消费就是符号性消费；同时，旅游消费者品尝当地美食是了解当地食物和饮食文化的方式，是感受和体验目的地文化的重要途径，也将在日后被视为一种具身性的文化资本。

（二）怀旧式旅游

尽管怀旧的历史可以追溯到浪漫主义时期或 17 世纪或更为久远，但怀旧话题的兴起更多是源于近几十年来的复古风尚。在 20 世纪 60—70 年代的转折时期，“怀旧”一词不再作为描述思乡病（homesickness）的医学术语，而是意味着对过往的深切渴望，怀旧逐渐变为一种普遍的文化现象。例如，当社会制度、经济、文化和习惯发生变革，而新的秩序与规则尚未确立的时候，人们的内心很容易感到迷茫和无助，最终导致缺乏安全感。于是人们开始缅怀曾经存在的好事物，或者向往一种理想的生活状态，这就是怀旧。

在资本再生产逻辑的主导下，怀旧——这种融合了欲望与幻想的情感——随着文化工业和景观社会的逐步升级而被纳入商品范畴中，怀旧就此成为商品，而迪士尼主题乐园、主题小镇、乡村旅游、民族村寨旅游、文化遗产旅游等就成为承载和满足人们怀旧需求的最佳消费对象，人们试图通过遗产旅游寻求与传统的交流，使得“无乡可愁”的社会主体虚假的故乡认同困境暂时得以缓解。遗产品牌本身所蕴含的巨大的符号价值和独特的传统魅力，在吸引了大量旅游消费者的同时，也为遗产地带来了可观的经济收益。但是，也正是由于传统与现代在遗产旅游中的共置，遗产旅游的光鲜外表之下隐藏着种种冲突与矛盾：遗产的破坏、“商业化”（commnodification）、“真实性”（authenticity）的扭曲、“认同”（identity）危机等。

第二节 主客文化交流

一、主客文化交流的含义

旅游是一种人与人之间直接的交流形式，也是主客之间发生的面对面交流的活动。所谓主客互动（host-guest interaction），是指在旅游活动过程中东道主与旅游消费者之间的互动联系与交往行为。由于旅游消费者与目的地居民具有不同的文化背景，因此主客交往就带有了不同程度的跨文化接触和交流的意味，其文化也出现了双向的传播和互动。

在民族旅游中，当旅游消费者到达目的地开始心中的追梦之旅时，旅游的居民也在经历着一场跨文化交流过程。在这种不等价的展示过程中，“旅游场域”中形成了特有的族群关系——旅游消费者和东道主之间的互动。

二、主客文化交流的维度

旅游中的主客交往是多类型、多层次的。按照互动内容，将主客互动划分为商品与服务互动、文化交流、情感互动三个维度；按照互动场所，将主客互动分为公共空间的互动、半公共空间的互动和私人空间的互动；按照旅游消费者体验视角，将主客互动划分为信息咨询、随意交谈、困难求助、体验与参与、关注与观察五个维度。

首先，民族旅游过程中广泛存在商业性主客关系。对于参与旅游经营或文化展演的居民而言，这是一场以旅游消费者为观众的演出，他们在旅游舞台上随意演绎自我民俗，是“旅游化”的一种身份，演出的最终目的，就是刺激旅游消费者的欲望，从而使其完成购买行为。从某种意义上来说，不少名为“民俗参观”，实为欺诈购物的活动依靠观光型的团队旅游消费者得以存在。其与旅游消费者之间的关系很大程度上是一次性的经济交往，居民不希望旅游消费者重游，也不希望再度交往，主人和客人都是匿名的。

其次，局部存在真实而亲密的现实性主客关系。以家庭接待为服务内容的居民展现的是自身的勤劳、善良、热情好客、大方质朴。旅游消费者在旅游过程中身心得到了放松，体验到了异地、异族的文化和生活。主人对客人也表现出了极大的真诚，他们认为旅游消费者的体验是满意的。相处愉快的主人和客人在分别时，总会递上各自的名片，或留下地址、电话，这源于感情交流和经济交往的双重需要。

三、主客之间的文化传播

在旅游交往过程中，人们经历了不同程度的跨文化交流和接触，进而促进了文化传播。文化传播是文化变迁的一种途径，是一个具有双向性的选择过程。有的学者认为，旅游消费者的文化传播作用源自两个方向：归向传播和来向传播。归向传播即旅游消费者的文化借取，把东道主社区的文化带回到客源地。来向传播，即旅游消费者将自身的文化传播到东道主社区。

客人之于主人表现为旅游文化的来向传播。对东道主而言，其与旅游消费者的文化交往主要指对旅游消费者所携带文化的接收与排拒。最易于接收的文化是物质和技术层面的文化。前者主要指现代化的工具和产品，如电话、手机等通信工具，电视等传媒工具，服装面料等；后者主要指旅游经营活动中的经营方法，如家庭旅馆的经营、房屋的装修和布置等。社区村民在一个相对独立的区域（景区范围内），集中地、连续地接受来自都市生活场景下的旅游消费者的影响，加强了与外界的交流和沟通。频繁的主客互动，使得社区居民的衣食住行和休闲生活迅速向都市生活转变。旅游消费者文化排拒现象主要体现在观念和信仰层面。尽管旅游消费者的许多生活方式被东道主所接纳，在思想观念上也对他们产生了影响，但在实践过程中，价值观的转化要缓慢得多。主人一般可以理解客人的言行，但若出现在旅游地本地居民身上则无法接受；即使可以接受客人的某些激进观念，但内心深处却不会认同。

主人之于客人表现为旅游文化的归向传播。旅游消费者将目的地作为具有丰富文化事项的空间进行游赏和参与。对旅游消费者而言，旅游体验带来了文化视野的拓展，既增加了自己对文化的认知，也激发了对于异文化、异生活方式的向往。具有异域风情的东道主文化为旅游消费者带来了新奇的体验，这有助于他们对文化多样性的理解。对于大多数旅游消费者来说，异文化对他们的影响将会延伸到他们回到客源地社会的生活中，并由此而改变其知识结构和对世界的认知。经历过多次旅行的有经验的旅游消费者希望探寻不同的群体文化，也更加经常性地以异文化作参照来反观自己的日常生活和价值观。这群旅游消费者慢慢地养成了对于旅游的依赖，习惯于间隔性地“离开”。许多旅游消费者喜欢在有特色的目的地多停留一些时间，因为旅游消费者重视体验型旅游，并寻求与旅游地居民有个别的互动机会。并不是所有的主客交往都能使旅游消费者获得正向的知识和美好的体验。个别旅游消费者也可能产生文化偏见，加深相互的文化误读，尤其是对于那些仅作短暂停留的观光客。

社区旅游中的主客关系和文化传播是复杂的。既未出现早期研究者所担心的那种“边缘化和疏离化”状态，面对旅游和旅游消费者，社区居民也没有出现对抗和愤怒，一直持高度欢迎的态度。多数乡村旅游社区，主客之间的接触强度并不大，与团队旅游消费者保持有距离的互动；而散客与居民的交往是亲和的、平等的，他们的出现对于目的地更多的是积极的导向作用。事实上，社区及其文化并非被动的，他们常常并不按照外力决定的方式来响应和行动。旅游交往已不再局限于所谓的“撞球模型”，而是发展成为一种更为复杂的系统化状态，涉及东道主社区与外来旅游消费者之间的相互关系。况且，随着主客交往和文化传播的加强，主客间交往的暂时性、不平等性等特征将会转向持久性、平等性。

四、主客跨文化交流的效应

1975 年，Doxey 以旅游地生命周期理论为基础创立了“旅游愤怒指数”，以此评估主客关系。根据愤怒指数理论，随着旅游开发的深入与旅游业负面影响的增强，旅游地居民对旅游业发展的态度一般会经历“融洽—冷漠—厌烦—对抗”等阶段。

第三节 旅游消费亚文化

文化的发展是一个不断创新的过程。在一种文化体系中，因组成部分地位和作用的不同，可将文化划分为“主流”和“支流”。主流文化（dominant culture）是指在特定文化体系中占据支配地位、为社会上多数人所接受的文化形态，它从整体上规定了社会精神生活，体现具有决定性意义的主流思想及其发展方向。处于支流的文化，常见的英文表达为 sub-culture，可翻译为“亚文化”或者“次文化”，是与社会主导文化相对应而存在的文化形态，是某一群体所持有的有别于其他群体或整个社会的文化，该群体可以依据阶级、种族、宗教、地域、年龄、性别、职业等不同而产生。亚文化概念强调的不是同质性，而是异质性；不是标准化，而是差异。

至于消费亚文化，即指亚文化中依据消费行为进行分类所形成的群体，或者指有特殊消费方式与偏好的一群人所持有的文化。例如，在现代社会里，占主流地位的大众文化（mass culture）使文化生产和文化消费变得日益同质化、理性化和标准化，从而导致“个性”的磨灭和大量“孤独的人群”，消费就成为亚文化群体向内建构文化认同、向外标注自身独特性的重要方式。不同的消费亚文化，代表着不同的特殊的生活方式。不过，消费亚文化与占主导地位的消费文化之间是相互对比而存在的，且呈现动态变化的趋势，既有消费亚文化被主导文化引导和吸纳，亦有消费亚文化逐渐转变为社会主流的消费文化的可能性，更多的则是在一定社会阶段内二者并存。

需要说明的是，尽管年龄仅是划分消费亚文化的依据之一，但截至目前，在消费亚文化现象及相关研究里，青年属于被重点关注的群体。鉴于本书篇幅所限，本章将在理解亚文化理论的基础上重点介绍青年消费亚文化，其他消费亚文化暂不讨论。

一、亚文化概述

（一）定义

英文中的 sub-culture 一词至少包含两重含义：第一，指一种与占主导地位的文化相对、包含于占主导地位的文化之中并试图与之相区别、由某一群体所共享的价值和行为方式；第二，指共享某种亚文化的人群或社群（近似于 community），在此语境下可译为“亚文化群”。这两重含义都表明“亚文化”既具有被主流社会所划定，又具有群体自我认同的特征：当社会中的某一群体形成了一种区别于占主导地位的文化特征，具有其他一些群体所不具备的文化要素的生活方式时，这种群体文化便被称为“亚文化”。从社会学角度看，亚文化群是被主流社会贴上了某种标签的一群人，他们往往处在非主流的、从属的社会地位上，他们有着区别于其他群体（尤其是占主导地位的群体）的诸多明显特征（如偏离性、边缘性甚至挑战性）和特殊生活方式。

因此，这里给出亚文化的定义，即亚文化是相对于主文化而言的，它是指那些以地域、民族、年龄、宗教、兴趣、职业等为纽带，在特定群体中形成的并具有相对稳定性特征的文化形态，表现出区别于主导文化的生活习惯、价值观、伦理规范、文化心理与信念。亚文化在文化权力关系方面处于从属地位，在文化整体里占据次要地位。不同社会群体的存在是多样化的亚文化存在的基础。

（二）研究亚文化的两条先在逻辑

亚文化群体作为一类边缘人出现并引起主流社会主义，已有将近五百年的历史。自16世纪以来，西方社会关于亚文化群体的描述和研究基本上遵循两条先在逻辑（precursory logics），并直接影响到随后七十多年的各类亚文化研究。

其一，街头流浪者与定居者（居家者）、非生产性与劳动生产相对立的二元思维逻辑。按照这一逻辑，亚文化群体一般被描述为消极的流浪者、寄生者或现存秩序的挑衅者。这种视边缘人群为消极存在的描述方式一直延续至今，成为主流社会看待亚文化群体的一种普遍方法。它倾向于把亚文化群体描述为混乱（从外部的他者来看）而又有组织（从这些群体内部来看）的非主流社会群体，隐含着那些定居于城市中、有稳定工作、支持现存秩序的群体对各类亚文化群体的歧视和排斥。后文将要提及的芝加哥社会学派对“越轨”人群的关注、伯明翰学派对青年亚文化仪式反抗的肯定、当代最新的“流浪亚文化”消费研究等，都属于这种思维模式的继续和扩展。

其二，社群与社会相区分的逻辑。这一逻辑认为，前现代的“有机社群”形态已经被寄予主导地位的现代“社会”所破坏，但他们并不能被完全销蚀掉，而是以各种新的面目（包括各种亚文化群体）重现，成为个体可资依赖的新的生存空间，例如为他们提供一种建立在家庭、朋友和邻里关系之上的“真实而有机的”本地感，更加令他们怀恋。从这种意义上讲，亚文化群体是由原子化、碎片化的个体在重新建构社群意识时而形成的新的共同体。

二、我国青年消费亚文化

青年群体基于共同兴趣和价值创造性，通过消费去表达自我的文化实践，就是青年消费亚文化，它是一种与社会主导文化既相异又互动的文化形态。截至目前，我国青年亚文化消费主要有二次元、虚拟偶像、盲盒、模玩手办、网游等等，展现了强大的市场消费力。它不仅有前述西方理论可以解释的部分特征，更有中国自己社会发展所引发的独特性，是我国当前主导消费文化里活跃的亚文化。

研究表明，出生在物质相对丰裕的时代的90后和00后，虽说受大众传媒及快乐主义消费文化的影响，可能存在某些追求个性的奢侈消费、崇尚符号的虚荣消费、不切实际的冲动消费等不良倾向，但总体而言，该群体消费理念并非过度追求一种奢侈和虚荣，他们既对前辈的消费理念进行汲取和整合，也对自身的消费价值进行提炼和升华，在自身专属的消费场域和消费模态里不仅看重消费体验、拒绝奢靡消费，也在乎消费品位、接纳消费符号，从而形成了异于前人的、独特的、多元化的消费观念。

（一）看重消费体验

Z世代的成长伴随着互联网的诞生和快速发展，他们是主动寻求消费升级、推崇个性消费的群体，具备前卫、新潮、追求新鲜感的消费意识，总在尝试挖掘最好的价值和服务。Z世代更加追求可以带来优越感的独特商品，如小众品牌、知名品牌的限购产品，以及定制化产品。同时，年轻消费者也更愿意与品牌商沟通其喜好，交流关于商品和品牌的想法，并开始深度参与产品及服务的设计过程，真正实现价值共创。作为消费主体，这一代年轻人在符号系统中和心理感受中获得了一种满足感和愉悦感，购物的体验和惬意不再单纯地来自对商品的占有，更主要来自消费过程中的种种视觉享受、心情舒畅、感官舒适与心理契合，以及“他者”关注下的身份凸显与精神满足。

（二）拒绝奢靡消费

资料显示，Z世代消费时更关心性价比，关注特色和感受。同时，说Z世代摒弃奢靡消费，并不意味着他们要过一种节衣缩食、过分节俭的苦行僧般的生活。相反地，个性、爆款、新品、有趣、折扣、上新等，是他们最青睐的品牌标签。他们具有独立而丰富的灵魂，喜欢做自己的KOL，不轻易追随品牌和偶像，热衷潮牌而不绑定奢牌；在他们的消费观念里，“中意即王道”“兴趣即买点”“观感即标准”。他们炫酷不炫富，摆拍不摆阔，凸显风格不炫耀奢侈，展示趣味不盲目跟风，彰显个性也拒斥浮华。他们提倡购买适己、适用、适宜、适境、适心的物品，不在乎其是不是可以用来炫耀身份和地位的奢侈品或“稀罕物”。

（三）在乎消费品位

Z世代在消费过程中追逐自我定义和被圈层认可的时尚标准和品位设定；他们乐于接纳新奇产品，喜欢尝试新鲜事物，偏好有故事、有温度、有个性、有设计感的原创品牌；他们不仅在乎物品的外观、功能和品质，更钟情于产品的新颖、脱俗和别致，坚持物品的内容为王，注重实物的内在品质，考证商品的真实性、有用性和价值性。他们既是网络消费视域里的“规则突破者”，也是多元消费观念里的“新潮引领者”。

（四）接纳消费符号

符号消费最大的特征就是表征性和象征性。对于Z世代而言，购物不仅仅是完成消费的基本样态和满足基本的生存需要，也是在消费符号和交换符号，并由此完成价值寻求和身份认同的确证过程。接受消费符号，并不意味着Z世代盲从、跟风符号消费的潮流和趋势，并非意指Z世代有着符号崇拜的情结并意图通过符号消费来炫耀自己的身份地位，他们认同消费符号，是为了构建一种带有自身亚文化特质的时尚标签、消费理念和生活方式。他们接纳消费符号，是为了在自我定义的消费取向中满足一种追求新奇的欲望，融入一种创制符号的欣喜，从而获致精神愉悦、情感动能和价值期许。

总之，对于青年亚文化而言，许多的文化实践、风格彰显和意义生成都是以消费为前提的，消费作为一种桥梁和纽带，将商品购物与青年亚文化连接起来，从而成为亚文化建构的切入点和融流渠道。以Z世代为代表的年轻消费者群体正在强势崛起，在消费实践中实现了身份认同，在消费互动中达到了圈层共享，在消费取向中缓释现实焦虑，在消费资本中形成话语扩张，在消费理性中融入了价值追求。作为青年群体中的一个特殊的亚群落，90 后、00 后这一代年轻人正在对整个互联网消费产生多维度的影响。

三、旅游消费的亚文化现象

旅游消费亚文化内在于整体的消费亚文化中，是前述消费亚文化在旅游消费中的具体实践，国内相关研究多见于传播学、社会学、文艺学以及青年研究等领域的期刊，分析工具主要还是来自前述经典的亚文化理论，特别是伯明翰学派。这里仅介绍当代年轻群体中几个典型的旅游消费亚文化现象。

（一）穷游

近年来，一种个性化的自助旅游方式——“穷游”在年轻群体中日渐风行。旅游不再是“有闲”“有钱”群体的专享福利，许多年轻的旅游爱好者们通过徒步、搭车等出行方式，借宿、拼房、搭帐篷等住宿方式来完成一场“说走就走的旅行”，以尽可能经济的旅游成本来获得最大限度的旅游体验。这里就以经典的消费亚文化理论来分析一下穷游的行为特征及其背后的社会文化意义。

首先，改革开放 40 年来，我国以旅游为核心的休闲消费逐步转变为刚性需求，旅游成为一种生活方式，并在消费社会中构建起作为主流的消费主义趋势。反观青年“穷游”现象，它兴起于青年对都市喧嚣文化和精神家园崩溃的抵抗以及“慢生活的诱惑”。年轻工薪阶层和在校大学生作为“穷游”的两大青年群体，其经济能力有限，出行方式、住宿饮食、旅行路线、行囊装备等都紧紧围绕着“低预算”来规划。大帆布背包、骑行、徒步、廉价小旅馆、打工、顺风车等成为贴在青年“穷游”一族身上的标签。换言之，当主流社会正以不断增长的物质与经济消耗实践着旅游活动时，穷游一族却以最低的经济成本完成了更多的旅行风景体验，并通过网络技术、图像技术及社会化媒介的助推将这种文化生产实践演进成为一股亚文化浪潮，其中的确难掩其对主流消费主义的抵抗意味。

其次，随着社会生产力的发展和社会生活节奏的加快，人们投入到生产中的时间越来越多，能自由支配的时间却越来越少，这也就意味着人们的休闲时间因为越来越稀缺而变得更为珍贵。但对于“穷游”青年群体——年轻工薪阶层和在校大学生来说，时间却是他们最可控的要素之一，足以支撑他们“穷游”的时间成本。因此，当主流人群还深陷在“休闲的悲剧”中时，“穷游”青年群体却利用足够的“时间资源”来完成旅游体验。

最后，某些“穷游”青年擅长用高配置的数码相机、通过各种新媒介技术去记录和传播旅行中的风景与见闻，为自己争取更大、更自由的书写空间，放大“自由的精神”和“冒险的精神”等两种“穷游”精神。向内，在旅游虚拟社区内与其他社群成员之间达成共识，实现了亚文化社群的价值认同；向外，通过精彩的旅行叙事向主流社会输送出他们的生命价值体验，最终使“穷游”发展成为一种新的生活理念与生活方式的代表。

（二）打工旅游

全球化和后现代主义的发展、交通设施和信息通信技术的革新、休闲和消费观念的改变等等，这些因素共同推动了个体流动性的增加，打工旅游（working tourists）是其中一种新的、特殊的人口流动方式，进而形成一种旅游亚文化现象。截至目前，全世界包括澳大利亚、新西兰、美国、英国和韩国等35个国家和地区都参与了打工度假项目计划，向中国开放打工度假签证（Working Holiday Visa）的国家主要有澳大利亚与新西兰。同时，我国境内许多旅游地也有打工旅游群体存在，包括大理、丽江、桂林、西藏、凤凰古城、厦门等。

与短时性旅游消费者不同，打工旅游消费者在目的地停留较长时间，消费的同时也参与旅游生产。从含义上看，打工旅游现象中同时包含了工作和旅游，打破了传统观念认为的旅游和工作是分开的，甚至是对立的两种活动。西方学界对打工旅游消费者的群体研究主要有两类：第一类是长期的经费有限的打工旅游消费者（long-term budget working tourists）；第二类是打工度假者，指那些获得打工度假签证，拥有在异国他乡边打工边旅游的合法权利的人，该类型旅游消费者通常是年轻人，他们往往在自己的假期间借此签证机会进行跨国旅游。

根据我国的具体情况，有国内学者这样界定“打工旅游消费者”：在旅途中将工作和旅游相结合，并且把工作视为旅游体验的一部分或是延长旅游时间的一种手段。同时，从工作动机和有无薪资两个维度，可以把打工旅游消费者分成三种类型，即无薪打工背包客、学生打工度假者（working holidays tourists）和生活方式型旅游消费者雇工。其中，无薪打工旅游消费者包括无薪打工背包客和学生打工度假者，他们通过打工换食宿，工作期间并无薪水，时间通常为一个月。无薪打工背包客倾向于通过打工旅游的方式在某一目的地停留休整，为前往下一个旅游地点做准备。学生打工度假者通常在假期直接前往旅游目的地，途中少有旅游行为，打工旅游的目的是体验生活、结交朋友和学习等。第三种是生活方式型旅游消费者雇工，他们是有薪水的，其由于厌倦城市生活而在旅游目的地停留，在旅游目的地的停留时间比前两种打工旅游消费者长。

（三）旅行类短视频

短视频是指用户使用智能手机等移动终端设备拍摄时长极短（一般30 s以内），可快速编辑和美化并在社交平台上实时分享的一种新型视频形式。它集合文字、图片、音视频于一身，充分满足了用户的表达、交流以及娱乐等需求。随着移动终端朝着智能化方向发展，视频拍摄技术门槛随之降低，短视频平台进一步扩大，各类新媒体平台之间的融合程度也更加深入，传播形态愈发复杂立体，短视频社交越发受到众多网民，特别是年轻人的热捧，演化为他们的社交方式。“借别人的眼睛看世界”已成为一种旅游新时尚，并很快发展为短视频中引人注目的类型之一。

亚文化短视频的内容可以分为“爽文化”“萌文化”“秀文化”等几种，都体现出去中心、抗争等亚文化属性。例如，“爽文化”主要表现为面对不公，或是压抑的行为、人、事，给予正面的回击，从而获得心理上的舒爽与痛快。有别于传统主流文化所渲染的和睦、友恭等思想，它更多的是在面对焦躁、压抑的生活时进行自我反抗。“萌文化”主要表现在对尚未成熟、美好事物的赞美，反映出年轻人想要摆脱现实生活压力的精神诉求。至于“秀文化”，一种是通过拍摄生活日常进行生活展现，另一种是自我的个人展现，通过各种各样的“秀”去寻找存在感和优势感。旅游短视频直播亚文化多属于这种“秀文化”。

课后思考题

1. 跨文化交流对旅游消费者行为有哪些影响？请举例说明跨文化交流如何在旅游活动中发挥作用，并讨论其对旅游消费者行为的具体影响。

2. 消费文化如何塑造旅游消费者行为？请分析消费文化的关键特征，并探讨这些特征如何影响旅游消费者的选择和决策。

3. 亚文化对旅游消费者行为有哪些独特影响？请举例说明不同亚文化群体如何在旅游活动中表现出特定的行为模式。

4. Z 世代作为旅游消费者有哪些特点？请分析 Z 世代的旅游消费行为，并讨论他们的行为如何反映在旅游市场的趋势中。

第十六章

旅游消费伦理

【本章学习要点】

1. 掌握旅游消费伦理相关的基本概念与知识，理解旅游消费行为的社会责任行为、亲环境行为。
2. 理解旅游消费与个人、社会、自然的关系，从而对新时代旅游消费及其行为有更清晰的认识。
3. 积极引导旅游消费者树立积极向上的环境友好观念，承担社会责任，培养绿色消费的健康伦理心态。

第一节　旅游消费的伦理反思

旅游消费伦理是指旅游消费者在旅游消费活动中所应遵守和遵循的具有普遍意义的伦理道德规范。旅游消费伦理的建立、规范及其反思对旅游行业的健康发展和可持续发展具有积极的现实意义。

一、旅游的伦理反思

伦理学是研究道德问题的学问。马克思主义认为，理解和把握道德，要从经济基础与上层建筑的辩证关系以及道德作为社会意识的独特性出发，因为“道德是由经济基础所决定，以善恶、应当与不应当为评价标准，依靠社会舆论、传统习俗和内心信念来维系，调整人与人（包括个人与个人、个人与社会集体、社会集体与社会集体）、人与自然、人与自身之间的伦理关系的原则规范以及与此相关的观念品质、行为活动的总和”（《伦理学》编写组，2021）。道德既是“规范或调整人们行为的准则体系，同时又表现为践行原则规范所形成的德性品质、价值观念和精神信念，是一个由心理意识、原则规范和行为活动组合起来的知识和价值体系。道德表达着人们对自己的认识、反省和发展完善的要求，是人们共同生活和社会调控的重要力量。道德激励人们创造美好生活，不断发展完善自己，进而发展完善社会，推动人类文明不断向前发展”（《伦理学》编写组，2021）。

伦理学要解决的基本问题，是道德与利益的关系问题，即“义”与“利”的关系问题。这个问题包括两个方面：“一方面是人们的物质利益与道德的关系问题（因为物质利益是由经济关系决定的，所以也可使用经济关系与道德关系的提法），即是物质利益决定道德还是道德决定物质利益，道德对于物质利益和经济关系有无相对独立性，尤其是有无反作用的问题；另一方面是人们的利益关系问题，即个人与个人、个人与社会集体、社会集体与社会集体之间的利益关系（人与自然、人与自身的利益关系是从属于人们之间的利益关系的）问题。”（《伦理学》编写组，2021）其中，个人与社会集体的关系最为重要，即两者是结合在一起还是相分离的，两者发生冲突时，谁服从谁的问题。

伦理学可以对旅游行为即各种旅游活动以及其所涉及的旅游消费者个人伦理、社会伦理和环境伦理——符合正确道德规范或原则的行为进行分析与解释。在行为直接涉及个人时，则以个人生活幸福作为行为的最高目标，包括个体身心健康和家庭和谐等；在行为涉及他人时，则以公共生活幸福作为最高目的；在行为涉及环境时，则以人与自然的和谐作为最高目的（赵书虹和尹松波，2017）。马克思主义认为，伦理学研究必须坚持理论与实践统一、逻辑与历史统一、事实与价值统一的基本原则，坚持从实践中来到实践中去的认识方法。这既是马克思主义伦理学的基本内涵，也为对当代旅游发展中出现的伦理问题的认识与反思提供了指南。

（一）旅游伦理

旅游作为一种社会活动或现象，涉及人们吃穿住行用的方方面面，不仅对政治、经济、文化和环境有着深刻影响，而且对个人价值体系、行为模式、生活方式和生活质量，以及社群结构、旅游设施和服务发展与使用产生的经济效益及成本，自然环境的改变等产生连锁性影响（洛夫洛克 B，洛夫洛克 K M，2019）。所以，旅游既是一种复杂的社会、文化、经济和生态互动，也是旅游活动参与者包括旅游消费者、旅游企业、旅游地政府、旅游地社区及当地环境等各方关系交流与互动所引发的各种实践过程、活动及其结果（格德纳和里奇，2008）。而且，这些互动可能给旅游消费者、旅游地及其社区生活、经济社会发展体系和生态系统等带来利益或伤害，并由此也引发了从伦理视角对相关"旅游问题"的关注与思考。

所以，如何在发展旅游的过程中规避风险及由此所带来的负面影响，如何进一步减少旅游活动对社会环境和自然环境的干扰成为人们关注的焦点。对此，业界提出了"可持续旅游发展""生态旅游""负责任的旅游"等概念。"可持续旅游发展"即"全面考虑旅游目前和未来的经济、社会和环境影响，满足旅游消费者、行业、环境和社区的需要"（UN Tourism，2012）；"生态旅游"以尊重自然与环境的可持续发展为前提，不仅能为旅游地带来经济、环境和社会文化利益，也能较好地传承与传播生态文化，吸引公众对生态环境的关心与重视（李琳和徐素波，2022）；"负责任的旅游"即最小化旅游对经济、环境、社会的负面影响，促进旅游地当地发展，将旅游、旅游消费者与当地人的生活、文化、社会紧密联系起来，既为旅游消费者带来愉快的体验，也增强当地社区的自信心（李星群和陈馨，2020）。根据联合国世界旅游组织颁布的《全球旅游伦理规范》，旅游可以满足个体与集体需要，促进人民和社会之间的相互了解与尊重，也是可持续发展的驱动因素，对人类文化遗产的保护和利用以及东道国家和社区的有益发展有着积极作用，旅游是所有人平等享有的权利，旅游利益相关者既享有权利也要承担相应的责任与义务。

旅游伦理是从伦理学视角出发反思旅游活动中的各种问题，即在进行旅游活动时应遵循的伦理道德，以及应构建什么样的伦理道德标准予以评判，并以此规范旅游活动各方主体的行为，协调经济、社会、自然环境的关系，进而促进旅游健康可持续发展。旅游伦理的基本问题是旅游中的道德和利益的关系问题。旅游伦理的主体包括旅游消费者与旅游相关利益者，其中旅游消费者作为一切旅游活动的核心，是旅游伦理最重要的主体。旅游伦理原则是旅游伦理思想构建与实践过程中所遵循的基本准则，对伦理主体在旅游活动中的旅游行为有指导作用，包括公平、公正、平等原则，诚实、不伤害原则，可持续发展原则与负责任原则，市场与效率原则等，有利于促进代内公平与代际公平，推进人与社会、自然的可持续发展，保证人类的长远利益（白凯和王晓华，2016）。旅游伦理规范则对旅游主体的行为具有有效的约束作用，例如《全球旅游伦理规范》要求旅游消费者应当遵守各民族的社会文化传统，尊重其法律、惯例和习俗，维护自然遗产与环境，减轻旅游带来的负面影响。

（二）不文明旅游行为与文明旅游

旅游活动中的伦理问题最直观的表现是旅游消费者在旅游活动中的不文明行为或文明行为。不文明旅游行为主要表现为对旅游地资源和环境等以及对他人甚至对自身造成不良影响的行为，例如，不讲卫生、扰乱公共秩序、不爱护公共设施、喧哗打闹、不尊重当地风俗、行为粗俗、脏话连篇、不遵守规则、铺张浪费、随意拍照等。不文明旅游行为产生的原因与旅游消费者的价值观、个人修养、社会道德、环境保护以及与其他旅游主体之间的关系等密切相关，具体包括“惯习和生活方式迁移导致的入乡不随俗”“公德缺失与消费异化的叠加效应”“物质文明与精神文明发展失衡”等（林德荣和刘卫梅，2016）。旅游消费者不文明行为会给旅游目的地的发展、旅游市场与旅游产业的完善、旅游国际形象的树立以及旅游消费者自身带来危害。所以，从旅游消费者层面来看，可以通过加强道德素质教育，推动旅游消费者与旅游目的地之间的文化交流，尊重和理解多元文化差异等方式提高旅游消费者自身素质，通过培养公共精神、强化旅游消费者的公德意识与规则意识，以精神文明为引领，营造文明旅游的良好社会氛围。同时旅游消费者也要不断提升自我修养与文化素养，所谓“读万卷书，行万里路”，以个人文明知识的累积与意识养成，形成自我自觉遵守和服从文明旅游规范的内生动力。

针对旅游活动中的不文明行为，国家相关部门也出台了文明旅游相关的法律法规，包括《提升中国公民旅游文明素质行动计划》《中国公民出境旅游文明行为指南》《中国公民国内旅游文明行为公约》《中华人民共和国旅游法》，以倡导旅游消费者克服陋习，争做文明旅游消费者。同时，也对旅游消费者提出文明旅游的明确要求，例如《中华人民共和国旅游法》规定：“旅游者在旅游活动中应当遵守社会公共秩序和社会公德，尊重当地的风俗习惯、文化传统和宗教信仰，爱护旅游资源，保护生态环境，遵守旅游文明行为规范。”文明旅游不仅对旅游消费者个体自我精神文明境界的提炼与自由发展有着积极作用，而且还有利于营造文明和谐的家庭氛围，构建良好的社会风气，维持社会秩序井然。文明旅游主张出境旅游消费者要塑造良好的对外形象，以文明旅游行为展现与传播中华优秀传统文化。这也是文化自觉与文化自信助推旅游强国与文化强国建设的内在需要。因为文明并不是强加于己的外在戒条，而是根植于内心的修养、无须提醒的自觉、以约束为前提的自由、为别人着想的善良（胡静，2016），是一种基于优秀传统文化底蕴和深厚人文素养而形成的潜意识、融入内心的文化自觉。

二、消费的伦理反思

在市场经济条件下，旅游消费者行为是社会消费行为在旅游活动中的具体体现。它既是一种经济行为，也是一种社会行为，具有鲜明的伦理道德特性。在一定程度上反映了消费者的个人素养和文化水平，也反映了其所处的社会进步与文明程度。

（一）消费伦理

消费伦理是旅游消费伦理反思的理论基础和行动指南。马克思指出：“消费这个不仅被看成终点而且被看成最后目的的结束行为，除了它又会反过来作用于起点并重新引起整个过程之外，本来不属于经济学的范围。”（马克思和恩格斯，1995a）消费不仅是一种经济现象，更是一种社会现象。“消费是个体、社会组织、社会关系和社会系统的再生产活动”，消费主体、消费观念、消费功能、消费行为以及消费供应都具有社会属性（王宁，2011）。消费本质上也是一种文化，即消费的具体内容、消费活动、消费观念深受文化的影响。同时，消费商品的生产过程也是文化生产或传播的过程，因为商品不仅具有使用价值和交换价值，还具有符号价值。商品可以通过设计、包装等成为一种独特性符号，也可以成为指称社会地位、生活方式和认同等的符号。这也使消费具有了文化表征与社会表现的功能。

消费也是一种伦理现象。在社会纷繁复杂的消费现象中，人们的消费行为往往决定于“能不能”即经济能力以及与“愿不愿”即伦理、文化，前者构成消费行为的基础，后者对消费行为起着制约和影响的作用（周中之，2012）。人的消费愿望源自人的需要，人的需要不仅是人类生物本能反应，更是人的社会性的反映，所以消费需要也具有社会性特征。在不同的社会生产水平、不同的社会制度以及不同的社会道德风气条件下，人们的消费需要是不同的。而消费者的道德价值观念刺激或制约消费者的需求，进而对消费者消费观念的形成、社会关系的再生产、消费行为的表现，以及获取消费品的方式有着一定影响。

消费行为作为人的一种社会活动，需要消费伦理的引领和约束。中西方对消费伦理都进行了深入的讨论。西方消费伦理主要聚焦对消费主义的批判以及构建与环境保护相一致的消费伦理观。我国自古有着“黜奢崇俭”的传统，例如“返璞归真”“节之以礼”“养心莫过于寡欲”“俭以养德”等。节俭消费既是人类消费伦理的基本准则，也一直是我国消费伦理的主流。改革开放以来，我国经济社会发展取得重大进步，消费伦理观念也经历了变革与挑战。随着我国经济社会的快速发展，消费主义、享乐主义等倾向也在蔓延滋长，盲目挥霍、奢侈浪费等现象屡见不鲜。消费主义是以消费为人生最高目的的价值观念，在其影响下，物质财富与自然资源被无节制地消耗，商品的交换价值、市场价格与其使用价值相偏离，主观感觉与符号示差等却成为追求的对象，也导致了经济异化与环境恶化现象。

伦理学主要关涉人与自然、人与人、人与自身三种基本伦理关系，这也是消费伦理内在包含关系的三重维度，即人与自然具有同质性，环境的改变与人的活动或自身的改变相一致；人既是自然存在也是社会存在，人的需要与促进人的自由全面发展相一致；消费要满足人的本质需要（汪淑娟，2020）。消费伦理对人与自然、人与人、人与自身关系的协调与平衡，是以实现人类幸福生活为目的的，所以消费的最终目的是获得满足、获得幸福。“消费是人类自我生存和发展的必要条件和物质前提……消费是为了人的生活，人的生活需要的满足为人的创造性活动提供了起点与可能，也为人的自身潜能的展开以及人的本质力量的发展提供了可能。”（徐新，2009）现代节俭消费仍具有其时代意蕴与合理性。因为现代节俭消费伦理是“现代人基于生态文明时代对资源合理使用的客观需要和对人的生理需求的科学认识基础上对现代社会消费问题进行深刻反思而提出的理性的适度的文明消费观。在现时代，倡导节俭消费伦理观，积极探讨既节约自然资源又能促进人的自我实现的消费方式和生活方式，对于促进人的自由全面发展和经济、社会、生态的可持续发展，至关重要”（何建华，2021）。

习近平（2020）指出，“要加大宣传引导力度，大力弘扬中华民族勤俭节约的优秀传统，大力宣传节约光荣、浪费可耻的思想观念，努力使厉行节约、反对浪费在全社会蔚然成风”。具体来说，现代节俭消费体现了一种适度消费观。适度消费是要与个人收入水平、经济能力相适应，与社会平均消费水平相适应，既满足消费需要又注重消费尺度，物尽其用且不奢侈浪费。现代节俭消费是一种绿色消费观。绿色消费是以生态环境保护为宗旨，倡导人与自然的和谐发展，自觉规范与约束对自然资源的开发行为，以防止自然危机，避免对环境的破坏。现代节俭消费是一种科学消费观。科学消费是以科学、文明、健康的消费方式为引领，树立科学的生活质量观，培育文明理性的消费习惯，践行健康向上的消费行为。同时，还要加强消费教育，增强消费者责任与义务意识，加强舆论引导，营造良好的社会消费环境，以及发挥人的主体作用，理性消费，并承担相应的社会责任。

（二）消费者权益

消费者的自我约束和行为自觉是个体遵守社会公德，服从社会公众利益的具体体现，反映的是个体服从集体、公众利益优先的伦理规范。而如何保障消费者的合法权益则反映了一个国家的法治水平和社会文明程度。

消费者权利是消费者在从事消费活动的过程中享有的、受法律保护的正当利益。权利是法律规范的核心内容。《中华人民共和国消费者权益保护法》明确以消费者为权利主体，规定消费者在购买、使用商品和服务时享有人身与财产的安全保障权；知悉购买、使用的商品或服务真实情况的知情权；自主选择商品或服务的选择权；有权获得质量保障、价格合理、计量正确等公平交易条件，拒绝强制交易行为；受到人身、财产损害时，享有依法获得赔偿的权利；享有依法成立维护自身利益的社会组织的权利；享有获得有关消费、消费者权益保护相关知识的权利；享有人格尊严、民族风俗习惯受到尊重的权利，以及个人信息依法受到保护的权利；消费者还有对保护消费者权益工作进行监督的权利，并保障消费者依法行使权利，维护消费者合法权益。

法律是公众共同遵循的处事规程或行动准则。保护消费者的合法权益是全社会的共同职责，政府、企业以及社会组织也有维护消费者合法权益的义务。《中华人民共和国消费者权益保护法》也对经营者的相关义务、国家落实保护消费者合法权益的相关职责以及消费者组织保护消费者合法权益的相关活动予以了规定。

道德与法律都具有重要的规范作用，正如“法律是成文的道德，道德是内心的法律”（习近平，2016）。相较于法律，道德也具有其特殊性，即道德是“用善恶标准去评价，依靠社会舆论、传统习俗和内心信念来维持的，因此是一种非制度化、柔性的和内在的规范”（《伦理学》编写组，2021）。消费者权益的保护也要发挥道德的教育、规范、激励与导向作用，润物细无声。还要加大对法律与道德的宣传力度，使消费者熟悉相关规则与效用。同时，消费者也要积极知法、懂法、用法、遵法消费，才能最有效地维护自身权益。

三、旅游消费伦理建构及其路径选择

市场经济条件下，旅游具有明显的消费特征与经济属性，是一种典型的消费行为。旅游消费者是旅游消费的主体。旅游消费对旅游经济增长具有关键作用。旅游消费既是旅游产业发展的基础，也是旅游消费者旅游权利的表现形式，是了解旅游消费者及相关旅游主体的使命、责任和行为的钥匙（戴斌和张扬，2021）。

（一）价值观与旅游消费

旅游需求是一个复杂的、动态的、多维的过程，其受到多种因素的影响，其中，价值观作为社会信仰或价值体系的反映，对于旅游需求有着结构性的影响（沙普利，2016）。从价值观与消费行为之间的关系来看，价值观可以视为“对更符合个体或社会意愿的特定行为模式或最终存在状态（而不是相反的行为模式或最终存在状态）的持久信仰”，并通过对工具价值（指导行为模式，因此也被视为实现最终目的的手段）和终极价值（与期望中的最终状态相关）的区分实现价值观的估量，这也有助于理解不同情景中的旅游消费行为，见表 16-1（Rokeach，1975）。

表 16-1　罗克奇价值观调查表

工具价值	终极价值
有志向的（努力工作、有抱负的）	舒适的生活（富裕的生活）
心胸开阔的（思想开放的）	精彩的生活（刺激的、有活力的生活）
有能力的（能胜任工作的、有效率的）	成就感（持久的贡献）
快乐的（轻松的、欢喜的）	世界和平（没有战争和冲突）
干净的（整洁的、整齐的）	美丽的世界（自然和艺术的魅力）
勇敢的（坚守自己的信念）	平等（兄弟情谊、所有人机会均等）
宽容的（愿意原谅他人）	家庭安全（照顾所爱的人）
乐于助人的（为他人的福利而工作）	自由（独立、自由选择）
诚实的（真诚的、真实的）	快乐（知足常乐）
有想象力的（大胆的、有创造力的）	内在和谐（没有内在冲突）
独立的（自食其力的、自给自足的）	成熟的爱（性与精神的亲密）
智慧的（聪明的、沉思的）	国家安全（不受到攻击）
逻辑的（一致的、理性的）	愉悦（快乐的、休闲的生活）
有爱的（深情的、温柔的）	救赎（被救赎的、永恒的生命）
顺从的（尽职的、恭敬的）	自我尊重（自尊）
礼貌的（谦恭的、举止得体的）	自我识别（尊重、欣赏）
负责任的（可靠的、可信赖的）	真正的友谊（亲密的伙伴关系）
自制的（克制的、自律的）	智慧（对生活的成熟理解）

伦理通过价值观塑造影响着个体的消费决策和消费行为。个体作为一种社会存在，其所在社会的核心价值观对其也有着深刻影响。核心价值观是“一定国家和社会价值体系中起中轴作用的价值理念、观念和行为准则的集中表现，是决定一个社会和国家文化性质和方向的最深层次价值要素”（《伦理学》编写组，2021）。马克思主义认为，道德作为一种社会意识形态，渗透日常生活的方方面面，它不仅是人们生活实践的行为准则和规范，而且在很大程度上决定着人们的消费观念。在旅游消费活动中，如果没有“真善美”与“假丑恶”的分辨意识，整个旅游消费就会失去基本的底线，其行为方式也就失去了伦理道德的基本尺度。旅游消费伦理的本质是其道德属性，而道德则是旅游消费者思想意识和价值观念的一种外在表现，其质效的获得是通过社会舆论评价和消费者的内心自律来实现的。伦理道德不仅调整旅游消费者的外在行为，同时还调适旅游消费者的动机和内心获得。通常情况下，伦理道德往往会要求旅游消费者根据高尚的意图，即相对理想的精神境界做出相应的行为，这就是伦理道德之于旅游消费的规范程序、支撑程序，其优势在于能够净化心灵，提升个人品德，实现由内而外的道德修养。习近平（2014）强调：“核心价值观，其实就是一种德，既是个人的德，也是一种大德，就是国家的德、社会的德。”当代中国的社会主义核心价值观即“富强、民主、文明、和谐，自由、平等、公正、法治，爱国、敬业、诚信、友善”。从其构建来看，“富强、民主、文明、和谐”是国家之德，“自由、平等、公正、法治”是社会之德，“爱国、敬业、诚信、友善”则是公民之德，而践行社会主义核心价值观就是要明大德、守公德、严私德。因此，在旅游消费活动中，无论是消费者，还是消费活动的提供者、服务者都必须将社会主义核心价值观内化于心、外化于行，做旅游消费伦理的践行者、守护者，为旅游行业健康、可持续发展创造良好的生态环境。

（二）旅游消费伦理困境及路径选择

改革开放以来，我国在经济快速发展的同时也实现了旅游消费的繁荣发展，但是旅游消费领域中仍存在享乐性、奢侈性、消费主义等旅游消费观念和消费行为及其导致的种种不合道德伦理的现象，例如旅游消费者的道德弱化、旅游消费攀高、对旅游目的地造成文化干涉、对环境的物质摄取等（谢彦君，2015）。从政治经济学的视角来看，消费的初衷及其目的是强调和获得商品的价值功能，它可以给消费者带来最为切实的体验感和满足感，这是由人生命的内在规定性所决定的；而当人们开始背离这一出发点和落脚点而将消费过程代换为一种显性标识和标签并将其视作一种炫耀资本时，人就会在消费中沉迷而丧失自我，从而使消费过程失去了本身的意义和作用，即为“消费异化”。旅游消费异化是指人们把旅游消费看作是满足和实现自我的唯一方式，并造成人们对旅游消费资源无限增长的习惯性期待，当旅游消费的符号性和标识性价值远超过旅游消费自身所应有的市场价值时，人的旅游消费就异化为旅游消费对人的控制。旅游消费异化的外在表现为符号性消费、奢侈性消费、炫耀性消费、跟风性消费，其本质是物质消费与精神消费关系的失衡，是消费主义、拜金主义的滥觞，是一种超出个人合理需求和真实需要的“虚假消费”。

从伦理关系的三重维度来看，现代旅游消费伦理困境可以视为伦理关系的失衡，突出表现为“冲突”，即“旅游者消费行为与自然环境的冲突，旅游者消费行为与旅游接待地社会的冲突，旅游者行为、体验互相影响的冲突，还有不同旅游者自身的行为与体验的冲突等”（白凯和王晓华，2016）。摆脱旅游消费伦理困境，构建适度、健康、良好的，与生态环境、人类社会和谐的旅游消费伦理是调节人与自然、人与人、人与自身关系的现实路径，需要遵循人本、生态与理性之维度，具体来说以旅游弥合物质消费与精神消费的脱节，调和理性消费与非理性之冲突，整合德行与快乐之间的罅隙，从旅游消费者出发，寻求主体的根本价值追求，才是旅游伦理建构及其实现的切实路径（亢雄，2014）。而从根本意义来看，道德的核心是为什么人服务的问题，关乎利益关系的问题，“利益是道德形成和发展的动因，道德的根源深藏在社会经济所表现的利益之中”（《伦理学》编写组，2021）。在我国，社会主义道德的核心是为人民服务，始终把人民的利益放在首位，其出发点和归结点是人民对美好生活的向往。所以，旅游消费伦理不仅引导人们如何合理旅游消费，更重要的是引导人们如何实现对幸福生活之追寻的人生目的。

第二节　社会责任行为

一、旅游消费者的社会责任

社会学认为，社会是人的社会，人是社会的人。人作为社会中的一员，都承担着各种各样的角色，而这些角色也具有不同的行为规范和伦理道德要求，是责任权利的辩证统一。

（一）消费自由与社会责任

在市场经济条件下，消费是个人自由的具体体现与表征，即个人作为消费主体具备能自主选择与消费的权利。个人消费自由是根据消费者的经济能力、个人性格、生活方式做出选择，是建立在平等、自愿、自主的基础之上的“意志自由”，同时消费的社会性也决定了个人消费自由要承担一定的社会责任，因为自由与责任、权利与义务是统一的（周中之，2012）。只有权利与责任义务相平衡，人们的消费行为才具有经济合理性与道德正当性，这也是消费的社会责任所在。

个人作为消费行为主体，其消费自由也有着基本限度，需要承担相应的义务与责任，包括法律义务和责任、道德义务和责任。道德义务和责任较于法律义务和责任的强制性与禁止性，主要是依靠消费观念引导消费行为，且涉及的范围更为广泛。道德义务和责任还具有自律性，既表现为人的自我约束，也表现为个体在履行义务和责任中所表现出的自主性，即个体出于对道德法则的认同和尊重，做出自觉自愿的选择。消费自由是建立在自律和道德选择自由的基础上的，因此其消费行为才有道德价值，也正因为如此，人们应当为自己的消费选择承担道德与社会责任。

（二）消费者的社会责任与社会责任消费行为

消费者应承担相应的社会责任。具体来说，消费者的社会责任是指消费者在综合考虑个人利益与社会整体利益的基础上，在购买、使用产品或服务时，自觉承担促进社会文明进步与社会和谐发展的责任，抵制直接或间接危害社会可持续发展的产品和行为，以维护社会整体利益和长远利益。

消费者承担社会责任，不仅是生态环境保护的需要，也是适应以消费者为中心的经济体系发展的必然要求，更是确保消费者长期利益的关键。因为，消费者的消费活动必然对生态环境产生深刻而长久的影响，明确消费者的社会责任，就是引导消费者以人与自然和谐共处为目标，自觉抵制危害生态环境的产品或服务、抵制珍稀动植物制成品等；当前，消费对我国经济发展有着重要的拉动作用，消费者的主导地位逐渐提升，明确消费者的社会责任，有助于促进消费者自觉抵制危害社会可持续发展的商品或服务，支持公平贸易的产品，购买积极履行社会责任的企业产品或服务等。这样做不仅保障了消费者自身的长远利益，也推动了社会快速适应以消费者为主导的经济体系的发展（王景峰，2018）。

社会责任消费行为是从个体消费过程及其后果的视角出发，审视消费所引起的社会后果，实现“最小化或减少对社会的有害影响，最大化对社会的长期有利影响之愿望”（Mohr et al.，2001）。社会责任消费的影响因素包括消费者个人统计特征、消费者伦理观、社会规范、政策制度、市场环境等。其中，道德义务对消费决策的驱动影响在不断加强，道德义务逐渐成为消费者自我认知的核心特征（Shaw and Clarke，1999）。社会责任消费行为涉及方方面面。在我国，社会责任消费行为体现在保护环境、节约能源、保护动物、监督企业和维权、支持企业的负责任行为、抵制企业的反责任行为、支持中小企业、适度消费、支持国货等维度，基本可分为环境责任消费与道德责任消费两类（阎俊和佘秋玲，2009；王财玉和雷雳，2015）。而在旅游消费领域，社会责任消费行为具体体现为保护环境、促进当地人增收、适度消费、节约资源与维护市场秩序等维度（徐虹和游喜喜，2018）。社会责任消费也体现了一种以“追求文化性价值并避免对社会产生负面影响为原则特征的”消费文化（間々田孝夫，2016），揭示了消费不仅仅是“示差”“竞争”的，也是“合作”“共享”“共生”的，为我们进一步了解社会责任与消费之间的关系提供了多元视角。

二、社会责任义务与担当

社会责任义务与担当主要包括思想意识和行为方式两个方面的内容：一是自觉履行道德义务与责任，二是强化社会责任担当，并以此实现责任与权利的统一。

（一）自觉履行道德义务与责任

社会责任作为一种伦理责任包含了高于法律责任所要求的道德水平，也体现为道德义务与责任。道德义务作为“人们从所处的社会关系中产生的对社会和他人应尽的道德责任，是社会对人们的基本道德要求。在一定社会中生活的人，在享有社会和他人给予的道德权利和利益的同时，也必须对社会和他人承担相应的道德义务和责任。社会为了调整人们之间的关系，维护社会整体利益，也必然提出一定的道德规范要求其成员履行”（《伦理学》编写组，2021）。道德义务往往也表述为“应当”或“不应当”，即按义务要求做事并承担相应的责任，通常是应当的；反之，违背义务，不承担责任，通常是不应当的。马克思主义伦理学认为，义务一方面具有他律性，反映了一定社会关系、道德关系以及由此形成的客观的社会道德要求；另一方面具有自律性，是道德主体将义务转化为内心的责任感与使命感，是将他律性义务所具有的被动性与消极性转化为主体行善的主动性与积极性。

自觉履行道德义务是旅游消费者真正成为有道德的旅游消费者的现实要求。如何自觉履行道德义务，则需要在正确认识道德权利与道德义务的关系，认识道德义务与道德自由的关系基础之上进行。首先，道德义务的履行并不以道德权利为前提，无论权利是否得到保障，都应履行义务。其次，道德义务的约束性是相对的，只有对他人、对社会履行了职责才会获得义务感，才能出于义务感自觉地、愉快地履行义务进而获得真正的道德自由；只有培养道德义务感与责任感，才能不断提高践行道德义务的自觉性；最后，当不同道德义务之间存在矛盾与冲突时，还需要做出妥善处理并化解矛盾与冲突（《伦理学》编写组，2021）。

（二）强化社会责任担当

旅游消费者应对自然环境、对社会、对自己负有审慎且理性消费的义务。因为，“自然界，就它自身不是人的身体而言，是人的无机的身体。人靠自然界生活。这就是说，自然界是人为了不致死亡而必须与之处于持续不断的交互作用过程的、人的身体。所谓人的肉体生活和精神生活同自然界相联系，不外是说自然界同自身相联系，因为人是自然界的一部分”（马克思，1995b）。自然界是人赖以生存的基础，而“社会是人同自然界完成了的本质的统一，是自然界的真正复活，是人实现了的自然主义和自然界实现了的人道主义”（马克思，2000）。人与自然还体现为缔结“生命共同体”的关系。习近平（2013）指出：“山水林田湖是一个生命共同体，人的命脉在田，田的命脉在水，水的命脉在山，山的命脉在土，土的命脉在树。”人类对自然的肯定、尊重与赞美，本质上是人类对自身的对象化活动的肯定与尊重。消费也是人类“通过使用和享用资料去创造出‘同人的本质和自然界的本质的全部丰富性相适应的人的感觉’”的过程（汪淑娟，2020）。

强化消费者社会责任也是保护旅游消费者的消费者权利的根本需要（郭琛，2014）。因为消费者权利的本质是一种社会性经济权利，其实质主体是“社会”，消费者是其权利行使的代表者，消费者责任同样也是“社会”为实现经济权利而令消费者必须履行的义务，在权利实现方式上，权利与责任相互耦合。除了《中华人民共和国消费者权益保护法》，《中华人民共和国旅游法》等法律法规也对旅游消费者的消费者权利及相关义务与责任给予了规定。

强化消费者社会责任也是促进旅游全面发展，促进政府规制科学化、柔性化发展，促进健康消费体制构建的需要。一方面，当前我国旅游发展进程中还存在着不平衡、不充分的矛盾，而普适性的旅游消费政策与治理模式并不能解决问题，需要因时因地的柔性化调控与行政干预。另一方面，随着消费者社会责任的持续深化，政府规制方式也开始反思如何促进消费者责任的真正实现。这应以调动消费者的自主、自觉、自愿的积极性为出发点，让消费者以自己的自由判断来采取行动。例如，通过培养与塑造理性的、负责任的消费者，构建社会责任产品数据库等柔性规则以引导消费者的权益保护与自治。这也有助于消费者社会责任意识的觉醒，主动承担自己的社会责任，进而推动消费结构日趋合理。

三、强化消费者的道德素养

责任既是主体意识到的义务，也是主体自由自主选择的结果。道德素养则反映了主体的自我修养、公民意识、文明习惯和精神境界。

（一）培育旅游消费者的道德素质与责任担当意识

从道德实践来看，道德责任比道德义务更能表达或体现道德自律的要求，因为，“道德他律的义务只有内化为主体自律的责任信念，才能成为真正的道德自律的义务”（《伦理学》编写组，2021）。而且随着道德义务内化为主体的道德责任，个体将会摆脱他律的外在约束，道德选择将转化为主体意识中的自由、自觉、自主的行为。道德责任既是社会道德关系和规范对公民个体的责任要求，也体现为公民个体的自觉遵从。道德责任与社会存在和发展相关，也与公民思想道德素质相关。

《新时代公民道德建设实施纲要》指出，进入新时代，“加强公民道德建设、提高全社会道德水平，是全面建成小康社会、全面建设社会主义现代化强国的战略任务，是适应社会主要矛盾变化、满足人民对美好生活向往的迫切需要，是促进社会全面进步、人的全面发展的必然要求”。可以通过深化道德教育引导，将旅游公德与旅游道德知识纳入学校教育、家庭教育，以先进模范为引领，营造良好宣传氛围来进一步培育旅游消费者的道德素质与责任担当意识。积极推动道德实践养成，开展文明旅游等弘扬时代新风行动，注重公益旅游等旅游实践教育，以加深旅游消费者的义务与责任认识。

（二）加强旅游消费者主体自律

道德责任具有主体的认知、认同并自觉履行等主体性特征。因为道德行为本质上就是通过主体选择而实施的有意识的实践活动，主要体现在道德行为是人的自动自觉的选择行为，道德行为是自主自愿的选择行为，道德行为通常表现为与他人利益有内在联系的行为，道德行为的选择还必须与社会所倡导的“应然”价值理想具有特定关联（《伦理学》编写组，2021）。旅游及其消费的发展，如果忽视了对人作为核心主体及其意义的分析，就无法揭示旅游成为当今人类活动重要构成之一的原因。

自律是指自己的规则，与他律相对应，二者互为联系，一方面，主体自律依从的社会道德规范，相对于个体而言是为外在他律的；另一方面，外在他律的社会道德规范可以通过社会道德教育和道德实践，内化为个体自律能力。自律与他律揭示了人们在道德行为选择中的自由能力和道德水平（《伦理学》编写组，2021）。旅游消费者主体自律是增强旅游消费者社会责任意识的重要基础，因为真正的道德行为应源自道德主体的良心自律，主体的自觉性越高，其行为的自律程度也越高，相应的社会责任意识也越强烈。旅游消费者通过学习和实践识得自己的旅游义务与责任，并内化于心而形成个体的道德理想追求，进而引领旅游消费者在旅游消费中自觉以追求美好社会生活为目标，完善自我并实行对真善美的实践。具体来说，旅游消费者要以社会主义核心价值观为指导，树立正确的旅游消费伦理观：以和谐原则为出发点处理好与自然、与社会、与自我，以及眼前消费与长远消费之间的关系；将以人为本原则作为基础，将促进人的全面发展作为根本方向和目的；以科学原则为指导，充分享用科技带来的便利，构建健康有序合理的旅游消费方式。

第三节　亲环境行为

一、旅游环境伦理

环境伦理是社会主义生态文明建设的重要内容，是规范旅游消费者亲环境行为的重要依据，也是化解人与自然矛盾，构建人与自然和谐共生的理论指导。

（一）环境伦理与生态文明建设

环境伦理是关于人与生态环境关系的伦理信念、道德态度和行为规范，并依据人与自然之间相互作用的规律，以道德协调人与自然的关系，人与自然和谐发展是环境伦理的最终目标，利益的合理分配与矛盾的善意和解是环境伦理产生作用的手段（余谋昌和王耀先，2004）。马克思主义认为人利用自然应遵循基本的环境伦理规范：在认识上，要尊重自然，善待自然；在客观规律运用上，要依从物道；在具体行动中，要保护资源；在生产上，要像自然界一样循环生产；在资源利用上，要联合利用提高效率；在消费上，要杜绝浪费，适度、节制（宋周尧，2007）。

我国传统文化也蕴含着深厚的自然观、生态观。我国传统文化提倡“天人合一”“道法自然”“仁爱万物”“物尽其用”等，强调人与自然是整体且有机统一的，认为世间万物有其发展的规律，并且互相映射、互为共生，只有对自然抱有敬畏与仁爱之心，承担起应担负的责任，取用有节，才能与自然的发展相适应，才能更好地改造自然。这也为我们今天的生态文明建设提供了不竭动力与精神源泉。习近平（2017）指出，要努力建设人与自然和谐共生的现代化，“建设生态文明是中华民族永续发展的千年大计。必须树立和践行绿水青山就是金山银山的理念，坚持节约资源和保护环境的基本国策，像对待生命一样对待生态环境，统筹山水林田湖草系统治理，实行最严格的生态环境保护制度，形成绿色发展方式和生活方式，坚定走生产发展、生活富裕、生态良好的文明发展道路，建设美丽中国，为人民创造良好生产生活环境，为全球生态安全作出贡献”。

新时代环境伦理强调要从整体上调节人与环境的关系，同时它也是应对当代世界生态危机，构建生态共同体的现实路径。新时代生态文明建设就是要在遵循人与自然和谐发展的客观规律基础上，形成人与自然、人与人、人与社会、人与世界和谐共生繁荣发展的绿色发展理念与发展道路，以满足人民日益增长的美好生活需要和优美生态环境需要。具体来说，生态环境保护与生态文明建设需要坚持全方位、全地域、全过程的原则。即要维护和加强生态文明构成要素包括自然生态系统、生态文明体系与人类文明系统在内的系统性和持续性；要努力推动城乡、区域、流域的均衡和协调发展；要立足文明形态演进的全过程，实现可持续发展（张云飞和李娜，2022）。旅游活动也与生态环境保护与生态文明建设息息相关。当前，文化旅游的发展十分重要，文化旅游也对充实旅游消费的文化内涵与精神体验提出进一步要求。因为，旅游消费中的精神文化体验是人们感悟中华文化，增强文化自信的重要途径。丰富的文化内涵与体验不仅有利于引导旅游消费由物质占有向精神享受转变，还有利于形成绿色、健康、文明的生活方式和消费模式，进而可以推动生态文明新风尚的倡导与社会进步。

（二）旅游环境伦理问题

我国旅游发展中还存在着一些环境伦理问题。例如，旅游消费者随意丢弃垃圾等废弃物造成了水体、环境污染问题；旅游消费者聚集产生的嘈杂声带来了噪声污染问题；旅游消费者涌入，其交通工具引发了大气污染问题；旅游消费者随意采摘、侵占、消费动植物，不仅是对动植物权利的侵害，也引发了生态失衡的问题。除了自然生态环境，文化生态环境同样也是旅游发展中重要的环境因素。文化生态系统是包括文化产生、发展的自然环境、科技、经济体制、社会组织及价值观念变量所构成的完整体系，其中既有自然环境，也包括了文化与上述各种变量的共存关系（司马云杰，1987）。文化生态环境同样面临着环境伦理挑战，如旅游消费者对文物古迹、文化遗产等乱刻滥画、践踏破坏的行为引发的旅游资源与文化生态损害问题等。这些问题发生的主要原因是人们缺乏对人与自然整体主义价值的认识，并在享乐主义、消费主义、功利主义价值观的影响下，对环境进行无止境的索取。

我们需要清楚地认识到，人类的旅游利益与旅游环境是一个密不可分的整体。人们在进行旅游活动与旅游消费时，应充分考虑其对其他资源、其他要素及整个旅游环境的影响，树立生态环境整体主义价值观，敬畏自然、爱护动植物。旅游活动要与生态环境、文化生态发展相适应，在实现人类的旅游利益与旅游资源、生态环境的整体协调发展的基础上，不仅要满足当代人还要满足后代人的可持续发展。

二、亲环境行为及其表现

亲环境行为一般是指个人或群体有意识实施的，使环境负面影响最小化的行为。从行为主体的角度看，亲环境行为可分为私人行为与公共行为，前者包括个体（节能行为等）、家庭（家庭消费）、社会组织（减排减耗、企业废料回收等）三个维度，后者指国家主导的社会性质的公共行为；私人行为较公共行为产生的环境效益更为直接。有效的私人行为是公共行为作用发挥的基础，公共行为则能够示范引导私人行为（薛嘉欣等，2019）。

（一）旅游消费者亲环境行为

旅游消费者的亲环境行为是旅游消费者在旅游地对广义上的环境及其要素做出的亲善行为，也往往被视为是基于个人价值观与责任感的可持续发展行为。旅游消费者的亲环境行为不仅受到个人内在心理、道德的影响，还受到外在干预、情境的影响，是内外因共同作用的结果。所以，亲环境行为的影响因素可划分为个体因素与情境因素，个体因素包括个人责任感、道德义务、环境价值观、环境关心、环境态度、环境情感等，情境因素包括制度、社会文化、环境教育引导等。

亲环境意识也往往被视为导致亲环境行为的重要因素。亲环境意识是个体对环境保护相关事项所持有的信念、情感和行为倾向，是个体产生亲环境行为的内在动因。亲环境意识的形成基于个体的环境知识，因为只有对环境有一定的认知，才能生成尊重自然环境发展规律的态度和责任，才能付诸行动与实践，最终形成亲环境行为（王建华等，2020）。在旅游消费过程中，旅游消费者亲环境意识的确立首先来自“旅游消费者感知”，旅游消费者感知的好坏也决定着旅游消费者亲环境行为实施与否。旅游消费者感知是指旅游消费者通过感官而获得的对旅游对象即旅游目的地的自然环境、人文环境与管理环境，游乐项目的品质品位与品牌，旅游服务提供者的能力与水平，以及关联信息的一种心理认知。这即是说，外部环境因素是旅游消费者合理亲环境行为的前提，环境质量影响着旅游消费者对亲环境行为的态度；环境责任感为个体亲环境行为提供了“应该做”的动机，是环境质量对亲环境行为影响的中介机制；而他人“怎么做”也为个体亲环境行为提供了“可以做”的动机，即群体效能在亲环境行为形成过程中有着调节作用，可以明确环境质量对亲环境行为作用的边界；所以，也要提升旅游消费的外部环境质量，并将其作为旅游消费者行为管理的基础，培育旅游消费者的环境责任感意识，以及重视营造亲环境行为氛围（徐洪和涂红伟，2021）。另外，科学规范的管理与服务、积极向上的品质与品位、热情温暖的人文关怀，也都有助于提升整体环境质量，有效地激发和提高旅游消费者的满意度、参与度，以及确立亲环境意识。在旅游消费过程中，积极向上的亲环境意识不仅能够强化旅游消费者的自律意识，而且还能进一步促进旅游消费者亲环境行为和环境保护行为的实施。

（二）旅游消费者亲环境行为的具体表现

亲环境行为是人们应对人类活动带来的环境问题，以实现人与自然和谐相处为目标而采取的系列行为，在旅游消费中，具体表现为消费者对环境的维护行为、消费者对环境的促进行为和消费者的节约行为。环境维护行为是指旅游消费者减少自身对旅游环境的负面影响，努力维持环境现状的行为，包括自觉遵守环境规则、妥善处理垃圾、不破坏动植物资源等；环境促进行为是指旅游消费者积极参与旅游环境的保护，提升旅游环境质量，包括参加志愿者服务等；节约行为是旅游消费者有意识地减少各类资源消耗的行为，包括节约水、电、食物等资源（陈阁芝，2021）。

为了进一步鼓励旅游消费者的亲环境行为，可以通过积极运用各类媒体加大对环境保护与生态发展相关知识、政策的宣传力度，营造社会整体氛围，以强化旅游消费者的亲环境意识，改善他们对环境的态度并潜移默化地推动他们的相关行为；开展环境教育，以增强旅游消费者的亲环境行为认同感，使亲环境行为成为共识；引导旅游消费者亲近自然，激励他们爱护自然，并让他们意识到其亲环境行为之于个体发展、社会进步、国家未来的关系，进而能够自觉实践亲环境行为，追求和实现人与自然的和谐共生。

三、新发展理念下旅游消费伦理的转型

进入新时代，我国社会主要矛盾已经转化为人民日益增长的美好生活需要和不平衡不充分的发展之间的矛盾，人民群众的美好生活需要日益广泛，也反映在环境的维度。但是我们仍面临着创新不足、发展失衡等问题，这就需要我们必须树立“创新、协调、绿色、开放、共享”的新发展理念，即着力实施创新驱动发展战略，着力增强发展的整体性、协调性，着力推进人与自然和谐共生，着力形成对外开放新体制，着力践行以人民为中心的发展思想（习近平，2017）。其中，坚持绿色发展是满足人民对美好生态环境需要的现实路径，也是可持续发展的重要条件。具体来说，创新发展为绿色发展开辟了新路径，协调发展为绿色发展的核心力量，开放发展为绿色发展提供广阔空间，共享发展为绿色发展明确价值指向，绿色发展则为创新发展、协调发展与共享发展提出了具体要求以及给予了生态保障。

（一）绿色发展与绿色消费

绿色发展理念蕴含了人与自然和谐共生，人与自然是生命共同体，人类必须尊重自然、顺应自然、保护自然，绿水青山就是金山银山的生态伦理意蕴，这也为旅游与旅游消费的发展提出了要求。旅游绿色发展可以从三个方面来理解，第一，旅游绿色发展的伦理目标在于通过旅游能够实现幸福，旅游幸福不仅在于经济上的物质利益，更在于精神满足；第二，旅游绿色发展意味着既要尊重自然也要经济发展，实现经济与环境的协同共进；第三，旅游绿色发展是将经济、生态与社会目标有机统一起来（白凯和王晓华，2016）。

绿色消费是资源节约、环境友好型的各种消费行为的总称，具体包括节约资源（reduce）、环保选购（reevaluate）、多次利用（reuse）、循环再生（recycle）与万物共存（rescue）。绿色消费作为一种全新的消费观念和生活方式，具有以下特征：一是绿色消费者具有较高的社会责任意识与环境保护意识，会在消费过程中自觉考虑自身消费对环境、他人、社会造成的影响，并通过自身消费行为践行社会责任；二是以经久耐用、适度简约且可多次利用的绿色产品为消费对象；三是消费过程实用且高效，产生的废弃物少，对周边环境影响小（付伟等，2020）。新时代为促进绿色消费发展，国家发展改革委等部门联合发布了《促进绿色消费实施方案》，其中指出要有序引导文化和旅游领域绿色消费，包括制定大型活动绿色低碳展演指南，完善机场等旅游消费者集聚区与重点景区景点交通转换条件，鼓励绿色出行，将绿色服务理念融入景区运营，制定发布绿色旅游消费公约或指南，加强公益宣传，引导旅游消费者践行绿色旅游消费。

（二）数字时代旅游消费伦理的转型

随着数字化时代的到来，互联网、大数据等数字技术的快速发展与应用不仅改变了

资源配置模式，也改变了生产方式，尤其是基于互联网共享经济的发展使得协同、合作、高效、创新、绿色等可持续消费理念应运而生。这是因为共享经济是一种基于互联网网络平台，并在充分信任的机制体制上实现对闲置资源的有效利用与重复使用的、共享的经济模式。

“共享经济+旅游”的发展促进了旅游消费伦理观念的转型。因为，共享经济有利于实现旅游消费者与供给者的精准对接，这也有助于提升旅游资源的利用率、线上旅游资源开发并催生“云旅游”“云逛展”等新业态新模式。在带动规模效应的同时，实现旅游消费的代内公平与代际公平。共享经济通过大数据、云计算等可以有效地推测旅游消费者个人需求，旅游消费者也可通过平台实现个人需要的创造，这也进一步促进了旅游消费者的个性化、定制化消费，进而真正实现个人自由与需求的统一。共享经济通过互联网的连接，极大地促进了信息流通与连接，拓展了人们的社会交往与旅游活动范围，以旅游消费者之间共享的方式降低了旅游产品的消费成本，也体现为一种互利的消费观。

复习思考题

1. 简述旅游伦理、消费伦理、旅游消费伦理的内涵。
2. 简述社会责任行为的影响及其实现途径。
3. 从自身角度出发，结合现实案例，谈一谈新时代如何促进我国旅游绿色发展。

参 考 文 献

埃尔 T, 哈塔克 W, 布勒 P. 2017. 大数据导论. 彭智勇, 杨先娣译. 北京: 机械工业出版社.
安德森 L W, 索斯尼克 L A. 1998. 布卢姆教育目标分类学——40 年的回顾. 谭晓玉, 袁文辉, 等译. 上海: 华东师范大学出版社.
白凯. 2013. 旅游者行为学. 北京: 科学出版社.
白凯. 2020. 旅游消费者行为学. 北京: 高等教育出版社.
白凯, 孙天宇. 2008. 旅游后悔心理形成的因素探析. 统计与决策, (12): 109-111.
白凯, 王晓华. 2016. 旅游伦理学. 北京: 科学出版社.
白长虹, 王红玉. 2018. 旅游式学习: 理论回顾与研究议程. 南开管理评论, 21(2): 192-198, 209.
保继刚. 1991. 旅游者空间行为规律在宾馆选址中的意义初探. 人文地理, (3): 36-41.
保继刚. 1997. 主题公园发展的影响因素系统分析. 地理学报, (3): 47-55.
保继刚, 楚义芳. 2012. 旅游地理学. 3 版. 北京: 高等教育出版社.
彼得, 奥尔森. 2010. 消费者行为与营销战略. 徐瑾, 王欣双, 吕作良, 等译. 大连: 东北财经大学出版社.
布莱思. 1999. 消费者行为学. 丁亚斌, 郑丽, 霍燕译. 北京: 中信出版社.
布卢姆 B S. 1986. 教育目标分类学·第一分册·认知领域. 罗黎辉, 丁证霖, 石伟平, 等译. 上海: 华东师范大学出版社.
曹诗图, 孙静. 2008. 旅游消费者行为学. 北京: 清华大学出版社.
柴彦威, 刘志林, 李峥嵘, 等. 2002. 中国城市的时空间结构. 北京: 北京大学出版社.
柴彦威, 塔娜. 2013. 中国时空间行为研究进展. 地理科学进展, 32(9): 1362-1373.
柴彦威, 赵莹. 2009. 时间地理学研究最新进展. 地理科学, 29(4): 593-600.
车文博. 1998. 西方心理学史. 杭州: 浙江教育出版社.
陈钢华, 师慧敏, 赵丽君, 等. 2021. 背包客与“众”不同吗? ——中国背包客与大众游客核心自我评价比较研究. 旅游学刊, 36(10): 125-139.
陈阁芝. 2021. 自然旅游地游客亲环境行为的驱动因素研究——以鼎湖山国家级自然保护区为例. 四川旅游学院学报, (4): 65-69.
陈海波. 2017. 非惯常环境及其体验: 旅游核心概念的再探讨. 旅游学刊, (2): 22-31.
陈伟. 2015. 旅游体验及其影响因素与游后行为意向的关系研究. 昆明: 云南大学.
陈文捷, 宋凯锋. 2021. 旅游体验文献综述. 武汉商学院学报, (6): 5-12.
陈向明. 1996. 社会科学中的定性研究方法. 中国社会科学, 6: 93-102.
陈莹盈, 林德荣. 2015. 旅游活动中的主客互动研究: 自我与他者关系类型及其行为方式. 旅游科学, 29(2): 38-45, 95.
谌利, 杨丹卉. 2008. 我国旅游信息化建设存在的问题及对策. 网络财富, 12: 52.
楚义芳. 1992. 关于旅游线路设计的初步研究. 旅游学刊, (2): 9-13.
戴斌, 李鹏鹏, 马晓芬. 2022. 论旅游业高质量发展的形势、动能与任务. 华中师范大学学报(自然科学版), 56(1): 1-8, 42.
戴斌, 张扬. 2021. 旅游消费论. 北京: 商务印书馆.
邓宁. 2017. 一种面向旅游研究的海量图片元数据分析系统——以罗马为例. 旅游导刊, 1(6): 34-47.
邓宁, 刘耀芳, 牛宇, 等. 2019. 不同来源地旅游者对北京目的地形象感知差异——基于深度学习的 Flickr 图片分析. 资源科学, 41(3): 416-429.
邓宁, 牛宇. 2019. 旅游大数据: 理论与应用. 北京: 旅游教育出版社.
董楠, 张春晖. 2019. 全域旅游背景下免费型森林公园游客满意度研究——以陕西王顺山国家森林公园为例. 旅游学刊, 34(6): 109-123.
樊友猛, 谢彦君. 2017. "体验"的内涵与旅游体验属性新探. 旅游学刊, (11): 16-25.
范振英. 2014. 健康新定义的提出. 医学争鸣, 5(3): 9-12.
方淑杰, 黎耀奇, 傅云新. 2019. 赔礼还是赔钱?——基于情绪感染理论的旅游景区服务补救策略研究. 旅游学刊, 34(1): 44-57.
费尔德曼 R. 2007. 发展心理学: 人的毕生发展. 4 版. 苏彦捷, 等译. 北京: 世界图书出版公司.
风笑天. 2018. 社会研究方法. 5 版. 北京: 中国人民大学出版社.
付丽洋. 2018. 面向民航收益提升的可疑订单识别模型研究. 天津: 中国民航大学.
付伟, 杨丽, 罗明灿. 2020. 我国绿色消费路径依赖探析. 西南林业大学学报(社会科学版), 4(6): 57-62.
付晓蓉, 兰欣. 2020. 共情 vs. 同情? 不幸事件后社会公众的情绪反应与旅游意向研究. 旅游学刊, 35(12): 109-122.
高静, 刘春济. 2010. 国际医疗旅游产业发展及其对我国的启示. 旅游学刊, 25(7): 88-94.
格德纳, 里奇. 2008. 旅游学. 12 版. 李天元, 徐虹译. 北京: 中国人民大学出版社.
格雷伯恩. 2002. 旅游: 神圣的旅程//瓦伦•L. 史密斯. 东道主与游客: 旅游人类学研究. 张晓萍, 何昌邑, 等译. 昆明: 云南大学出版社: 25.
龚胜生. 1996. 中国宋代以前矿泉的地理分布及其开发利用. 自然科学史研究, (4): 343-352.
谷明. 2000. 我国旅游者消费模式与行为特征分析. 桂林旅游高等专科学校学报, 11(4): 21-25.
郭琛. 2014. 论消费者的社会责任. 西北大学学报(哲学社会科学版), 44(3): 55-60.
何建华. 2021. 节俭消费伦理的时代意蕴. 伦理学研究, (3): 105-110.
何建英. 2012. 都市型旅游目的地国内游客满意度研究. 天津: 南开大学.
何琼峰. 2014. 基于扎根理论的文化遗产景区游客满意度影响因素研究——以大众点评网北京 5A 景区的游客评论为例. 经济地理, 34(1): 168-173, 139.
何小芊, 龚胜生. 2013. 中国古代温泉旅游景观及其现代启示. 热带地理, 33(6): 766-771.
胡静. 2016. 不文明旅游的"误"与"解". 旅游学刊, 31(8): 10-13.
胡乐意. 2013. 旅游对生活质量认知的影响研究. 大连: 东北财经大学.
华生. 1933. 华生氏行为主义. 陈德荣译. 北京: 商务印书馆.
黄璜. 2013. 国外养老旅游研究进展与我国借鉴. 旅游科学, 27(6): 13-24, 38.
黄娜. 2019. 旅游情境因素对丽江古城旅游体验质量影响研究. 昆明: 云南大学.
黄潇婷. 2009. 基于时间地理学的景区旅游者时空行为模式研究——以北京颐和园为例. 旅游学刊, (6): 82-87.
黄潇婷. 2011. 旅游者时空行为研究. 北京: 中国旅游出版社.
黄潇婷. 2014. 基于 GPS 与日志调查的旅游者时空行为数据质量对比. 旅游学刊, 29(3): 100-106.
黄潇婷. 2015 . 基于时空路径的旅游情感体验过程研究——以香港海洋公园为例. 旅游学刊, (6): 39-45.
黄潇婷, 李玟璇, 闫申. 2018. 旅游地图眼动行为模式研究. 旅游学刊, 33(10): 87-96.
黄潇婷, 李玟璇, 张海平, 等. 2016. 基于 GPS 数据的旅游时空行为评价研究. 旅游学刊, 31(9): 40-49.
黄潇婷, 刘春. 2016. 旅游同伴角色对旅游者行为的制约影响——以香港海洋公园为例. 人文地理,

31(2): 128-135.
黄潇婷, 马修军. 2011. 基于 GPS 数据的旅游者活动节奏研究. 旅游学刊, (12): 26-29.
黄潇婷, 杨威, 王志慧. 2021. 实验研究方法在旅游研究中应用的系统回顾与展望. 旅游科学, 35(4): 1-20.
黄震方, 侯国林, 周年兴, 等. 2015. 旅游地理学. 大连: 东北财经大学出版社.
霍金斯, 贝斯特, 科尼. 2003. 消费者行为学. 符国群译. 北京: 机械工业出版社.
简明, 易丹辉. 2001. 构建中国顾客满意度指数(CCSI)测评体系的思考. 中国质量, (8): 9-13.
江林. 2009. 消费者行为学. 3 版. 北京: 首都经济贸易大学出版社.
蒋立杰. 2013. 高校教师心理资本管理研究. 武汉: 武汉大学.
蒋依依, 温晓金, 刘焱序. 2018. 2001—2015 年中国出境旅游流位序规模演化特征. 地理学报, 73(12): 2468-2480.
金勇进, 王华. 2005. 中国顾客满意度指数体系的构建. 统计与信息论坛, 20(2): 5-9.
亢雄. 2014. 旅游消费的伦理维度及其实现路径. 理论导刊, (11): 88-90, 101.
科特勒 P, 阿姆斯特朗 G. 2020. 市场营销: 原理与实践. 17 版. 楼尊译. 北京: 中国人民大学出版社.
库伯. 2008. 体验学习: 让体验成为学习和发展的源泉. 王灿明, 朱水萍, 等译. 上海: 华东师范大学出版社.
黎加厚. 2010. 新教育目标分类学概论. 上海: 上海教育出版社.
黎巎. 2018. 旅游大数据研究. 北京: 中国经济出版社.
黎巎, 张俊刚, 张璐, 等. 2021. 旅游大数据: 应用与实践. 北京: 中国旅游出版社.
黎耀奇, 关巧玉. 2018. 旅游怀旧: 研究现状与展望. 旅游学刊, (2): 105-116.
黎镇霆, 刘晨. 2022. 观鸟活动的具身体验及其影响: 基于流动性视角的研究. 旅游学刊, 37(5): 69-79.
李春晓, 冯浩妍, 吕兴洋, 等. 2020. 穷家富路?非惯常环境下消费者价格感知研究. 旅游学刊, 35(11): 42-53.
李德顺. 2013. 价值思维的主体性原则及其意义. 湖北大学学报(哲学社会科学版), (4): 1-7.
李飞. 2007. 旅游前准备行为, 游客成熟度与旅游期望的相互关系. 旅游学刊, 22(12): 6.
李国杰, 程学旗. 2012. 大数据研究: 未来科技及经济社会发展的重大战略领域——大数据的研究现状与科学思考. 中国科学院院刊, 27(6): 647-657.
李慧. 2020. 仪式理论: 旅游营销应用现状与展望. 旅游科学, 34(4): 1-15.
李琳, 徐素波. 2022. 生态旅游研究进展述评. 生态经济, 38(7): 146-152.
李强, 邓建伟, 晓筝. 1999. 社会变迁与个人发展: 生命历程研究的范式与方法. 社会学研究, (6): 1-18.
李山, 邱荣旭, 陈玲. 2008. 基于百度指数的旅游景区络空间关注度: 时间分布及其前兆效应. 地理与地理信息科学, 24(6): 102-107.
李山, 王铮, 钟章奇. 2012. 旅游空间相互作用的引力模型及其应用. 地理学报, 67(4): 526-544.
李松柏. 2007. 我国旅游养老的现状、问题及对策研究. 特区经济, (7): 159-161.
李文明. 2012. 生态旅游环境教育效果评价实证研究. 旅游学刊, 27(12): 80-87.
李先锋. 2008. 旅游的教育功能研究综述. 边疆经济与文化, (12): 24-26.
李星群, 陈馨. 2020. 文献综述视角下负责任旅游的实践探讨. 农村经济与科技, 31(17): 86-89.
李雁晨, 周庭锐, 周琇. 2009. 解释水平理论: 从时间距离到心理距离. 心理科学进展, 17(4): 667-677.
李渊. 2016. 基于 GPS 的景区旅游者空间行为分析: 以鼓浪屿为例. 北京: 科学出版社.
李渊, 刘嘉伟, 严泽幸, 等. 2019. 基于卫星定位导航数据的景区旅游者空间行为模式研究——以鼓浪屿为例. 中国园林, 35(1): 73-77.
李渊, 王秋颖, 王德. 2017. GPS 与回忆日志在旅游者空间行为上的精度比对——鼓浪屿实证研究. 旅游学刊, 32(8): 81-92.

李渊, 谢嘉宬, 王秋颖. 2018. 旅游空间行为冲突评价与空间优化策略研究——以鼓浪屿为例. 地理与地理信息科学, 34(1): 92-97.
李志猛, 沙基昌, 谈群. 2009. 探索性分析方法及其应用研究综述. 计算机仿真, (1): 32-35.
连丽智. 2017. 国内旅游定义研究新探讨. 2017 中国旅游科学年会. 北京.
梁昌勇, 马银超, 路彩红. 2015. 大数据挖掘: 智慧旅游的核心. 开发研究, 5: 134-139.
梁嘉祺, 姜珊, 陶犁. 2020. 基于网络游记语义分析和 GIS 可视化的游客时空行为与情绪关系实证研究——以北京市为例. 人文地理, 35(2): 152-160.
梁嘉祺, 姜珊, 陶犁. 2021. 旅游者时空行为模式与难忘旅游体验关系研究. 旅游学刊, 10(36): 98-111.
梁湘萍, 甘巧林. 2008. 国际医疗旅游的兴起及其对我国的启示. 华南师范大学学报(自然科学版), (1): 130-136.
林德荣, 刘卫梅. 2016. 旅游不文明行为归因分析. 旅游学刊, 31(8): 8-10.
刘丹萍, 保继刚. 2006. 旅游者“符号性消费”行为之思考: 由“雅虎中国”的一项调查说起. 旅游科学, 20(1): 28-33.
刘丹萍, 金程. 2015. 旅游中的情感研究综述. 旅游科学, (2): 74-85.
刘海汀. 2020. 国际养生旅游的发展经验及启示. 中州学刊, (9): 75-79.
刘宏盈, 韦丽柳, 张娟. 2012. 基于旅游线路的区域旅游流网络结构特征研究. 人文地理, (4): 131-136.
刘建国, 张永敬. 2016. 医疗旅游: 国内外文献的回顾与研究展望. 旅游学刊, 31(6): 113-126.
刘录护, 左冰. 2010. 城市中学生旅游的教育功能: 现象学视野的研究——以广州市某中学学生为例. 旅游学刊, (10): 63-71.
刘培学, 朱知沛, 张捷, 等. 2021. 旅游在线搜索与客流波动的动态关联研究——以南京钟山风景名胜区为例. 旅游学刊, 36(11): 95-105.
刘培学. 2022. 旅游空间交互网络与区域嵌套机制研究. 南京: 南京大学出版社.
刘艳. 1996. 关于“心理健康”的概念辨析. 教育研究与实验, (3): 46-48.
刘逸, 保继刚, 陈凯琪. 2017. 中国赴澳大利亚游客的情感特征研究——基于大数据的文本分析. 旅游学刊, 32(5): 46-58.
刘瑜. 2016. 社会感知视角下的若干人文地理学基本问题再思考. 地理学报, 71(4): 564-575.
刘泽华, 章锦河, 彭红松, 等. 2018. 旅游季节性测度指标的敏感度研究. 地理学报, 73(2): 295-316.
龙江智. 2005. 从体验视角看旅游的本质及旅游学科体系的构建. 旅游学刊, (1): 21-26.
龙江智. 2010. 旅游竞争力评价范式: 反思与启示. 旅游科学, (2): 26-39.
龙江智, 卢昌崇. 2009. 旅游体验的层级模式: 基于意识谱理论的分析. 北京第二外国语学院学报, (11): 9-19.
陆保一, 韦俊峰, 明庆忠, 等. 2022. 基于知识图谱的中国旅游大数据应用研究进展. 经济地理, 42(1): 230-240.
路紫, 刘娜, Zui Z. 2007. 澳大利亚旅游网站信息流对旅游人流的导引: 过程、强度和机理问题. 人文地理, 22(5): 88-93.
《伦理学》编写组. 2021. 伦理学. 2 版. 北京: 高等教育出版社.
罗盛锋, 黄燕玲, 程道品, 等. 2011. 情感因素对游客体验与满意度的影响研究——以桂林山水实景演出“印象·刘三姐”为例. 旅游学刊, (1): 51-58.
骆宁. 2021. 问卷调查研究方法应用的文献综述. 区域治理, (6): 208-287.
洛夫洛克 B, 洛夫洛克 K M. 2019. 旅游伦理学——批判性与应用性视角. 余晓娟, 孙佼佼译. 北京: 商务印书馆.
吕洋洋, 白凯. 2014. 旅游交易网站消费者评价维度研究——以携程网为例. 旅游科学, 28(2): 49-60.
马建光, 姜巍. 2013. 大数据的概念、特征及其应用. 国防科技, 34(2): 10-17.

马克思, 恩格斯. 1995a. 马克思恩格斯选集(第二卷). 2 版. 中共中央马克思恩格斯列宁斯大林著作编译局编. 北京: 人民出版社.
马克思, 恩格斯. 1995b. 马克思恩格斯选集(第一卷). 2 版. 中共中央马克思恩格斯列宁斯大林著作编译局编. 北京: 人民出版社.
马克思. 2000. 1844 年经济学哲学手稿. 3 版. 中共中央马克思恩格斯列宁斯大林著作编译局译. 北京: 人民出版社.
马天. 2019. 旅游体验测量方法: 重要回顾与展望. 旅游科学, (3): 37-49.
马天. 2020. 基于扎根理论的旅游体验作用路径研究: 以迪士尼主题公园为例. 旅游导刊, (3): 43-61.
马天, 谢彦君. 2019. 旅游体验中的情感与情感研究: 现状与进展. 旅游导刊, (2): 82-101.
马耀峰, 李天顺, 等. 1999. 中国入境旅游研究. 北京: 科学出版社: 12-24.
牟海鹰, 黄希庭. 2001. 西方关于消费者信息加工的新近研究. 心理学动态, 9(2): 186-191.
穆成林, 陆林. 2016. 京福高铁对旅游目的地区域空间结构的影响——以黄山市为例. 自然资源学报, 31(12): 2122-2136.
派恩, 吉尔摩. 2002. 体验经济. 夏业良, 鲁炜, 等译. 北京: 机械工业出版社.
潘澜, 林璧属, 王昆欣. 2016. 探索旅游体验记忆的影响因素——中国旅游情景下的研究. 旅游学刊, 31(1): 49-56.
裴韬, 刘亚溪, 郭思慧, 等. 2019. 地理大数据挖掘的本质. 地理学报, 74(3): 586-598.
彭永祥. 2010. 基于旅游者收益的地质公园核心竞争力及其评价. 西安: 陕西师范大学.
朴松爱. 2001. 教育旅游、旅游教育与可持续旅游发展. 旅游科学, (4): 40-43.
屈册, 马天. 2015. 旅游情境: 在想象与地方之间. 北京第二外国语学院学报, (3): 14-21.
任思北. 2010. 旅游纪念品的社会功能和情感影响因素探究. 大连: 东北财经大学.
阮文奇. 2019. 区域旅游信息流: 空间网络、动力机制与溢出效应. 厦门: 华侨大学.
塞利格曼 M. 2012. 持续的幸福. 赵昱鲲译. 杭州: 浙江人民出版社.
桑特洛克. 2009. 毕生发展. 3 版. 桑标, 等译. 上海: 上海人民出版社.
沙普利. 2016. 旅游社会学. 谢彦君, 孙佼佼, 郭英译. 北京: 商务印书馆.
上海市统计局. 2024. 2023 年上海市国民经济和社会发展统计公报. https://tjj.sh.gov.cn/tjgb/20240321/f66c5b25ce604a1f9af755941d5f454a. html[2024-03-21].
邵海雁, 靳诚, 陆玉麒, 等. 2024. 长江经济带虚拟旅游流对高铁建设的响应格局及其驱动机理. 地理研究, 43(3): 791-808.
佘升翔, 费勇安, 田云章, 等. 2019. 旅游消费者情绪量表的维度及检验. 统计与决策, 35(5): 36-40.
沈梁晶. 2020. 出境自驾租车服务质量和顾客满意度研究. 上海: 复旦大学.
沈鹏熠. 2012. 旅游体验对游客行为倾向影响的实证研究. 北京第二外国语学院学报, (11): 59-65, 29.
石文山, 陈家麟. 2004. 心理健康: 维列鲁学派活动理论的诠释. 心理科学, (5): 1168-1171.
司马云杰. 1987. 文化社会学. 济南: 山东人民出版社.
宋振春, 王颖, 葛新雨, 等. 2020. 身体痛苦如何成为情感享受——身心交互视角下的旅游体验研究. 旅游学刊, 35(10): 109-121.
宋周尧. 2007. 马克思的环境伦理规范思想解读. 学习论坛, (6): 11-14.
苏勤, 曹有挥, 张宏霞, 等. 2005. 旅游者动机与行为类型研究——以世界遗产地西递为例. 人文地理, 20(4): 82-86.
粟路军, 黄福才. 2011. 服务公平性、消费情感与旅游者忠诚关系——以乡村旅游者为例. 地理研究, 30(3): 463-476.
孙冬燕. 2017. 旅游业产业发展视阈下海南“候鸟”养老产业现象解读. 商业经济研究, (13): 171-172.
孙瑾, 杨静舒. 2020. 旅游管理视角下的消费者决策行为研究现状评述与展望. 旅游导刊, 4(3): 1-15.

孙九霞. 2008. 赋权理论与旅游发展中的社区能力建设. 旅游学刊, (9): 22-27.
孙九霞. 2023. 文旅产业发展的新动向与新趋势. 人民论坛, (9): 98-102.
孙九霞, 陈钢华. 2015. 旅游消费者行为学. 大连: 东北财经大学出版社.
孙九霞, 吴传龙, 凌玲. 2018. 旅游地特色饮食的地方化: 丽江三文鱼的生产与消费. 南开管理评论, 21(2): 182-191.
孙九霞, 周尚意, 王宁, 等. 2016. 跨学科聚焦的新领域: 流动的时间、空间与社会. 地理研究, 35(10): 1801-1818.
孙娜, 张梅青. 2020. 基于高铁流的中国城市网络结构特征演变研究. 地理科学进展, 39(5): 727-737.
孙小龙. 2018. 旅游体验要素研究. 厦门: 厦门大学.
孙彦, 李纾, 殷晓莉. 2007. 决策与推理的双系统——启发式系统和分析系统. 心理科学进展, 15(5): 721-726.
唐唯. 2017. 度假旅游情境对游客压力的调适作用研究——以广东温泉和滨海旅游度假区为例. 广州: 广东财经大学.
唐晓莉, 李山. 2016. 区域间旅游需求溢出测度的缺口模型及其验证. 旅游学刊, 31(6): 17-37.
唐秀丽. 2020. 旅游心理学. 重庆: 重庆大学出版社.
陶伟, 倪明. 2010. 中西方旅游需求预测对比研究: 理论基础与模型. 旅游学刊, 25(8): 12-17.
妥艳媜. 2015. 旅游者幸福感为什么重要. 旅游学刊, 30(11): 16-18.
汪德根. 2013. 旅游地国内客源市场空间结构的高铁效应. 地理科学, 33(7): 797-805.
汪德根, 陈田, 陆林, 等. 2015. 区域旅游流空间结构的高铁效应及机理——以中国京沪高铁为例. 地理学报, 70(2): 214-233.
汪淑娟. 2020. 消费主义的伦理困境及其超越. 吉首大学学报(社会科学版), 41(6): 145-151.
王财玉, 雷雳. 2015. 社会责任消费的结构、形成机制及企业响应. 心理科学进展, 23(7): 1245-1257.
王纯阳, 屈海林. 2013. 旅游动机、目的地形象与旅游者期望. 旅游学刊, 28(6): 26-37.
王恒利, 张瑞林, 李凌, 等. 2019. 女性参与冰雪体育旅游的影响因素研究. 北京体育大学学报, 42(3): 44-52.
王建华, 沈旻旻, 朱淀. 2020. 环境综合治理背景下农村居民亲环境行为研究. 中国人口 • 资源与环境, 30(7): 128-139.
王杰. 2019. 全域旅游背景下皇城相府景区发展瓶颈研究. 当代旅游, (12): 88-89.
王景峰. 2018. 明确消费者的社会责任. 人民论坛, (32): 90-91.
王龙杰, 曾国军, 毕斗斗. 2019. 信息化对旅游产业发展的空间溢出效应. 地理学报, 74(2): 366-378.
王宁. 2011. 炫耀性消费: 竞争策略还是规范遵从. 广东社会科学, (4): 196-209.
王宁, 刘丹萍, 马凌, 等. 2008. 旅游社会学. 天津: 南开大学出版社.
王文龙. 2016. 大学生在志愿者旅游中的个人发展研究. 广州: 华南理工大学.
王昕, 李继刚, 罗兹柏. 2012. 基于旅游体验的游客满意度评价实证研究. 重庆师范大学学报(自然科学版), (6): 87-92.
王秀峰. 2015. 发展国际医疗旅游的意义、经验及建议. 中国卫生政策研究, 8(2): 66-70.
王艳平, 金丽. 2004. 界面增长: 提高旅游体验总量的重要环节——以构筑温泉旅游“更•宽衣”环节为例. 旅游学刊, (5): 45-47.
王莹, 吴明华. 1991. 旅游期望与感受偏差原因分析. 旅游学刊, 6(4): 42-44.
蔚海燕, 戴泽钒, 许鑫, 等. 2018. 上海迪士尼对上海旅游流网络的影响研究——基于驴妈妈游客数字足迹的视角. 旅游学刊, 33(4): 33-45.
魏遐, 潘益听. 2010. 中国旅游体验研究十年(2000—2009)综述. 旅游论坛, (6): 645-651.
温彭年, 贾国英. 2002. 建构主义理论与教学改革——建构主义学习理论综述. 教育理论与实践, 22(5):

17-22.
吴必虎. 1998. 旅游系统: 对旅游活动与旅游科学的一种解释. 旅游学刊, (1): 20-24.
吴必虎. 2001. 大城市环城游憩带(ReBAM)研究——以上海市为例. 地理科学, (4): 354-359.
吴必虎, 唐俊雅, 黄安民, 等. 1997. 中国城市居民旅游目的地选择行为研究. 地理学报, 52(2): 97-103.
吴必虎, 刘小玲, 赵荣. 1996. 国内旅游者人口学特征研究. 中国人口科学, (4): 40-45.
吴恒, 何文俊. 2022. 因何而美: 旅游审美体验的溯源与机制. 旅游学刊, 37(1): 99-108.
吴建兴, 吴茂英, 汪菁. 2022. 自我民族志在旅游研究中应用评析. 旅游学刊, 37(2): 130-141.
吴晋峰, 包浩生. 2002. 旅游系统的空间结构模式研究. 地理科学, 22(1): 96-101.
吴开军. 2019. 旅游大数据研究热点及特征探析——基于国外文献的分析. 统计与信息论坛, 34(4): 105-113.
吴清津. 2006. 旅游消费者行为学. 北京: 旅游教育出版社.
吴微. 2017. 认知视角下青少年的家庭旅游学习行为研究. 杭州: 浙江大学.
吴垠. 2005. 关于中国消费者分群范式(China-Vals)的研究. 南开管理评论, 8(2): 9-15.
武虹剑, 龙江智. 2009. 旅游体验生成途径的理论模型. 社会科学辑刊, (3): 46-49.
西蒙 H. 1988. 管理行为: 管理组织决策过程的研究. 杨砾, 韩春立, 徐立译. 北京: 北京经济学院出版社.
习近平. 2013. 关于《中共中央关于全面深化改革若干重大问题的决定》的说明. https://news.12371.cn/2013/11/15/ARTI1384513621204530. shtml[2013-11-15].
习近平. 2014. 核心价值观其实就是一种德 国无德不兴. http://politics.people.com.cn/n/2014/0505/c1024-24975911. html[2014-05-05].
习近平. 2016. 法律是成文的道德, 道德是内心的法律. http://zw.china.com.cn/2016-12/12/content_39893931. htm[2016-12-12].
习近平. 2017. 决胜全面建成小康社会 夺取新时代中国特色社会主义伟大胜利——在中国共产党第十九次全国代表大会上的报告.
习近平. 2020. 大力弘扬艰苦奋斗、勤俭节约精神(深入学习贯彻习近平新时代中国特色社会主义思想). https://news.cnr.cn/native/gd/20240321/t20240321_526634528. shtml[2024-03-21].
向慧容. 2018. 旅游活动对大学生社会认知的影响研究. 大连: 辽宁师范大学.
谢彦君. 1999. 旅游交往问题初探. 旅游学刊, (4): 57-60.
谢彦君. 2001. 关于中国旅游规划操作问题的几点思考. 东北财经大学学报, 4: 40-42.
谢彦君. 2005a. 旅游体验研究. 大连: 东北财经大学.
谢彦君. 2005b. 旅游体验的情境模型: 旅游场. 财经问题研究, (12): 64-69.
谢彦君. 2006. 旅游体验的两极情感模型: 快乐—痛苦. 财经问题研究, (5): 88-92.
谢彦君. 2011a. 基础旅游学. 3 版. 北京: 中国旅游出版社.
谢彦君. 2011b. 旅游的三副面孔——政府、学界、业界解读旅游的不同立场. 中国旅游评论, 14-16.
谢彦君. 2015. 基础旅游学. 4 版. 北京: 商务印书馆.
谢彦君, 等. 2010. 旅游体验研究——走向实证科学. 北京: 中国旅游出版社.
谢彦君, 樊友猛. 2017. 身体视角下的旅游体验——基于徒步游记与访谈的扎根理论分析. 人文地理, (4): 129-137 .
谢彦君, 胡迎春, 王丹平. 2018. 工业旅游具身体验模型: 具身障碍、障碍移除和具身实现. 旅游科学, (4): 1-16.
谢彦君, 孙佼佼, 卫银栋. 2015. 论黑色旅游的愉悦性: 一种体验视角下的死亡观照. 旅游学刊, 30(3): 86-94.
谢彦君, 吴凯. 2000. 期望与感受: 旅游体验质量的交互模型. 旅游科学, (2): 1-4.

谢彦君, 谢中田. 2006. 现象世界的旅游体验: 旅游世界与生活世界. 旅游学刊, (4): 13-18.
辛德尔 C. 2001. 忠诚营销: E 时代的客户关系管理. 阙澄宇, 史达, 刘红波译. 北京: 中国三峡出版社.
新华社. 2020. 谁更爱逛故宫? 官方数据这样说……. http://jres2023.xhby.net/index/202001/t20200103_6464829.shtml[2020-01-03].
新浪微博数据中心. 2017. 2017 微博用户发展报告. 北京: 新浪微博数据中心.
新浪微博数据中心. 2019. 2018 微博用户发展报告. 北京: 新浪微博数据中心.
徐红罡, 唐香姐. 2015. 流动性视角下打工旅游者行为特征研究——以大理古城为例. 人文地理, 30(4): 129-135.
徐虹, 游喜喜. 2018. 基于人口特征变量的旅游者消费意向差异分析——以旅游者社会责任消费为视角. 干旱区资源与环境, 32(1): 196-201.
徐洪, 涂红伟. 2021. 景区环境质量对游客亲环境行为的影响研究——以武夷山风景名胜区为例. 林业经济, 43(12): 39-54.
徐菊凤. 2016. 论旅游的边界与层次. 旅游学刊, (8): 16-28.
徐磊青, 杨公侠. 2002. 环境心理学: 环境, 知觉和行为. 上海: 同济大学出版社.
徐新. 2009. 金融支持扩大内需问题的思考. 中国农村信用合作, (7): 32-34.
徐新. 2009. 现代社会的消费伦理. 北京: 人民出版社.
徐一帆, 张宏磊, 田原, 等. 2020. 交通系统对旅游空间结构影响研究进展与展望. 旅游科学, 34(3): 32-46.
许春晓, 左湘, 胡婷, 等. 2018. 旅游情境、游客情感与游客忠诚的关系研究——以岳阳楼-君山旅游区为例. 华侨大学学报(哲学社会科学版), (5): 41-51.
薛嘉欣, 刘满芝, 赵忠春, 等. 2019. 亲环境行为的概念与形成机制: 基于拓展的 MOA 模型. 心理研究, 12(2): 144-153.
薛群慧, 卢继东, 杨书侠. 2014. 健康旅游概论. 北京: 科学出版社.
薛熙明. 2014. 在校女大学生旅游体验与旅游需求的质性研究. 妇女研究论丛, (3): 98-105, 114.
闫闪闪, 梁留科, 索志辉, 等. 2017. 基于大数据的洛阳市旅游流时空分布特征. 经济地理, 37(8): 216-224.
阎俊, 佘秋玲. 2009. 社会责任消费行为量表研究. 管理科学, 22(2): 73-82.
晏国祥. 2008. 消费者行为理论发展脉络. 经济问题探索, (4): 31-36.
杨立勋, 殷书炉. 2008. 人工智能方法在旅游预测中的应用及评析. 旅游学刊, (9): 17-22.
杨丽珠, 刘文. 2006. 毕生发展心理学. 北京: 高等教育出版社.
杨敏, 李君轶, 徐雪. 2020. ICTs 视角下的旅游流和旅游者时空行为研究进展. 陕西师范大学学报(自然科学版), 48(4): 46-55.
杨四耕. 2009. 什么是“体验”: 一个教育学概念的研究. 今日教育, (5): 34-37.
杨甜丽. 2011. 旅游体验品质测量模型的构建. 大连: 东北财经大学.
杨新军, 马晓龙, 霍云霈. 2004. 旅游目的地区域(TDD)及其空间结构研究——以西安为例. 地理科学, (5): 620-626.
杨旸, 刘法建. 2017. 大数据旅游研究和应用中的几个问题. 旅游学刊, 2(9): 3-4.
杨振之. 2014. 论旅游的本质. 旅游学刊, 29(3): 13-21.
叶继奋. 2018. 谈文学欣赏过程中审美体验的发生. 名作欣赏, (12): 81-86.
“游客满意度指数”课题组. 2012. 游客满意度测评体系的构建及实证研究. 旅游学刊, 27(7): 74-80.
余谋昌, 王耀先. 2004. 环境伦理学. 北京: 高等教育出版社.
余谋昌. 2004. 传播环境伦理, 建设环境文化. 中国城市经济, (2): 4-9.
余向洋, 沙润, 朱国兴, 等. 2012. 基于 EMD 的景区客流波动特征及其组合预测——以黄山风景区为例.

地理科学进展, 31(10): 1353-1359.
余向洋, 汪丽. 2014. 黄山风景区客流波动的多时间尺度特征分析. 旅游科学, 28(2): 11.
余向洋, 张圆刚, 朱国兴, 等. 2019. 旅游季节性测度框架及其实证研究. 经济地理, 39(11): 225-234.
俞国良, 王青兰, 杨治良. 2000. 环境心理学. 北京: 人民教育出版社.
曾国军, 梁馨文. 2020. 旅游目的地饮食原真性再造: 以阳朔西街啤酒鱼为例. 人文地理, 35(3): 48-57, 103.
曾诗晴, 谢彦君, 史艳荣. 2022. 从城市意象到街道体验——城市旅游多层级消费决策中的景观迭代过程. 旅游学刊, 37(1): 68-84.
曾忠禄, 王兴. 2020. 大数据在旅游研究中的运用——国际文献研究. 情报杂志, 39(10): 165-168.
张柴, 董雪旺, 章素圆, 等. 2022. 社会交换理论的源流及其在旅游研究中的应用: 一个批判性的思考. 旅游论坛, 15(6): 84-94.
张朝枝, 张鑫. 2017. 流动性的旅游体验模型建构——基于骑行入藏者的研究. 地理研究, 36(12): 2332-2342.
张凤莲. 2005. 马克思的个人发展理论及其当代价值. 哲学研究, (5): 19-24.
张宏梅. 2010. 文化学习与体验: 文化遗产旅游者的核心诉求. 旅游学刊, 25(4): 10.
张宏梅, 陆林. 2005. 近 10 年国外旅游动机研究综述. 地域研究与开发, 24(2): 60-64, 69.
张辉华, 凌文辁. 2005. 理性、情绪与个体经济决策. 外国经济与管理, 27(5): 2-9.
张机, 徐红罡. 2015. 民族餐馆中的主客角色冲突——以丽江白沙村为例. 热带地理, (4): 481-488.
张坤, 李春林, 张津沂. 2020. 基于图片大数据的入境游客感知和行为演变研究——以北京市为例. 旅游学刊, 35(8): 61-70.
张琳琳. 2016. 基于情境的复杂消费产品(CCPs)企业核心竞争力形成机制研究. 大连: 大连理工大学.
张凌云. 2008. 旅游学研究的新框架: 对非惯常环境下消费者行为和现象的研究. 旅游学刊, 23(10): 12-16.
张凌云. 2019. 旅游: 非惯常环境下的特殊体验. 旅游学刊, 34(9): 3-5.
张凌云, 黎巎, 刘敏. 2012. 智慧旅游的基本概念与理论体系. 旅游学刊, 27(5): 66-73.
张梦, 郭养红, 付晓蓉. 2018. 旅游消费者行为研究的过去、现在和未来——基于引证研究法的研究. 旅游学刊, 2018(7): 119-132.
张相乐. 2008. 论作为心理学概念的体验. 长江大学学报(社会科学版), (2): 111-113.
张骁鸣, 常璐. 2019. 拟剧理论视角下的旅游网络社区人际互动研究——以豆瓣网"穷游"社区为例. 旅游学刊, 34(7): 98-109.
张晓, 白长虹. 2018. 快乐抑或实现? 旅游者幸福感研究的转向——基于国外幸福感研究的述评. 旅游学刊, 33(9): 132-144.
张莹. 2011. 消费者怀旧产品购买行为主要影响因素的实证研究. 上海: 东华大学.
张云飞, 李娜. 2022. 建设人与自然和谐共生现代化的价值抉择. 东南学术, (4): 31-42.
赵刘, 程琦, 周武忠. 2013. 现象学视角下旅游体验的本体描述与意向构造. 旅游学刊, (10): 97-106.
赵书虹, 尹松波. 2017. 旅游伦理学. 重庆: 重庆大学出版社.
赵旭东. 2006. 消费的文化解释. 江西社会科学, 26(10): 12-15.
赵莹, 梁锦鹏, 颜力祺, 等. 2020. 标识设置对游客寻路行为的影响研究——基于眼动追踪的实验分析. 旅游学刊, 35(9): 63-73.
中华人民共和国民政部. 2011. 2010 年社会服务发展统计公报. https://www.mca.gov.cn/n156/n189/c93364/content. html[2011-06-16].
中华人民共和国民政部. 2018. 2017 年社会服务发展统计公报. https://www.mca.gov.cn/mzsj/tjgb/2017/201708021607. pdf[2018-08-02].

中华人民共和国民政部. 2020. 2019 年民政事业发展统计公报. https://www.mca.gov.cn/images3/www2017/file/202009/1601261242921.pdf[2020-09-08].
钟栎娜. 2017. 面向未来的旅游大数据研究：引领而非跟随. 旅游学刊, 32(10): 4-6.
周功梅, 宋瑞, 刘倩倩. 2021. 国内外康养旅游研究评述与展望. 资源开发与市场, 37(1): 119-128.
周思敏. 2021. 游客口碑发布平台选择行为的影响因素研究. 北京：北京邮电大学.
周永广, 马燕红. 2007 基于携程网自由点评的游客满意度评价及游客管理研究——以黄山风景区为例. 地理与地理信息科学, (2): 97-100.
周中之. 2012. 全球化背景下的中国消费伦理. 北京：人民出版社.
邹本涛. 2010. 旅游情感体验的内容分析. 北京第二外国语学院学报, (9): 21-27.
邹统钎, 陈芸, 胡晓晨. 2009. 探险旅游安全管理研究进展. 旅游学刊, 24(1): 86-92.
邹统钎, 吴丽云. 2003. 旅游体验的本质、类型与塑造原则. 旅游科学, 17(4): 7-10, 41.
Achenreiner G, John D. 2003. The meaning of brand names to children: A developmental investigation. Journal of Consumer Psychology, 13(3): 205-219.
Adler Hellman J. 2001. Editor's foreword: The meaning of September 11th for Latin America and the Caribbean. Canadian Journal of Latin American and Caribbean Studies, 26(52): 141-150.
Aguinis H, Bradley K J. 2014. Best practice recommendations for designing and implementing experimental vignette methodology studies. Organizational Research Methods, 17(4): 351-371.
Aho S K. 2001. Towards a general theory of touristic experiences: Modelling experience process in tourism. Tourism Review, 56(3/4): 33-37.
Alba J W, Williams E F. 2013. Pleasure principles: A review of research on hedonic consumption. Journal of Consumer Psychology, 23(1): 2-18.
Alexandris K, Kouthouris C, Meligdis A. 2006. Increasing customers' loyalty in a skiing resort: The contribution of place attachment and service quality. International Journal of Contemporary Hospitality Management, 18(5): 414-425.
Anderson E W, Fomell C. 2000. Foundations of the American customer satisfaction index. Total Quality Management, 11(7): 869-883.
Andrews F M, McKennell A C. 1980. Measures of self-reported well-being: Their affective, cognitive, and other components. Social Indicators Research, 8: 127-155.
Arndt J, Solomon S, Kasser T, et al. 2004. The urge to splurge: A terror management account of materialism and consumer behavior. Journal of Consumer Psychology, 14(3): 198-212.
Aronson E, Turner J A, Carlsmith J M. 1963. Communicator credibility and communication discrepancy as determinants of opinion change. The Journal of Abnormal and Social Psychology, 67(1): 31-36.
Asakura K. 2007. Conservative attitudes toward nursing professionalism in Japan. Japanese Journal of Health Behavioral Science, 22: 106-120.
Asakura Y, Hato E. 2004. Tracking survey for individual travel behaviour using mobile communication instruments. Transportation Research Part C: Emerging Technologies, 12(3-4): 273-291.
Assael H. 1995. Consumer Behavior and Marketing Action. OH: South-Western College Publishing.
Atkinson J W. 1957. Motivational determinants of risk-taking behavior. Psychological Review, 64: 359-372.
Babić Rosario A, Sotgiu F, de Valck K, et al. 2016. The effect of electronic word of mouth on sales: A meta-analytic review of platform, product, and metric factors. Journal of Marketing Research, 53(3): 297-318.
Ballantyne R, Packer J, Falk J. 2011. Visitors' learning for environmental sustainability: Testing short-and long-term impacts of wildlife tourism experiences using structural equation modelling. Tourism

Management, 32(6): 1243-1252.

Bandura A. 1986. Social Foundations of Thought and Action: A Social Cognitive Theory. Upper Saddle River: Prentice Hall.

Bargeman B, van der Poel H. 2006. The role of routines in the vacation decision-making process of Dutch vacationers. Tourism Management, 27 (4) : 707-720.

Barker R G. 1968. Ecological Psychology: Concepts and Methods for Studying the Environment of Human Behavior. Stanford: Stanford University Press.

Baumeister R F, Leary M R. 1995. The need to belong: Desire for interpersonal attachments as a fundamental human motivation. Psychological Bulletin, 117 (3): 497-529.

Baxter J, Hewitt B, Haynes M, et al. 2012. Pathways through the life course: The effect of relationship and parenthood transitions on domestic labour//Evans A, Baxter J. Negotiating the Life Course: Stability and Change in Life Pathways. Dordrecht: Springer: 145-159.

Bearden W, Netemeyer R G, Teel J E. 1989. Measurement of consumer susceptibility to interpersonal influence. The Journal of Consumer Research, 15(4): 473-481.

Beedie P. 2005. The adventure of urban tourism. Journal of Travel & Tourism Marketing, 18(3): 37-48.

Beeho A J, Prentice R C. 1997. Conceptualizing the experiences of heritage tourists: A case study of New Lanark World Heritage Village. Tourism Management, 18 (2) : 75-87.

Belk R W. 1975. Situational variables and consumer behavior. Journal of Consumer Research, 2(3): 157-164.

Bigné J E, Andreu L. 2004. Emotions in segmentation: An empirical study. Annals of Tourism Research, 31(3): 682-696.

Bigné J E, Sánchez M I, Sánchez J. 2001. Tourism image, evaluation variables and after purchase behaviour: Inter-relationship. Tourism Management, 22(6): 607-616.

Blau P M. 2008. Social Life and Power in Society. Li G W(trans.). Beijing: Commercial Press.

Bolton L, Reed A. 2004. Sticky priors: The perseverance of identity effects on judgment. Journal of Marketing Research, 41(4): 397-410.

Bradburn N M. 1969. The Structure of Psychological Well-being. Chicago: Aldine Publishing Company.

Brown F. 1989. Tourism in the 90s: The next move. Annals of Tourism Research, 16(4): 586-588.

Brown J J, Reingen P H. 1987. Social ties and word-of-mouth referral behavior. Journal of Consumer Research, 14(3): 350-362.

Brown T M. 1952. Habit persistence and lags in consumer behaviour. Econometrica, 20(3): 355-371.

Bruner E M. 1991. Transformation of self in tourism. Annals of Tourism Research, 18(2): 238-250.

Butler R W. 1980. The concept of a tourism area cycle of evolution: Implication for management of resource. Canadian Geographies, 24(1): 5-12.

Byron E. 2011. As Middle Class Shrinks, P&G Aims High and Low. https://www.wsj.com/articles/SB10001424053111904836104576558861943984924.

Cai L, Li M. 2009. Distance-segmented rural tourists. Journal of Travel & Tourism Marketing, 26(8): 751-761.

Caldeira A M, Kastenholz E. 2018. Tourists' spatial behaviour in urban destinations: The effect of prior destination experience. Journal of Vacation Marketing, 24(3): 247-260.

Caldeira A M, Kastenholz E. 2020. Spatiotemporal tourist behaviour in urban destinations: A framework of analysis. Tourism Geographies, 22 (1) : 22-50.

Campbell D T, Stanley J C. 1966. Experimental and Quasi-experimental Designs for Research. Chicago: Rand McNally.

Cappelli P, Scherer P D. 1991. The missing role of context in OB: The need for a meso-level approach. Organizational Behavior, 13: 55-110.

Cardozo R N. 1965. An experimental study of customer effort, expectation, and satisfaction. Journal of Marketing Research, (3): 244-249.

Carpenter G, Nakamoto K. 1989. Consumer preference formation and pioneering advantage. Journal of Marketing Research, 26(3): 285-298.

Chen G, Bao J, Huang S. 2014. Developing a scale to measure backpackers' personal development. Journal of Travel Research, 53(4): 522-536.

Chen H, Rahman I. 2018. Cultural tourism: An analysis of engagement, cultural contact, memorable tourism experience and destination loyalty. Tourism Management Perspectives, 26 (2) : 153-163.

Chen T, Borth D, Darrell T, et al. 2014. Deepsentibank: Visual sentiment concept classification with deep convolutional neural networks. https://arxiv org/pdf/1410. 8586v1.

Chuang S C. 2007. The effects of emotions on the purchase of tour commodities. Journal of Travel & Tourism Marketing, 22(1): 1-13.

Clift S, Page S. 2015. Health and the International Tourist. London: Routledge.

Cohen E. 1979. A phenomenology of tourist experiences. Sociology, 13(2): 179-201.

Cohen E. 1988. Authenticity and commoditization in tourism. Annals of Tourism Research, 15(3): 371-386.

Cohen S A, Higham J E S, Cavaliere C T. 2011. Binge flying: Behavioural addiction and climate change. Annals of Tourism Research, 38 (3) : 1070-1089.

Cohen S A. 2011. Lifestyle travellers: Backpacking as a way of life. Annals of Tourism Research, 38 (4) : 1535-1555.

Collins D, Tisdell C. 2002. Age-related lifecycles: Purpose variations. Annals of Tourism Research, 29 (3) : 801-818.

Coltman M M. 1989. Introduction to Travel and Tourism: An International Approach. Hoboken: John Wiley & Sons, Inc.

Cox C, Burgess S, Sellitto C, et al. 2009. The role of user-generated content in tourists' travel planning behavior. Journal of Hospitality Marketing & Management, 18 (8) : 743-764.

Crompton J L. 1979. Motivations for pleasure vacation. Annals of Tourism Research, 6(4): 408-424.

Crompton J. 1992. Structure of vacation destination choice sets. Annals of Tourism Research, 19(3): 420-434.

Cronin J J, Jr, Taylor S A. 1992. Measuring service quality: A reexamination and extension. Journal of marketing, 56(3): 55-68.

Csikszentmihalyi M, LeFevre J. 1989. Optimal experience in work and leisure. Journal of Personality and Social Psychology, 56(5): 815-822.

Cunningham R M. 1956. Brand loyalty-what, where, how much. Harvard Business Review, 34(1): 116-128.

Dann G M S. 1977. Anomie, ego-enhancement and tourism. Annals of Tourism Research, 4(4): 184-194.

Davidson A P, Yu Y M. 2005. The internet and the occidental tourist: An analysis of Taiwan's tourism websites from the perspective of western tourists. Information Technology & Tourism, 7(2): 91-102.

Day G. 1969. A two-dimensional concept of brand loyalty. Journal of Advertising Research, 9: 29-31, 34-35.

Decrop A. 2010. Destination choice sets: An inductive longitudinal approach. Annals of Tourism Research, 37(1): 93-115.

del Bosque I R, Martín H S. 2008. Tourist satisfaction a cognitive-affective model. Annals of Tourism Research, 35(2): 551-573.

Denzin N K, Lincoln Y S. 2011. The SAGE Handbook of Qualitative Research. 4th ed. London: SAGE

Publications.
Dichter E. 1966. How word-of-mouth advertising works. Harvard Business Review, 44: 147-160.
Dick A S, Basu K. 1994. Customer loyalty: Toward an integrated conceptual framework. Journal of the Academy of Marketing Science, 22(2): 99-113.
Diener E, Emmons R A, Larsen R J, et al. 1985. The satisfaction with life scale. Journal of Personality Assessment, 49(1): 71-75.
Dotsey M, Li W, Yang F. 2014. Consumption and time use over the life cycle. International Economic Review, 55(3): 665-692.
Dredge D. 1999. Destination place planning and design. Annals of Tourism Research, 26(4): 772-791.
Dunn E, Gilbert D, Wilson T. 2011. If money doesn't make you happy, then you probably aren't spending it right. Journal of Consumer Psychology, 21(2): 115-125.
Ellis C, Adams T E, Bochner A P. 2011. Autoethnography: An overview. Historical Social Research, 36(4): 273-290.
Engel J F, Blackwell R D, Miniard P W. 1995. Consumer Behavior. 8th ed. New York: The Dryder Press.
Evans M, Chon K. 1989. Formulating and evaluating tourism policy using importance-performance analysis. Journal of Hospitality & Tourism Research, 13(3): 203-213.
Fakeye P C, Crompton J L. 1991. Image differences between prospective, first-time, and repeat visitors to the Lower Rio Grande Valley. Journal of Travel Research, 30(2): 10-16.
Falk J H, Ballantyne R, Packer J, et al. 2012. Travel and learning: A neglected tourism research area. Annals of Tourism Research, 39(2): 908-927.
Fang B, Ye Q, Kucukusta D, et al. 2016. Analysis of the perceived value of online tourism reviews: Influence of readability and reviewer characteristics. Tourism Management, 52: 498-506.
Farber M E, Hall T E. 2007. Emotion and environment: Visitors' extraordinary experiences along the Dalton Highway in Alaska. Journal of Leisure Research, 39(2): 248-270.
Feldman M S, Orlikowski W J. 2011. Theorizing practice and practicing theory. Organization Science, 22(5): 1240-1253.
File K M, Judd B B, Prince R A. 1992. Interactive marketing: The influence of participation on positive word-of-mouth and referrals. Journal of Services Marketing, 6(4): 5.
Fiske S T. 1993. Controlling other people: The impact of power on stereotyping. The American Psychologist, 48(6): 621-628.
Fiske S T, Lin M, Neuberg S L. 1999. The continuum model: Ten years later//Chaiken S, Trope Y. Dual-Process Theories in Social Psychology. New York: Guilford Press: 231-254.
Floyd K, Freling R, Alhoqail S, et al. 2014. How online product reviews affect retail sales: A meta-analysis. Journal of Retailing, 90(2): 217-232.
Fodness D, Murray B. 1997. Tourist information search. Annals of Tourism Research, 24(3): 503-523.
Fornell C, Johnson M D, Anderson E W, et al. 1996. The American customer satisfaction index: Nature, purpose, and findings. Journal of Marketing, 60(4): 7-18.
Fossen B L, Schweidel D A. 2019. Social TV, advertising, and sales: Are social shows good for advertisers? Marketing Science, 38(2): 274-295.
Foster D. 1999. Measuring customer satisfaction in the tourism industry. The Quality Magazine, 8(5): 23-29.
Frew E A, Shaw R N. 1999. The relationship between personality, gender, and tourism behavior. Tourism Management, 20(2): 193-202.
Gantz J, David R. 2011. Extracting value from chaos. IDC Iview, 1142(2011): 1-12.

Garay L, Cànoves G. 2011. Life cycles, stages and tourism history: The Catalonia (Spain) experience. Annals of Tourism Research, 38(2): 651-671.

Gazley A, Watling L. 2015. Me, my tourist-self, and I: The symbolic consumption of travel. Journal of Travel & Tourism Marketing, 32 (6) : 639-655.

George Assaf A, Pestana Barros C, Gil-Alana L A. 2011. Persistence in the short-and long-term tourist arrivals to Australia. Journal of Travel Research, 50(2): 213-229.

Giaccardi S, Ward L, Seabrook R, et al. 2016. Media and modern manhood: Testing associations between media consumption and young men's acceptance of traditional gender ideologies. Sex Roles, 75(3-4): 151-163.

Gilbert D, Abdullah J. 2002. A study of the impact of the expectation of a holiday on an individual's sense of well-being. Journal of Vacation Marketing, 8(4): 352-361.

Girardin F, Calabrese F, Fiore F D, et al. 2008. Digital footprinting: Uncovering tourists with user-generated content. IEEE Pervasive Computing, 7(4): 36-43.

Girardin J. 2008. Analysis of Impact on Domestic Agriculture of WTO Market Access Policy with the Hami Simulation Model. https://ageconsearch.umn.edu/record/6451?v=pdf[2024-12-10].

Global Spa Summit. 2010. Spas and the Global Wellness Market: Synergies and Opportunities.

Gnoth J. 1997. Tourism motivation and expectation formation. Annals of Tourism Research, 24(2): 283-304.

González E M, Meyer J-H, Toldos M. 2021. What women want? How contextual product displays influence women's online shopping behavior. Journal of Business Research, 123: 625-641.

Goossens C. 2000. Tourism information and pleasure motivation. Annals of Tourism Research, 27(2): 301-321.

Graburn N. 2002. The ethnographic tourist//Dann G M S. The Tourist as a Metaphor of the Social World. Wallingford: CABI Publishing: 19-39.

Graham L R. 1994. Dialogic dreams: Creative selves coming into life in the flow of time. American Ethnologist, 21(4): 723-745.

Gremler D D, Brown S W. 1996. Service loyalty: Its nature, importance, and implications. Advancing Service Quality: A Global Perspective, 5(1): 171-181.

Gulas C, McKeage K. 2000. Extending social comparison: An examination of the unintended consequences of idealized advertising imagery. Journal of Advertising, 29(2): 17-28.

Gunn C, Var T. 2002. Tourism Planning: Basics, Concepts, Cases. 4th ed. New York: Routledge.

Gursoy D. 2001. Development of a travelers' information search behavior model. https://vtechworks.lib.vt.edu/items/2cc9694c-59bb-4f81-a542-34144fed22f8[2001-12-03].

GWI. 2015. The Global Wellness Tourism Economy Report 2013 & 2014. Miami: Global Wellness Institute.

GWI. 2018. Global Wellness Economy Monitor. Miami: Global Wellness Institute.

Hampton J. 2007. Gap year travel and personal change: An exploration into the long term socio-cultural impacts of tourism on tourist. Bournemouth: Bournemouth University.

Hansen F. 1972. Consumer Choice Behavior: A Cognitive Theory. New York: Free Press.

Harrigan P, Evers U, Miles M, et al. 2017. Customer engagement with tourism social media brands. Tourism Management, 59: 597-609.

Hatfield E, Rapson R L, Le Y-C L. 2011. Emotional contagion and empathy//Decety J, Ickes W. The Social Neuroscience of Empathy. Cambridge: The MIT Press: 19-30.

Hazel N. 2005. Holidays for children and families in need: An exploration of the research and policy context for social tourism in the UK. Children & Society, 19(3): 225-236.

He K, Zhang X, Ren S, et al. 2016. Deep residual learning for image recognition. 2016 IEEE Conference on Computer Vision and Pattern Recognition: 770-778.

Hede A M, Garma R, Josiassen A, et al. 2014. Perceived authenticity of the visitor experience in museums: Conceptualization and initial empirical findings. European Journal of Marketing, 48: 1395-1412.

Hennig-Thurau T, Gwinner K P, Walsh G, et al. 2004. Electronic word-of-mouth via consumer-opinion platforms: What motivates consumers to articulate themselves on the internet?. Journal of Interactive Marketing, 18(1): 38-52.

Herr P, Kardes F, Kim J. 1991. Effects of word-of-mouth and product-attribute information on persuasion: An accessibility-diagnosticity perspective. Journal of Consumer Research, 17(4): 454-462.

Hills T L, Lundgren J. 1977. The impact of tourism in the Caribbean: A methodological study. Annals of Tourism Research, 4(5): 248-267.

Hirschman E C, Holbrook M B. 1982. Hedonic consumption: Emerging concepts, methods and propositions. Journal of Marketing, 46(3): 92-101.

Holbrook M B, Hirschman E C. 1982. The experiential aspects of consumption: Consumer fantasies, feelings, and fun. Journal of Consumer Research, 9(2): 132-140.

Hong T, Ma T, Zhang H Z. 2015. Tourism spatial spillover effects and urban economic growth. Journal of Business Research, 68(1): 74-80.

Hoogendoorn S P, Bovy P H. 2004. Pedestrian route-choice and activity scheduling theory and models. Transportation Research Part B: Methodological, 38(2): 169-190.

Hoopes L L, Lounsbury J W. 1989. An investigation of life satisfaction following a vacation: A domain-specific approach. Journal of Community Psychology, 17(2): 129-140.

Hosany S. 2012. Appraisal determinants of tourist emotional responses. Journal of Travel Research, 51(3): 303-314.

Hosany S, Prayag G. 2013. Patterns of tourists' emotional responses, satisfaction, and intention to recommend. Journal of Business Research, 66(6): 730-737.

Hovland C I, Harvey O J, Sherif M. 1957. Assimilation and contrast effects in reactions to communication and attitude change. The Journal of Abnormal and Social Psychology, 55(2): 244-252.

Hoyer W, MacInnis D, Pieters R. 2018. Consumer Behavior. 7th ed. Melbourne: Cengage Learning.

Hu B, Morrison A M. 2002. Tripography: Can destination use patterns enhance understanding of the VFR market?. Journal of Vacation Marketing, 8(3): 201-220.

Hu Y, Chen Y, Chou H. 2017. Opinion mining from online hotel reviews: A text summarization approach. Information Processing & Management, 53(2): 436-449.

Huang J, Hsu C H C. 2010. The impact of customer-to-customer interaction on cruise experience and vacation satisfaction. Journal of Travel Research, 49(1): 79-92.

Hunt G A. 1977. "A Reality that Can't Be Quite Definitely Spoken": Sexuality in *Their Wedding Journey*. Studies in the Novel, 9(1): 17-32.

Hyde K F. 1999. A hedonic perspective on independent vacation planning, decision-making and behaviour//Woodside A G, Crouch G I, Mazanec J. Consumer Psychology of Tourism, Hospitality and Leisure. Wallingford: CABI: 177-209.

Iso-Ahola S E, Graefe A R. 1989. Perceived competence as a mediator of the relationship between high risk sports participation and self-esteem. Journal of Leisure Research, 21(1): 32-39.

Jones M A, Mothersbaugh D L, Beatty S E. 2002. Why customers stay: Measuring the underlying dimensions of services switching costs and managing their differential strategic outcomes. Journal of Business

Research, 55(6): 441-450.

Kakkar P, Lutz R J. 1974. The psychological situation as a determinant of consumer behavior. In Advances in Consumer Research, (2): 439-453.

Kambatla K, Kollias G, Kumar V, et al. 2014. Trends in big data analytics. Journal of Parallel and Distributed Computing, 74(7): 2561-2573.

Kang J, Tang L, Lee J Y. 2015. Self-congruity and functional congruity in brand loyalty. Journal of Hospitality & Tourism Research, 39(1): 105-131.

Kang M, Gretzel U. 2012. Effects of podcast tours on tourist experiences in a national park. Tourism Management, 33(2): 440-455.

Kano N, Seraku N, Takahashi F, et al. 1984. Attractive quality and must-be quality. Journal of the Japanese Society for Quality Control, 14: 147-156.

Karahanna E, Evaristo J, Srite M. 2005. Levels of culture and individual behavior: An investigative perspective. Journal of Global Information Management, 13(2): 1-20.

Kardes F, Kalyanaram G. 1992. Order-of-entry effects on consumer memory and judgment: An information integration perspective. Journal of Marketing Research, 29(3): 343-357.

Kauffmann N L, Martin J N, Weaver H D. 1992. Students Abroad: Strangers at Home—Education for a Global Society. Yarmouth: Intercultural Press.

Kelly R. 1987. Freedom to Be: A New Sociology of Leisure. New York: Macmillan.

Kim H, Lee S, Uysal M, et al. 2015. Nature-based tourism: Motivation and subjective well-being. Journal of Travel & Tourism Marketing, 32: S76-S96.

Kim J-H. 2014. The antecedents of memorable tourism experiences: The development of a scale to measure the destination attributes associated with memorable experiences. Tourism Management, 44: 34-45.

Kim J-H, Ritchie J R B, McCormick B. 2012. Development of a scale to measure memorable tourism experiences. Journal of Travel Research, 51(1): 12-25.

Kim J J, Fesenmaier D R. 2015. Measuring emotions in real time: implications for tourism experience design. Journal of Travel Research, 54(4): 419-429.

Kim U. 2000. Indigenous, cultural, and cross-cultural psychology: A theoretical, conceptual, and epistemological analysis. Asian Journal of Social Psychology, 3(3): 265-287.

Kim Y R, Liu A, Stienmetz J, et al. 2022. Visitor flow spillover effects on attraction demand: A spatial econometric model with multisource data. Tourism Management, 88: 104432.

Kivisto P, Pittman D. 2007. Goffman's dramaturgical sociology//Kivisto P. Illuminating Social Life: Classical and Contemporary Theory Revisited. 4th ed. London: SAGE Publications: 271-290.

Koffka K. 1922. Perception: An introduction to the Gestalt-Theorie. Psychological Bulletin, 19(10): 531-585.

Kotler P, Keller K, Brady M. 2009. Marketing Management. 13th ed. Upper Saddle River: Pearson Prentice Hall.

Kozma A, Stones M J. 1980. The measurement of happiness: Development of the Memorial University of Newfoundland Scale of Happiness (MUNSH). Journal of Gerontology, 35(6): 906-912.

Krathwohl D R. 2002. A revision of Bloom's taxonomy: An overview. Theory into Practice, 41(4): 212-218.

Krippendorf J. 1999. The Holiday Makers: Understanding the Impact of Leisure and Travel. Oxford: Butterworth- Heinemann.

Krippendorff K. 2018. Content Analysis: An Introduction to Its Methodology. 4th ed. London: SAGE Publications.

LaBarbera P A, Mazursky D. 1983. A longitudinal assessment of consumer satisfaction/dissatisfaction: The dynamic aspect of the cognitive process. Journal of Marketing Research, 20(4): 393-404.

Laney D. 2001. 3D data management: Controlling data volume, velocity and variety. META Group Research Note, 6(70): 3.

Larsen S. 2007. Aspects of a psychology of the tourist experience. Scandinavian Journal of Hospitality and Tourism, 7(1): 7-18.

Lave J, Wenger E. 1991. Situated Learning: Legitimate Peripheral Participation. Cambridge: Cambridge University Press.

Law R, Li G, Fong D K C, et al. 2019. Tourism demand forecasting: A deep learning approach. Annals of Tourism Research, 75: 410-423.

Lee L, Inman J, Argo J, et al. 2018. From browsing to buying and beyond: The needs-adaptive shopper journey model. Journal of the Association for Consumer Research, 3(3): 277-293.

Leiper N. 1979. The framework of tourism. Annals of Tourism Research, 6(4): 390-407.

Lemon K N, White T B, Winer R S. 2002. Dynamic customer relationship management: Incorporating future considerations into the service retention decision. Journal of Marketing, 66(1): 1-14.

Lengkeek J. 2001. Leisure experience and imagination: Rethinking Cohen's modes of tourist experience. International Sociology, 16(2): 173-184.

Lerner R M. 2002. Concepts and Theories of Human Development. 3rd ed. Mahwah: Lawrence Erlbaum Associates publishers.

Lewin K. 1936. Principles of Topological Psychology. New York: McGraw-Hill.

Li J, Xu L, Tang, et al. 2018. Big data in tourism research: A literature review. Tourism Management, 68: 301-323.

Li M, Lin G, Feng X. 2023. An interactive family tourism decision model. Journal of Travel Research, 62(1): 121-134.

Li X, Law R. 2020. Network analysis of big data research in tourism. Tourism Management Perspectives, 33: 100608.

Li X, Pan B, Zhang L, et al. 2009. The effect of online information search on image development . Journal of Travel Research, 48(1): 45-57.

Li Y, Xiao L, Ye Y, et al. 2016. Understanding tourist space at a historic site through space syntax analysis: The case of Gulangyu, China. Tourism Management, 52: 30-43.

Li Y, Xie J, Gao X, et al. 2021. A method of selecting potential development regions based on GPS and social network models–From the perspective of tourist behavior. Asia Pacific Journal of Tourism Research, 26(2): 183-199.

Li Y, Yang L, Shen H, et al. 2019. Modeling intra-destination travel behavior of tourists through spatio-temporal analysis. Journal of Destination Marketing & Management, 11: 260-269.

Li Y, Ye Y, Xiao L, et al. 2017. Classifying community space at a historic site through cognitive mapping and GPS tracking: The case of Gulangyu, China. Urban Design International, 22(2): 127-149.

Lindberg K, Johnson R L. 1997. Modeling resident attitudes toward tourism. Annals of Tourism Research, 24(2): 402-424.

Liu J, Li J, Li W, et al. 2016. Rethinking big data: A review on the data quality and usage issues. ISPRS Journal of Photogrammetry and Remote Sensing, 115: 134-142.

Liu P X, Zhang H L, Zhang J, et al. 2019. Spatial-temporal response patterns of tourist flow under impulse pre-trip information search: From online to arrival. Tourism Management, 73: 105-114.

Liu T, Li M. 2020. Leisure & travel as class signifier: Distinction practices of China's new rich. Tourism

Management Perspectives, 33: 100627.
Liu Z, Park S. 2015. What makes a useful online review? Implication for travel product websites. Tourism Management, 47: 140-151.
Long M M, Schiffman L G. 2000. Consumption values and relationships: Segmenting the market for frequency programs. Journal of Consumer Marketing, 17(3): 214-232.
Loureiro S M C, Kastenholz E. 2011. Corporate reputation, satisfaction, delight, and loyalty towards rural lodging units in Portugal. International Journal of Hospitality Management, 30(3): 575-583.
Ludwig S, de Ruyter K, Friedman M, et al. 2013. More than words: The influence of affective content and linguistic style matches in online reviews on conversion rates. Journal of Marketing, 77(1): 87-103.
Lue C C, Crompton J L, Stewart W P. 1996. Evidence of cumulative attraction in multidestination recreational trip decisions. Journal of Travel Research, 35(1): 41-49.
Lumsdon L M, McGrath P. 2011. Developing a conceptual framework for slow travel: A grounded theory approach. Journal of Sustainable Tourism, 19: 265-279.
Lundberg E. 2014. Tourism impacts and sustainable development. Gothenburg: University of Gothenburg.
Lundgren J O. 1984. Geographic concepts and the development of tourism research in Canada. GeoJournal, 9: 17-25.
Lundtorp S, Wanhill S. 2001. The resort lifecycle theory: Generating processes and estimation. Annals of Tourism Research, 28(4): 947-964.
Lundtorp S. 2001. Measuring tourism seasonality//Baum T, Lundtorp S. Seasonality in Tourism. Oxford: Pergamon: 23-50.
Ma J, Gao J, Scott N, et al. 2013. Customer delight from theme park experiences: The antecedents of delight based on cognitive appraisal theory. Annals of Tourism Research, 42: 359-381.
Madrigal R. 2000. The influence of Social Alliances with Sports Teams on intentions to purchase corporate sponsors' products. Journal of Advertising, 29(4): 13-24.
Mansfeld Y. 1992. From motivation to actual travel. Annals of Tourism Research, 19 (3) : 399-419.
Markus H. 1977. Self-schemata and processing information about the self. Journal of Personality and Social Psychology, 35(2): 63–78.
Marr B. 2015. Big Data: Using SMART Big Data, Analytics and Metrics to Make Better Decisions and Improve Performance. New York: John Wiley & Sons.
Martilla J A, James J C. 1977. Importance-performance analysis. Journal of Marketing, 41(1): 77-79.
Martin K, Hill R. 2012. Life satisfaction, self-determination, and consumption adequacy at the bottom of the pyramid. The Journal of Consumer Research, 38(6): 1155-1168.
Masiero L, Hrankai R. 2022. Modeling tourist accessibility to peripheral attractions. Annals of Tourism Research, 92: 103343.
Mathur A, Moschis G, Lee E. 2008. A longitudinal study of the effects of life status changes on changes in consumer preferences. Journal of the Academy of Marketing Science, 36(2): 234-246.
Mathur A, Moschis G, Lee E. 2001. A study of changes in brand preferences. Asia Pacific Advances in Consumer Research, 4: 133-139.
Mayer-Schönberger V, Cukier K. 2013. Big Data: A Revolution that will Transform How We Live, Work, and Think. Boston: Houghton Mifflin Harcourt.
McCabe S, Johnson S. 2013. The happiness factor in tourism: Subjective well-being and social tourism. Annals of Tourism Research, 41 (1) : 42-65.
McCabe S, Joldersma T, Li C X. 2010. Understanding the benefits of social tourism: Linking participation to

subjective well-being and quality of life. International Journal of Tourism Research, 12(6): 761-773.
McClelland D C. 1985. How motives, skills, and values determine what people do. American Psychologist, 40(7): 812-825.
McCole P. 2004. Dealing with complaints in services. International Journal of Contemporary Hospitality Management, 16(6): 345-354.
McConkey R, Adams L. 2000. Matching short break services for children with learning disabilities to family needs and preferences. Child: Care, Health and Development, 26(5): 429-444.
MGI. 2011. Big data: The next frontier for innovation, competition, and productivity. https://www.mckinsey.com/capabilities/mckinsey-digital/our-insights/big-data-the-next-frontier-for-innovation.
Mead G H. 2012. Symbolic interactionism//Griffin E M. A First Look at Communication Theory. 8th ed. New York: McGraw Hill: 54-66.
Mehl M R, Vazire S, Holleran S E, et al. 2010. Eavesdropping on happiness: Well-being is related to having less small talk and more substantive conversations. Psychological Science, 21(4): 539-541.
Melo K, de Barros S, Santos T, et al. 2017. The relationship between family lifestyle and physical activity of children from 4 to 6 years. International Journal of Sports and Physical Education, 3(4): 12-16.
Meyers-Levy J, Sternthal B. 1993. A two-factor explanation of assimilation and contrast effects. Journal of Marketing Research, 30(3): 359-368.
Miller R, Hobday M, Leroux-Demers T, et al. 1995. Innovation in complex systems industries: The case of flight simulation. Industrial and Corporate Change, 4(2): 363-400.
Milstein T. 2005. Transformation abroad: Sojourning and the perceived enhancement of self-efficacy. International Journal of Intercultural Relations, 29(2): 217-238.
Mitas O, Yarnal C, Adams R, et al. 2012. Taking a "peak" at leisure travelers' positive emotions. Leisure Sciences, 34(2): 115-135.
Mitchell R D. 1998. Learning through play and pleasure travel: Using play literature to enhance research into touristic learning. Current Issues in Tourism, 1(2): 176-188.
Mohr L A, Webb D J, Harris K E. 2001. Do consumers expect companies to be socially responsible? The impact of corporate social responsibility on buying behavior. Journal of Consumer Affairs, 35: 45-72.
Morgan J M, Hodgkinson M. 1999. The motivation and social orientation of visitors attending a contemporary zoological park. Environment and Behavior, 31(2): 227-239.
Morganosky M A. 1986. Cost-versus convenience-oriented consumers: Demographic, lifestyle, and value perspectives. Psychology & Marketing, 3(1): 35-46.
Morrison A M, Yang C-H, O' Leary J T, et al. 1996. Comparative profiles of travellers on cruises and land-based resort vacations. The Journal of Tourism Studies, 7(2): 15-27.
Moven J C, Minor M S. 2001. Consumer Behavior: A Framework. Upper Saddle River: Prentice Hall.
Mowday R T, Sutton R I. 1993. Organizational behavior: Linking individuals and groups to organizational contexts. Annual Review of Psychology, 44: 195.
Muniz A, Schau H. 2005. Religiosity in the Abandoned Apple Newton Brand Community. The Journal of Consumer Research, 31(4): 737-747.
Murphy P. 2013. Tourism: A Community Approach (RLE Tourism). London: Routledge.
Murray J. 1938. Why we baptize infants. The Presbyterian Guardian, 5: 143-144.
Muuss R E. 1996. Theories of Adolescence. 6th ed. New York: The McGraw-Hill Companies.
Nawijn J, Mitas O, Lin Y Q, et al. 2013. How do we feel on vacation? A closer look at how emotions change over the course of a trip. Journal of Travel Research, 52(2): 265-274.

Neal J D, Sirgy M J, Uysal M. 1999. The role of satisfaction with leisure travel/tourism services and experience in satisfaction with leisure life and overall life. Journal of Business Research, 44(3): 153-163.

Nicolao L, Irwin J, Goodman J. 2009. Happiness for sale: Do experiential purchases make consumers happier than material purchases? The Journal of Consumer Research, 36(2): 188-198.

O'Connor A, Zerger A, Itami B. 2005. Geo-temporal tracking and analysis of tourist movement. Mathematics and Computers in Simulation, 69 (1-2) : 135-150.

O'Shaughnessy J. 1985. A return to reason in consumer behavior: An hermeneutical approach. ACR North American Advances, 12: 305-311.

Öğüt H, Onur Taş B K. 2012. The influence of internet customer reviews on the online sales and prices in hotel industry. The Service Industries Journal, 32(2): 197-214.

Oh H, Fiore A M, Jeoung M. 2007. Measuring experience economy concepts: Tourism applications. Journal of Travel Research, 46(2): 119-132.

Oliver R L. 1980. A cognitive model of the antecedents and consequences of satisfaction decisions. Journal of Marketing Research, 17(4): 460-469.

Oliver R L. 1999. Whence consumer loyalty?. Journal of Marketing, 63: 33-44.

Oliver R L. 2006. Customer satisfaction research. The Handbook of Marketing Research: Uses, Misuses, and Future Advances, 1: 569-587.

Oliver R L, DeSarbo W S. 1988. Response determinants in satisfaction judgments. Journal of Consumer Research, 14(4): 495-507.

Oppermann M. 1994. Length of stay and spatial distribution. Annals of Tourism Research, 21 (4) : 834-836.

Øvernes G, Moksnes K, Frøslie A. 1985. The effect of different levels of selenium in mineral mixtures and salt licks on selenium status in sheep. Acta Veterinaria Scandinavica, 26(3): 405-416.

Page S J, Bentley T A, Meyer D, et al. 2001. Scoping the extent of tourist road safety: Motor vehicle transport accidents in New Zealand 1982-1996. Current Issues in Tourism, 4(6): 503-526.

Papathanassis A, Knolle F. 2011. Exploring the adoption and processing of online holiday reviews: A grounded theory approach. Tourism Management, 32(2): 215-224.

Papathanassis A. 2012. Guest-to-guest interaction on board cruise ships: Exploring social dynamics and the role of situational factors. Tourism Management, 33(5): 1148-1158.

Papatheodorou A. 2001. Why people travel to different places. Annals of Tourism Research, 28 (1) : 164-179.

Parasuraman A, Zeithaml V A, Berry L. 1988. SERVQUAL: A multiple-item scale for measuring consumer perceptions of service quality. Journal of Retailing, 64(1): 12-40.

Passini R. 1984. Spatial representations, a wayfinding perspective. Journal of Environmental Psychology, 4(2): 153-164.

Pearce D. 1981. Tourism Development. New York: Longman Group Limited: 67-75.

Pearce P L, Foster F. 2007. A "university of travel": Backpacker learning. Tourism Management, 28(5): 1285-1298.

Pearce P L, Lee U. 2005. Developing the travel career approach to tourist motivation. Journal of Travel Research, 43(3): 226-237.

Pearce P L. 2005. Tourist Behaviour: Themes and Conceptual Schemes. Blue Ridge Summit: Channel View Publications.

Pearce P. 2012. The Ulysses Factor: Evaluating Visitors in Tourist Settings. New York: Springer Science & Business Media.

Peng B, Song H, Crouch G I. 2014. A meta-analysis of international tourism demand forecasting and implications for practice. Tourism Management, 45: 181-193.
Pepper S C. 1942. World Hypotheses: A Study in Evidence. Berkeley: University of California Press.
Peterson R A, Wilson W R. 1992. Measuring customer satisfaction: Fact and artifact. Journal of the Academy of Marketing Science, 20(1): 61-71.
Pham P N. 2001. Individual characteristics associated with the use of information technology in Côte d'Ivoire. New Orleans: Tulane University.
Pine B J, Gilmore J H. 1998. Welcome to the experience economy. Harvard Business Review, 76(4): 97-105.
Pine B J, Gilmore J H. 2002. Experiences drive economic demand. Economic Trends, 6: 32-33.
Pizam A, Neumann Y, Reichel A. 1978. Dimensions of tourist satisfaction with a destination area. Annals of Tourism Research, 5(3): 314-322.
Plog S C. 1974. Why destination areas rise and fall in popularity. The Cornell Hotel and Restaurant Administration Quarterly, 14(4): 55-58.
Prayag G, Ryan C. 2012. Antecedents of tourists' loyalty to Mauritius: The role and influence of destination image, place attachment, personal involvement, and satisfaction. Journal of Travel Research, 51(3): 342-356.
Pullman M, Robson S K A. 2007. Visual methods: Using photographs to capture customers' experience with design. The Cornell Hotel and Restaurant Administration Quarterly, 48(2): 121-144.
Quintal V A, Lee J A, Soutar G N. 2010. Risk, uncertainty and the theory of planned behavior: A tourism example. Tourism Management, 31(6): 797-805.
Rahman A, Crouch G I, Laing J H. 2018. Tourists' temporal booking decisions: A study of the effect of contextual framing. Tourism Management, 65: 55-68.
Raubal M, Miller H J, Bridwell S. 2004. User-centred time geography for location-based services. Geografiska Annaler: Series B, Human Geography, 86(4): 245-265.
Richards A. 1992. Adventure-based experiential learning//Mulligan J, Griffin C. Empowerment through Experiential Learning. London: Kogan Page.
Richins M. 1983. Negative word-of-mouth by dissatisfied consumers: A pilot study. Journal of Marketing, 47(1): 68-78.
Ries A. 2005. The battle over positioning still rages to this day. Advertising Age, 76(13): 32.
Ritchie B W, Carr N, Cooper C. 2003. Managing Educational Tourism. Clevedon: Channel View Publications: 13.
Rokeach M. 1975. Long-term value changes initiated by computer feedback. Journal of Personality and Social Psychology, 32(3): 467.
Ross E L D, Iso-Ahola S E. 1991. Sightseeing tourists' motivation and satisfaction. Annals of Tourism Research, 18(2): 226-237.
Rovine M J, Weisman G D. 1989. Sketch-map variables as predictors of way-finding performance. Journal of Environmental Psychology, 9(3): 217-232.
Rust R T, Zahorik A J, Keiningham T L. 1995. Return on quality (ROQ): Making service quality financially accountable. Journal of Marketing, 59(2): 58-70.
Ryan C. 2002. Tourism and cultural proximity: examples from New Zealand. Annals of Tourism Research, 29(4): 952-971.
Ryan R M, Deci E L. 2004. Avoiding death or engaging life as accounts of meaning and culture: Comment on Pyszczynski. Psychological Bulletin, 130(3): 473-477.
Ryff C D. 1989. Beyond Ponce de Leon and life satisfaction: New directions in quest of successful ageing.

International Journal of Behavioral Development, 12(1): 35-55.

Sandstrom G M, Dunn E W. 2014. Social interactions and well-being: The surprising power of weak ties. Personality and Social Psychology Bulletin, 40(7): 910-922.

Schacter D L, Chiao J Y, Mitchell J P. 2003. The Seven Sins of Memory. Annals of the New York Academy of Siences, (1): 226-239.

Schmitt B H. 1999. Experiential Marketing: How to Get Customers to Sense, Feel, Think, Act and Relate to Your Company and Brand. New York: The Free Press.

Schmoll G A. 1977. Tourism Promotion: Marketing Background, Promotion Techniques and Promotion Planning Methods. London: Tourism International Press.

Schuckert M, Liu X W, Law R. 2015. Hospitality and tourism online reviews: Recent trends and future directions. Journal of Travel & Tourism Marketing, 32 (5) : 608-621.

Sealy K. 1984. Book Review: Transport geography: White, H. P. and Senior, M. L. London: Longman, 1983. 224 pp. £6. 95 paperback. Applied Geography, 4(3): 257.

Seddighi H R, Theocharous A L. 2002. A model of tourism destination choice: A theoretical and empirical analysis. Tourism Management, 23(5): 475-487.

Seligman M E P. 2011. Flourish: A Visionary New Understanding of Happiness and Well-being. New York: Simon and Schuster.

Servidio R, Ruffolo I. 2016. Exploring the relationship between emotions and memorable tourism experiences through narratives. Tourism Management Perspectives, 20: 151-160.

Shaw D, Clarke I. 1999. Belief formation in ethical consumer groups: An exploratory study. Marketing Intelligence & Planning, 17: 109-120.

Shen H, Wu L, Yi S, et al. 2020. The effect of online interaction and trust on consumers'value co-creation behavior in the online travel community. Journal of Travel & Tourism Marketing, 37(4): 418-428.

Shoval N, Isaacson M. 2007. Tracking tourists in the digital age. Annals of Tourism Research, 34(1): 141-159.

Sie L, Patterson I, Pegg S. 2016. Towards an understanding of older adult educational tourism through the development of a three-phase integrated framework. Current Issues in Tourism, 19(2): 100-136.

Sigerist H E. 1941. Medicine and Human Welfare. New Haven: Yale University Press.

Sirakaya-Turk E, Uysal M, Hammitt W E, et al. 2011. Research Methods for Leisure, Recreation and Tourism. Wallingford: CABI.

Sirgy M J. 1982. Self-concept in consumer behavior: A critical review. Journal of Consumer Research, 9(3): 287-300.

Sirgy M J. 1985. Using self-congruity and ideal congruity to predict purchase motivation. Journal of Business Research, 13(3): 195-206.

Sleight P. 2004. Targeting Customers: How to Use Geodemographics and Lifestyle Data in Your Business. 3rd ed. Henley-on-Thames: World Advertising Research Centre.

Smith A K, Bolton R N, Wagner J. 1999. A model of customer satisfaction with service encounters involving failure and recovery. Journal of Marketing Research, 36(3): 356-372.

So K K F, Oh H, Min S. 2018. Motivations and constraints of Airbnb consumers: Findings from a mixed-methods approach. Tourism Management, 67: 224-236.

Solomon M R. 1996. Consumer Behavior: Buying, Having, and Being. 3rd ed. Englewood Cliffs: Prentice Hall.

Sparks B A, Browning V. 2011. The impact of online reviews on hotel booking intentions and perception of

trust. Tourism Management, 32(6): 1310-1323.
Sparks B A, So K K F, Bradley G L. 2016. Responding to negative online reviews: The effects of hotel responses on customer inferences of trust and concern. Tourism Management, 53: 74-85.
Stepchenkova S, Zhan F. 2013. Visual destination images of Peru: Comparative content analysis of DMO and user-generated photography. Tourism Management, 36: 590-601.
Stock T, Tupot M L. 2006. Common denominators: What unites global youth? Young Consumers, 7(2): 36-43.
Strieter J, Weaver J. 2005. A longitudinal study of the depiction of women in a United States business publication. Journal of the American Academy of Business, 7(2): 229-235.
Taylor E W. 1994. Intercultural competency: A transformative learning process. Adult Education Quarterly, 44(3): 154-174.
Thorndyke P W, Hayes-Roth B. 1982. Differences in spatial knowledge acquired from maps and navigation. Cognitive Psychology, 14(4): 560-589.
Thornton P R, Shaw G, Williams A M. 1997. Tourist group holiday decision-making and behaviour: The influence of children. Tourism Management, 18(5): 287-297.
Thurot J M. 1980. Capacité de charge et production touristique. Aix-en-Provance: Centre des Hautes Etudes Touristiques.
Toffler A. 1970. Future Shock. New York: Random House.
Tolman E C. 1932. Purposive Behavior in Animals and Men. Berkeley: University of California Press.
Toufaily E, Ricard L, Perrien J. 2013. Customer loyalty to a commercial website: Descriptive meta-analysis of the empirical literature and proposal of an integrative model. Journal of Business Research, 66(9): 1436-1447.
Tulving E. 1972. Episodic and semantic memory//Tulving E, Donaldson W. Organization of Memory. New York: Academic Press: 381-403.
Tulving E. 1995. Organization of memory: Quo vadis//Gazzaniga M S(ed.). The Cognitive Neurosciences. Cambridge: The MIT Press: 839-847.
Tung V W S, Brent Ritchie J R. 2011. Exploring the essence of memorable tourism experiences. Annals of Tourism Research, 38 (4) : 1367-1386.
Um S, Crompton J L. 1990. Attitude determinants in tourism destination choice. Annals of Tourism Research, 17(3): 432-448.
UN Tourism. 2012. Sustainable development. https://www.unwto.org/sustainable-development [2025-01-25].
Urry J. 1990. The Tourist Gaze: Leisure and Travel in Contemporary Societies. London: SAGE Publications.
Urry J. 2000. Sociology Beyond Societies: Mobilities for the Twenty-first Century. London: Routledge: 2.
Üstüner T, Holt D. 2010. Toward a theory of status consumption in less industrialized countries. The Journal of Consumer Research, 37(1): 37-56.
Veal A J. 2017. Research Methods for Leisure and Tourism. London: Pearson UK.
Verhellen Y, Dens N, de Pelsmacker P. 2016. A longitudinal content analysis of gender role portrayal in Belgian television advertising. Journal of Marketing Communications, 22(2): 170-188.
Volo S. 2011. Comity or conflict? A qualitative study on host-guest relationship in second home tourism. Tourism Analysis, 16(4): 443-460.
von Neumann J, Morgenstern O. 1944. Theory of Games and Economic Behavior. Princeton: Princeton University Press.
Voss J. 1967. The definition of leisure. Journal of Economic Issues, 1(1-2): 91-106.

Vu H Q, LI G, Law R, et al. 2015. Exploring the travel behaviors of inbound tourists to Hong Kong using geotagged photos. Tourism Management, 46: 222-232.

Wang Y, Li M. 2021. Family identity bundles and holiday decision making. Journal of Travel Research, 60(3): 486-502.

Waterman A S. 1993. Two conceptions of happiness: Contrasts of personal expressiveness (eudaimonia) and hedonic enjoyment. Journal of Personality and Social Psychology, 64(4): 678-691.

Watson D, Clark L, Tellegen A. 1988. Development and validation of brief measures of positive and negative affect: The PANAS scales. Journal of Personality and Social Psychology, 54(6): 1063-1070.

Weiner B. 1985. Human Motivation. New York: Holt, Rinehart and Winston.

Wells W, Gubar G. 1966. Life cycle concept in marketing research. Journal of Marketing Research, 3(4): 355-363.

Wen L, Liu C, Song H, et al. 2021. Forecasting tourism demand with an improved mixed data sampling model. Journal of Travel Research, 60(2): 336-353.

Wicker A W. 1979. Ecological psychology: Some recent and prospective developments. American Psychologist, 34(9): 755-756.

Wicker A W. 1987. Behavior settings reconsidered: Temporal stages, resources, internal dynamics, context//Stocols D, Altman I. Handbook of Environmental Psychology. New York: John Wiley & Sons: 613-653.

Williams L, Krentler K, Caruana A. 2015. Is Pulling Mom & Dad's Strings a Global Phenomenon//Manrai A, Meadow H(eds.). Global Perspectives in Marketing for the 21st Century. Cham: Springer International Publishing: 304-307.

Woodruff R B, Cadotte E R, Jenkins R L. 1983. Modeling consumer satisfaction processes using experience-based norms. Journal of Marketing Research, 20(3): 296-304.

Woodside A G, King R I. 2001. An updated model of travel and tourism purchase-consumption systems. Journal of Travel & Tourism Marketing, 10(1): 3-27.

Woodside A G, Lysonski S. 1989. A general model of traveler destination choice. Journal of Travel Research, 27(4): 8-14.

Wu D C, Song H, Shen S. 2017b. New developments in tourism and hotel demand modeling and forecasting. International Journal of Contemporary Hospitality Management, 29 (1): 507-529.

Wu L, Shen H, Li M, et al. 2017a. Sharing information now vs later: The effect of temporal contiguity cue and power on consumer response toward online reviews. International Journal of Contemporary Hospitality Management, 29(2): 648-668.

Xiang Z, Gretzel U. 2010. Role of social media in online travel information search. Tourism Management, 31(2): 179-188.

Xiao J, Yao R. 2014. Consumer debt delinquency by family lifecycle categories. International Journal of Bank Marketing, 32(1): 43-59.

Yacouel N, Fleischer A. 2012. The role of cybermediaries in reputation building and price premiums in the online hotel market. Journal of Travel Research, 51(2): 219-226.

Yao Y, Liang Z, Yuan Z, et al. 2019. A human-machine adversarial scoring framework for urban perception assessment using street-view images. International Journal of Geographical Information Science, 33(12): 2363-2384.

Ye Q, Law R, Gu B. 2009. The impact of online user reviews on hotel room sales. International Journal of Hospitality Management, 28(1): 180-182.

Yuan Y, Wei G, Lu Y. 2018. Evaluating gender representativeness of location-based social media: A case study of Weibo. Annals of GIS, 24(3): 163-176.

Zakrisson I, Zillinger M. 2012. Emotions in motion: Tourist experiences in time and space. Current Issues in Tourism, 15(6): 505-523.

Zeithaml V A, Berry L L, Parasuraman A. 1996. The behavioral consequences of service quality. Journal of Marketing, 60(2): 31-46.

Zhao B, Zhang S. 2019. Rethinking spatial data quality: Pokémon Go as a case study of location spoofing. The Professional Geographer, 71(1): 96-108.

Zhao Y, Xu X, Wang M. 2019. Predicting overall customer satisfaction: Big data evidence from hotel online textual reviews. International Journal of Hospitality Management, 76: 111-121.

Zhao Z, Shaw S, Xu Y, et al. 2016. Understanding the bias of call detail records in human mobility research. International Journal of Geographical Information Science, 30(9): 1738-1762.

間々田孝夫. 2016. 21 世紀の消費:無謀・絶望そして希望へ. 東京：ミネルヴァ書房.